U0475838

REPORT ON B&R
PUBLISHING COOPERATION AND DEVELOPMENT

“一带一路”国际出版合作发展报告

（第四卷）

主编　魏玉山

副主编　王　珺　甄云霞

图书在版编目（CIP）数据

“一带一路”国际出版合作发展报告. 第四卷 / 魏玉山主编 ; 王珺, 甄云霞副主编. -- 北京 : 中国书籍出版社, 2022.12

ISBN 978-7-5068-9272-8

Ⅰ. ①一… Ⅱ. ①魏… ②王… ③甄… Ⅲ. ①出版业—国际合作—研究报告—世界 Ⅳ. ①G239.1

中国版本图书馆CIP数据核字(2022)第209556号

“一带一路”国际出版合作发展报告（第四卷）

魏玉山　主编

王　珺　甄云霞　副主编

责任编辑　宋　然
特约编辑　卢安然
责任印制　孙马飞　马　芝
封面设计　东方美迪
出版发行　中国书籍出版社
地　　址　北京市丰台区三路居路 97 号（邮编：100073）
电　　话　（010）52257143（总编室）　　（010）52257140（发行部）
电子邮箱　eo@chinabp.com.cn
经　　销　全国新华书店
印　　厂　河北省三河市顺兴印务有限公司
开　　本　787毫米×1092毫米　1/16
字　　数　439千字
印　　张　25.25
版　　次　2022 年 12 月第 1 版　2022 年 12 月第 1 次印刷
书　　号　ISBN 978-7-5068-9272-8
定　　价　152.00 元

版权所有　翻印必究

前　言

共建“一带一路”倡议提出九年来，政策沟通凝聚共识，设施联通硕果累累，贸易畅通质效双升，资金融通稳步推进，民心相通持续深入，从夯基垒台、立柱架梁到落地生根、持续发展，取得实打实、沉甸甸的成就。截至2022年7月，中国已经同149个国家和32个国际组织签署200余份共建“一带一路”合作文件，共建“一带一路”朋友圈继续扩大，高水平开放成效显著，合作共赢展现大国担当，展现出强大的发展韧性，当之无愧范围最广、规模最大的国际合作平台，在各国经济普遍衰退、疫情影响和地区冲突交织的严峻复杂环境下，为世界发展注入活力和希望。

而过去的几年也是“一带一路”国际出版合作蓬勃发展的时期。2016—2021年五年间，我国与“一带一路”相关国家签订的版权贸易协议增幅达到167%。丝路书香工程从2015年至今已连续实施8年，共资助近3000个项目，版权输出到80多个国家和地区，涉及55个语种。亚洲经典著作互译计划、“一带一路”共建国家出版合作体、中国－中东欧国家出版联盟、接力－东盟少儿图书联盟、中国文学海外读者俱乐部、“一带一路”中阿友好文库暨扎耶德文库等一大批项目、组织应运而生，搭建平台、促进交流，助力我国与相关各国文化出版合作的深入开展。

党的二十大报告放眼“世界之变、时代之变、历史之变”，指出要“坚持亲诚惠容和与邻为善、以邻为伴周边外交方针，深化同周边国家友好互信和利益融合”，“秉持真实亲诚理念和正确义利观加强同发展中国家团结合作，维护发展中国家共同利益”。本报告立足当下复杂的国际经济政治环境，通过介绍“一带一路”相关国家的出版业最近发展状况和趋势，紧密结合我国与相关国家的出版合作形势和进展，分析当下合作中存在的问题并展望发展前景：“一带一路”相关国家出版业的疫情、地区冲突效应相继凸显，出版国际合作呈现新趋势，面临多重阻碍；面对一系列不确定因素，“一带一路”出版合作与共建“一带一路”的步伐保持同频同向，适应形势，转变思路，积极开拓、创新，取得多方面进展，充分传递出坚定不移扩大出版高水平对外开放，推动“一带一路”出版合作高质量发展的决心。

本书沿用一贯的体例，采用国别报告结合案例的形式。作为第四卷，《报告》涵盖 12 篇国别报告，其中，捷克、土耳其、匈牙利、意大利、越南等 5 个国家是第二次撰写报告，重点着眼其近三年间的动态发展变化，更新行业统计数据，关注政策调整和合作进展；巴基斯坦、菲律宾、古巴、黎巴嫩、塞尔维亚、沙特阿拉伯、赞比亚等 7 个国家是第一次出现，仍遵循完整的体例，对其出版业发展背景、法律法规政策、阅读情况、图书业和期刊业发展情况、合作交流情况等进行全面介绍。此外，国别报告中加强对各国政治、经济、社会形势的研判，以及政府相关政策的梳理分析，为国内出版对标相关出版市场提供更为精准的参考。至此，《报告》前四卷已涉及 51 个“一带一路”相关国家，覆盖了与我国出版业开展较为密切合作交流的绝大部分国家和地区，基本可以展现“一带一路”相关国家和地区出版业的全貌。

《报告》第四卷组稿 6 个合作案例，作者分别来自当代中国与世界研究院、中国社会科学出版社、中华书局、北京燕山出版社、广西师范大学出版社和新华文轩出版传媒。此次案例基于各家出版机构的对外合作实务，进一步尝试从学术出版、涉华图书出版、国际传播能力建设等更广泛的角度和更高的视野来探讨相关领域的合作，希冀各出版单位相关负责人在对外出版市场开拓的过程中，立足外交大局，对如何加快构建中国话语和叙事体系、加强国际传播能力建设、全面提升国际传播效能等进行更为深入的思考。至此《报告》前四卷共收录 22 篇案例，涵盖国有、民营出版机构，单体出版社、出版集团、出版联盟组织等各个层级，主题出版、学术、文学、童书、社科、教育等各个出版类别，充分反映了我国与“一带一路”相关国家和地区出版合作的发展状况、合作模式，相信可以为国内出版机构开拓相关出版市场提供有效的借鉴。

《报告》由中国新闻出版研究院院长魏玉山审阅、统稿，中国新闻出版研究院王珺、甄云霞组稿、审稿，中国书籍出版社卢安然参与审稿工作。由于人员沟通、材料获取等各方面困难，疏漏之处在所难免，请读者批评指正。

《“一带一路”国际出版合作发展报告》课题组

2022年11月9日

目　录

主报告

稳中求进 把出版合作推向深入

——筑牢“一带一路”出版合作在国际传播中的话语权建设基础

甄云霞

2021年，共建“一带一路”深化务实合作，推动区域经济伙伴关系协定（RCEP）生效实施，我国加大稳外贸、稳外资力度，成功举办进博会、广交会等一系列重大展会，货物进出口总额同比增长21.4%，各方面取得显著成就，与相关国家的合作高质量稳步推进。2022年，共建“一带一路”进入第9年，政府工作报告多次提到共建“一带一路”，再次传递我国坚定不移扩大高水平对外开放，推动共建“一带一路”高质量发展的决心。截至2022年7月，中国已经同149个国家和32个国际组织签署200余份共建“一带一路”合作文件，共建“一带一路”朋友圈继续扩大，展现出强大的发展韧性。

与此同时，国际形势愈加动荡，面临多重不确定性，全球化遭遇逆流，战争冲突、狭隘民族主义、孤立主义、保守主义在世界范围内回潮。以美国为代表的西方国家通过小多边、军事同盟、价值观差异、掌控国际规则等手段，多管齐下，发动和激化中美全面战略竞争，试图重塑国际政治经济秩序。美国及其他西方国家掀起一轮又一轮针对“一带一路”倡议的对华新攻势，从舆论上抹黑“一带一路”取得的成就，行动上陆续实施新的战略，对抗我国的“一带一路”倡议，如美国推出所谓“重建美好世界计划”，并将印太战略的重要性放到前所未有的高度，强迫中国周边国家选边站队；欧盟推出“全球互联互通”战略，试图孤立、打压中国；西方国家通过七国集团、五眼联盟、奥库斯联盟、四方对话、三边关系等同盟组织拉拢各国，开展对华常态化全方位对抗。

总体来看，西方世界的发展呈现颓势，美国构建的盟友体系正在弱化，弱势国家努力寻求中立，维护自身利益和发展，东升西降的趋势不可阻挡，但是世界局势仍然不容乐观，我国面临前所未有的地缘政治风险、舆论挑战。在复杂的国际经济政治环境下，“一带一路”出版合作与共建“一带一路”的步伐保持同频同向，适应形势，转变思路，积极开拓、创新，取得一系列新的进展。站在新的历史起点，国际出版合作呈现新趋势，肩负新任务和新要求，我国出版应继续秉持积极审慎心态，把贯彻“一带一路”倡议提升到更高的战略位置，通过展示党的成就，分享中国智慧和中国方案，塑造可信可爱可敬的国家形象，同时打破意识形态隔阂，弥合认知鸿沟，秉持维护地区的稳定繁荣与全球发展倡议理念，达成共识，培养互信，将“一带一路”出版合作不断引向深入，使步伐迈得更加坚实。

一、“一带一路”相关国家出版业的疫情和地区冲突效应凸显

随着新冠感染疫情影响的初步缓解，“一带一路”相关国家和地区的出版业得到一定程度的复苏，但是全球经济衰退叠加俄乌冲突，导致一系列复杂因素凸显，使得各国出版业发展呈现出一系列新的特点和趋势。

（一）政府扶持、行业自救，出版市场整体逐步复苏

“一带一路”相关国家经历疫情的打击，出版业一度陷入困境和衰退，通过政府扶持和行业自救，得以逐渐从低谷中走出，实现不同程度的恢复。

为了帮助欧洲从疫情影响中重建，2021 年欧盟委员会设立了复苏基金（RRF），面向成员国提供总计 7238 亿欧元的贷款和赠款，并设定将预算的至少 2% 用于文化的目标，呼吁成员国在其提交的国家复苏计划中适当考虑文化部门。欧洲与国际书商联合会（EIBF）对各国计划进行了审查，以确保最有利于图书出版行业。根据欧洲与国际书商联合会发布的《2021 年全球图书销售市场概况》报告，2021 年各国出版销售呈现不同程度增长，其中罗马尼亚 5%、新西兰 10.7%、南非 15%、意大利 16%、葡萄牙 17%、巴西 19%、墨西哥 39%。

2020 年 5 月，意大利政府发布《意大利重启计划》，将包括出版业在内的文化

产业作为重启的重要环节，通过设立文化基金、税收优惠、资金补助等方式促进出版产业复苏。得益于政府的支持，意大利图书业在2021年实现强劲增长，纸质新书出版种数同比增长22.9%，电子书出版种数略有回升，意大利被重新确认为世界第六、欧洲第四图书出版大国。为了应对疫情，加强出版业的管理，推动出版业发展，土耳其文旅部图书馆与出版物管理总局不断扩大图书馆规模，支持数字化出版，并开展一系列促进项目，鼓励文学创作、对外文化输出和文化交流。同时，土耳其出版行业协会也分别制定应对政策，减少疫情带来的损失，促进土耳其出版业规范化发展。据土耳其统计局和出版商协会数据，2020年和2021年土耳其新出版的出版物数量分别较上一年增长14.5%和11.1%。

面对疫情的冲击，欧洲之外各国的政府也相继推出一系列文化、出版纾困援助政策，包括提供资金扶持、减免书店租金和出版中小企业及个人的所得税、倡导全民阅读、鼓励图书对外翻译推广等，效果初显。面对出版业的萧条，阿联酋大力拨款投资，积极举办国际书展，以期行业复苏。2020年10月，阿联酋设立“出版商危机基金会”，并向总共25家受影响的出版社提供约54.9万迪拉姆的资金援助；2021年5月，阿联酋出版商协会启动“出版商培训计划”，覆盖出版产业链的所有相关环节，提供可持续的知识、技能培训，并普及该领域的最新发展和创新趋势。2021年11月，沙迦政府宣布拨款1000万迪拉姆购买参加2021年阿布扎比国际书展的最新出版物，确保出版业在疫情危机中的可持续发展。

（二）政策加持数字化转型，融合发展步入新阶段

疫情为融合出版按下加速键，“一带一路”相关国家和地区的数字出版呈现新的特点和趋势，进入蓬勃发展阶段。一是数字化全面渗透，普遍上升为国家和地区战略；二是出版机构积极探索新的融合出版和营销模式。

各国纷纷出台相关法律法规、规划措施，规范、促进本土数字出版的发展。欧洲出版商联合会进一步推动减免图书和电子书增值税，各国出版业尤其是出版业较为成熟的市场受益，2020年意大利电子书市场总值约为9700万欧元，同比增加36.6%，实现了2012年以来最为强劲的增长。为了促进数字市场的繁荣和公平竞争，欧洲议会2022年7月通过《数字市场法案》（Digital Markets Act）和《数字服务法》（Digital Services Act），前者通过限制苹果、谷歌等大型技术企业的垄断和特权，使欧洲出版

商从中受益，获取多样化数字平台选择，后者旨在对非法内容的网络传播进行监管。沙特大力推进数字化转型，推出《数字经济政策》，旨在实现数字经济占国内生产总值的比重达到全球发达经济体水平。在此背景下，沙特主要出版商在电子书业务板块加强发力，推动沙特电子出版提质升级。阿联酋为促进国家恢复而采取了一系列举措，在疫情背景下将国民服务中心转换为数字平台，并决定在两年内取消 50% 的政府服务中心实体，以数字化转型维持业务的连续性和文教管理，推动政府实现全面彻底的数字化转型。

出版机构在出版生产、营销等各个环节，尝试融合渠道和模式。如阿布扎比书展，尼日利亚、阿尔及利亚书展等活动在线上线下结合中进一步探索多样化方式，成为未来的主流趋势；社交媒体营销，打破地域和线下壁垒，成为新的图书市场和渠道，通过优途、推特等社交媒体平台，发表书评，交流沟通，进行新书发布宣传，打通作者和读者之间的交流渠道，为讨论和参与创造空间。

（三）实体书店遭受重创，线上线下图书销售两极分化

疫情导致各国实体渠道图书零售额受到严重影响，大幅减少。随着在线销售、邮寄服务、送货上门等替代业务和平台的不断拓展，许多书店被迫关闭或停业。2021 年奥地利实体书店被迫歇业时间长达 48 天，尤其最后一次封锁持续了三周，这意味着实体书店在一年中书店交易最重要的时期——节假日关闭，因此 2021 年实体书店的销售额同比下降近 2%，而相较于 2019 年，销售额的下降幅度高达 13%。根据国家书店数据库，2020 年波兰有 100 家书店被迫关门，2021 年 60 多家关闭，目前全国剩余 1700 多家书店。波兰文化和国家遗产部发起了一项帮助独立书店的计划，作为“小型书店证书”项目的一部分，向 106 家书店提供了共约 300 万兹罗提的补助。从 2020 年 12 月 27 日至 2021 年 5 月 10 日，捷克实行了严格的全国封锁。虽然在取消限制后，顾客回到实体书店，但无法弥补损失的营业额。2020 年书店总销售额降幅达 15%~30%，严重影响小型书店的经营，并加剧其关闭潮。

线下普遍疲软，而线上销售、流媒体营销对图书的整体销售具有较强的带动作用，越来越多国家开辟图书流媒体销售渠道，助力图书销售增长。随着电子商务的发展，越来越多的意大利书店尝试通过数字方式展示、推广、销售图书，97% 的书店拥有至少一个社交媒体账号，52% 建立了展示商品、宣传活动的网站，19% 的书店拥有线上

销售平台。在奥地利，2021 年图书市场的总销售额比 2020 年增长 4%，奥地利图书贸易协会指出，过去一年市场的相对增长在很大程度上是由于该行业采用了线上战略，对于推动图书市场的增长至关重要。

（四）负面因素影响凸显，各国出版差距扩大

疫情的影响逐渐发酵，叠加经济危机、政治动荡等因素，同时政府缺乏相应政策或措施，使得出版环境恶化，市场复苏艰难；部分国家本身文化出版产业基础相对薄弱，深陷多重困境，持续出现不同程度衰减。

一是疫情导致产能缩减，全球纸张短缺成为一种持续的趋势。欧洲纸张生产商的产能下降加剧了短缺，在 2016—2021 年期间，其产量下降超过 25%。而市场复苏带来纸张需求不断上升，纸张生产商不再有足够的能力供应市场。欧洲国家纸张普遍涨价，印刷成本上涨等因素导致纸质图书印制大幅萎缩，一定程度影响到出版生产和销售，抑制市场复苏，尤其是对于印刷纸张严重依赖进口的国家，出版业受到更大影响。二是地区动荡，引发出版生产、物流等各环节问题。俄乌冲突爆发后，乌克兰图书市场受到严重损害，陷入困境，部分出版商被迫停止经营，而继续维持经营的出版商尝试改变模式，采取减少工作时间、远程工作、加大电子书的生产力度等措施。欧洲出版商联合会发布的评估报告显示，中东欧国家出版业受疫情和俄乌冲突双重影响，出现不同程度的下滑。三是经济持续下行的压力不断增加。受到经济危机和疫情的影响，黎巴嫩图书业面临着巨大压力。黎镑大幅贬值，印刷和纸张、运输成本大幅增加，从而导致图书价格提高，图书销量下降 90% 以上，原来的阿语地区出版中心地位岌岌可危。2020 年阿根廷新书出版总量出现大幅下滑，同比下降 30%，累计比 2016 年下降 60%，书店的销售额下降幅度也在 25%~30%。

（五）出版市场区域化、政治倾向增强

大国博弈过程中，普遍的危机和冲突，导致地区安全和发展忧患风险突出，各国家、区域的政治利益、价值观裹挟出版，出版政策、活动被赋予政治色彩，出版市场区域化突出。

俄乌冲突后，中东欧内部分化，一些国家期望加入欧盟，进一步融入欧洲出版市场，寻求基于同盟的支持和合作。如乌克兰出版商寻求周边国家和地区的支持和援助，部分乌克兰出版商搬迁到邻近国家或地区，或与周边国家出版市场开展多方面合作。

欧洲出版商联合会邀请乌克兰出版商和书商协会加入，双方合作制订提供实际帮助的计划，并邀请后者参加即将举行的会议。欧洲很多出版商加强与乌克兰出版商协会的沟通互动，在社交媒体上声援乌克兰，帮助其出版商进行图书的出版、发行，对该国少儿出版提供资金援助；同时，对俄罗斯进行谴责、抵制，切割俄罗斯出版市场。

同时，另一些国家，则倾向于在本区域内开展小范围的合作，保守谨慎，避免风险。如基于波罗的海三国签署的《2019—2022年波罗的海国家文化部文化合作计划》，2020年爱沙尼亚、拉脱维亚、立陶宛三国文化部签署关于翻译和出版波罗的海大会文学奖获奖作品的谅解备忘录。作为新的战略博弈重点区域，东南亚也被卷入大国博弈的对抗，其出版业不可避免地受到影响，因此，东盟内部国家的出版业也分别加强与周边国家合作，“抱团取暖”，谋求内部的发展。

二、“一带一路”国际出版合作在务实中取得新的成果

各方面不利因素叠加，给“一带一路”出版合作造成重重困难和阻碍，面对一系列新的问题和困惑，我国出版机构强化使命担当和责任意识，在探索中砥砺前行，取得新的进展。

（一）出版合作持之以恒，实现稳步推进

版权贸易良性发展。根据中国新闻出版研究院年度全国版权输出引进数据统计，2021年我国与“一带一路”相关国家的版权贸易总数量为10162项，同比减少567项。其中版权输出8539项，同比减少579项，略有下降；版权引进1623项，同比增加12项，基本持平。在严峻的国内外环境下，我国对外版权贸易能够把握节奏，不乱阵脚，保持良好发展态势，显示出强韧的定力，同时也反映出我国与“一带一路”相关国家的出版合作已建立牢固基础，并沿着提质增效的轨道稳步前进。

工程项目有序进行。在政府层面，通过开展和协调出版走出去工程项目，持续发力，扶持和引导“一带一路”出版合作。丝路书香工程从2015年至今已连续实施8年，共资助2921个项目，版权输出到87个国家和地区，涉及55个语种，这是我国在“一带一路”出版对外合作方面规模最大、持续时间最长的项目，为促进“一带一路”出版交流合作发挥重要和关键作用。亚洲经典著作互译计划覆盖亚洲47个国家，搭建平台，助力我国与相关各国文化交流的深入开展，截至目前，我国已与新加坡、巴基

斯坦、韩国、伊朗、老挝、亚美尼亚、吉尔吉斯斯坦、阿塞拜疆、蒙古国、也门等10个国家达成经典著作互译合作意向。经典中国国际出版工程、中外图书互译计划也在“一带一路”出版合作的不同角度各有侧重，共同为促进相关合作搭建平台，创造条件。北京外国语大学实施的“‘一带一路’中阿友好文库暨扎耶德文库”，带动国内出版机构和阿拉伯国家的文学交流合作，对深化我国与阿拉伯地区的出版合作具有重要意义。

（二）线上线下出版联动，多渠道交流常态化

疫情阻断各国人员流动，“一带一路”出版线下交流合作一度停滞，为保证项目的顺利推进和合作的持续性和长效性，双方出版机构积极探索线上交流研讨、多媒体营销、多形态融合出版产品和服务等模式。随着疫情的缓解，线下活动和交流初步恢复，但是线下的展览限定规模，以线上多样化活动作为补充，为无法参与线下活动的更广大的出版机构提供了远程交流机会，促成更多的合作，线上线下互为补充，相辅相成，形成良性循环。

2021年开始，一批主要国际书展的线下展览陆续回归，我国和对象国的出版机构互派代表团参展，如法兰克福书展、博洛尼亚国际童书展、第五届欧亚国际书展、布宜诺斯艾利斯国际书展等。对于北京国际图书博览会、上海国际童书展等国内主要图书展览，除了每年固定的线下书展以外，近几年，主办方联合国内外相关机构，不定期组织中外出版企业围绕不同主题开展多场线上交流、论坛，如北京国际图书博览会组织举办“世界出版市场面对面”活动，聚焦大众出版，促进中国–欧洲出版市场对话；上海国际童书展开发商务配对系统，举办海外新书版权配对会，利用线上线下双轨联动的形式，为海内外参展商带来不受空间限制的长效参展、高效参展的新体验，等等。

各出版机构、组织也纷纷创新探索合作新模式：意大利中国馆是继土耳其中国馆之后世界上第二个中外大学合办的中国馆项目，意大利路易斯大学共建的线上中国馆开启人民大学与意大利高校交流合作以及中意两国文化人文交流合作的新篇章，在“一带一路”学术出版联盟框架下展开合作。广西出版集团旗下的广西科技出版社策划实施了“中国–东盟版权贸易服务平台”项目，围绕版权信息发布、版权贸易、图书翻译、图书版权登记等方面建立起一个相对完整的跨区域版权贸易服务的生态闭环，科技赋

能加快创新成果的孵化进度，为中国与东盟各国出版业提供版权产品展示、资讯交流、版权代理、版权贸易等专业综合服务，致力于打造“365天不落幕的书展”。2021年由各国文学爱好者发起，由中国作家协会支持，启动中国文学海外读者俱乐部，打造中外文学交流平台，首批12个国家，其中包括新加坡、马来西亚、泰国、土耳其、伊朗、俄罗斯、波兰、塞尔维亚、智利等“一带一路”相关国家，匈牙利、意大利、越南等多个国家陆续加入，共同推广中国文学作品，助力更多中国作家走向世界。

（三）以联盟平台凝聚共识，带动区域合作

在相关部门指导下，我国出版单位与相关国家和地区共同搭建学术、文学、少儿出版合作的平台，范围遍及中东欧、东盟、阿拉伯地区等重点区域，架起中外双方密切合作的桥梁。

中国－中东欧国家出版联盟成立于2018年8月，截至目前共举办了四届论坛，联盟立足出版，发挥成员单位资源优势，在深化我国与中东欧国家出版合作互惠、促进双方交流互鉴方面发挥重要作用。截至2021年9月，“一带一路”共建国家出版合作体共有来自56个国家的319家成员单位，其中国外成员单位263家。自成立以来，合作体成员共推动约5000种中国图书在相关国家翻译出版发行。“接力－东盟少儿图书联盟”于2019年正式建立，截至目前，共有来自马来西亚、印度尼西亚、泰国、新加坡、越南、柬埔寨的12名成员。联盟通过搭建童书出版合作的平台，加强我国与东盟各国童书出版机构的版权、出版交流，不断深化与联盟成员之间的密切合作。疫情下，网络文学“出海”掀起新的热潮，在东南亚出版市场产生日益重要的影响力，其空前繁荣催生海外网文创作，Z世代成为主力，阅文集团顺应趋势为海内外网文作者搭建平台，提供服务，通过数字时代的全球化共创，让网络文学成为跨文化交流与互鉴中最具活力的载体。除了出版机构外，联盟合作突破出版业的局限，带动其他组织群体和更多的参与者加入，如2021年9月7日中国作家协会发起成立“一带一路”文学联盟，得到多国文学组织和文学家的积极响应，创始会员包括35个国家的30个具有影响力的文学组织和19位各国有代表性的文学家、翻译家，进一步从出版前端保证优质内容的创作与交流。

（四）基于自身优势，在创新中突破困境

面对重重阻碍，各出版单位秉承开拓创新精神，迎难而上，在内容传播效果、平

台建设、合作模式、效益可持续化等方面实现多样化突破。

在内容建设方面，中国社会科学出版社充分挖掘自身资源优势，构建海外学术出版平台，积极筹划建立国际尖端学术出版基地，采取聚集资源的国际布局思路，启动出版本土化的拉美地区和非洲推广计划，探索中国学术出版对外合作的多样形式，成为促进中国学术海外推广和传播的一支中坚力量。

在平台建设方面，中华书局下属的古联（北京）数字传媒科技有限公司建设和运营首家国家级古籍整理与数字化综合服务平台——籍合网，为海外高校及机构提供高品质的古籍数字化产品和服务，推动中国古籍走向世界。

在产业化运营方面，广西师范大学出版社积极进行国际化战略布局，通过国际收购和在境外设立一系列分支机构，初步实现全球品牌、内容、渠道、人力、资金、资源的“一体化”集约调配，快速构建较为成熟、完整的国际出版发行产业链，建成具有一定规模的跨国出版集团，在此基础上打造海内外一体化出版模式。

在平衡双效益和管控风险方面，新华文轩出版集团将成本和风险在各个出版单位分散消化，用“寄生”的方式依托各子机构开展国际业务，以版税和实物出口收入为基础，带动衍生的项目资助奖励、官方项目订单等收入，后者可再促进基础业务的扩大。最终在几乎不增加成本的前提下，每年额外创造过千万的营收规模，实现了对外出版工作的经济可持续。

三、调整步伐，稳中求进，彰显“一带一路”出版合作在国际传播中的基础性作用

疫情、经济危机、地区冲突、大国博弈等状况重重叠加，为我国出版走入“一带一路”相关国家的出版市场带来更多未知因素，形势的复杂性和不可预测性使得对外出版合作前景不明，呈现多重不确定性。后疫情阶段，渠道受阻、交流不畅等障碍仍然存在，合作、项目推进缓慢或中断，出版行业交流合作受到影响；部分国家经济衰退导致出版业萎靡不振，生存空间压缩，倾向于对对外合作持保守态度，投入、规模受限；在俄乌冲突前，我国出版机构通过与中东欧出版的密切合作，期待撬动更广阔的欧盟市场，然而当下形势逆转，部分中东欧国家的立场正在发生比较大的转变，出于地区安全考虑“抱团”，中东欧地区合作的地缘政治压力有增无减，需要及时审视

变化，转变思路，及时调整方向，应对可能发生的合作不利因素；由美国挑起的对抗博弈，不可避免地会造成一定程度上价值观对立，舆论的误解、抵触，导致我国对外出版合作壁垒产生。

站在党的二十大新的历史起点，“一带一路”出版国际合作肩负新的历史性使命，要坚持高站位、高水平、高起点、高质量、高标准，持之以恒推动“一带一路”出版合作不断走向深入。

（一）新常态下提早布局，审慎预判危机和机遇

世界经济下行，地缘政治压力增加，国际关系阵营化、价值观外交、北约扩张等均导致世界不安全因素增加，“一带一路”进入新常态，面临气候挑战、国家安全、科技变革等一系列问题。“善弈者谋势，善谋者致远”，我国出版业应保持定力，审慎预判当前国内外发展局势，意识到面临的危机和阻碍，处理好利益与合作的关系、国内和国际的关系、发展和安全的关系，在此基础上谋定“一带一路”出版合作的新思路、新战略、新举措，积极加强交流合作，用合作成果彰显实力。

一是基于不同地域特点深化合作。国外对华贸易合作战略如欧盟贸易战略调整，各国自主意识增强，为中国发展与中东欧国家关系提供了一定契机，应抓住潜在机遇，积极推进与中东欧、欧盟国家的出版合作；重视东南亚国家等中国周边国家和地区的战略地位，进一步推进欧亚一体化，通过深入共建“一带一路”来消解冲突、实现区域安全和发展；服务于外交大局，赋予“一带一路”倡议更丰富的内涵，通过促进内容、理念在对象国市场受众中的广泛传播、深入传播，凝聚广泛而坚定的全球共识，为“一带一路”建设营造良好国际环境。二是要加强风险预判与规避。世界局势瞬息万变，各国政权更迭、换届选举频仍，经济不稳定甚至面临破产，都可能带来对外投资贸易政策、投资环境的巨大变化，因此要时刻关注对象国政治经济社会的动态和走向，对“一带一路”出版合作中可能出现的问题、风险加强预判。三是要统筹关照国内外政策之间的相互影响和作用。全面分析我国双循环战略带来的对对外交流合作的影响，以高水平对外开放促进国际、国内大循环的良性互动。

（二）深入重要区域，夯实多边、双边出版合作

习近平总书记在中共中央政治局第三十次集体学习时强调，要广交朋友、团结和争取大多数，不断扩大知华友华的国际舆论朋友圈。时隔一年，在新的复杂形势下，

这一指示更加具有空前重大的意义。要争取更多中间空间、更多国家和伙伴的支持，尤其是具有重要战略意义的国家，进一步深化出版交流合作。在广泛意义的“一带一路”出版联盟基础上，搭桥梁，建平台，建设更多小范围的出版交流合作纽带、平台、体制机制，根据不同国家出版市场的独特性，挖掘共同诉求，传播友谊，交流感情，沟通有无，开展精细化的合作，把共识夯实、筑牢。

党的二十大报告指出要“坚持亲诚惠容和与邻为善、以邻为伴周边外交方针，深化同周边国家友好互信和利益融合”，在出版领域，亦应本着上述精神，加强与“一带一路”各国家和区域的交流合作。一是对于东南亚国家等周边国家和中东欧地区，可借助各国与中国签订的文化合作协定、现有的出版联盟等力量，强化在文化、文学、艺术、哲学、学术等领域的情感交流，在不确定的政治经济关系中为进一步建立互信互助巩固基础。二是，要加强与金砖国家的密切合作，团结具有重大国际影响力、重要战略意义的国家，不断深化出版务实合作，如可重点关注国家治理、经济发展模式、区域发展路径、全民共同富裕等方面的出版内容和选题合作。三是针对阿拉伯、非洲、拉美等国家和地区出版特色，可采取不同的合作策略，找准着力点，以点带面，通过已建立出版合作的国家和已顺利开展的出版合作项目，进一步拓展影响力和辐射力，逐步向上述地区读者和人民展现可信、可爱、可敬的中国国家形象。

（三）重视话语体系建设，着力共同价值观的塑造

当前我国对外国际传播中，舆论场的不一致、真实国情与国际舆论呈现的不一致、期望产生效果和实际产生效果的不一致，上述因素在很大程度上暴露对外话语体系的短板，影响传播效果。话语体系建设同样也是出版的重要特点，这就要求我们在对外出版合作中，从不同层面出发，建设更具共通化、更本土化、更为完善的话语和叙事体系，从而切实提升国际传播效能，讲好中国故事，传播好中国声音。

一是要注重故事的共通性、共情性、普遍性，通过创造性转化、创新性发展，发掘其当代价值、世界意义。以构建人类命运共同体为核心，聚焦全球治理以及各国共同关切的问题，如全球安全，气候问题，绿色发展，粮食、能源危机等选题，基于实现更加公平、更可持续、更为安全的发展塑造共同价值观来引起共鸣，同时，要避免大而空的渲染，多讲小而美的故事，以小见大，以情动人，为“一带一路”相关国家贡献中国方案、中国智慧，从而提升话语权。二是要立足出版传播对象的特点，最大程度实现话语的本土化。对于友华、中立国家，可优先开展中国主题的优质出版内容选题开发合作，如国家治理、扶贫故事等；俄乌危机背景下，部分中东欧国家更倾向于依托欧盟，寻求欧洲一体化和区域安全，部分国家甚至滋生反华情绪，对此应加强阐释，消除隔阂，如聚焦欧洲能源危机、地区冲突合作解决方案，讲好以全球安全观推进国际共同安全的新时代中国故事。三是出版业的国际合作要加强与学界、机构、人才联动。将话语体系建设理论相关研究成果转化为出版实践。国内学界掀起对“一带一路”相关国家和地区政治经济文化发展、国际传播理论研究热潮，涌现出一批优秀学者的著作，但是大多和出版实践脱钩，需要深入结合出版外宣工作，发挥其现实指导意义和借鉴意义。

（四）国内国际出版协同，在融合中促进出版业多元合作

当前我国出版对外合作中，仍然存在过度依赖单向、直接的内容输出的倾向，这样的合作方式，带有明确的文化输出目的性，往往遭遇当地受众和读者的抵触，无法达到预期的效果；相关涉外人员在合作交往中，忽视国内传播、对外传播的差异性，将内宣的经验模式生搬硬套，造成沟通的矛盾和低效传播，甚至在国际市场产生一系列负面影响；百年未有之大变局中，新技术竞争加速化，从数字货币到数字藏品、虚拟人，从增强现实、虚拟现实到扩展现实，新概念、新技术迅速迭代，传媒巨头纷纷布局元宇宙产业，必然影响未来的传播格局，出版概莫能外，新技术渗透生产、传播链条各个环节，影响并改变出版市场规则，数字技术、融合发展在出版对外传播中将发挥日益重要的作用。因此，在“一带一路”出版合作中也要转变思路，积极探索融合出版、多元化发展。

第一，要突破单向的输出思维模式，进一步开展多元合作。出版对外合作不能局限于版权输出，更要通过项目带动、合作出版、实物出口、平台搭建、人员交流等方式，开展本土化、市场化的多元合作；国内国际要实现协同效应，政府、民间、智库在对外合作中服务于大外交的共同目标，发挥各自优势，力争实现多方力量联动效应。第二，要跨越内容生产传播的边界，抓住时代机遇，发挥技术在文化传播中的加持效应。加强对外出版合作交流的新技术平台和内容建设，完善技术、平台对接，弥合错位，打破西方欧美主流国家的新媒介渠道和平台垄断，打破封锁围剿，在其发动的全面舆论战中保持定力，立好根基，为扭转国际舆论环境奠定基础；加强出版国际传播的科

技化转向，运用算法科技赋能，通过信息、渠道、偏好的大数据获取和分析，完善读者受众画像，精准定位对象国出版市场；在深耕文化内核的前提下，将优质内容和新型传播手段结合，丰富数字化表达，创新知识服务和阅读场景，打造数字文化 IP，使本土化事件、讲故事得以跨越国界，实现相应内容、理念、价值观的更有效传播。第三，要促进出版生态环境共建。基于各国出版业所处的不同发展阶段，立足于当地市场需求，协助对象国进行出版生态建设，你中有我，我中有你，实现内容供给和需求、手段方式、发展目标全方位的融合。在这方面，欧美国家的一些经验值得借鉴。如可与对象国当地政府合作，开展阅读计划、基础阅读项目，通过资金和技术资助，帮助提高当地学生的本土语言读写能力和汉语读写能力；针对对象国出版链条薄弱环节，帮助其进行产业升级和完善等。

国别报告

巴基斯坦出版业发展报告

周 伊 徐丽芳

巴基斯坦伊斯兰共和国（the Islamic Republic of Pakistan），简称巴基斯坦，位于南亚次大陆西北部。东接印度，东北与中国毗邻，西北与阿富汗交界，西邻伊朗，南濒阿拉伯海。国土面积为796095平方公里（不包括巴控克什米尔地区），划分为旁遮普、开伯尔－普什图、俾路支、信德4个省和伊斯兰堡首都特区，卡拉奇是最大的城市和商业中心，其他主要经济中心城市包括拉合尔、费萨拉巴德、木尔坦等。根据联合国数据，2020年巴基斯坦国内人口总数预计达到2.2亿，占世界人口总数的2.83%，[①]其中旁遮普族占63%，信德族占18%，普什图族占11%，俾路支族占4%。乌尔都语为巴基斯坦国语，官方语言为乌尔都语和英语，主要民族语言有旁遮普语、信德语、普什图语和俾路支语等。95%以上的居民信奉伊斯兰教（国教），少数信奉基督教、印度教和锡克教等。[②]

一、出版业发展背景

20世纪末期，巴基斯坦对新闻出版的管控逐步放开，出版业因此进入快速发展时期，催生出书展、文学节及文学奖项等各类文化活动。但由于巴基斯坦国民识字率较低，加上近年来数字媒体的冲击，国民阅读习惯的缺失成为制约巴出版业发展的难题之一。

---

① 资料来源：https://www.worldometers.info/world-population/pakistan-population/。

② 资料来源：外交部网站巴基斯坦国家概况。

（一）政治经济情况

巴基斯坦原为英属印度的一部分，1858 年随印度沦为英国殖民地。1940 年 3 月，全印穆斯林联盟通过关于建立巴基斯坦的决议。1947 年 6 月，英国颁布“蒙巴顿方案”，实行印巴分治。同年 8 月 14 日，巴基斯坦宣告独立，成为英联邦的自治领。1956 年 3 月 23 日，巴基斯坦伊斯兰共和国正式成立。作为联邦制国家，巴基斯坦联邦政府是最高行政机关，省政府受联邦政府领导，但宪法规定各省自治。联邦内阁由总理、部长和国务部长组成，总理负责任命及组建内阁。现任总理为夏巴兹·谢里夫，于 2022 年 4 月 11 日就任；现任总统为阿里夫·阿尔维，于 2018 年 9 月 9 日就任。巴基斯坦实行多党制，现有政党 200 个左右，派系众多，主要包括正义运动党、穆斯林联盟（谢里夫派）、人民党、穆斯林联盟（领袖派）、伊斯兰促进会、统一民族运动党、人民民族党等。

巴基斯坦经济以农业为主，农业产值占国内生产总值（GDP）的 19%，工业基础较为薄弱，这也是制约其经济发展的主要因素之一。近年来，政府一直努力加速工业化，扩大出口，缩小外贸逆差；同时推行广泛的结构改革，改善投资环境，大力吸引外资，因此基础设施状况有所改善。2020 财年，巴基斯坦国内生产总值为 41.7 万亿卢比，较上一财年下降 0.4%；吸引外国直接投资额 25.6 亿美元，流入的前四大行业分别是能源（煤电为主）、电信、油气勘探和金融服务。2020 年 2 月，新冠感染疫情在巴暴发，对经济形成全面冲击，财政赤字进一步加剧。进入 2021 财年，随着疫情形势好转和各项封锁措施的解除，社会生活逐渐恢复正常，经济开始复苏。[①] 世界银行数据显示，巴 2022 财年经济增长率达到 6%，受洪水灾害影响，预计 2023 财年仅为 2% 左右。

（二）相关法律法规情况

巴基斯坦宪法保障公民的言论及新闻自由，但涉及伊斯兰教、国家安全等问题时受到合理限制。具体在传媒领域，由于巴基斯坦建国后历经数次政治动荡，传媒法的建设深受政治局势影响而发展艰难。1960 年，时任总统穆罕默德·阿尤布·汗颁布《新闻出版条例》（Press and Publication Ordinance，简称 PPO）并多次修订，目的是加强政府对传媒业的管控——政府依法享有没收报纸、关闭新闻机构以及逮捕记者的权利。

---

① 资料来源：《对外投资合作国别（地区）指南——巴基斯坦（2021 版）》。

在法律授权下，一批知名媒体被收归国有，约74~102份日报和260~379份周刊被禁止出版和没收。这种监管在20世纪80年代穆罕默德・齐亚・哈克统治时期变得更加严苛和独裁。新闻媒体必须接受严格的审查；任何不符合政府利益的内容一旦出版，出版商将因此承担法律责任。后随着巴基斯坦政治局势变化，民主意识的回归促使媒体政策逐渐放开，《新闻出版条例》也于1984年被法院废止。

2002年，佩尔韦兹・穆沙拉夫政府修改、整合旧有法律，颁布新的《新闻委员会条例》（Press Council of Pakistan Ordinance，简称PCPO）和《新闻、报纸、通讯社和图书注册条例》（Press, Newspaper, News Agencies and Book Registration Ordinance，简称PNNABRO）。前者旨在成立新闻委员会（Press Council of Pakistan，简称PCP），负责维护新闻自由，确保新闻出版机构的专业性和道德性，处理公众投诉等。后者则严格控制注册程序，要求所有新闻机构以及出版物必须在当地或其他各级政府登记，获得出版许可时需声明保证遵守《新闻委员会条例》所规定的道德行为守则；违反规定将受到不同程度的惩罚。其他方面的规定还包括除非政府特别许可，出版物（主要针对报纸）和通讯社的所有权仅限于巴基斯坦国民，在合伙经营中外资比例不得超过25%；所有出版物需将副本送至政府部门留存等。与此同时，随着数字媒体的崛起，巴基斯坦于2002年颁布《电子媒体监管局条例》（Pakistan Electronic Media Regulatory Authority Ordinance），通过成立电子媒体监管局（PEMRA）来监管所有电子媒体的建立与运营过程。

巴基斯坦对知识产权的保护最早继承1911年英国的《版权法》（British Copyright Act），直到1962年出台《版权条例》（Copyright Ordinance）。其他与版权相关的法律法规还包括1967年出台并于2002年修订的《版权规则》（Copyright Rules），1968年的《国际版权秩序》（International Copyright Order）以及1981年的《版权局（程序）条例》（Copyright Board [Procedure] Regulations）。此外，巴基斯坦也是《伯尔尼公约》、TRIPS协议、《世界版权公约》的成员。

在进口贸易政策方面，巴基斯坦禁止进口反伊斯兰、淫秽或煽动颠覆的文学作品；印刷图书、报纸期刊类进口关税为3%，中国与巴基斯坦签订的自由贸易协定将该项关税降至零。

（三）管理机构和行业组织情况

巴基斯坦与新闻出版行业相关的政府部门包括信息和广播部（Ministry of Information and Broadcasting）、国家历史和文学遗产部（National Heritage and Culture Division）以及联邦教育与职业培训部（Ministry of Federal Education and Professional Training）。

信息和广播部负责制定和实施有关印刷、电子媒体以及新闻机构的政策、法律、规则和监管框架，电子媒体监管局、新闻委员会均为其下属机构。

国家历史和文学遗产部相关下属机构包括：国家语言推广部（National Language Promotion Department），负责安排编写词典和其他阅读材料以推动乌尔都语成为全国官方语言；巴基斯坦国家图书馆（National Library of Pakistan，简称 NLP），负责保存法定送存出版物、汇编国家书目、管理国际标准书号（ISBN）等；巴基斯坦文学院（Pakistan Academy of Letters），致力于促进巴基斯坦文学发展、保障作家福利等；乌尔都语科学委员会（Urdu Science Board），负责为学生、教师、教师培训机构以及公众编写、出版乌尔都语科学和技术领域的图书和阅读材料。

联邦教育与职业培训部下设国家图书基金会（National Book Foundation，简称 NBF），主要职能有：促进创作热情；编写、翻译、出版、进口图书；以适中的价格向教育机构和公众分销图书；推广阅读以提高公众读写能力、传播知识。

巴基斯坦同时拥有众多行业组织共同维护新闻出版业的发展。其中历史最悠久的是 1950 年成立的全巴基斯坦报业协会（All Pakistan Newspapers Society），其主要功能在于连接报纸和广告投放公司，维护、促进报业利益，同时努力发展新闻和报业的科学及艺术。成立于 1957 年的巴基斯坦出版商和书商协会（Pakistan Publishers & Booksellers Association）则为图书出版业服务，在图书出版、分销、知识产权保护、推广阅读文化等方面做出诸多努力，2021 年被批准成为国际出版商协会（International Publishers Association）的临时成员。随着互联网用户的增加，2012 年巴基斯坦主要出版商还联合成立巴基斯坦数字出版商协会（Digital Publishers Association of Pakistan，简称 DPAP），致力于在迅速崛起的数字市场环境中平衡各方利益，创建一个受监管的竞争环境。2021 年，巴基斯坦数字媒体行业的知名机构、专家等联合成立巴基斯坦数字媒体协会（Digital Media Association of Pakistan），通过制定数字媒体章程，举办会议、研讨会，颁发数字媒体奖项等方式推动数字媒体业务可持续发展。除此之外，巴基斯坦印刷和印艺工业协会（Pakistan Association of Printing & Graphic Arts Industry）在提升印刷技术、改善图书质量上也发挥着主导作用。

（四）国民阅读及推广情况

2019 年 2 月 23 日至 3 月 3 日，盖洛普巴基斯坦分公司对四个省城市和农村地区的 1178 名受访者进行有关阅读时间的民意调查。数据显示，只有 9% 的人是阅读爱好者，每天花 2 小时及以上的时间阅读；而有 75% 的人从来不阅读。（见图 1）这表明巴基斯坦的国民阅读情况不容乐观，一部分原因在于巴基斯坦的识字率在世界各国中处于较低水平，仅达到 62.3%。[①]

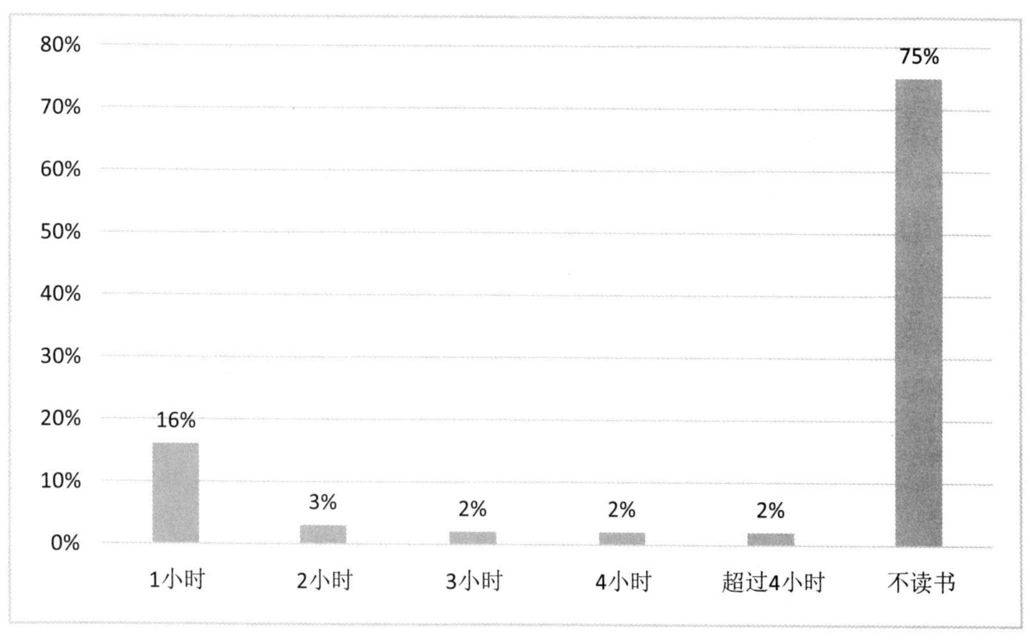

图 1　巴基斯坦国民阅读时长情况

资料来源：2019 年盖洛普巴基斯坦分公司民意调查

而在大学生群体中，情况也较为相似。一项研究调查巴基斯坦拉合尔市 600 名大

① 数据来源：巴基斯坦联邦教育与职业培训部。

学生的阅读情况，其中 56.6% 的受访者表示不喜欢读书，43.3% 喜欢读书。① 在图书类型的选择上，学术类图书是首选，占比 40.5%；专业、诗歌、宗教类图书有一定读者，分别占比 18.1%、13%、10.8%；而冒险、政治、哲学、历史类图书阅读人数较少，共占比 17.6%。（见图 2）同时，在阅读方式上，54% 的大学生偏好纸质图书，45% 更偏好在线阅读。②

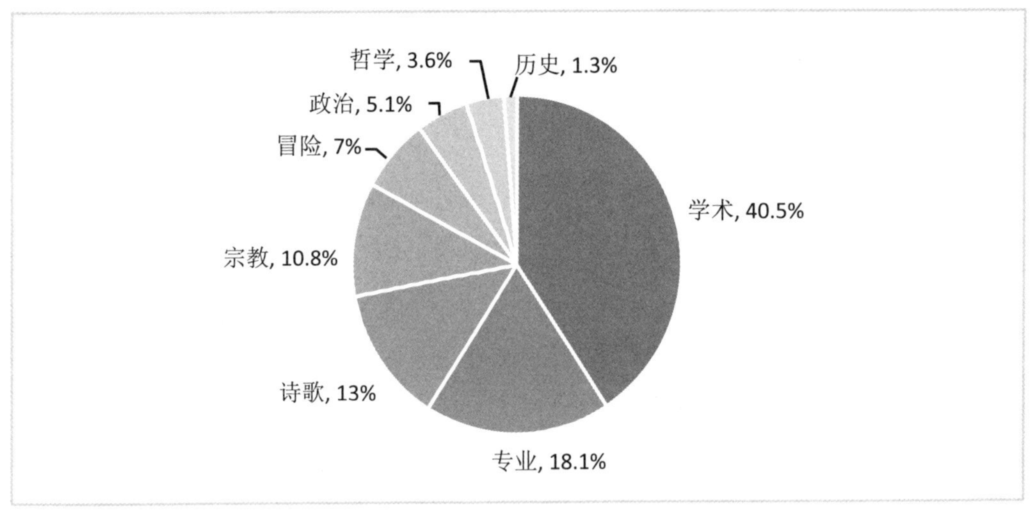

图 2　巴基斯坦大学生偏好的图书类型调查情况

资料来源：拉合尔女子学院，拉合尔大学，拉合尔管理与技术大学 . 巴基斯坦大学生阅读习惯调查 .（Lahore College for Women University, University of Lahore, University of Management and Technology Lahore. *An Investigation of the Reading Habits among Pakistani University Students*.）

当问及阅读原因，出于学术目的的受访者占 51%，而出于自我满足、娱乐目的的受访者仅占 13.8%、4.3%。由此可见，在巴基斯坦大学生群体中，功利型阅读仍是主流，较少人真正以读书为兴趣、爱好。而对阅读习惯造成负面影响的因素有很多，其中学习压力是主要原因，占比 40%；其次是社交媒体，占比 21%；其他原因还包括繁忙的校园生活、没有阅读兴趣、缺少资源等。（见图 3）因此，互联网的出现也一定程度上挤占人们的阅读空间，使得阅读推广在当下越发成为一项紧急议题。

---

① 注：其余受访者未给出明确答案。

② 注：其余受访者未给出明确答案。

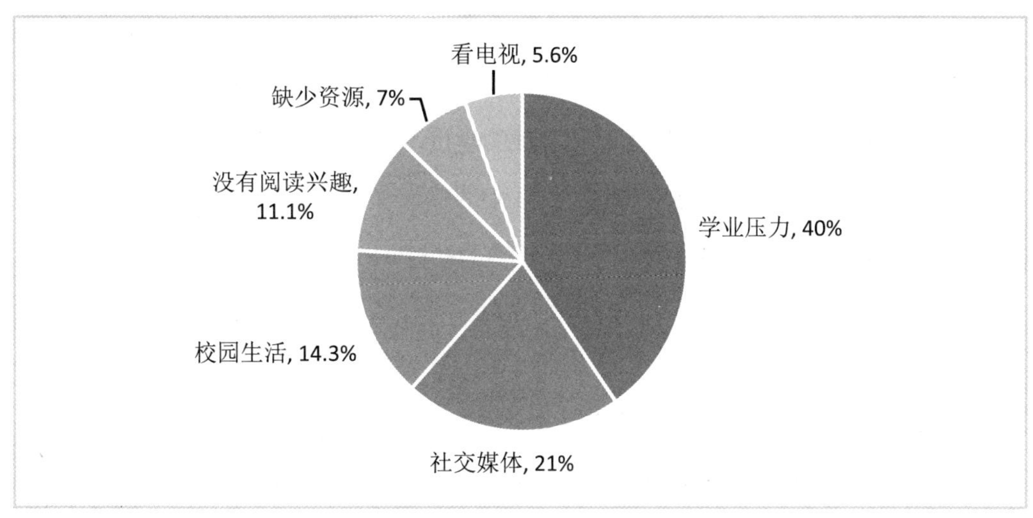

图 3　影响阅读习惯的负面因素调查情况

资料来源：拉合尔女子学院，拉合尔大学，拉合尔管理与技术大学．巴基斯坦大学生阅读习惯调查．

目前，提高国民识字率是巴基斯坦政府的优先事项，政府为此制订多项成人扫盲计划，同时致力于保障儿童教育，提高儿童阅读能力。2013 年，巴基斯坦政府与美国国际开发署 (U.S. Agency for International Development) 合作开展一项为期七年的巴基斯坦阅读计划（Pakistan Reading Project，简称 PRP），项目经费 1.65 亿美元，旨在提高低年级学生的阅读能力以支持他们的长期发展。该项目由国际救援委员会 (International Rescue Committee)、美国非营利性机构世界学习组织（World Learning）、美国国际创意协会（Creative Associates International）具体执行。主要举措包括：推动巴基斯坦各地各级教育制度改革以完善阅读教学政策，例如要求各校每天必须安排 30 分钟专门用于阅读；开发各语言阅读学习材料；改善阅读、学习空间；持续培养教师阅读教学技能；推广阅读文化等。2020 年，该计划正式结束，共计培养 27000 余名教师进行阅读教学，分发学习材料 730 万份，覆盖 170 万儿童；同时所有学习材料的电子版都可以在巴基斯坦联邦教育与职业培训部官网或全球数字图书馆门户网站上免费获取。

除与国际组织合作，巴基斯坦政府机构在阅读推广上也做出一定尝试。2010 年，巴基斯坦政府宣布将每年 4 月 22 日设立为全国读书日，并在当年 4 月举办首届图书节，期间开展书展、读书会与儿童阅读活动等，由国家图书基金会主持。基金会推出一系列阅读促进措施，包括：针对乡村、城市、儿童、老年人、旅行爱好者、囚犯等不同读者群体，组建各类读书俱乐部；任命热爱读书的名人为阅读大使，利用他们的影响力来带动社会的阅读兴趣；免费为全国各地的学校图书馆捐赠图书；评选最佳儿童图书并予以现金奖励；免费为视障人士出版盲文图书等。乌尔都语科学委员会也在2017年推出移动书店计划，向偏远城市和地区的教育机构、图书馆、公共场所等地投放流动图书车。与此同时，非政府机构组织的各类书展和文学节活动也在努力为巴基斯坦的阅读文化带去积极变化。

（五）书展、文学节及奖项情况

卡拉奇国际书展（Karachi International Book Fair，简称KIBF）由巴基斯坦数字出版商协会组织，每年举办一次，旨在激励巴基斯坦公众参与文化创意活动，以促进知识传播和文化繁荣；同时也为国内外出版商搭建交流、合作平台。2021年，第16届卡拉奇国际书展于2021年12月30日至2022年1月3日在卡拉奇世博中心举办，为期5天，巴基斯坦本国的136家出版商和书商以及来自17个国家和地区的40家出版商参与展出，并提供大幅图书折扣，共计吸引超过60万名参观者。展会期间的其他活动还包括新书发布会、儿童绘画、朗诵、演讲和问答比赛等。

拉合尔国际书展（Lahore International Book Fair，简称LIBF）是拉合尔市一年一度的重要教育和文化活动，同样由巴基斯坦数字出版商协会组织。2006年，拉合尔国际书展信托基金成立，其宗旨和目标是发展巴基斯坦的图书出版、销售事业以及阅读文化。该基金会还希望通过加强巴基斯坦作家、书商、出版商、政府以及外国出版机构之间的良好互动来促进图书贸易的繁荣。2022年，第35届拉合尔国际书展于5月12日至15日在拉合尔乔哈尔镇博览中心举行，为期5天。另外，拉合尔市还会举办专门面向教育的展会活动——教育博览会兼书展（Education Expo and Book Fair）。

卡拉奇文学节（Karachi Literature Festival，简称KLF）首次举办于2010年，是巴基斯坦第一个也是迄今为止最重要的文学节，其目的在于创造一个知识文化空间，促进文学交流；向公众传播巴基斯坦的文学和文化传统，展现巴基斯坦社会的多样性。其活动包括主题演讲、读书会、新书发布会等；活动期间颁发最佳小说、最佳乌尔都语诗歌、最佳乌尔都语散文等奖项。该文学节的成功举办激励更多的文学节项目出现，例如2011年底启动的儿童文学节（Children’s Literature Festival），2013年起的伊斯兰堡文学节（Islamabad Literature Festival），2014年起的教师文学节（Teachers' Literature Festival）等。

拉合尔文学节（Lahore Literary Festival）首次举办于2012年，旨在汇集、讨论和庆祝拉合尔多样化和多元的文学传统。每年活动期间将会颁发年度奖项以表彰为艺术和文化以及社会进步奉献的巴基斯坦人。

巴基斯坦其他重要的文学奖项还包括：国家文学奖（National Literary Awards），评选各种语言的最佳图书以鼓励创作，2020年奖金为20万卢比；终身文学成就奖（Kamal-e-Fun Award），是文学领域的最高奖项，从2015年起奖金从50万卢比增加到100万卢比；乌尔都文科学奖（Urdu Science Award），奖励用乌尔都文创作或翻译的优秀科学图书。

二、图书业发展概况

印巴未分治时，拉合尔曾是当时的出版中心。1947年，巴基斯坦独立后，尽管大部分出版商迁移至印度，但由于拉合尔拥有较为完善的出版基础设施，因此依然是巴基斯坦出版业的中心。随着巴基斯坦首都的历次迁移，卡拉奇、拉瓦尔品第、伊斯兰堡都得到极大发展，这些城市也逐渐成为巴基斯坦出版业发展的新土壤。

（一）整体情况

根据巴基斯坦国家图书馆披露的国际标准书号数据，截至2019年巴基斯坦有共计约3400家出版商；而与印刷行业相关的大约有300多家公司，多为中小型企业。巴基斯坦2020年的统计年鉴显示，2005—2006年巴基斯坦印刷、出版及相关行业产值为35.75亿卢比，占工业总产值的0.146%，是1983—1984年的2.94倍；增加值35.75亿卢比，占工业总增加值的0.295%，是1983—1984年的7.75倍[①]。

由于巴基斯坦出版商较少公开商业报告，因此较难搜集图书出版的具体数据。根据2002年颁布的《新闻、报纸、通讯社和图书注册条例》，巴基斯坦国家图书馆目前收到法定缴存出版物共73091册，发放的书号数量共计78000个；2018—2019财年，

① 数据来源：巴基斯坦2020年统计年鉴。

收到法定缴存出版物 1863 册，发放书号 3100 个，同时新注册的出版商有 274 个[①]。巴基斯坦出版商和书商协会表示，向图书馆递交出版物副本的规定并未强制执行，导致一些出版商没有严格履行此项义务。因此上述披露数据不能准确反映巴基斯坦每年出版图书的品种数量，但可以确定的是至少达千量级。其中，教科书、诗歌、美食、宗教、政治和儿童读物是热门图书类别；文学类出版物，尤其是英文，市场非常小，大多数图书的印刷量不超过 500 册。与此同时，巴基斯坦数字出版水平较为落后。2022 年初，巴基斯坦互联网普及率仅为 36.5%[②]，数字出版缺乏有力的发展环境。巴基斯坦市场未能引起亚马逊等全球主要电子书零售商的重视，巴本土出版商也不愿意投资数字化。据数据门户网站 Statista 统计，2022 年巴基斯坦电子书业务收入预计为 312 万美元，与世界领先国家相比有很大差距。

在图书进口方面，巴基斯坦统计局（Pakistan Bureau of Statistics）的官网数据显示，2020—2021 年图书进口总额为 20.62 亿卢比，同比下降 55.3%；英国、中国、马来西亚、美国和澳大利亚是巴基斯坦主要的图书进口来源国（见表 1）。而在 2019 年巴印冲突之前，印度也曾是巴基斯坦重要的图书进口国，2018—2019 年进口总额达到 5.13 亿卢比。爆发冲突后，巴基斯坦宣布暂停与印度的所有贸易往来，国内图书业务因此受到一定冲击。一方面，巴基斯坦国内出版市场以乌尔都文图书为主，英文出版的空间较小，而印度的出版业更加成熟，完善，因此许多巴基斯坦英文作家选择在印度出版作品后再回流到国内，禁令则给这一过程带来阻碍；另一方面，许多国际出版商都在印度设立分公司，一些图书从印度进口是更加经济的选择，禁令之后从其他国家进口图书的价格和运输成本都有所提高，进而导致图书价格上涨，给书商带来压力。

表 1 巴基斯坦图书进口调查情况

单位：千卢比

国家	2020—2021 年图书进口总额
英国	816056
中国	531305

① 数据来源：巴基斯坦国家图书馆 2018—2019 财年年度报告。

② 数据来源：Digital 2022: Pakistan. https://datareportal.com/reports/digital-2022-pakistan。

续表

国家	2020—2021 年图书进口总额
马来西亚	217928
美国	120860
澳大利亚	109488
阿拉伯联合酋长国	96187
新加坡	56430
德国	35924
巴林	28772

资料来源：巴基斯坦统计局

总体来说，巴基斯坦印刷出版业在几十年间经历快速发展，但其行业体量在国家经济体系中只占据微乎其微的部分，总体规模较小，数字出版水平较为落后。国内图书生产能力相对有限，一定程度上依赖于图书进口。而制约巴基斯坦出版业发展的因素有很多，主要包括：政府重视程度有待加强，行业管理政策未得到有效执行，对文化活动的扶持力度也不够，即便是巴基斯坦两大国际书展也未能得到政府资助；缺乏良好的阅读文化，尤其在社交媒体时代更加难以培养良好的阅读习惯；盗版问题严重，人们缺乏知识产权意识，出售、购买盗版图书在当地十分普遍；缺乏专业人才和技术；纸张、墨水等印刷材料基本进口，图书印刷成本高等。

（二）主要图书出版机构

巴基斯坦主要的图书出版机构大致可分为三类，分别是政府出版部门、商业出版机构和研究型机构。

1. 政府出版部门

巴基斯坦十分重视乌尔都语的推广与正式使用，因此国家历史和文学遗产部下设 3 个与乌尔都语发展紧密相关的部门，来编写、出版乌尔都文阅读材料。

国家语言推广部广泛出版通用、科学、技术等领域的乌尔都语词典，并基于韦氏词典编写《英语 – 乌尔都语词典》，同时出版乌尔都文图书约 450 种；乌尔都语科学委员会主要为小学、初高中、扫盲机构等编制和出版数学、科技领域的乌尔都文学习材料，已出版约 800 余种图书；乌尔都语词典委员会（Urdu Dictionary Board）

汇编、出版最全面的乌尔都语词典，名为《乌尔都语词典：基于历史原则》（*Urdu Dictionary: On Historical Principles*），同时推出数字版本，可供网页、应用程序在线访问，该委员会还计划出版一部简明版词典。

国家历史和文学遗产部的其他出版子部门还包括：巴基斯坦文学院，重点关注文学、诗歌等领域，目前已出版图书 500 余种；巴基斯坦伊克巴尔学院（Iqbal Academy Pakistan），专门研究和普及伊克巴尔的诗歌作品，以乌尔都语、英语等多种语言出版有关伊克巴尔研究的著作 509 部；卡拉奇真纳学院（Quaid-i-Azam Academy Karachi），主要研究巴基斯坦立国运动及其领袖穆罕默德・阿里・真纳的生平，已出版相关图书 84 种。

除此之外，联邦教育与职业培训部下的国家图书基金会也是重要的出版部门。该机构自 1972 年成立以来，一直致力于为民众提供阅读福利，目前已出版图书 760 余种，涵盖宗教、小说、游记、传记、历史、健康、诗歌、儿童图书、教科书等多个类别。

2. 商业出版机构

20 世纪 70 年代，随着巴基斯坦政府逐渐将教科书的出版权限放开，越来越多的私人出版机构开始出现，使巴基斯坦出版业迎来一次迅猛增长。目前巴基斯坦三千多家商业出版机构大多都有涉及教科书出版业务，仅在旁遮普省教科书委员会注册的出版商就有 443 家。出版机构中规模较大的也会兼营进口、分销等业务，以下将简单介绍其中几家代表性机构。

费罗松斯有限公司（Ferozsons [Pvt] Limited），成立于 1894 年，是巴基斯坦最古老的出版社，主要出版乌尔都文和英文图书，在儿童读物和参考图书方面具有领先地位。

贾汉吉尔书库（Jahangir Book Depot），成立于 1923 年，也是巴基斯坦较为古老的出版社，目前已出版超过 2000 种图书，涵盖文学、政治、技术、儿童文学、青少年小说、诗歌、历史、哲学、伊斯兰教、百科全书、教材、竞赛考试等领域。贾汉吉尔书库与多家国外出版社保持着合作关系，例如微软的出版部门微软出版社（Microsoft Press）、美国教育出版商普伦蒂斯・霍尔出版社（Prentice Hall）、英国出版公司约翰默里出版社（John Murray Press）等。

派拉蒙图书（Paramount Books），成立于 1948 年，深耕于教育领域，致力于为儿童、中小学提供高质量教材，为高等院校提供管理、工程、医学等领域的创新出版物。目前已出版图书 252 种。

桑梅尔出版社（Sang-e-meel Publications），成立于 1962 年，总部位于拉合尔，自印巴分裂后成为巴基斯坦主要的乌尔都文图书出版商。目前已出版图书约 1900 余种，其中乌尔都文图书 1450 种，英文图书 419 种，旁遮普文图书 18 种，包括小说、自传、生物学、植物学、经济学、教育、书法、地理、考古学、艺术、儿童读物等多个类别。

标准出版社（Standard House of Publishing），位于旁遮普省杰赫勒姆市（Jhelum），旗下出版品牌为图书角（Book Corner），目前已出版图书 702 种。

先锋图书（Vanguard Books），成立于 1978 年，目前已出版图书 500 余种，其中大部分是英文图书，其次是乌尔都文图书。

伊尔莫凡出版社（Ilmoirfan Publishers），最开始是一家线上书店，后业务扩展到出版。该社目前已出版图书 400 余种。

朱姆胡里出版社（Jumhoori Publications），重点关注政治和社会科学领域的进步、批判性观点，目前已出版图书 350 余种，集中在政治、经济、历史、传记、文学、宗教等领域。

生命动力有限公司（Elan Vital Private Limited），成立于 2006 年，最早经营一家名为“读物”（Readings）的二手书店。为满足渐长的阅读需求，书店开始引进新书并逐渐发展自己的出版品牌，分别是“ILQA 出版”（ILQA Publications）和与书店同名的“读物”（Readings），目前共出版图书 285 种。

其他出版社还包括专注于教科书出版的丹尼尔出版社（Daniyal Publications）、丹尼什出版社（Danesh Publications）、光石出版社（Lightstone Publishers）等，专注于儿童出版的图书群（Bookgroup）、阿里夫莱拉图书巴士（Alif Laila Book Bus）、马克布尔图书（Maqbool Books）、多斯特出版社（Dost Publications）等，专注于古兰经出版的古德拉特乌拉公司（Qudratullah Company）等。此外，随着互联网的普及，自助出版也逐渐得到巴基斯坦作家的青睐，目前巴基斯坦四家自出版平台分别是塔兹图书（Thazbook）、达斯坦（Daastan）、帕雷斯坦（Parestan）和奥拉克出版社（Auraq Publications）。

3. 大学及研究机构

1976 年，巴基斯坦通过《巴基斯坦研究中心法案》（Pakistan Study Centres Act），要求指定大学建立巴基斯坦研究中心（PSC），并在真纳大学（Quaid-i-Azam University）建立巴基斯坦国家研究所，重点研究巴基斯坦各地区人民的语言、文学、社会结构、习俗等，以加强国家凝聚力。根据可检索到的信息，目前旁遮普大学（Univ. of the Punjab）巴基斯坦研究中心已出版专著 55 种；卡拉奇大学（Univ. of Karachi）巴基斯坦研究中心已出版 18 种英文图书和 23 种乌尔都文图书；信德大学（Univ. of Sindh）巴基斯坦研究中心已出版图书 35 种；白沙瓦大学（Univ. of Peshawar）巴基斯坦研究中心已出版图书 15 种；另外，政府还在伊斯兰堡国际伊斯兰大学（International Islamic University, Islamabad）下设伊斯兰研究所（Islamic Research Institute），致力于在现代科学和知识背景下研究伊斯兰教义，以英文、阿拉伯文和乌尔都文出版超过 140 种图书。

其他非营利性研究机构还包括：伊斯兰文化学院（Institute of Islamic Culture），主要研究伊斯兰精神及其在当代社会和文化中的应用，已出版乌尔都文图书、英文图书 200 余种；乌尔都语进步组织（Anjuman-i Taraqqi-i Urdu），是巴基斯坦古老的学术组织之一，致力于推广和传播乌尔都语语言、文学和文化，已出版图书 650 余种；文学促进委员会（Majlis Tarraqi-e-Adab），隶属于旁遮普政府，旨在推广乌尔都语文学，已出版图书 307 种。

（三）主要图书分销渠道

随着互联网的发展，一些有实力的出版商会自建门户网站，面向读者直接销售图书，例如前面提到的贾汉吉尔书库、桑梅尔出版社、朱姆胡里出版社等。而传统的一级或多级分销渠道依然发挥重要作用，尤其在电子商务时代，网络书店成为巴基斯坦民众购书的新选择。目前，巴基斯坦的图书分销渠道商大致可分为综合型图书企业、专门的图书分销企业以及电子商务企业三类。（见表 2）

表2 巴基斯坦主要图书分销机构调查情况

类别	名称	简介
综合型	费罗松斯有限公司	兼营出版、印刷、分销业务。其销售网络触及巴基斯坦28个主要城市、300多个地区，主要有9家线下零售店以及1家线上书店：线下店在拉合尔有6家，卡拉奇、拉瓦尔品第和伊斯兰堡各1家，销售图书、文具、杂志等50000种商品；同名线上书店提供的图书品种约为2140种。
	生命动力有限公司	兼营出版和分销业务。线上书店“读物”提供的图书品种约为76086种，其中英文图书75630种，乌尔都文图书451种，旁遮普文图书5种。
	图书角	兼营出版和分销业务。线上书店提供的图书品种约为13472种。
	派拉蒙图书	兼营出版和分销业务。线上书店提供的图书品种约为9731种。
	先锋图书	巴基斯坦规模较大的图书进口和分销商，主要从美国、英国和印度等地进口社会科学、科学技术、伊斯兰教等领域的学术图书以及小说、文学作品等，其线上书店提供近2万种图书商品。
	图书特卖网（Online Books Outlet）	兼营印刷和分销业务。线上书店提供的图书品种约为5000种。
	布哈里图书（Bukhari Books）	兼营印刷和分销业务。线上书店提供的图书品种约为3116种。
专业型	赛义德图书银行（Saeed Book Bank）	成立于1955年，是巴基斯坦最大的实体书店，占地面积超过2300平方米，图书库存超过20万种。由于不出售盗版图书，因此图书售价较高。2019年，赛义德图书银行曾一度面临倒闭风险，原因主要在于税率增加，进口图书经营压力增大，盗版严重，人们偏好廉价图书，且阅读文化的缺乏导致销量降低等。也有人指出这与书店的经营不善有关：新书和旧书价格都居高不下，缺乏良好的读者服务，且在电商时代线上书店的运营不尽如人意，网站陈旧，不易于使用。目前，赛义德图书银行仍在持续提供服务，但能否保持过去的辉煌犹未可知。
	基塔班（Kitabain）	成立于2010年，是一个面向买卖双方的开放式图书交易平台，任何人都可以免费注册以出售或购买图书，由基塔班完成配送过程。目前，平台提供的图书品种约为65472种。
	自由图书（Liberty Books）	成立于1952年，以线下书店起家。1998年推出线上书店，并于2001年开设第一家现代化的实体零售店。目前共拥有10家线下门店，线上书店提供的图书品种约为43000种。
	多行图书（Multi-Line Books）	成立于1986年，在巴基斯坦拥有多家连锁书店，线上书店提供的图书品种约为20163种。
	书莓（Bookberry）	线上书店，提供的图书品种约为8000种，另外还提供有声书、电子书等数字格式图书。
	全球图书（Global Books）	巴基斯坦最大的二手书在线书店，图书货源主要为慈善机构、亚马逊、eBay，或者是英、美、加拿大和澳大利亚等地的批发商。该平台还提供按需印刷服务。
	巴基斯坦医学书店（Medical Book Store Pakistan）	线上书店，提供医学类图书约5000种。
	图书+（Books Plus）	线上书店，提供学术、专业、参考书类图书约3113种。
	达瓦图书（Dawah Books）	线上书店，提供伊斯兰宗教类图书约2763种。
电商型	达拉兹（Daraz）	成立于2012年，是巴基斯坦首家电子商务平台，提供超过5万种图书商品。

资料来源：各机构官方网站

三、报刊业发展概况

报纸是巴基斯坦发展最早的大众传媒形式之一，在促进巴基斯坦独立的进程中发挥重要作用。目前，巴基斯坦报刊业主要由四家媒体集团掌控。近年来由于互联网的普及，纸质报刊业务受挫，数字化报刊成为重要的发展方向。

（一）整体情况

1947 年，巴基斯坦独立时，其版图上只有四家主要的穆斯林报纸：《巴基斯坦时报》（*Pakistan Times*）、《扎明达尔报》（*Zamindar*）、《时代之声》（*Nawa-i-Waqt*）、《民事和军事公报》（*Civil-Military Gazette*）。而后，许多穆斯林报纸及出版商从印度搬迁至巴基斯坦，其中包括1940年由穆罕默德·阿里·真纳创立的英文报纸《黎明报》（*Dawn*）、1939 年创立的《战斗日报》（*Daily Jang*）等。随着巴基斯坦识字率的提高和城市化发展，报刊读者人数增多，发行网络逐渐完善，报刊数量也从几十种增加到几百种。但由于巴基斯坦政权数次更替，在几届政府的国有化和严格管控措施下，报刊业曲折发展，部分报刊被迫关闭。1988 年民主政治回归后，巴基斯坦政府放松对新闻纸进口的垄断，报刊业重新私有化，再次迎来蓬勃发展。《战斗日报》《黎明报》《时代之声》等老牌报纸相继创办英文版，并将业务范围扩大到更多城市。数以百计的新报刊也开始在全国各地出版。

到 21 世纪初，巴基斯坦报刊数量达到 1500 种。而与世界趋势一致，伴随着数字媒体的崛起，在经历繁荣发展后的巴基斯坦报刊业开始走下坡。2007 年报刊数量达到顶峰 1820 种，2020 年降至 675 种，其中日报 433 种，周报 70 种，月报 139 种，其他包括双周报、季报等周期在内的报刊共 33 种。（见图 4）而在所有报刊中，70%~80% 为乌尔都文，10% 左右为英文，剩下还有少量信德文、普什图文、俾路支文、旁遮普文及其他文种的报刊。

单位：种

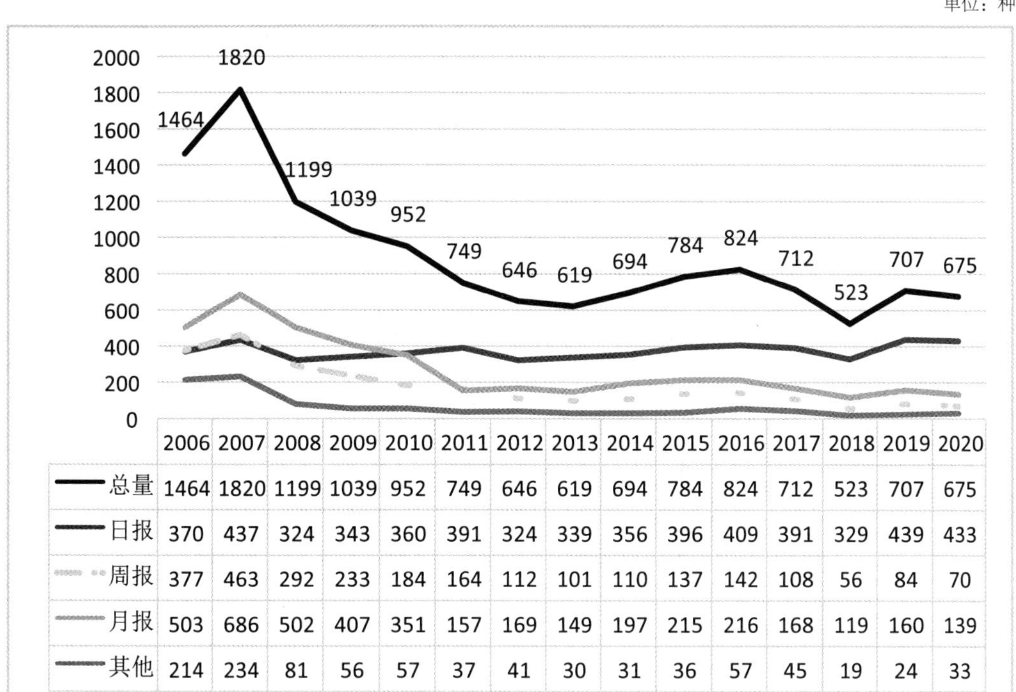

	2006	2007	2008	2009	2010	2011	2012	2013	2014	2015	2016	2017	2018	2019	2020
总量	1464	1820	1199	1039	952	749	646	619	694	784	824	712	523	707	675
日报	370	437	324	343	360	391	324	339	356	396	409	391	329	439	433
周报	377	463	292	233	184	164	112	101	110	137	142	108	56	84	70
月报	503	686	502	407	351	157	169	149	197	215	216	168	119	160	139
其他	214	234	81	56	57	37	41	30	31	36	57	45	19	24	33

图 4　2006—2020 年巴基斯坦报刊数量情况

资料来源：巴基斯坦统计局

（二）主要报刊及出版机构

根据《极光》（*Aurora*）杂志发布的 2020—2021 财年巴基斯坦传媒行业数据，报纸的商业（广告）收入排名中，排在前列的报纸主要归属于 3 家传媒集团，分别是战斗媒体集团（Jang Media Group）、黎明媒体集团（Dawn Media Group）和快捷媒体集团（Express Media Group）。除此外，纳瓦克特集团（Nawaiwaqt Group）在巴基斯坦报刊业也占据重要地位。（见图 5）

单位：亿卢比

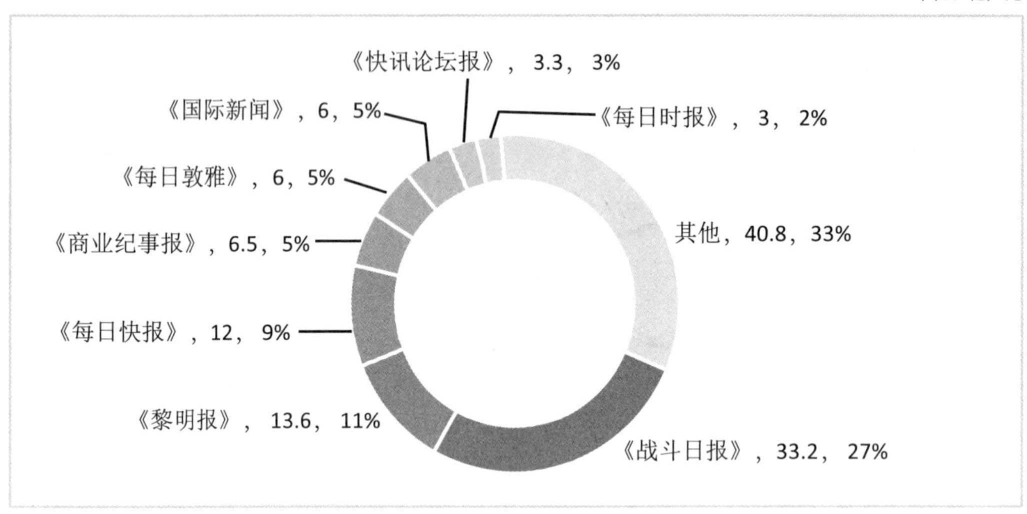

图 5　2020—2021 财年巴基斯坦报纸广告收入及占比情况调查

资料来源：《极光》杂志

1. 战斗媒体集团

战斗媒体集团总部位于卡拉奇，是巴基斯坦最大的报刊集团，也是巴基斯坦在建国之前仅有的三家传统新闻机构之一。该集团以开拓和现代化的办刊精神而闻名，是巴基斯坦第一个发行彩色印刷报纸的机构，并率先在新闻编辑部引入计算机以协助编发流程，在与外国媒体的合作方面也具有领先优势。例如曾与英国周报《经济学人》（*The Economist*）合作推出乌尔都文版年度特别刊，刊载国际专家和著名作家对巴基斯坦和世界局势的看法、预测。集团以新闻为核心业务，在图书出版、有线电视网络等领域也有所扩张。旗下报刊主要有乌尔都文日报《战斗日报》（*Daily Jang*）、乌尔都文周刊《世界新闻》（*Akhbar-e-Jahan*）、英文日报《国际新闻》（*The News International*）和英文杂志《马格周刊》（*Mag The Weekly*），相应报刊同时也以电子版和网页版提供。

《战斗日报》是集团的旗舰报纸，创刊于 1939 年，时值二战期间，因此得名。《战斗日报》是巴基斯坦历史最悠久且发行量最大的乌尔都文日报，其广告收入在所有报纸中排名第一，占据 27% 的份额，是第二名的两倍之多（见图 5）。该报网页版可根据地区分类查看新闻，例如国际、欧洲、全国及所在城市等；也可根据内容分类浏览新闻，例如商业、健康、娱乐、视频、游戏等。

《世界新闻》创刊于 1967 年，是巴基斯坦最受欢迎的乌尔都文周刊杂志，栏目包括政治、时事以及故事、占星术、美容、时尚、健康、娱乐、体育等娱乐性内容，因此受到女性读者的喜爱。另外，《世界新闻》也为儿童提供有趣且丰富的阅读材料。

《国际新闻》是巴基斯坦最大的英文报纸之一，每天从卡拉奇、拉合尔、拉瓦尔品第、伊斯兰堡发行，同时在伦敦发行海外版以供英国的巴基斯坦社区阅读；在商业排名中位列第六，占据 5% 的份额（见图 5）。该报网页版主要有国际、本地、运动、商业、娱乐、技术、健康七大版块，其商业版块会刊登部分来自英国日报《金融时报》（*Financial Times*）的内容。

《马格周刊》是巴基斯坦发行量最大的时尚英文杂志，提供有关健康和健身，流行时尚和评论，宝莱坞和好莱坞新闻、故事，以及电影、电视剧、真人秀、明星采访等娱乐节目的内容。

2. 黎明媒体集团

黎明媒体集团从《黎明报》发展而来，也是巴基斯坦在建国之前就存在的新闻机构，目前已成为一家综合性的媒体公司，总部位于卡拉奇市，集团业务涵盖印刷媒体、广播媒体和网络媒体三个领域。其中，印刷媒体单独成立子公司，名为黎明报业集团，旗下报刊主要有《黎明报》《极光》和《年轻的世界》（*Young World*），另运营黎明网、黎明新闻网两个新闻网站。

《黎明报》是黎明媒体集团的旗舰报纸，也是巴基斯坦历史最悠久的英文日报，由巴基斯坦建国领袖穆罕默德·阿里·真纳于 1940 年创立。自巴基斯坦建国以来，《黎明报》大量报道国内和国际新闻，曾定期发布具有里程碑意义的法律判决、领导人讲话和重要的公报等信息，因此也被称为该国的档案记录报，是独特的历史研究资源。该报同时开发网页版本和应用程序版本以顺应数字媒体发展趋势，广告收入排名第二，占据 11% 的份额（见图 5）。黎明网为《黎明报》的网页版本，内容版块除国内、国际新闻外还包括社论、商业、文化、运动、科技等，另于 2017 年开设“棱镜”专栏，刊登深度文章。黎明新闻网则是以乌尔都语发布新闻内容。据黎明网披露数据，2020 年 11 月至 2021 年 10 月，该网站平均每月访客量达到 460 万，平均每月浏览量达到 5560 万次；黎明新闻网平均每月访客量达到 65 万，平均每月浏览量达到 750 万次。

《极光》杂志为双月刊，重点关注巴基斯坦广告、营销和媒体行业的最新趋势，提供对创意营销活动、新产品开发、消费者和行业趋势的批判性见解，并且每年都会发布与业内媒体广告支出和机构排名相关的权威数据。《年轻的世界》为儿童周刊杂志，刊登对图书、电影、歌曲和网站的评论，儿童投稿的绘画作品、诗歌、故事，以及儿童新闻等。

随着互联网和社交媒体的冲击，该集团原有报刊也出现停刊现象，部分停刊的报刊包括：《星报》（*The Star*），《黎明报》的晚间版，于2005年停刊；《蜘蛛》（*Spider*），互联网科技领域的月刊，于2014年停刊；《先驱》（*Herald*），创刊于1970年，是巴基斯坦阅读量最大的月刊，提供对时事的深入分析和广泛报道，在中东、英国和北美的学者以及巴基斯坦侨民社区中也广受欢迎，该杂志于2019年7月停刊。

3. 快捷媒体集团

快捷媒体集团成立于1998年，是巴基斯坦领先商业公司莱克森集团（Lakson Group）的子公司。旗下报刊主要有：《每日快报》（*Daily Express*），是巴基斯坦发行量第三的乌尔都文日报，在商业排名中位列第三，占据9%的份额（见图5）；英文日报《快讯论坛报》（*Express Tribune*），是《纽约时报》全球版的附属报纸，内容涵盖从政治到经济、从外交政策到投资、从体育到文化等各种话题，在商业排名中位列第七，占据3%的份额（见图5）；信德文日报《每日信德快报》（*Daily Sindh Express*），是巴基斯坦发行量最大的信德文报纸。上述报纸均有电子版或网页版供在线访问。

4. 纳瓦克特集团

纳瓦克特集团是巴基斯坦历史较长的报刊机构之一，也是巴基斯坦第二大报刊集团，出版物以杂志居多，均提供网页或电子版本。旗下报刊主要有：《时代之声》（*Nawaiwaqt*），创刊于1940年，是巴基斯坦发行量第二的乌尔都文日报；英文日报《国家》（*The Nation*），创刊于1986年，特点在于精辟的政治、外交新闻报道及专业社论，周末版会刊登时尚领域的最新信息；《花》（*Phool*），乌尔都文儿童月刊，创立于1990年；《家庭杂志》（*Family Magazine*），乌尔都文女性周刊；《国际新闻杂志》（*Nida-i-Millat*），乌尔都文新闻周刊，内容涵盖地方和全球政治、社会问题、经济问题等。

5. 其他重要报刊

《商业纪事报》（*Business Recorder*），创刊于 1965 年，是巴基斯坦第一份也是规模最大的英文财经日报，隶属于商业纪事集团（Business Recorder Group），在商业排名中位列第四，占据 5% 的份额（见图 5）。该报内容涵盖银行和金融、基金、房地产、股票、商品、能源、汇率、债券、体育、娱乐等，网页版顶栏实时显示股票信息。

《每日敦雅》（*Daily Dunya*），创刊于 2012 年，是由巴基斯坦国家通信服务公司（National Communication Services）运营的乌尔都文日报，在商业排名中位列第五，占据 5% 的份额（见图 5）。该报特点是新闻报道的原始、真实性，在重大问题上坚决代表民众立场。同时提供印刷版、电子版和网页版。

《每日时报》（*Daily Times*），创刊于 2002 年，以英文出版，在商业排名中位列第八，占据 2% 的份额（见图 5）。该报倡导自由和世俗思想，除印刷版外，也提供电子版和网页版。网页版栏目主要包括国内新闻，国际新闻，社论和观点，商业，运动，艺术、文化和图书，以及生活等。

《巴基斯坦日报》（*Daily Pakistan*），创刊于 1990 年，同时以乌尔都文和英文出版。纸质版每日发行量超过 50 万份，网页版每月浏览量超过 5000 万次，是巴基斯坦极具影响力的报纸之一。

《华商报》，创刊于 2016 年，是巴基斯坦国内发行的唯一一种中文报纸，内容涉及中巴政治、经济、文化、教育、体育等多个领域，受众多为在巴中资企业、华人华侨及巴基斯坦主要企事业单位等。

四、中巴出版业交流合作情况

中国与巴基斯坦于 1951 年建交，七十多年来两国政府和人民结下深厚友谊，双方开展全方位的互利共赢合作。以中巴经济走廊建设为中心，中巴经贸合作成果突出，进入高质量发展阶段；中国连续六年成为巴基斯坦最大的贸易伙伴，也是巴基斯坦主要的图书进口来源国。经济走廊建设为两国人文交流打开新的窗口，人文交流也同样促进经济走廊建设的纵深发展。

自 1965 年起，中巴政府共同签署多轮文化协定。《中华人民共和国政府和巴基斯坦伊斯兰共和国政府文化合作协定 2018 至 2022 年执行计划》中约定，要进一步加强两国在文化、艺术、广播、影视、出版和体育等领域的协作；其中积极鼓励和支持两国出版机构翻译和出版对方文学典籍是计划重点之一。

2021 年 1 月，中巴进一步签署《中华人民共和国国家新闻出版署与巴基斯坦伊斯兰共和国国家遗产和文化署关于经典著作互译出版的备忘录》，双方约定要充分调动两国出版、文化等领域专家，在未来五年内共同翻译出版两国深入人心的经典作品 50 种，帮助两国读者加深对彼此的了解。同年 3 月，为促进两国图书的创作、互译，推动出版业加强交流合作，中国文化译研网、社会科学文献出版社和巴基斯坦超越地平线有限公司（Beyond the Horizon Pvt.）联合启动“CCTSS 中巴翻译工作坊”项目，集结巴基斯坦知名汉学家、翻译家及中巴出版、媒体机构力量，为巴基斯坦读者翻译、出版、推介优秀的中国图书。

在中巴两国文化主管部门和出版机构的努力下，图书互译出版已取得丰富成果。例如：早在 2007 年，巴基斯坦文学院就编译出版 3 本乌尔都文版的中国文学作品——《中国古代诗歌选集》《圣人孔子》《中国古典和现代文学作品选集》。时至 2021 年，适逢中巴建交 70 周年，为进一步开展作家交流、作品译介等活动，深化中巴作家和人民的相互了解，中国作家协会与巴基斯坦文学院在中巴文学论坛上签署《中国作家协会和巴基斯坦文学院交流合作谅解备忘录》，巴基斯坦文学院也借此机会正式出版乌尔都文版《离骚》。

在官方合作之外，巴基斯坦巴中环球文化互联有限公司自 2013 年起，致力于在巴基斯坦市场开发中文图书，目前已将中国儿童绘本《小雨点早期阅读》系列、《中国成语故事》、《大漠寻星人》、“中国经典传统故事动漫丛书”等多部图书翻译成乌尔都文出版；该公司同时与我国国内江西美术出版社、中原出版集团、山西经济出版社、山东电子音像出版社等多家出版社达成合作，将陆续在巴基斯坦市场推出已出版图书的乌尔都文版。2018 年，我国世界知识出版社翻译出版巴基斯坦历史学家艾贾祖丁的著作《首脑之间》，内蒙古师范大学鸿德学院巴基斯坦研究中心正在翻译其另一部著作《部长手记》。2019 年，作家出版社编译出版《巴基斯坦诗选》，向中国读者介绍巴基斯坦乌尔都文诗歌的发展及代表作品；同年《红星照耀北国——追寻红二十四军》《中国经济七十年》《中国模式经济发展论》三种新书版权输出到巴基斯坦。2021 年以来，《爱上中国》《为了万家灯火：中国共产党百年抗灾史》等多种图书也与巴基斯坦出版商签订合作出版协议；江苏求真译林出版社与巴基斯坦超越地平线有限公司将在未来 5 年内合作出版 100 种中国主题图书。

与此同时，中巴图书展会活动交流近年来有所增加。2019 年，巴基斯坦广播孔子课堂在第十届巴基斯坦国家图书节上展出 24 种中文学习教材和工具书，并举办中国故事会活动，吸引大量对中国文化感兴趣、对中文学习有热情的巴基斯坦民众。2021 年，巴基斯坦受邀担任第 28 届北京国际书展的主宾国，书展现场的主宾国展台展陈巴基斯坦众多经典著作、旅游手册和特色画册等，线上 web 端同步展出数百种图书以展现巴基斯坦的文化风貌。在第 16 届卡拉奇国际书展上，同样也有中国出版商参与展出，但我国出版商整体上对巴基斯坦展会活动的参与度仍然较低。随着两国图书译介、出版合作日益密切，巴基斯坦的书展、文学节活动应受到更多关注，使其成为向巴基斯坦民众展示中国文化、扩大合作的有效途径。

除在图书上的合作交流外，中巴双方在新闻媒体方面的合作也踏上新的台阶。2017 年，巴基斯坦《华商报》与《国际新闻》签署合作协议，共同在《国际新闻》上开设中文专栏，刊登中国新闻，内容涵盖中国经济、文化、教育、美食、在巴华人动态等。我国国内新闻媒体则积极关注巴基斯坦发展动态，积极保持与巴基斯坦媒体的合作关系。2017 年以来，中国日报网微端共推出巴基斯坦文化、外交、安全、贸易等方面的相关报道近 2000 篇。人民日报社与多家巴基斯坦主流媒体保持长期友好合作关系。经济日报社早在 1985 年就在巴基斯坦设立记者站，并致力于将中国经济网打造成为中巴经济走廊最重要的新闻报道和信息服务平台。2018 年，光明日报社联合巴基斯坦战斗媒体集团、巴基斯坦报业协会共同举办中国·巴基斯坦媒体论坛，以“‘一带一路’倡议与构建中巴命运共同体”为主题，中巴双方在论坛上签署《北京宣言》《“一带一路”新闻交流合作协议》等文件。中巴两国媒体承担着传播真实新闻信息、增进两国人民互信与理解的重要责任，深化合作将有利于人们正确认识中巴经济走廊与“一带一路”倡议的积极作用，在共识之上共建，共赢，促进两国社会、经济、文化发展。

总体来看，巴基斯坦出版业自建国以来规模得到极大扩展，但受到本土政策、经济、文化环境的制约，与世界领先国家仍有不小差距。而针对巴基斯坦出版业发展的难点问题，中方可与巴基斯坦就人才培养、技术升级等方面加强交流，提供经验或技术援助。在中巴经济走廊与“一带一路”倡议的大背景下，中巴出版业交流合作逐渐从政策走向具体落实，在图书译介出版、展会互动、新闻媒体合作方面取得丰硕成果，并在稳步推进中。以书为媒，未来出版业将继续成为中巴文化交流的桥梁，在打造新时代更加紧密的中巴命运共同体中做出积极贡献。

参考文献

1. 商务部. 对外投资合作国别（地区）指南：巴基斯坦（2021 版）[EB/OL]. https://www.investgo.cn/upfiles/swbgbzn/2021/bajisitan.pdf.

2. Saleem M R. Press ordinances in pakistan [EB/OL].(2019-11-25). https://www.slideshare.net/RawahaShah/press-ordinances-in-pakistan?from_action=save.

3. Butt A, Khan M, Gul F. An investigation of the reading habits among Pakistani university students[J]. Global Social Sciences Review, 2019, 4(4): 398-407.

4. Market overview: Pakistan's emerging publishing industry[EB/OL].(2017-01-10). https://publishingperspectives.com/2017/01/pakistan-market-overview-book-publishing/.

5. Iftikhar M O. Treading an unfamiliar path: Independent publishers could herald a new era for the industry in Pakistan[EB/OL]. (2022-02-20). https://www.thenews.com.pk/tns/detail/934669-treading-an-unfamiliar-path.

6. Williams M. The Punjab gets 20 new digital libraries, but easy access to ebooks is still a distant dream in Pakistan[EB/OL]. (2018-03-05). https://thenewpublishingstandard.com/2018/03/05/the-punjab-gets-20-new-digital-libraries-but-easy-access-to-ebooks-is-still-a-distant-dream-in-pakistan/.

7. Asif M, Yang L, Ali M, et al. An analytical overview of book publishing and copyright issues in Pakistan[J]. International Journal of Instructional Technology and Educational Studies, 2022, 3(2): 1-13.

8. History: From effective State monopoly over media to pluralism[EB/OL]. (2019-07-15). https://pakistan.mom-rsf.org/en/context/history/.

9. Abbas Z. The missing pages of history: 70 years of Pakistan and Dawn [EB/OL]. (2017-08-19). https://www.dawn.com/news/1352579.

10. 中国巴基斯坦签署关于经典著作互译出版的备忘录：为共建中巴命

运共同体注入新的人文动力 [EB/OL]. (2021-01-06). https://wap.peopleapp.com/article/6097026/6007371.

11. CCTSS 中巴翻译工作坊在京正式启动 [EB/OL]. (2021-03-17). https://www.chinaxwcb.com/info/570075.

12. 富子梅 . 媒体合作助力“一带一路”建设 [EB/OL]. (2018-04-25). https://news.gmw.cn/2018-04/25/content_28485283.htm.

13. 丁士 . 加强媒体深层合作推动中巴经济走廊建设 [EB/OL]. (2018-04-25). https://news.gmw.cn/2018-04/25/content_28484699.htm.

14. 高岸明 . 传播合作助力“一带一路”倡议 [EB/OL]. (2018-04-25). https://news.gmw.cn/2018-04/25/content_28485289.htm.

（作者单位：武汉大学信息管理学院；武汉大学数字出版研究所）

菲律宾出版业发展报告

刘 蓁 徐丽芳

菲律宾共和国（Republic of the Philippines），简称菲律宾（Philippines），位于亚洲东南部，北隔巴士海峡与中国台湾地区遥遥相对，南和西南隔苏拉威西海、巴拉巴克海峡与印度尼西亚、马来西亚相望，西濒南中国海，东临太平洋，国土面积29.97万平方公里，共有大小岛屿7000多个，其中吕宋岛、棉兰老岛、萨马岛等11个主要岛屿占全国总面积的96%。截至2021年，全国人口约1.1亿，其中马来族占全国人口的85%以上，其他还包括他加禄人、伊洛人、邦邦牙人、维萨亚人和比科尔人等；少数民族及外来后裔有华人、阿拉伯人、印度人、西班牙人和美国人；还有为数不多的原住民。菲律宾共有70多种语言，国语是以他加禄语为基础的菲律宾语，英语为官方语言。国民约85%信奉天主教，4.9%信奉伊斯兰教，少数人信奉独立教和基督教新教，华人多信奉佛教，原住民多信奉原始宗教。[①]

一、出版业发展背景

菲律宾政府为其出版业的发展提供了较为稳定的政治经济背景以及多重法律保障。同时，政府致力于打造社会阅读氛围，培养民众阅读习惯，也为出版业的繁荣打下基础。

（一）政治经济情况

14世纪前后，菲律宾出现由土著部落和马来族移民构成的一些割据王国，其中

① 资料来源：外交部网站菲律宾国家概况。

最著名的是 14 世纪 70 年代兴起的苏禄王国。1521 年，麦哲伦率领西班牙远征队到达菲律宾群岛。此后，西班牙逐步侵占菲律宾，并统治长达 300 多年。1898 年 6 月 12 日，菲律宾宣告独立，成立菲律宾共和国。同年，菲律宾被美国依据西班牙战争后签订的《巴黎条约》占领；1942 年被日本占领。第二次世界大战结束后，菲律宾再次沦为美国殖民地，直至 1946 年 7 月 4 日获准独立，由自由党和国民党轮流执政。2022 年 6 月，费迪南德・罗慕尔德兹・马科斯（Ferdinand Romualdez Marcos）就任菲第 17 任总统。

菲律宾的经济是出口导向型，对外部市场依赖较大。第三产业在国民经济中地位突出，农业和制造业也占相当比重。服务业产值约占国内生产总值的 60%，是全球主要劳务输出国之一。据统计，2019 年 4 月至 2019 年 9 月，在海外工作的菲劳工约有 220 多万人，其中约 22.4% 在沙特阿拉伯，13.2% 在阿联酋。同时，菲律宾的旅游业也是外汇收入重要来源之一。2020 年，菲律宾国内生产总值（GDP）约为 3622.4 亿美元，人均国内生产总值约为 3300 美元。2016 年，杜特尔特总统签署行政命令，正式提出“2040 愿景”，以“2040 年成为富足的中产国家”为菲律宾未来的阶段性发展目标。

（二）相关法律法规情况

菲律宾国家文化艺术委员会（National Commission for Culture and the Arts）承担保护和传播菲律宾文化的任务，通过举办艺术作品评比、开展文化教育计划等措施来促进国内文化事业发展。近年来，为促进国家产业建设，菲律宾政府加大举措力度，开放许多行业引进外资，但对文化产业仍然有所限制。《菲律宾共和国宪法》规定，外国人不能在菲拥有新闻机构，外侨也不能在新闻机构工作，因而广播电台、电视台和有线电视网 100% 为菲律宾人所拥有。故而菲律宾的外国投资负面清单中规定，外商禁止投资大众传媒。另外，为保证本国国民阅读和获取知识的权利，菲律宾签署《关于教育、科学和文化物品的进口的协定》（佛罗伦萨协定），对进口图书免收关税与进口税，免税范围还涵盖其他出版物、艺术品、音频视频制品、科学器具等。

菲律宾的内容出版，尤其是新闻内容，曾经受到政府的严格管控。但阿基诺夫人当选总统后，颁布《自由权利法》，规定今后不能通过任何剥夺言论自由、表达意见自由和新闻出版自由的法律，或者剥夺人民对政府表示不满的和平集会，请愿和申诉的权利。1987 年，言论自由和新闻自由被写入菲律宾宪法。

另外，菲律宾也是《伯尔尼保护文学和艺术作品公约》（1948 年布鲁塞尔版本）、

《保护工业产权巴黎公约（里斯本修正案）》、《保护表演者、录音制品制作者和广播组织罗马公约》的缔约国。1997 年，菲律宾颁布《知识产权法典》，并成立知识产权办公室。《知识产权法典》的保护范围涵盖图书、文章、报纸、演讲、演出、音乐、绘画、建筑、雕塑、设计、地图、摄影、音频、视频等文学艺术作品。同时，该法典还包括对专利、商标、商品名和服务商标的相关规定。

就图书出版而言，菲律宾在 1995 年实行的《图书出版业发展法》（Book Publishing Industry Development Act）是出版业的核心法规。该法案旨在促进图书出版行业的持续增长，鼓励私营出版商为国内外市场提供优质的、价格合理的图书产品，并提出国家图书出版的发展计划以及对出版行业的指导纲领。该法案中提到，菲律宾的国家图书政策目标在于创造有利于图书开发、生产和发行的条件，保障图书出版业的优先地位，确保向各阶层人口提供充足、价格合理和可获得的图书，通过各类措施促进国民阅读，等等。依据《图书出版业发展法》设立的菲律宾国家图书发展委员会（National Book Development Board）是执行和实施该法案规定政策的机构。该委员会的成员由菲律宾总统任命，并受总统办公室的监督，任何从事图书出版及其相关活动的个人和企业都应当向国家图书发展委员会登记。国家图书发展委员会的职责还包括对出版行业进行宏观管理，制定促进出版业发展的政策条例和激励措施，对与图书出版相关的机构和个人进行监管，确保作者的版权受到保护以及图书和原材料进口的税款得到免除，开展对出版业的研究，建立各私营出版机构之间的联系，举办研讨会、讲座、会议、展览和其他有关图书发展的活动，等等。同时，对教材出版方面的规定也是该法案的重点之一。1995 年之前，教科书出版由政府控制，实行统编单一教科书政策。《图书出版业发展法》终止此项政策，将教材出版交还给私人企业。政府相关部门与国家图书发展委员会的职责转变为负责制定课程大纲，对教科书进行评估推荐，等等。

（三）国民阅读情况

菲律宾国家图书发展委员会与菲律宾统计研究与培训学院 (Philippine Statistical Research and Training Institute, 简称 PSRTI) 在 2017 年进行的读者调查显示，94% 的成年人和 96% 的未成年人表示他们喜欢阅读，72% 的父母会鼓励孩子阅读。对成年人来说，阅读最主要的原因是学习新事物，其次是了解时事；对未成年人来说，学习新事物同样是最大的原因，其次是提升阅读理解能力。（见表 1）

表 1 菲律宾读者阅读的原因

阅读的原因	成年人比例	未成年人比例
学习新事物	44.12%	41.10%
了解时事	20.72%	8.73%
休闲放松	19.51%	22.52%
提升阅读理解能力	15.67%	27.40%

资料来源：菲律宾国家图书发展委员会官方网站

从阅读材料的选择来看，绝大部分成年受访者仍然偏爱纸质书。76.75% 的人会阅读纸质休闲读物，每月平均阅读时间是 9.39 个小时。进行在线阅读的读者虽然数量较少，但其忠诚度很高，每月平均阅读时间分别是 11.48 个小时和 14.03 个小时。（见图 1）

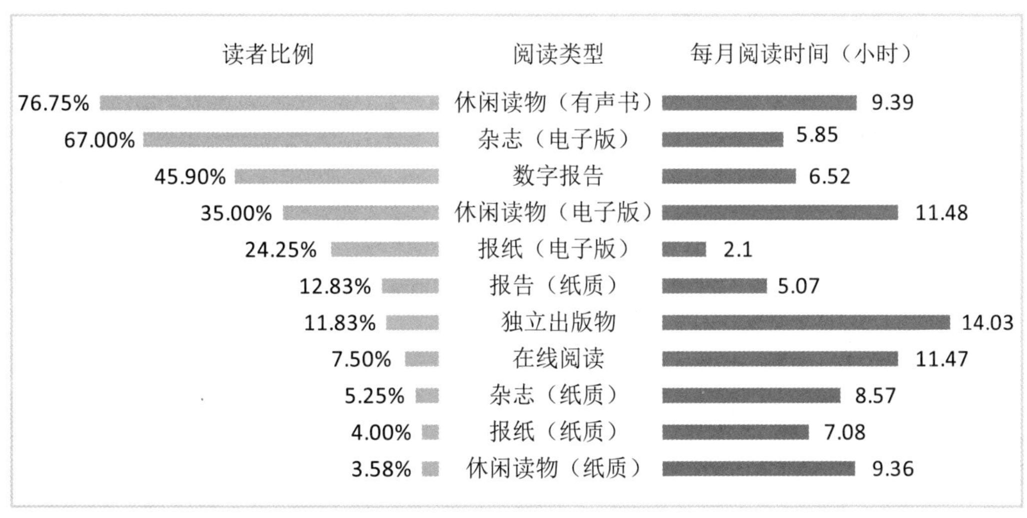

图 1 菲律宾成年人的阅读内容与阅读时间

资料来源：菲律宾国家图书发展委员会官方网站

对于未成年人来说，情况则稍有不同。休闲读物（包括纸质书、有声书和电子书）的读者最多，占到了 92.58%，平均阅读时间也最长，达到了平均每月 13.7 个小时。（见图 2）

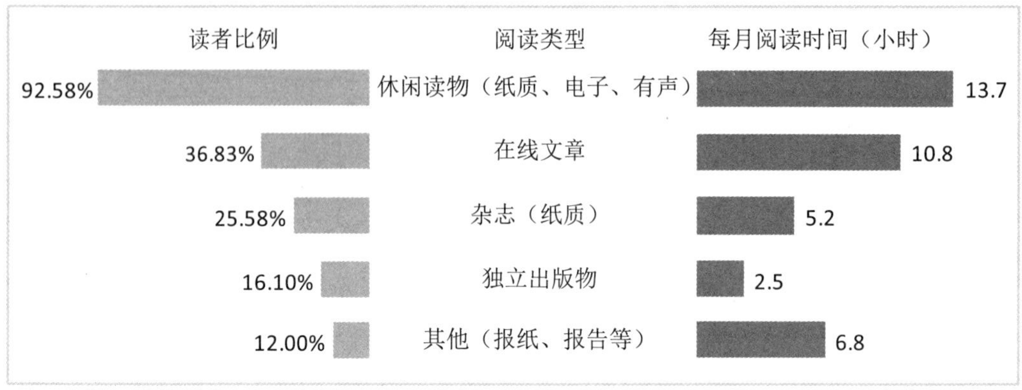

图 2 菲律宾未成年人阅读内容与阅读时间

资料来源：菲律宾国家图书发展委员会官方网站

在内容形式偏好方面，无论是成年人还是未成年人，纸质书都占有压倒性的优势。但是，从有声书和电子书的读者群体来看，未成年人对这些新型图书的接受度明显强于成年人。从阅读时间上来看，未成年人和成年人的区别不大。（见图 3、图 4）

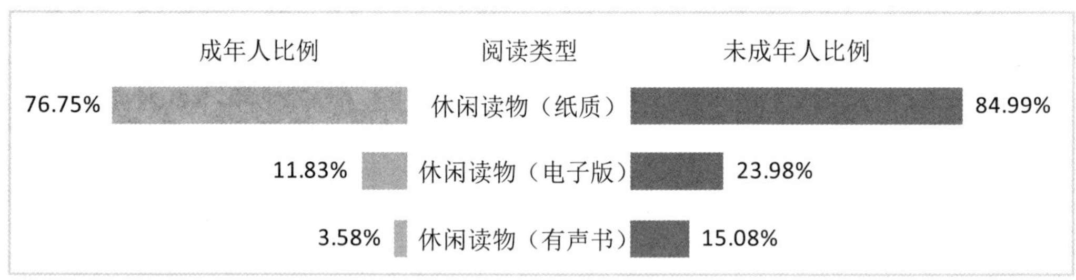

图 3 菲律宾人对不同格式图书的阅读情况

资料来源：菲律宾国家图书发展委员会官方网站

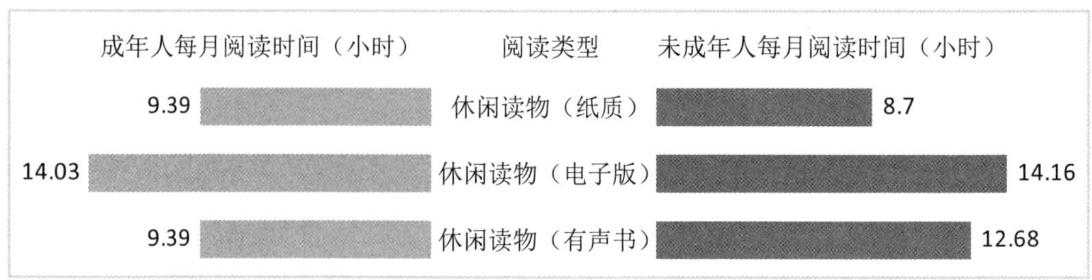

图 4 菲律宾人对不同形式图书的阅读时间情况

资料来源：菲律宾国家图书发展委员会官方网站

随着科技的发展，娱乐方式大量增加，互联网的兴起分散了人们对阅读的兴趣，2003—2017 年，休闲读物读者数量下降 10%，报纸读者数量下降 17%，杂志读者数量下降 18%。为了重新唤起国民对阅读的热情，菲律宾举办了一系列阅读推广活动。2015 年，政府宣布每年的 4 月是菲律宾全国文学月（National Literature Month, 简称 NLM），以传承本国历史与文化，激励本国文学的发展。在此期间，图书发展委员会和国家图书馆等相关组织会举办多种活动来庆祝以促进国民阅读。2020 年，国家图书发展委员会举办了贯穿整个 4 月的图书嘉年华（Book Fiesta）在线活动，主要包括三项：菲律宾图书出版业速递——在 4 月的每个星期二和星期五，由官方社交媒体账号发布本国图书出版业 2019 年的数据和文学知识；分享一本书挑战（Share-A-Book Challenge）——鼓励公众通过照片、文字等形式在脸书（Facebook）上分享一本关于食物的菲律宾图书；短视频大赛（Vlog Contest）——参赛者需要在脸书上录制视频来分享他们认为最奇怪的一本菲律宾图书。后两项活动的获奖者均有现金奖励。2021 年 12 月，国家图书发展委员会启动了书角（Book Nook）项目，旨在为缺少书店、图书馆或者互联网访问受限的偏远地区建立迷你图书馆和家庭阅读中心，满足当地人民的阅读需求。每个书角提供 1000~1500 种图书，其中约有 70% 面向儿童，30% 面向成人。除去借阅外，书角还会举办故事会、手工课、阅读和写作研讨会、读书俱乐部等活动。目前，菲律宾拥有 50 余个书角，并且还在持续建设中。

（四）书展及奖项情况

马尼拉国际书展（Manila International Book Fair）是菲律宾举办的规模最大、持续时间最长的图书博览会，每年 9 月在马尼拉举办，为期 6 天。该书展每届约有 15 万人次参与，是东南亚地区最为重要的书展之一。展品范围包括畅销小说、课本、漫画、教育材料、宗教图书、杂志、报纸、地图，另有光盘、电子读物、电子学习软件、数字出版科技等。

菲律宾学术书展（Philippine Academic Book Fair）是菲律宾唯一一个专注于教育市场的书展，汇集了来自该国各地的主要出版商和分销商，展出最新的学术著作、参考资料、期刊、教育视频和音频材料、辅助工具以及其他学术资源。菲律宾学术书展由菲律宾学术书商协会（Academic Booksellers Association of the Philippines, 简称 ABAP）主办，除去参展人员外，每年都会邀请学者、学校管理人员、教授、学生和图书爱好者参加。

2014 年，菲律宾国家图书发展委员会与马拉邦市政府合作，在马拉邦市政厅举办了书展（Booklatan Book Fair），共有 6 家出版商参展，每家出版商都向马拉邦市图书馆捐赠了 50 本书。该书展是菲律宾国家图书发展委员会长期项目城镇书展（Booklatan sa Bayan）的一部分，该项目旨在访问全国各地的社区，根据当地的具体情况举办各种活动，促进菲律宾阅读文化和终身学习文化的发展。

菲律宾代表性的图书奖项有：国家图书奖（National Book Awards），1982—2008 年由马尼拉评论家协会（Manila Critics Circle, 简称 MCC）颁发，2008 年后由菲律宾国家图书发展委员会颁发，分文学组和非文学组，文学组评选小说、散文、诗歌等作品，非文学组则评选艺术类、设计类、专业类、社会科学类图书；国家童书奖（National Children’s Book Awards），由菲律宾国家图书发展委员会和菲律宾童书委员会（Philippine Board on Books for Young People, 简称 PBBY）共同管理，颁发的最佳阅读奖（Best Reads）最多可以有 10 本获奖图书，该奖项旨在鼓励父母或看护人花更多时间与孩子一起阅读，同时推荐最好的出版作品；金书奖（Gintong Aklat），由菲律宾图书发展协会管理，每两年颁发一次，旨在表彰优秀的出版商，考察的方面包括图书制作（印刷、装订等）、内容（写作和编辑）和图书设计。

二、图书业发展概况

近年来，随着出版商、作者、读者及相关部门的积极推动，菲律宾的出版业逐渐繁荣起来。2010—2018 年期间，菲律宾出版业实现稳步增长，同时，图书电子商务和电子书发行逐渐成为出版业中不可忽视的部分。但从另外一方面看，图书进出口之间存在较大差距。因此，国际图书贸易也成为菲律宾出版业中有待进一步发展的潜在投资领域。

（一）整体情况

菲律宾的图书出版业正在不断发展中，但行业整体规模较小，增长水平也不稳定。根据国家图书发展委员会年度报告的数据，菲律宾图书出版业营收在 2016 年仅占国内生产总值（GDP）的 0.04%，2014 年和 2015 年的增长率分别为 11.65% 和 17.17%，但 2016 年下降 11.06%。互联网的发展使得菲律宾的读者群体规模增长趋势趋于平缓，纸质图书销售缓慢，从而导致出版业难以达到出版商预期的增长水平。（见图 5）

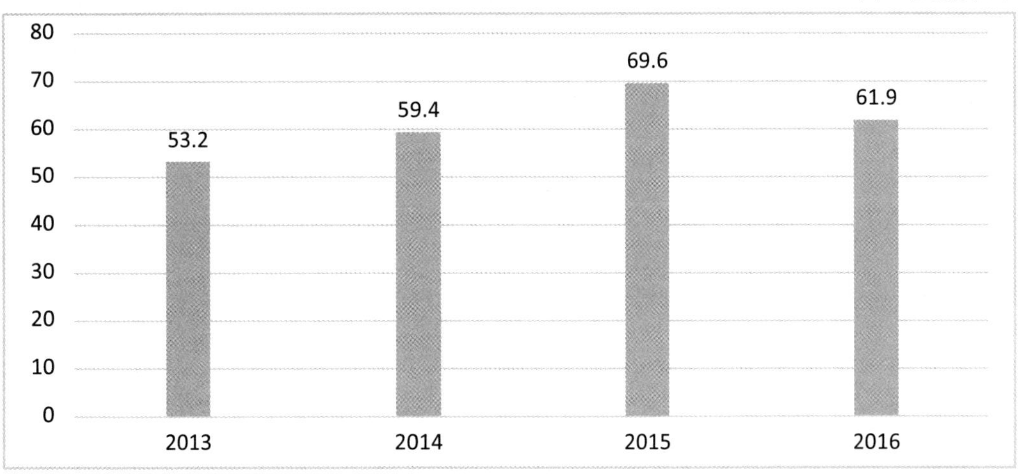

图 5　2013—2016 年菲律宾图书出版业收入

资料来源：菲律宾国家图书发展委员会官方网站

从图书出版机构的雇员来看，员工数量总体呈上升趋势，2016 年的雇员比 2010 年增长 23%，但对比全国雇员数据，3629 仍然是个非常小的数字，图书出版业在菲律宾也依然是规模较小，处于边缘位置。（见图 6）

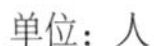

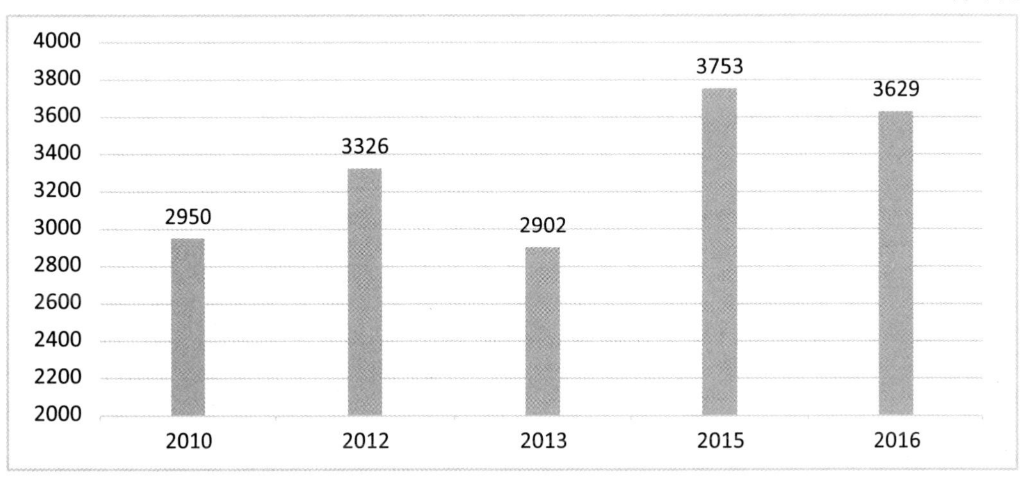

图 6　2010—2016 年菲律宾图书出版业雇员情况

资料来源：菲律宾国家图书发展委员会官方网站

另外，根据菲律宾国家图书馆的统计，其分配的国际标准书号（ISBN）数量在2010—2015年间呈上升趋势，在2015年达到峰值9480个，增长率达到62%。但2015年后分配的国际标准书号数量就一直在下降，降幅最大的是2016年，达到12%。值得一提的是，2010—2015年内，菲律宾国家图书馆分配给电子书的国际标准书号占总数的比例同样在增长，从2010年的3%涨到2015年的25%。（见图7）

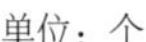
单位：个

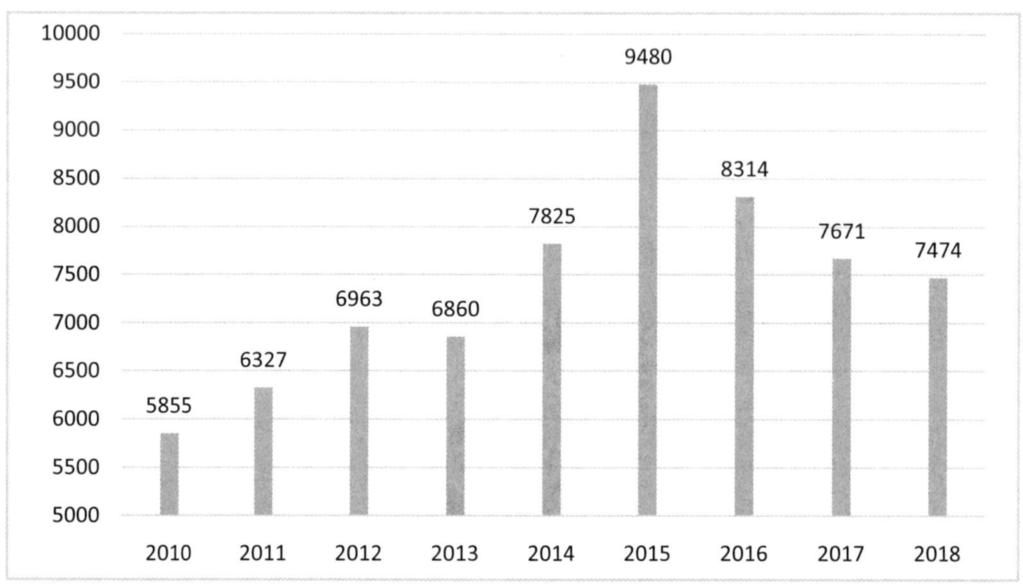

图7　2010—2018年菲律宾分配国际书号数量

资料来源：菲律宾国家图书发展委员会官方网站

菲律宾图书的国际贸易情况同样也不稳定。在2013—2019年间菲律宾的图书进出口贸易经历了较大波动，但进口量远高于出口量。这段时间内，出口量占贸易总量的比例最高是2013年的6.26%，最低则是2017年的2.99%。据统计，2017年菲律宾参与的包括法兰克福书展、故事驱动亚洲大会（StoryDrive Asia）等在内的书展活动达10次之多，是2011—2018年期间次数最多的一年，频繁的展会交流使菲律宾出版业有机会与其他市场的出版商进行直接对话与版权谈判，也是造成图书进口量飙升的原因之一。以2018年为例，菲律宾从80个国家进口图书，其中从美国进口的数量最多，其次是马来西亚、新加坡、中国和韩国；同时，菲律宾向全球80个国家和地区出口图书，

其中最大的输出国是马来西亚，随后是沙特阿拉伯、美国、巴布亚新几内亚和英国。（见图 8）

图 8　2013—2018 年菲律宾图书进出口情况

资料来源：菲律宾国家图书发展委员会官方网站

菲律宾图书出口量远小于进口量的同时，菲律宾文图书也正在与英文图书竞争本地与国际市场。菲律宾国家图书发展委员会调查发现，菲律宾人阅读的图书有 49.28% 是菲律宾文作品，英文作品则占比 43.99%。但在被翻译为其他文种的次数最多的菲律宾图书中，前十名内仅有 1 本是菲律宾文作品，且排名靠后，而英文作品则有 7 本。这一系列数据说明，在菲律宾国内市场中，菲律宾文作品并没有占据明显的优势，英文等文种的作品凭借其悠久的历史仍然占有很大份额，菲律宾本土的经典也依旧以英文、西班牙文等作品为主。正因如此，扶持菲律宾文作品也成为菲律宾国家图书发展委员会的主要任务之一。（见表 2）

表 2 菲律宾文图书被翻译次数情况

排名	书名	作者	文种	出版年份	被翻译次数
1	《幻觉》（*Ilustrado*）	米格尔·西乔科（Miguel Syjuco）	英文	2008	12
2	《社会毒瘤》（*Noli Me tangere*）	何塞·黎萨尔（Jose Rizal）	西班牙文	1887	10
3	《起义者》（*El Filibusterismo*）	何塞·黎萨尔	西班牙文	1891	7
4	《大众》（*Mass*）	F. 西奥尼·何塞（F. Sionil Jose）	英文	1973	4
5	《伪装者》（*The Pretenders*）	F. 西奥尼·何塞	英文	1962	3
6	《黄昏》（*Po-on*）	F. 西奥尼·何塞	英文	1984	3
7	《有两个肚脐的女人》（*The Woman Who Had Two Navels*）	尼克·华奎因（Nick Joaquin）	英文	1961	3
8	《我的兄弟，我的侩子手》（*My Brother, My Executioner*）	F. 西奥尼·何塞	英文	1973	2
9	《树》（*Tree*）	F. 西奥尼·何塞	英文	1978	2
10	《阿玛》（*Ama*）	拉扎罗·弗朗西斯科（Lazaro Francisco）	菲律宾文	1929	2

资料来源：菲律宾国家图书发展委员会官方网站

菲律宾的图书出版业距离国际领先水平差距较大，同时在国内与其他发达产业相比也处在落后位置。菲律宾图书出版业目前发展水平受限，有很多层次的原因。首先，菲律宾曾经被西班牙和美国统治，因此出版作品以西班牙文和英文为主，在独立初期，该国图书市场仍然高度依赖国外图书的进口，而菲律宾文作品没有得到充分的发展，生产力水平不高。除此之外，菲律宾图书出版业起步较晚，对业内新技术热情较低，落后于马来西亚、新加坡等邻国，在国际市场上竞争力不强，又反过来导致本土出版商的目光局限于国内市场，缺乏向海外出口的意识。受制于国家经济水平，菲律宾政府给予图书出版行业的扶持力度不够大，也限制了本国中小型出版企业的发展。

正因如此，菲律宾在 1995 年颁布了《图书出版业发展法》，并成立菲律宾国家图书发展委员会，希望能扩大国内图书出版业的规模，促进其持续增长。菲律宾国家图书发展委员会不仅承担宏观掌控整个行业的职能，而且肩负着传播本土文化、保护菲律宾文作品的社会责任。目前，菲律宾国家图书发展委员会已经提出多项激励举措，并且成立许多资助项目和文学基金，以期能在传承本土文化、保持其文化完整性的同时挖掘图书出版业的潜能，将其发展为菲律宾的文化支柱产业之一。

（二）出版机构情况

根据菲律宾国家图书发展委员会的数据，截至 2018 年 12 月，菲律宾共拥有 172 家在该委员会注册的图书（包括纸质书和电子书）出版机构，其中有 28 家是 2018 年当年注册的。在过去很长一段时间里菲律宾的图书出版很大程度上受政府控制，现在政府号召将图书市场还给私人企业，鼓励商业出版，因此每年都会涌现许多新的出版商。根据出版机构的性质，可以分为私人出版机构和大学出版社两类，以下将根据其规模、知名度、获奖情况等信息列举各自的代表机构并对其进行简单介绍。

1. 私人出版机构

铁砧出版公司（Anvil Publishing Inc.），成立于 1990 年，是菲律宾最大的连锁书店国家书店（National Book store）的出版部门，曾 11 次获得菲律宾国家图书奖的年度最佳出版商称号。该公司总部位于北卡罗来纳州曼达卢永市，与包括母公司国家书店在内的 565 家经销商合作，从而在 60 个城市和直辖市销售图书。迄今为止，该公司已经成功出版 1380 多种图书，其中 132 种获得国家图书奖。铁砧出版公司主要面向教育市场和大众市场经营，其产品主要分为三大类——儿童读物（涂色书、故事书等），大众图书，包括烹饪、报告文学、历史、政治、文化、艺术、心理学、诗歌和小说，还有教科书及参考资料（幼儿园、小学和中学）。另外，铁砧出版公司还积极探索数字出版，其电子书和有声书都是公司产品的重要组成部分。

阿达纳出版社（Adarna House），成立于 1980 年，主要面向儿童市场和教育市场经营。绘本是阿达纳出版社最受欢迎的出版物，其他产品还包括面向儿童和成人的硬板书、学前图书和海报、青少年小说、漫画、活动图书以及非虚构类手册和参考资料。出版图书外，阿达纳出版社还与公共和私营部门合作，为菲律宾儿童提供各类教育课程。2013 年，阿达纳出版社成立了阿达纳基金会（Adarna Group Foundation, Inc.），致力于慈善和教育，与社区以及其他组织合作，促进 0~4 岁菲律宾儿童识字教育的普及。

维巴尔出版集团（Vibal Group Inc.），成立于 20 世纪 50 年代，最早是由记者创办的商业杂志出版商，后来转向教科书领域发展，如今已经成为一家以出版、印刷、系统集成和技术解决方案为核心业务的集团公司，专门为教育、政府和私营企业服务。除教科书、教师手册、实验手册等印刷图书外，维巴尔出版集团还研发了丰富的数字教育产品，包括一站式在线教学平台 Vsmart，定制模块化的家庭学校 Learn at Home，参与式学习工具 LearnLive AR 等。2007 年，维巴尔出版集团成立了慈善机构维巴尔基金会（Vibal Foundation），旨在通过成立专属于菲律宾的研究门户、百科网站、教师资源平台等项目，为菲律宾人提供免费和开放的知识。

2. 大学出版社

圣托马斯大学出版社（University of Santo Tomas Publishing House），是圣托马斯大学不可分割的一部分。圣托马斯大学成立于 1611 年，是位于菲律宾马尼拉的一所私立天主教大学，也是世界上最大的天主教大学之一。圣托马斯大学出版社的定位是现代化的专业学术出版社，出版具有学术、艺术、文学价值的作品以生产和传播知识，因此，所有稿件在出版之前都要经过严格的审查程序。该社平均每年出版 24 种图书。圣托马斯大学出版社在 2011 年获得菲律宾国家图书奖的年度最佳出版商奖项。

菲律宾大学出版社（the University of the Philippines Press），是菲律宾大学的官方出版社。自 1965 年成立以来，菲律宾大学出版社出版了许多本国学者的学术作品，并将促进本国研究发展，提供最好的菲律宾图书作为出版社的使命，曾三次被评为年度最佳出版商。作为公立大学出版社，菲律宾大学出版社致力于提升国民的识字率和科学文化素养水平，出版了大量科普教育图书，例如由菲律宾科学家、教育学家等撰写的科普文章集系列丛书“菲律宾科学”（“Science Philippines”），目前已经出到第四卷。

马尼拉雅典耀大学出版社（Ateneo de Manila University Press），成立于 1972 年，目的是通过出版教科书和学术著作来建设国家和促进学术发展。起初，他们只出版菲律宾本土作家文学作品或与菲律宾有关的文学作品，以及社会科学和人文方面的图书。目前，其出版范围已扩展至涵盖建筑学、商业与科学、技术、经济学、工程和数学（STEM），以及考古学等方面的图书。该出版社旗下有三个出版品牌：与出版社同名的学术系列，出版经过双盲评审的学术和文学图书；蓝皮书系列（BlueBooks），出版各年级教科书；布霍系列（Bughaw），出版与其他组织合作的图书。马尼拉雅典耀大学出版社近几年发展迅速，已经蝉联了近三届的年度最佳出版商。

（三）发行渠道

根据菲律宾国家图书发展委员会的数据，2015 年，菲律宾全国共有 670 家书店，但地域分布很不均匀。书店规模不等，有小型独立书店，也有大型全国连锁店；最大的连锁书店国家书店拥有超过 200 家实体店。图书电商在菲律宾还处在发展初期，2016 年，电子商务营收仅占图书出版行业营收的 0.002% 左右。但是，许多出版商都开始探索线上零售，书店纷纷建立在线购买渠道，图书零售网站和依靠社交媒体的线上书店也开始涌现。受疫情影响，许多线下书店暂停营业，越来越多读者选择在线上购买图书。（见表 3）

表 3　菲律宾线上及线下书店情况

<table>
<tr><th>类别</th><th>书店名称</th><th>简介</th></tr>
<tr><td rowspan="6">线下零售书店</td><td>国家书店
（National Bookstore）</td><td>成立于 1942 年，是菲律宾最大的连锁书店，拥有超过 200 家门店，超过 9 万种图书。2004 年，国家书店成立了国家书店基金会（National Bookstore Foundation, Inc., 简称 NBSFI），致力于贫困儿童教育，目前已捐赠超过 100 万本图书，建成超过 500 座图书馆。</td></tr>
<tr><td>爱书者书店
（Biblio）</td><td>成立于 2016 年，是一家专业书店，主要提供各种进口二手图书，以及部分新书、礼品、玩具等，其 9 家门店全部位于菲律宾吕宋岛，但线上购买配送范围也包括菲律宾其他城市。</td></tr>
<tr><td>客满书店
（Fully Booked）</td><td>成立于 2003 年，提供各种类型各种主题的 10 万余种图书，包括小说、漫画、非虚构类图书、专业图书等等，在菲律宾拥有 30 家门店。</td></tr>
<tr><td>潘达扬书店
（Pandayan Bookshop）</td><td>成立于 1993 年，主要面向学校和儿童经营，销售教科书、课外书等图书和杂志，办公用品，美术和工艺用品，体育用品等，在菲律宾拥有 131 家门店。</td></tr>
<tr><td>图书卖场
（Booksale）</td><td>主要销售来自美国、加拿大、澳大利亚和英国低价的未使用图书或二手图书，以及本地印刷的英文和菲律宾文的菲律宾杂志，在菲律宾拥有 91 家门店。</td></tr>
<tr><td>菲律宾基督教书店
（Philippine Christian Bookstore）</td><td>是菲律宾基督教文学公司的一个部门。主要销售基督教相关图书，旨在传播圣经中的福音和教义。</td></tr>
<tr><td rowspan="3">线上零售书店</td><td>门廊读者
（Porch Reader）</td><td>宗旨是给读者提供价格实惠的图书，并成立了基金会，致力于在菲律宾各地建立免费的小型图书馆，每笔订单中都有部分资金转入基金会中。</td></tr>
<tr><td>文人书店
（Literati Bookshop）</td><td>小型独立线上书店，主要销售文学图书，每月在照片墙（Instagram）账号上发布图书列表，读者在评论中预订，先到先得，预订成功后填写订单完成付款，马尼拉的订单可享受免费配送服务。</td></tr>
<tr><td>我的阿克达书店
（My Akda Bookshop）</td><td>主要销售来自美国的图书，所有商品仅供预订，购买时只需支付总金额的 30%，其余金额将在到货时支付。</td></tr>
</table>

资料来源：各书店官方网站

三、报刊业发展概况

菲律宾的报刊业和国家政治环境有着紧密的联系。菲律宾的第一份报纸《最高政府》（*Del Superior Govierno*）由时任西班牙总督于 1811 年创立，其目的是为当地西班牙人带来有关西班牙的新闻。1898 年，美国占领菲律宾后，菲律宾的报刊业迅速发展起来，许多英文报纸由此创办。二战之后，菲律宾进入新闻业的黄金时代，报刊业空前繁荣，代表不同利益集团的报刊共有 116 种，其中全国性的报刊 26 种，主要在首都马尼拉出版。马科斯统治时期，政府开始严格控制媒体，1972 年宣布的戒严令更是将所有媒体都交由政府接管，这一政策直接导致媒体数量的急速下滑，到 20 世纪 90 年代初，菲律宾报刊数量仅有 79 种。马科斯政府倒台后，新闻自由被写入宪法，报刊业逐渐恢复到戒严前的状态，并开始蓬勃发展，ISSN 目录中每年新增连续出版物（包括电子报刊）的数量也一直保持在较高水平。（见表 4）

表 4　菲律宾每年新增连续出版物情况

单位：种

年份	数量
2021	551
2020	295
2019	382
2018	473

资料来源：菲律宾国家图书馆官方网站

（一）英文报纸

《马尼拉时报》（*The Manila Times*）创刊于 1898 年，是菲律宾历史最悠久的报纸之一，也是菲律宾第一份英文报纸。创刊伊始的《马尼拉时报》主要报道美国新闻，以满足驻守菲律宾的美国军队对于美国新闻的需求。二战时期，《马尼拉时报》曾停刊 15 年，直到 1945 年，美国战地记者们呼吁重启英文报纸，《马尼拉时报》出版公司旗下的另一份报纸《星期日报》（*Sunday Times*）开始创刊发行，随着民众对新闻的需求越来越大，《星期日报》的版面不断增加，但仍然无法完全满足当地的新闻需求，于是《马尼拉时报》又恢复出版，重新出现在马尼拉街头。该报在全国范围内发行，内容包括地区和国际新闻、商业、体育、娱乐、生活等等。同时，该报还推出网页版、数字版（应用程序）和直播频道。（见表 5）

表 5 《马尼拉日报》订阅价格情况

<table>
<tr><td rowspan="2">纸质版</td><td>价格（比索）</td><td>3660</td><td>6570</td><td>11680</td></tr>
<tr><td>期限</td><td>6 个月</td><td>1 年</td><td>2 年</td></tr>
<tr><td rowspan="3">网页版</td><td>每年价格（比索）</td><td>799</td><td>850</td><td>5999</td></tr>
<tr><td rowspan="2">权限</td><td>有限制地无广告访问网站文章</td><td>无限制地访问网站文章</td><td>无广告访问网站打印副本</td></tr>
<tr><td>不能访问数字版</td><td>可访问数字版</td><td>可访问数字版</td></tr>
</table>

资料来源：《马尼拉日报》官方网站

《马尼拉公报》（*Manila Bulletin*）成立于 1900 年，是菲律宾发行量最大的报纸。在马科斯统治时期，几乎所有新闻报纸都被禁言，《马尼拉公报》作为官方媒体幸存下来，可以在戒严令下继续发行。根据尼尔森 2016 年第二季度的数据，《马尼拉公报》占据整个大报[1]市场 48% 的份额，是菲律宾阅读量最大的大报，报道商业、娱乐、体育、生活、科技和各地新闻。为了满足菲律宾华人和华侨的新闻需求，该报在 2020 年 6 月推出在线中文版，成为菲律宾第一家拥有在线中文版的主要报纸。

《菲律宾每日问询者报》（*Philippine Daily Inquirer*）成立于 1985 年，是菲律宾最有影响力的报纸之一，也是菲律宾获奖最多的大报，拥有超过 500 个奖项与提名。该报有 4 个地方分社，130 多名省级记者和在马尼拉、拉古纳两地的印刷机构，在全国范围内拥有超过 100 万读者，其网站 www.inquirer.net 位居全球访问量最大的新闻网站之列，平均每天浏览量达 100 万次。该报还推出数字版应用程序 Inquirer Plus。（见表 6）

表 6 Inquirer Plus 订阅价格情况

订阅计划	月度价格（比索）	年度价格（比索）	访问权限	设备数量
基础	149	1490	《菲律宾每日问询者报》	1
进阶	199	1990	《菲律宾每日问询者报》 东南亚国家联盟报纸	3
全面	229	2290	《菲律宾每日问询者报》 东南亚国家联盟报纸 杂志和图书	3

资料来源：《菲律宾每日问询者报》官方网站

① 大报（broadsheet）指的是开本较大的权威报纸，内容较为严肃，如《马尼拉公报》就是典型的大报。与大报不同，小报（tabloid）开本较小，内容以娱乐文艺为主，以其低廉的价格和易懂的文字受到大多数菲律宾人的欢迎。

（二）菲律宾文报纸

《消息报》（*Balita*）是最主要的菲律宾文报纸之一，也是最具影响力的小报之一。该报刊载国内外新闻、社论、专栏文章，同时有娱乐版和体育版等。2005 年，《消息报》被马尼拉公报出版公司收购。

《菲律宾之星时报》（*Pilipino Star Ngayon*），成立于 1986 年，是菲律宾发行量最大的小报之一。马科斯统治被推翻后，新闻媒体回归私营，报纸出版商计划推出新的报纸来为公众提供可信的信息，使菲律宾的新闻业回到黄金时期的状态，于是，《菲律宾今日报》（*Ang Pilipino Ngayon*），《菲律宾之星时报》的前身就此诞生。大报《菲律宾星报》（*The Philippine Star*）是该报的姊妹报，而小报《菲律宾之星时报》主要面向低收入人群。值得一提的是，《菲律宾之星时报》是菲律宾第一份全彩出版的小报，也是菲律宾第一份探索互联网出版的小报。

（三）中文报纸

《世界日报》（*World News*）创办于 1981 年，每天读者超过 10 万人，发行范围不仅包括菲律宾全国各地，而且扩展到中国，在菲律宾华文报纸中名列前茅。该报现平均日出版对开纸 13 张 52 版左右，最多时可达 69 张 276 版。版面内容包括本地新闻、港澳台新闻、侨乡新闻、体育、文艺、医药与保健、旅游等等。

《商报》（*Chinese Commercial News*）是菲律宾历史最悠久、影响最大的中文媒体之一。1919 年创刊时名为《华侨商报》，是马尼拉中华商会的会报，一月出版一次，旨在为在菲华人提供最及时的商场消息。1922 年，《华侨商报》改为日报，1986 年更名为《商报》，主要刊载经济新闻、社会民生、中国新闻、菲律宾新闻等内容。

（四）期刊

菲律宾的期刊以由大学和研究机构出版的学术期刊及政府出版物为主。其学术期刊出版可以追溯到 20 世纪，最早的学术期刊《菲律宾科学期刊》（*Philippines Journal of Science*）于 1906 年创刊。根据菲律宾电子期刊网站（The Philippine E-Journals, 简称 PEJ）的统计，截至 2022 年，菲律宾拥有电子期刊 208 种，共发表论文 16029 篇，获得引用 132432 次。代表性期刊有《菲律宾心理学期刊》（*Philippines Journal of Psychology*）、《国际水稻研究》（*International Rice Research Notes*）、《亚太社会科学评论》（*Asia-Pacific Social Science Review*）、《德拉萨大学商业与经济评论》

（*DLSU Business and Economics Review*）、《菲律宾兽医和动物科学期刊》（*Philippine Journal of Veterinary and Animal Sciences*）等等。政府出版物则主要是统计年鉴、各部门工作报告等等。

四、中菲出版业交流合作情况

自古以来，菲律宾就与中国往来频繁。1967 年东南亚国家联盟（东盟）成立时，菲律宾就是五个创始成员国之一，并长期致力于推动中国 – 东盟关系发展和东盟共同体建设。在双方的努力下，中菲贸易持续增长，中国已成为菲律宾最大的贸易伙伴。据统计，2020 年，中菲贸易额达到 611.5 亿美元，其中，中国对菲出口 418.4 亿美元，自菲进口 193.1 亿美元。2021 年，中国对菲非金融类直接投资达 1.5 亿美元，在前一年高速增长的基础上继续保持良好势头。菲律宾也是东盟国家中最早与我国签订文化协定的国家之一，自 1979 年 7 月 8 日签署协定以来，双方已签订了十余个涵盖文学、文物、表演艺术、广播电视、教育、体育、卫生等领域的年度文化交流执行计划。2016 年，中菲双方签署《中国国务院新闻办公室和菲总统府新闻部关于新闻、信息交流、培训和其他事宜的备忘录》；2017 年，中国国际广播电台和菲律宾总统府新闻部及主要官媒签署合作协议并在联合制作节目方面进行了具体合作。在官方推动下，中菲媒体交流频繁，合作发展迅速，常有互访活动，菲律宾也曾多次派出官方和私有媒体代表前往中国，参加为菲律宾媒体举办的各种培训活动和奖学金项目。总体来看，在双方共同努力下，两国一直保持着友好密切的文化关系。

在展会交流方面，中菲积极参与双方举办的书展、文化节等活动。例如，2017 年，由菲律宾唯一实体中文书店新华书城与中国教育图书进出口有限公司承办的菲律宾马尼拉中国图书巡展，展出图书逾 3000 册，本次书展是“中华文化走出去”系列工程之一，旨在增进菲律宾读者对中华文化的了解。2019 年，第三届东南亚中国图书巡回展走进菲律宾，巡回展期间，相关出版机构还开展图书展售、版权对接洽谈、系列赠书活动及中国非遗文化展演等。中国出版代表团也多次参展马尼拉国际书展，2017 年的展览更是设立在马尼拉的中国城内。2019 年，第 40 届菲律宾马尼拉国际书展开幕，中国图书展共展出 6 个类别、310 余册精品图书，其中，国际汉语教材尤其受欢迎。由中国教育图书进出口有限公司、高等教育出版社、人民教育出版社组成的中国出版代表团同菲律宾多家出版社展开版权贸易洽谈，以进一步加强两国在出版领域的合作与交流。

在华文教育方面，华人移民菲律宾已有悠久的历史，形成稳定的华人社区，当地华文教育也在稳定发展中。1899 年，在中国第一任驻菲总领事陈纲倡议下，菲律宾第一所华侨学校中西学堂在马尼拉成立，如今菲律宾已有上百所华侨学校。此外，孔子学院也是菲律宾华文教育的重点机构之一。2005 年，菲律宾最著名的大学之一菲律宾马尼拉雅典耀大学与中国国家汉办签署意向书，共建孔子学院，中方的合作伙伴为中山大学，2006 年建成菲律宾第一座孔子学院。2012 年，中国书屋在菲律宾国家图书馆揭幕，该书屋由菲律宾国家图书馆和菲律宾红溪礼示大学孔子学院合办，中国驻菲律宾大使馆向书屋捐赠了 500 余本图书，以促进菲律宾人民对中国的了解与认识。国侨办也曾多次向菲律宾华文教育学校捐赠中文图书室。2012—2021 年，国侨办已赠送菲律宾五个批次的图书，共有 45 个单位获赠。另外，菲律宾华文教育教材的编写都有中国汉语专家的参与，国内出版社也会专门出版华语教材供菲律宾华校使用，如 2009 年由北京大学出版社出版的《新编菲律宾华语课本》等。菲律宾当地的华文教师也有许多是由中国国家汉办派遣的公派教师与志愿者，以及中国侨务办公室派出的华文督导老师。

在出版合作方面，中菲出版行业互动密切，国家层面的合作也在进一步推进中。2017 年“一带一路”国际合作高峰论坛期间，中国外文局与菲律宾总统府新闻部签署新闻出版合作备忘录，内容包括定期互换双方新闻内容进行刊登、书目互荐、在翻译出版及发行方面展开合作等。2019 年，习近平总书记在亚洲文明大会上倡议发起“亚洲经典著作互译计划”，菲律宾也是该计划的重要组成部分之一。2021 年，“亚洲经典著作互译计划”中菲视频会议顺利举办，双方进一步沟通了中菲经典著作互译工作的相关进展，推动双边互译工作的进一步落实。

根据菲律宾国家图书发展委员会的数据，2018 年，菲律宾进口中国图书贸易额达到 3 亿比索，仅次于美国、马来西亚、新加坡，在所有国家中排名第四。中菲的版权贸易与合作也日渐增长。例如，《世界日报》与厦门大学新闻传播学院建立了合作关系，双方共同开展对菲华历史的研究。2006 年，《世界日报》与厦门大学的 6 名专家学者联合编写的《菲律宾华文报史稿》在马尼拉首发。2012 年，由厦门大学、

《世界日报》等历时 5 年编纂的长达百万余字的《菲律宾华人通史》在厦门大学出版社出版。2018 年，经菲律宾驻华大使罗马纳及苏禄王后裔基拉姆公主等人推荐，菲律宾 1986 萨默豪斯出版社（1986 Summerhouse Publishing）引进广西师范大学出版社出版的《奎章：纪念苏禄王访华六百周年》。该书是中国学者研究中菲古代交往史的著作，从苏禄国王 600 年前访华入手，记录了两国往来交流的历史，是中菲友谊的重要见证。除去学术著作外，小说也是菲律宾重点引进的图书之一。长篇小说《南洋漂流记》《巴金精选短篇小说集》等都曾被著名华人翻译家施华谨翻译为菲律宾文并出版。施华谨同时也翻译了当地许多菲华作家的大量精选作品，向菲律宾主流社会予以介绍和分享。为了表彰他在图书翻译方面的突出贡献，菲律宾国语委员会 (Komisyon Sa Wikang Filipino) 在 2019 年授予其最高奖项"语言捍卫者奖"(Kampeon Ng Wika)。

随着菲律宾杜特尔特总统的数次访华，菲律宾与中国的关系不断迈上新台阶，各方面合作也越发频繁深入，目前，中菲出版业的进一步合作方向，可以在以下几个方向寻找。一是尽快贯彻落实与菲律宾签署的各项计划。随着"一带一路"倡议获得的响应越来越多，中国推出的出版合作计划也逐渐丰富，但其中菲律宾部分已落实的项目较少。例如"亚洲经典著作互译计划"中，与菲律宾的合作进度还停留在建立沟通机制上。相较于其他国家已经签署计划宣言，着手互译甚至产出成果，中国与菲律宾的互译项目还亟需落实。二是加强行业技术交流。相较于菲律宾广播电台、菲律宾电视台和菲律宾新闻媒体与中国的交流合作，中菲出版业界的交流还停留在较浅层次。中国可以增设图书出版行业的人员培训或实地走访项目，邀请菲律宾出版商参加，同时在印刷、数字出版方面帮助菲律宾解决其出版业面临的转型升级问题，建立数字出版行业规范和标准。三是拓宽合作范围。目前中菲的出版合作还停留在著作译介和版权贸易，中国可以从菲律宾阅读市场出发，在主题策划、内容呈现等方面展开创新，挖掘作者资源，与菲律宾出版商共同开发面向菲律宾读者的新作品。

随着菲律宾政府各项激励措施的出台，菲律宾出版业得到了一定程度上的发展，但总体来说体量仍然偏小，增长也不稳定，还有较大的上升空间，尤其是其数字出版产业，仍然有较大的潜能可供挖掘。中国可以凭借其产业与技术优势，为菲律宾提供产业升级所需的技术和人才经验，帮助其提升产业自主发展能力，实现两国合作水平的深化。借助"一带一路"的窗口，从出版业出发，开启新的文明对话，进一步助力两国文明互鉴、文化交流，为共建中菲命运共同体不断注入人文动力。

参考文献

1. 马燕冰 . 菲律宾 [M]. 北京：社会科学文献出版社，2018：149-152，362.

2. Philippine Statistics Authority. Total number of OFWs estimated at 2.2 million [EB/OL]. (2020-06-04). https://psa.gov.ph/content/total-number-ofws-estimated-22-million.

3. 刘沁秋，徐辰 . “亚洲经典著作互译计划”背景下的中国：东盟文学互译发展研究 [J]. 出版参考，2021（10）：22-29.

4. 蔡馥谣，曹波 . 中国与“一带一路”沿线国家文化交流大事记 (上)[J]. 中华文化海外传播研究，2018（1）：285-335.

5. 陈力丹 , 李林燕 . 坎坷之路上的菲律宾新闻传播业 [J]. 新闻界，2015（9）：66-72. DOI:10.15897/j.cnki.cn51-1046/g2.2015.09.014.

6. Ongpin I. NBDB’s book nooks [EB/OL]. (2021-12-03). https://www.ma-nilatimes.net/2021/12/03/opinion/columns/nbdbs-book-nooks/1824508.

7. 王以俊 . 困扰菲律宾图书出版业的老问题 [J]. 印刷世界，2009（1）：62-63.

8. National Book Development Board. 2017 readership survey publication[EB/OL]. (2020-10). https://booksphilippines.gov.ph/wp-content/uploads/2020/10/2017-Readership-Survey-Publication.pdf.

9. National Book Development Board. Book publishing industry data 2019 for Web [EB/OL]. (2020-01-29). https://booksphilippines.gov.ph/wp-content/uploads/2020/02/Book-Publishing-Industry-Data-2019-For-Web-01292020_organized-1.pdf.

10. National Book Development Board. Republic act no.8047 [EB/OL]. (2016-01). https://booksphilippines.gov.ph/wp-content/uploads/2016/01/RA8047.pdf.

11. National Book Development Board. Annual report 2019 [EB/OL]. (2020-06-27). https://booksphilippines.gov.ph/wp-content/uploads/2020/06/ANNUAL-REPORT-2019-20200627.pdf.

12. National Commission for Culture and the Arts. The print media: A tradition of freedom [EB/OL]. https://ncca.gov.ph/about-ncca-3/subcommissions/subcommission-on-

cultural-disseminationscd/communication/the-print-media-a-tradition-of-freedom/.

13. Karunungan R. The history of Philippine media [EB/OL]. (2020-02-19). https://reneekarunungan.com/2020/02/19/the-history-of-philippine-media/.

14. 中华人民共和国商务部亚洲司 . 2019 年中国 – 菲律宾经贸合作简况 [EB/OL]. (2020-07-29). http://yzs.mofcom.gov.cn/article/t/202007/20200702987511.shtml.

15. Intellectual Property Office of the Philippines. The hope of the Philippine book publishing industry amid stagnant readership [EB/OL]. (2020-04-23). https://www.ipophil.gov.ph/news/the-hope-of-the-philippine-book-publishing-industry-amid-stagnant-readership/.

（作者单位：武汉大学信息管理学院；武汉大学数字出版研究所）

古巴出版业发展报告

刘莹晨

古巴全称古巴共和国（the Republic of Cuba，la República de Cuba），位于加勒比海西北部墨西哥湾入口，由古巴岛、青年岛等1600多个岛屿组成，是西印度群岛中最大的岛国；全国划分为15个省和1个特区，省下设168个市；2020年全国人口1147.2万，其中白人占总人口66%，黑人占11%，混血种人占22%，华人占1%[①]；西班牙语为官方语言；古巴居民主要信奉天主教、非洲教派、新教和犹太教等。古巴实行全民免费教育制度，共分三级：第一级为学龄前教育，第二级包括小学、初中和大学预科教育，第三级为公费制高等教育。古巴政府重视发展教育，采取一系列措施改善教育质量，如从社会发展的实际需要出发升级教育计划，改善教学质量；保障本科毕业生长远发展；加强硕士和远程教育模式等。根据联合国教科文组织《2015全民教育发展指数》，古巴在117个国家（地区）中排第28位，在拉丁美洲国家中排名第一。目前，古巴是拉美地区识字率和平均受教育水平最高的国家，教育水平居世界前列，全国15岁以上人口识字率高达99.8%。[②]

一、出版业发展背景

2020年，新冠感染疫情对古巴经济社会发展产生较严重影响，工农业生产滑坡，进出口贸易大幅下降。2020年古巴国内生产总值同比下滑11%。这一趋势也同样体

---

① 白人指西班牙人的后裔，即克里奥尔人；黑人指非洲人及其后裔；混血人种指黑白混血人种。

② https://www.yidaiyilu.gov.cn/wcm.files/upload/CMSydylgw/202002/202002140245004.pdf.

现在古巴图书出版业的发展上。2020年，古巴全年图书出版总数仅有260种，不足2019年总数的1/3；图书发行量仅有307.5万册，较2019年减少近50%；全国各级、各类图书馆共关停22座；中古出版交流合作也因人员往来中断等因素稍有停滞。

（一）政治经济状况

古巴是世界上五个社会主义国家（中国、朝鲜、越南、老挝、古巴）之一，且是美洲唯一的社会主义国家，长期以来实行社会主义政治制度，近年来国内政局保持稳定。

古巴是北美大陆通往南美的重要门户和通道，素有“加勒比海明珠”的美称，历史上曾一度成为西半球贸易航运中心和投资热点。农业、渔业、旅游资源丰富，发展潜力巨大。古巴长期实行计划经济体制。制糖业、旅游业和镍出口是重要经济支柱。主要农产品为甘蔗、烟草、热带水果、咖啡、可可、水稻等，工业制成品主要依赖进口。劳务输出、旅游和侨汇收入是重要外汇来源[①]。新冠感染疫情对古巴经济社会发展产生较严重影响，工农业生产滑坡，进出口贸易大幅下降。据世界银行统计数据显示，2020年古巴国内生产总值为1073.5亿美元，人均国内生产总值为9477.9美元，自2000年以来持续呈缓慢增长态势。但由于古巴长期对外国投资保持警惕和排斥，开发较少，经济结构比较单一，生产和生活物资多依靠进口，同时长期受美国制裁封锁，经济发展较为缓慢。

（二）行业主管机构

古巴的“图书业”概念起源较晚。1722年，圣·奥古斯汀（N. P. San Agustín）的《诺维娜的虔诚与荣耀颂歌》（*Novena en devoción y gloria*）是古巴的第一部印刷品[②]。1819年，伊格纳西奥·瓦尔德斯·马丘卡（Ignacio Valdés Machuca）以迪利奥（Delio）为笔名出版了《诗篇》（*Ocios poéticos*），这是古巴第一部真正意义上的图书。在18至19世纪，古巴全国的图书出版活动并不繁荣，大多数处在都督府控制之下。单本图书印刷数量局限在200册左右，且集中在哈瓦那等城市。到19世纪末，古巴

---

① http://cu.china-embassy.gov.cn/gk/gbgk/.

② Fornet, A. (2014). El libro en Cuba. Siglos XVIII y XIX . La Habana, Cuba: Editorial Letras Cubanas.

的文盲率高达 75%[①]。

在独立之后，古巴进入共和国时期。古巴图书出版业依然发展缓慢，没有关于图书的成文法。出版活动依然成本高昂，局限于私立学校的教学图书。据统计，1949—1950 年的教育部预算中，仅有 0.01% 用于图书馆图书购买和公立学校建设[②]。这段时期，由于文学和新闻业的兴起，印刷商和出版商数量有所增加。但这些出版活动大多为私营，有私人资金支持或党派支持。

在 1959 年古巴革命之后，古巴的出版社和印刷厂逐渐走向国有化。1959 年 3 月 31 日，古巴国家印刷社（Imprenta Nacional de Cuba）创立，第一部出版的图书是《聪明的绅士堂吉诃德·德·拉曼恰》（*El Ingenioso Hidalgo Don Quijote de la Mancha*），发行超过十万册，每册仅售价 25 美分，以推动文化普及。1962 年，该社改名为古巴国家出版社（Editora Nacional de Cuba），借此古巴图书业的出版职能与商业活动逐渐分离。原来的出版机构开始接受国家管理，同时涌现出大量大学教学类、青少年类、政治类出版社。古巴国家出版社在 1961 年的全国扫盲运动和 1965 年出版革命工程（Edición Revolucionaria）[③] 中发挥重要作用。

1967 年，在原国家出版社的基础上，古巴图书研究所（Instituto Cubano del Libro）成立，成为集图书出版、制作、发行和销售于一体的机构。下设人民与教育出版社（Pueblo y Educación）、新人类出版社（Gente Nueva），艺术与文学出版社（Arte y Literatura）、社会科学出版社（Ciencias Sociales）、科学技术出版社（Editorial Científico-Técnica）和世界出版社（Orbe）六个出版社，分别负责不同领域图书的出版。1976 年，古巴图书研究所并入古巴文化部，负责所有古巴图书的发行与推广，以及世界名著在古巴的出版。20 世纪 80 年代，人民与教育出版社被纳入教育部后，研究所进行重组。图书研究所在古巴十五个省设有省级图书与文学中心（Centro Provincial del Libro y la Literatura），并配有一个文学推广中心（Centro de Promoción Literaria）

---

① Jacqueline Laguardia Martínez. (2013). Industria editorial cubana: evolución y desarrollo，22 Memorias. Feria Internacional del Libro de La Habana 2012 (pp.160-197). Editorial Científico-Técnica.

② Jacqueline Laguardia Martínez. (2013). Industria editorial cubana: evolución y desarrollo，22 Memorias. Feria Internacional del Libro de La Habana 2012 (pp.160-197). Editorial Científico-Técnica.

③ 主要满足大学课本印制需要，应对国际知识产权协会的封锁等问题。

和一个小型出版社，以管理全国的出版活动[①]。1981 年，古巴将 3 月 31 日定为国家图书日[②]。

现在，古巴图书出版业由古巴文化部下辖的古巴图书研究所管理，其下属的机构包括: 6 家出版社; 古巴文字出版中心(Editorial Letras Cubanas Centro), 负责图书出口; 杜尔塞·玛丽亚·洛伊纳兹文化中心（Centro Cultural Dulce María Loynaz），成立于 2005 年，负责促进古巴图书学院下属作家的创作和作品推广、出版系统的管理以及古巴图书和连续出版物的发行[③]；莱昂诺尔·佩雷斯儿童文化中心（Centro Literario Cultural Infantil Leonor Pérez）；古巴图书委员会（Cámara Cubana del Libro），1997 年成立，负责代理所有古巴图书业的出版商等在其他国家和地区各种书展及活动等的参与工作，管理古巴出版物的书号和条形码，负责主办和协调哈瓦那国际书展[④]；全国图书分销社 (Nacional Distribuidora del Libro)，负责全国图书的批发与分销授权[⑤]；服务部，等机构。

古巴数字图书项目（Proyecto Cuba Digital）由古巴图书研究所开展。该项目在 2018 年哈瓦那国际书展上首次提出，旨在将致力于开发与图书和阅读相关的数字产品的服务公司、出版商和机构聚集在一起，共同参与数字图书项目。项目参与方包括：通信部下属的计算机和电子青年俱乐部（el Joven Club de Computación y Electrónica）、信息学和通信集团 (GEIC) 和古巴电信公司 (Etecsa)，科学、技术和环境部下属的古巴通信服务与信息技术公司（Citmatel），哈瓦那大学出版社、哈瓦那大学传播学院，信息科学大学（UCI），技术大学（Cujae）下属的信息科学数字人文项目（HDCI），教育部下属的教育视听公司（Cinesoft），文化部下属的国家图书馆和古巴艺术公司（Cubarte），比那尔德里奥（Pinar del Río）、阿尔泰米撒（Artemisa）、卡马圭（Camagüey）省级出版社，司法部，伊索科技公司（Isoltec），以及古巴信息学联盟（UIC）[⑥]。

---

① http://www.cubaliteraria.cu/sobre-el-instituto-cubano-del-libro/.

② https://www.contraloria.gob.cu/noticias/imprenta-nacional-de-cuba-una-de-las-primeras-obras-de-la-revolucion.

③ https://www.ecured.cu/Centro_Cultural_Dulce_Mar%C3%ADa_Loynaz.

④ https://cerlalc.org/directories/camara-cubana-del-libro/.

⑤ http://scielo.sld.cu/scielo.php?script=sci_arttext&pid=S2411-99702019000100057&lng=es&nrm=iso&tlng=es.

⑥ http://www.cips.cu/cuba-digital-un-proyecto-para-combatir-desigualdades/.

（三）图书馆建设情况

古巴何塞·马蒂国家图书馆（Biblioteca Nacional de Cuba José Martí）前身是诞生于1901年的国家图书馆，多数藏书依赖收藏家和公共捐赠，1957年更为现名，1958年建筑落成。国家图书馆网站数据显示，国家图书馆现有馆藏图书55911册、照片45008件、海报11644册、地图1208件、艺术品17857件、乐谱5953册、系列出版物11331册等[①]。该国家图书馆负责全国各省级、市级公共图书馆系统，促进保护、研究和传播图书遗产以及其在文化和科学生产方面的合作努力。[②]

2019年，古巴全国共有387座图书馆，其中15座省级图书馆、156座市级图书馆、216座地区分馆。受疫情影响，截至2020年底，有部分图书馆已经关闭，现如今共有361座图书馆。[③]图书馆用户习惯于阅读来自世界各地的图书，阅读范围包括经典、当代文学，拉丁美洲小说，当前和历史作品，以及科学和医学文献等。古巴人认为图书馆对他们的学术研究和个人成长至关重要。同时，图书馆应为学位课程、家庭作业和学校作业提供补充阅读素材，以及参考资料、外语资料等。与此同时，古巴各类图书馆还为发育障碍者和婴儿提供特殊服务，并且越来越多地提供在线服务和互联网接入。为了满足这些需求，古巴图书馆员建立各种学科和类型的馆藏；开发创新计划和社区外展活动，以便在由何塞·马蒂国家图书馆协调的学校图书馆网络内与公众共享图书馆资源。

二、图书业发展情况

2020年古巴图书出版业受到较大冲击，图书出版种数、发行量大幅缩减；国际书展参展商、参展人数均有小幅下降；书展期间，书展各地分会场观展人数、图书销售数量均明显缩减，分别仅为2019年的19.3%、8.1%。

（一）图书出版发行情况

受新冠感染疫情影响，2020年古巴图书出版种数大幅缩减，仅有260种图书出版，较2019年下降72%；从各类图书出版情况看，2016—2020年间，文学类、教育教学

---

① http://www.bnjm.cu/catalogos.

② http://www.bnjm.cu/la_biblioteca.

③ http://www.onei.gob.cu/sites/default/files/20_cultura_1.pdf.

和培训类、历史传记类等三类图书常年居出版种数前三位，出版数量占出版总数的2/3，之后是农林畜牧业和渔业类，大众类，医学、健康类以及政治学、经济学类的出版种数较多，但在2020年政治学、经济学类无图书出版，另外还有社会学、统计学类，自然科学类，军事艺术与科学类，以及宗教、神学类等6个细分类别无图书出版。

表1 2016—2020年古巴图书出版种数

单位：种

类别	2016	2017	2018	2019	2020
总计	1861	1597	1765	929	260
大众类	50	71	73	38	5
哲学、心理学	19	18	21	11	5
宗教、神学	9	1	6	3	0
社会学、统计学	14	22	20	11	0
政治学、经济学	40	54	50	26	0
法律、行政	28	4	25	13	4
军事艺术与科学	2	5	6	3	0
教育教学和培训	388	441	454	239	40
贸易、通信、运输、旅游	2	6	13	7	1
人种学、文化人类学	20	8	19	10	3
数学	37	29	31	16	5
自然科学	37	35	39	21	0
医学、健康	126	94	46	24	2
工程、技术、工业、工艺	37	33	39	21	3
农林、畜牧业、渔业	62	53	57	27	13
国内科学	20	11	17	9	4
管理、行政和组织	18	7	25	13	0
土地开发、城市规划建筑	14	4	6	3	0
视觉图形艺术、摄影	6	5	10	5	1
音乐、表演、电影电视	48	40	34	18	10
游戏和运动	17	26	27	14	3
语言和语言学	43	27	41	22	10
文学	650	497	559	298	130

续表

类别	2016	2017	2018	2019	2020
地理	9	11	12	6	2
历史、传记	165	95	135	71	19

资料来源：古巴文化部

古巴文化部将图书发行量按照图书和小册子划分，其中，除封面外，页数在 49 页及以上的非连续出版物，以及页数在 49 页以下且页面以四色印刷的出版物为图书，页数在 5~48 页的黑白两色非连续出版物为小册子。2020 年，古巴共发行图书和小册子 356.68 万册，较 2019 年减少一半以上，其中图书 307.05 万册，小册子仅有 49.63 万册。（见表 2）

表 2　2016—2020 年古巴图书和小册子发行情况

单位：万册

类别	2016	2017	2018	2019	2020
图书	14837.2	10189.9	10489.4	6050.9	307.05
小册子	2500.9	2482.1	4873.4	1685.2	496.3
合计	17338.1	12672	15362.8	7736.1	356.68

资料来源：古巴文化部

（二）重点出版企业

古巴文化部下辖的古巴图书研究所掌管的出版社在古巴图书业不同领域均发挥着重要作用。

古巴出版社（Ediciones Cubanas）隶属于古巴图书研究所，2005 年合并进入古巴艺术与文学推广公司（Sociedad Mercantil Promociones Artísticas y Literarias S.A.），负责古巴图书和连续出版物的进出口和分销，涵盖文学、杂志、报纸、办公用品、文具和其他印刷品的国内（批发和零售）与国际分销和营销，如明信片、海报、电影海报、地图等。2011 年起开始涉足出版业务，出版国内外文学作家作品的纸质图书及电子书。

新人类出版社（Editorial Gente Nueva）由古巴诗人埃利塞奥·迭戈于 1967 年创立，专业从事儿童、青少年图书出版。其最成功的系列包括环球经典和历险记，均用于学校和青少年图书馆。该社出版的图书涵盖体育、科学、技术和艺术欣赏方面的作品，以及教育游戏、歌曲、谜语和历史主题图书，旨在帮助发展儿童和青少年的阅读习惯和促进道德价值观的建立。

古巴文学出版社（Editorial Arte y Literatura）成立于1977年，主要出版本国作家的多种题材小说及艺术图书来推广古巴最具有价值的文学和艺术，在推广古巴文学及宣传古巴最具代表性的文化遗产作品方面做出了巨大贡献。古巴文学出版社为世界各国读者提供阅读、了解古巴各个时期和时代的经典作家作品的机会。同时该出版社与古巴其他文化机构共同设立阿莱霍·卡彭蒂埃叙事奖（Premio Alejo Carpentier de Narrativa）、尼古拉斯·吉伦诗歌奖（Premio Nicolás Guillén de Poesía）、胡里奥·科塔扎尔伊比利亚–美国短篇小说奖（Premio Iberoamericano de Cuento Julio Cortázar）以及新松树奖（Premio Pinos Nuevos）等古巴重要文学奖项。

古巴文学电子读物出版社（Cubaliteraria）成立于2001年11月。它是古巴向世界各国展示推广古巴文学发展成果的重要门户网站。该出版社的任务是以电子读物形式宣传古巴的文学；它也致力于开发并推广有声读物、多媒体项目、电子图书，将上述作品发布在其门户网站上；免费提供古巴作家辞典，其中包括出版的图书和出版物目录、电子图书名录、出版社信息、相关新闻、最新报道，以及相关的活动和竞赛的通知内容。

拉丁美洲文学社（Agencia Literaria Latinoamericana）成立于1986年，为古巴和其他拉丁美洲国家的小说和非小说、艺术、技术科学、教育、体育和社会科学等领域的作者提供各个语言和在其他国家出版发行的版权代理服务。同时该机构有专门负责电视剧版权代理以及文学作品电影改编的专业部门，长期以来积累了丰富的作者资源。

（三）国际书展情况

古巴最重要的书展为哈瓦那国际书展（Feria Internacional del Libro de La Habana），每年2月在哈瓦那圣卡洛斯德拉卡巴纳要塞举办，由古巴图书研究所主办，是古巴出版业最具代表性的盛会。随着1959年古巴革命的胜利，政府实行的扫盲运动、全面教育政策、创建国家印刷厂和国家公共工程系统等一系列行动的开展，古巴公众对图书和阅读越来越感兴趣，从而极大地促进了古巴出版业的发展和人民的文化进步。1982年，哈瓦那国际书展首次举办，后每两年举办一届，2000年改为每年举办一届。

从 1998 年开始，每届由不同国家作为主宾国参展，墨西哥为第一任主宾国，中国在 2018 年第 27 届哈瓦那国际书展担任主宾国。2020 年，受新冠感染疫情影响，参展方、参展人数及图书销售数量大幅减少。（见表 3）

表 3　2015—2020 年哈瓦那国际书展参展情况

类别	2015	2016	2017	2018	2019	2020
莫罗卡瓦纳主会场情况						
参展国家数量（个）	32	37	51	38	48	42
参展商数量（个）	183	172	129	120	128	108
国内参展商数量（个）	68	71	59	59	62	55
国外参展商数量（个）	115	101	70	61	66	53
展商代表人数（人）	163	78	148	131	102	102
外国参与者和嘉宾人数（人）	729	311	379	465	310	346
展览面积（平方米）	2734	3423	7163	4435	4449	4411
主宾国	印度	乌拉圭	加拿大	中国	阿尔及利亚	越南
各地分会场情况						
图书销售数量（万册）	103.31	86.39	108.46	120.27	118.18	10.41
参展人数（万人）	210.53	172.48	184.25	214.73	216.23	41.76

资料来源：古巴文化部

（四）主要奖项情况

古巴主要的图书出版业奖项为古巴图书研究所颁发的国家出版奖（Premio Nacional de Edición），该奖项设立于 1998 年，主要授予对公众、对古巴图书推广做出杰出贡献的图书出版业从业人员与创作者。候选人由古巴著名编辑、出版社和国家文化机构提名，评审团由古巴出版界知名人士和其他相关人士组成[①]。

2020 年该奖项分别授予两位专业人士。一位是安娜·开罗·巴列斯特（Ana Andrea Cairo Ballester，1949—2019），古巴散文家、研究员、历史学家、大学教授和语言学家，出版了多部古巴文化、历史及政治社会方面的研究著作和文章，奖项表彰她在古巴历史和文化研究等方面做出的突出贡献。另一位是欧金尼奥·埃尔南德斯·埃

① https://www.ecured.cu/Premio_Nacional_de_Edici%C3%B3n.

斯皮诺萨（Eugenio Hernández Espinosa），古巴当代最重要的剧作家之一。作为加勒比剧院艺术总监兼总经理，他的剧院以对流行文化和非裔古巴传统的探索而著称，其作品是古巴古老流行艺术的代表。

三、报刊业发展情况

根据《2020年古巴统计年鉴》（*Anuario Estadistico de Cuba 2020*）公布的2020年古巴报刊出版情况以及图书出版情况，报纸、期刊出版种数受新冠感染疫情影响不大，2020年仅科学与技术类期刊出版种数已达到242种，较2019年增加了5种，同时综合其他类别期刊以及报纸出版种数，2020年古巴的报刊出版量超过该国全年图书出版的种数。古巴全国发行量较大的主要报纸均为古巴共产党、青年联盟、劳动者总工会等党政和国家机关的报纸，是古巴人民获取国家资讯和世界新闻的重要来源。

（一）发展概况

古巴报刊出版由古巴文化部下属的国家报刊登记局（Registro Nacional de Publicaciones Seriadas）管理，报刊出版机构需在国家报刊登记局官网提交出版地区、承办组织、主要语言、联系方式、出版频率、版面格式、发行方式等信息。每年，国家报刊登记局发布《报刊分类汇编》（*Catálgo de publicaciones seriadas*）作为当年出版报刊的总名录，一般按照新闻及其他主题、文化艺术和文学、医疗卫生、应用科学技术、自然科学、社会科学等类别分类，并对年度出版的各报刊进行详细介绍。

（二）报业

古巴目前主要有《格拉玛报》《起义青年报》《劳动者报》《波希米亚》等4家全国性报刊。

《格拉玛报》（*Granma*）于1965年10月4日在哈瓦那创刊，由古巴人民社会党机关报《今日》和“七二六”运动[①]的机关报《革命报纸》合并而来，是古巴共产党中央委员会的机关报，随古巴社会主义革命联合党更名为古巴共产党而诞生，是当今古巴第一大报，发行量70万份。该报以英语、法语、西班牙语、葡萄牙语、德语、

---

① “七二六”运动，指1953年7月26日菲德尔・卡斯特罗(1926年生)率领古巴150余名青年发动的反对巴蒂斯塔法西斯统治的武装起义。

意大利语等 6 种文字，在古巴国内以及加拿大、法国、阿根廷、巴西等国家出版发行。1996 年该报开设网站，1997 年 7 月该报电子版正式上线，目前以上述 6 种语言，分为国内版和国际版运行。在古巴的 120 余种电子新闻出版物中，其电子版为外国读者访问量最高的。该报共设国内、国际、文化、体育、社会新闻和版面设计等 6 个编辑部门，通过在全国各省及全球重点国家派驻记者或临时派驻等方式，及时报道各类重大及突发事件。该报还与新华社在内的 10 余家外国通讯社、CNN 等重要国际电视台建立合作，不断扩大其新闻来源。

《起义青年报》（*Juventud Rebelde*）于 1965 年创刊，是古巴共产主义青年联盟的机关报，定位以年轻人为主，主要提供古巴国内外新闻和文化、科学、体育等资讯。在古巴经济困难时期曾经缩减规模，而后逐渐恢复至原来的日报形式。在 1997 年《起义青年报》开始发行数字版本。

《劳动者报》（*Trabajadores*）是古巴劳动者总工会的机关报，创刊于 1970 年，同样是古巴发行量最大的报纸之一。起初发行日不定期，后来逐渐变成双周发行，在 1980 年改为日报。

《波希米亚》（*Bohemia*）周刊创刊于 1908 年 5 月，每期发行 30 万份，刊名源于普契尼的歌剧。该周刊内容以古巴和世界所面对的最紧迫的政治问题以及体育、文化、经济、科学等作为内容重点，始终关注古巴革命意识形态的每一个现象。目前，由于美国对古巴的封锁制裁以及特殊时期的种种原因，《波西米亚》的发行量仅为 10 万份。

《今日古巴》（www.cubahora.cu）创刊于 1998 年，为古巴第一份数字媒体杂志。《今日古巴》通过分析、解释和论证事件原因、背景及其影响，让公众了解到全国重大事件，同时不断关注和思考互联网用户的需求和特征，让读者具有强烈的参与感。来自全国各地新闻业的 50 多名专业人士与该杂志合作，记者、编辑、摄影记者、编年史家和专栏作家等均可通过网站与读者互动。

其他重要的地方性报纸还包括《前进报》（*Adelante*）、《先锋报》（*Vanguardia*）、《马埃斯特拉山脉》（*Sierra Maestra*）等等。

（三）期刊

根据《古巴年鉴》数据显示，2016—2020 年五年间，古巴科学与技术类期刊出版数量持续稳定增长，从2016年的195种增加到242种，增长近25%，同时该类期刊以电子期刊为主，2020年242种科学与技术类期刊中，电子期刊以及纸电同步出版的期刊占比超过了80%，达到196种，电子期刊出版种数五年间增加了44种，单独以纸质出版的期刊仅增加了2种，现为46种；从细分类别看，由于古巴医学的世界领先地位、农业可持续发展积累的丰富经验以及政府对各级教育的高度重视，其医学、教育学、农业类的期刊出版得到了较好发展，2016年以来，上述三个细分类别期刊出版数量均排在前三位，2020年出版种数分别为59种、37种、34种，占科学与技术类期刊出版总数的一半以上，且五年间数量增长明显，仅教育学期刊较2016年（19种）即增长近一倍；其他如科学技术、人文社科以及生命科学类期刊出版数量均在20种左右。（见表4）

表4　2020年古巴科学与技术类期刊出版种数情况

单位：种

期刊类别	总计	纸质版	电子版	纸电同步出版
	242	46	166	30
逻辑学	—	—	—	—
数学	4	1	2	1
天文学和天体物理	1	—	1	—
物理学	3	1	1	1
化学	2	1	1	—
生命科学	18	6	10	2
地球与空间科学	2	1	1	—
农业科学	34	10	14	10
医学	59	—	52	7
科学技术	23	5	16	2
人类学	—	—	—	—
人口统计学	2	1	1	—
经济学	10	3	6	1
地理	—	—	—	—
历史	1	—	1	—
法律和法律科学	1	—	1	—

续表

期刊类别	总计	纸质版	电子版	纸电同步出版
	242	46	166	30
语言学	1	1	—	—
教育学	37	3	33	1
政治学	2	—	2	—
心理学	—	—	—	—
艺术与文学	2	1	1	—
社会学	5	—	5	—
伦理	—	—	—	—
哲学	1	—	1	—
信息科学	5	—	3	2
自然科学	2	1	1	—
人文社科	19	10	6	3
多学科	8	1	7	—

资料来源：古巴科学、技术和环境部

古巴在科学学术领域的期刊百花齐放，呈现出多样性。在科学在线图书馆古巴网站（Scientific Electronic Library Online，SciELO Cuba）主页上被收录的杂志期刊总共可分为农业学、生物学、医学、土地和信息科学、社会应用科学、人文科学、工程学等七大类。其中以医学领域的刊物数量质量最为突出，具有较强的国际影响力。其中《卡马圭医学档案》（*Archivo Médico de Camagüey*）和《医学人》（*Medisan*）历史最为悠久[①]。《卡马圭医学档案》的前身是创立于1985年的《卡马圭医学科学杂志》，是古巴革命胜利后卡马圭医学学界的第一份出版物，每年出版两期，多年来不断参与和组织相关领域国际研讨会，促进拉丁美洲医学领域文化交流，不断有文章被收入拉丁美洲、加勒比、西班牙和葡萄牙区域在线信息系统（Latindex）、谷歌学术（Google Academic）、卫生科学研究在线获取（Hinary）、开放存取期刊目录（Directory of Open Acces Journals，DOAJ）等数据库[②]。《医学人》创建于1997年，主要发布圣地

① http://scielo.sld.cu/scielo.php?script=sci_subject&lng=es&nrm=iso.

② http://scielo.sld.cu/scielo.php?script=sci_arttext&pid=S1025-02552014000600003.

亚哥医学界的原创学术成果。如今古巴在医学领域的学术期刊大多可以在医疗科学出版社（Editorial Ciencias Médicas）的官网上找到数字资源。此外，《古巴医疗信息学杂志》（*Revista Cubana de Información en Ciencias de la Salud*）、《古巴综合医疗杂志》（*Revista Cubana de Medicina General Integral*）、《高等医学教育》（*Educación Médica Superior*）等等也颇具影响力。

在其他学术领域影响力较大的古巴期刊还包括《热带农业作物》（*Cultivos Tropicales*）、《信息科学》（*Ciencia de la Información*）、《能源工程》（*Ingeniería Energética*）、《工业工程》（*Ingeniería Industrial*）、《机械工程》（*Ingeniería Mecánica*）、《应用生物技术》（*Biotecnología Aplicada*）等等。

古巴文学艺术领域的杂志具有悠久的发展历史，从19世纪起，出版活动逐渐繁荣。目前影响力较大的文学类杂志包括2007年创刊的《永恒》（*La Siempreviva*）、《前进》（*Revista de Avance*）、《起源》（*Orígenes*）、《故事讲述者》（*El Cuentero*）以及创建于2009年的诗歌杂志《羊水膜》（*Amnios*）。

《优雅》（*Garbos*）是古巴第一份也是目前唯一一份时尚杂志，创刊于2015年，主要传达当代人对时尚、健康、美容、文化和生活方式的见解。杂志为月刊，主要通过线上发行。①

四、中古出版业交流合作情况

多年来，中古两国在建设具有本国特色社会主义的道路上相互借鉴，在治国理政方面的经验交流日益深化，双方高水平的政治关系正逐渐转化为多层次、多领域的经贸合作成果。中国已成为古巴第二大贸易伙伴，古巴则是中国在加勒比地区的最大贸易伙伴。中古双方在科技、教育、文化等领域的合作源远流长，并且长期保持密切的出版交流合作。

进入21世纪，特别是2018年中古签署《关于共同推进丝绸之路经济带和21世纪海上丝绸之路建设的谅解备忘录》以来，中古两国出版业通过书展交流、版权贸易、图书互译等多种方式不断合作，取得较好的成绩。

---

① https://revistagarbos.com/quienes-somos.

（一）整体情况

中古两国于1960年9月28日建交，古巴成为第一个与中国建交的拉美国家。建交以来，中国为古巴援建太阳能、灌溉、水电站等项目。中古于1995年签订鼓励和相互保护投资协定。据中国海关统计，2020年，中古贸易额为9.55亿美元，其中中方进口4.72亿美元，出口4.83亿美元，受疫情影响同比分别下降25.6%、4.2%和38.9%，中方出口下降较为显著。我国主要出口机电、高新技术、轻纺类和化工产品等，主要进口镍、食糖、酒类、废金属等。中古在科技合作领域正由传统的农牧业、渔业向生物技术、卫生、气象及社会科学等领域转变，形式上也从单向技术输入向双向技术交流转变。2018年11月，中古签署“一带一路”合作谅解备忘录。2021年12月，双方又签署关于共同推进“一带一路”建设的合作规划。①

除经济贸易和科技合作等，中古两国教育、人文、文化等领域也交流密切。从20世纪80年代中古两国恢复互派留学生以来，双方互派留学生的数量不断增加。2007年，中古教育交流项目启动实施，古巴政府为中国留学生专门建立新校区，配备专门师资，划拨专门经费，并成立了专门的管理工作机构，到2012年，中国赴古公派留学生超过5000余人次。我国多所高等院校与古高校签订校际交流合作协议。2009年11月，古巴第一所孔子学院在哈瓦那大学建立，建院3年学校注册人数超过千人。孔子学院在汉语教学、承办HSK考试、与社区机构合作建立中文课堂以及推动两国文化交流等方面做出重要贡献。2019年，中古教育部签署教育交流框架协议，支持古巴初级中学开展中文教学；2020年中古签订汉语教学合作协议；2022年古巴中学中文教学项目启动实施。

中古于1960年签订文化合作协定。1987年重新签订文化合作协定，并据此签署两国文化部间的年度文化交流执行计划。2010年，双方续签中古文化交流执行计划。古巴国家芭蕾舞团多次来华访演。中国文艺团组、中国残疾人艺术团、中国中央芭蕾舞团等多次应邀赴古参加“欢乐春节”庆祝活动、哈瓦那中国文化节等各种国际文化节活动。疫情期间，双方在线上开展各种文化交流合作活动。2020年，双方共同举办

---

① http://cu.china-embassy.gov.cn/sbgx/sbgxjk/.

庆祝中古建交 60 周年云端音乐会。1959 年 4 月，新华社在古巴哈瓦那建立拉美地区第一家分社，中央电视台等均在古巴设立驻古分支机构。

（二）书展交流情况

中古多次互相参与国际书展活动，并担任主宾国。2013 年，中国首次参加古巴哈瓦那国际书展，展团由 5 家国内出版单位组成，参展图书以汉语学习工具书为主。2018 年，中国作为主宾国参与第 27 届古巴哈瓦那国际书展，此次参展是中国首次在拉美国家和地区举办的大型国际书展上担任主宾国，也是中国在该地区举办的规模最大的出版交流活动，共有来自 60 余家出版单位的 150 多位中国出版人以及 11 位知名中国作家参加，参展图书超过 3000 多种、7000 余册，其中包含《习近平谈治国理政》第一卷和第二卷等主题图书。书展期间，中国展团共组织 30 余场出版交流、作家交流和文化活动，浙江出版联合集团、中国人民大学出版社、新世界出版社、中国社会科学出版社、华东师范大学出版社等多家出版机构与古巴出版社签订多项版权贸易协议、出版合作协议等。

2020 年，古方作为主宾国参加第 27 届北京国际图书博览会“云书展”。本届主宾国以“讲述古巴的故事”为主题，活动以线上形式呈现，在图博会官网及官方应用程序上设立主宾国专区，下设古巴版权书目展、古巴文化展、古巴艺术展、古巴之夜等多个版块。古巴版权书目展展出了部分古巴重点出版社信息和优质古巴图书版权介绍，帮助中国和国际出版人了解古巴出版行业现状，鼓励中国出版人与古巴出版人进行线上业务洽谈，推动中古之间的出版交流和版权贸易；古巴文化展以文字和图片相结合的形式介绍古巴作家等文化名人，展示古巴出版人、学者围绕古巴文学、出版业和阅读推广等主题撰写的主题文章；古巴艺术展介绍了古巴艺术家和他们的艺术作品，集纳一系列具有古巴特色的音乐表演视频等。同时，“BIBF 世界阅读季——古巴之夜”直播活动向广大读者介绍古巴风土人情和文学作品，受到读者喜爱[①]。

（三）图书互译情况

在图书出版领域，中古两国的交流与合作源远流长。新中国成立以来，中国出版

---

① http://news.iqilu.com/guoji/20200929/4662619.shtml.

机构引进古巴图书近百种[①]。古巴国父何塞·马蒂，古巴小说家、散文家卡彭铁尔，古巴诗人纪廉的作品在中国受到好评，《格瓦拉传》《爱狗的男人》等古巴知名作品均已引进中国并出版。中国的《孙子兵法》《西游记》等古典作品广受古巴读者喜爱。2006年中国作家协会启动实施的“中国当代文学百部精品译介工程”将古巴作为图书的重点推介国家。2011年7月，原国家新闻出版总署与古巴共和国图书委员会共同签署备忘录，双方共同设立“中国古巴经典互译出版项目”，推选若干种图书互译出版。截至2018年，双方已完成《塞西丽娅·巴尔德斯》《恐怖的帝国》《黄色行李》《蒙卡达审判》等6部古巴图书中译本，以及《手机》《我的丈夫溥仪》《中国当代中篇小说选》《血之罪》等10余种西文版图书。

据不完全统计，2016年以来，中古图书版权贸易有30余项，其中，2018—2019年版权贸易最为活跃；其中古巴从中国引进图书版权21项，包含《之江新语》等主题图书，《潇潇的诗》《身份》《中国文学》《古船》《一个人的聚会》《疼痛》《这些年我一直在路上》等文学图书，《新教育实验：为中国教育探路》等社科图书；古巴向中国输出的图书包含《不安静的公鸡》《美洲的目光》等文学类图书，以及《古巴矿业概况》等专业类图书。

参考文献

1. 古巴国家统计局官网 . www.onei.gob.cu.

2. 古巴文化部官网 . www.ministeriodecultura.gob.cu.

3. 古巴国家统计局 . 古巴年鉴 2020（Anuario Estadistico de Cuba 2020）.

4. 古巴国家公共图书馆官网 . www.bnjm.cu.

5. 中国驻古巴共和国大使馆官网 . cu.china-embassy.gov.cn.

（作者单位：中国新闻出版研究院）

① http://www.zjzj.org/ch99/system/2018/02/08/030697399.shtml.

捷克出版业发展报告

张 晴 杨 敖 孙雨欣

捷克重视文化发展，文化产业是其经济的重要支撑之一。作为文化产业重要一环，多年来政府通过资金支持、政策支持、完善立法等方式多方面支持捷克出版业向好发展。同时，捷克注重海外推广和对外文化交流，近年来，中捷两国文化交流蓬勃发展，在人文交流方面取得重要成就。2020 年来，全球突发新冠感染疫情，捷克出版业上下游全环节均备受影响，但结果好于预期，总体趋势较为平稳。

一、出版业发展背景

捷克文化部是管理捷克出版业最重要的政府部门。文化部引导着出版业的发展方向，同时负责执行相关法律，起着规范和监管的作用，并通过政策鼓励图书翻译出版、促进图书馆发挥职能，鼓励国民阅读。出版业行业协会在行业数据统计和行情分析、促进出版业发展和丰富大众文化生活方面也发挥着重要作用。

（一）社会环境

捷克共和国（简称捷克）地处中欧，是一个内陆国家，与德国、奥地利、波兰、斯洛伐克四国接壤。捷克首都为布拉格，全国共有人口约 1070 万[①]。捷克于 1999 年加入北约，2004 年加入欧盟，位发达资本主义国家之列。

捷克是一个重视文化的民族。在欧盟内部，捷克人在家庭文化支出方面位列第四，

① 此处为 2021 年数据。中华人民共和国外交部，https://www.fmprc.gov.cn/web/gjhdq_676201/gj_676203/oz_678770/1206_679282/1206x0_679284/，检索日期：2022 年 11 月 9 日。

占消费总支出的3.8%。与其他国家不同的是，这部分支出相当平均地分布在文化产品和服务的不同领域，这反映了捷克文化的多样性之广以及公民对文化的参与度之高。2018年，有近650万捷克人观看戏剧表演。由公共行政部门管理的剧院的平均上座率超过80%。捷克的图书馆有超过140万名注册读者。捷克民众对开放的城堡和其他物质文化遗产也有浓厚的兴趣，这些地方每年接待约1400万人次的游客。

在捷克，文化产业对经济的推动作用也在明显增加。根据捷克统计局的数据，2019年，捷克文化业产值在国内生产总值中占比达到1.59%左右，与2018年相比增长0.3个百分点。值得注意的是出版物利润率、文化产业就业率以及行业总资产产值（GAV）持续下降，而视听和互动媒体以及创意产业的经济表现进一步向好发展。

2020年，受到新冠感染疫情的影响，捷克的国内生产总值同比下降5.6%，这是该国历史上最严重的收缩，文化领域也深受疫情影响，剧院、博物馆、历史纪念馆、图书馆、音乐厅和文化馆等文化设施在疫情爆发后纷纷被迫关闭或受到其他限制。为积极应对疫情带来的冲击，捷克实施国家复苏计划（Národní plán obnovy），同时，捷克将从欧洲复苏和恢复基金（RRF）获得高达70亿欧元的资金，用于支持国家复苏计划。捷克国家复苏计划中关于文化的支持政策如下：支持文化和创意部门复苏的需要，刺激文化和创意部门向数字化过渡；加强在艺术家和文化工作者的技能提升方面的投资，以支持他们适应新的，特别是数字化的工作环境，从而加强文化和创意部门的复苏能力；振兴各地区文化和旅游相关活动的措施，以促进地区凝聚力。

（二）政府主管部门

捷克文化部（Ministerstvo kultury）负责管理艺术、文化和教育活动、宗教事务、新闻事务、出版事务、版权保护事务等。其下设的文学与图书馆司执行文化部在文学、图书、非期刊出版和图书馆事业领域的相关任务；媒体与视听司履行文化部在视听、广播和其他视听媒体服务以及期刊新闻领域的实质性职责。

国家文化信息和咨询中心（Národní informační a poradenské středisko pro kulturu）于1991年1月1日由捷克共和国文化部成立，是其下属机构之一。该中心的前身最早可以追溯到1905年建立的大众启蒙协会（Svaz osvětový），经过历史演变，1991年，地方文化信息和咨询中心（Informační a poradenské středisko pro místní kulturu，简称IPOS）正式成立，后根据文化部长第2/04号决定，自2004年5月4日起，该机构改名为现名。国家文化信息和咨询中心的主要目标是支持文化发展，涉及非专业艺术活动领域和作者作品的公共使用，其主要工作还集中在调查和分析公共文化服务在地区社会经济发展中的作用和地位，出版的蓝皮书《捷克共和国基本文化数据》（*Základní statistické údaje o kultuře v české republice*）是对捷克历年文化领域统计结果的全面概述，自 2009 年起每年出版一次，梳理总结文化遗产（博物馆、画廊和纪念碑），艺术（剧院、音乐团体、展览和节日），图书馆以及出版、教育和公众意识等 4 个方面的情况。每年发布《捷克共和国文化数据》（*Kultura české republiky v číslech*）手册，涉及剧院、博物馆、公共图书馆、期刊和非期刊出版物等领域的数据，发布《捷克的图书馆》（knihovny v české republice）海报，来展示捷克各州的图书馆数量、读者人数、借阅量、人均借阅量等信息。

文化信息与统计中心（Útvar Centrum informací o kultuře，简称 Útvar CIK）为国家文化信息和咨询中心（NIPOS）的一个重要部门，与捷克统计局合作，代表文化部为整个文化领域提供国家统计服务，在统计调查的基础上，该单位负责处理和传播与文化有关的重要信息，并将获得的信息提供给公共管理机构、文化实体等。该中心提供公共图书馆的专业馆藏（专业馆藏是指由特定的，通常是学科性的图书馆文献组成的图书馆馆藏），其在线目录可供用户使用。它包含文化、专业艺术、非专业艺术活动、社会科学、经济和文化立法等领域的 1.4 万余份图书记录以及关于文化机构、协会等活动的年度处理统计数据。

（三）行业组织机构

这里主要介绍捷克书商与出版商协会①（Svaz českých knihkupců a nakladatelů）、捷克期刊出版商联盟②（Unie vydavatelů）和出版物发行审计局③ (Audit Bureau of Circulations — Kancelář ověřování nákladu tisku，简称 ABC ČR)。

捷克书商与出版商协会初建于 1879 年，1990 年重新建立，截至 2019 年 1 月 1 日，协会已有 170 名成员，主要包括出版商、书商、经销商和其他与出版行业有关的大学、图书馆、协会等。该协会由成员会议、董事会与主席、审计委员会三大机构组成，为

---

① 捷克书商与出版商协会官网，https://www.sckn.cz/，检索日期：2022 年 11 月 9 日。

② 捷克期刊出版商联盟官网，http://www.unievydavatelu.cz/，检索日期：2022 年 11 月 9 日。

③ 捷克出版物发行审计局，https://www.abccr.cz/，检索日期：2022 年 11 月 9 日。

非营利组织，其运转资金主要来源于各成员缴纳的会费、捐款和赞助，以开展辅助性经营活动所获得的利润，资金主要用于支付活动费用和日常管理支出。该协会发布《捷克图书市场统计年度报告》（*Zpráva o českém knižním trhu*）；自2009年起负责伊日·奥尔滕奖[①]（Cena Jiří Orten），鼓励30岁以下以捷克语创作诗歌或散文的青年作家；与国际儿童读物联盟（IBBY）捷克分会共同创建了儿童最佳图书目录（Katalog Nejlepší knihy d ě tem）项目，每年为儿童和青少年推荐捷克新书，旨在为学校、公众以及儿童图书的出版商提供指导和帮助；于1997年成立图书世界公司（Svět knihy），将举办布拉格国际图书博览会暨布拉格图书世界文学节[②]（Svět knihy Praha）作为主要工作之一；创办期刊《图书新闻》（*Knižní novinky*）；创建出版图书的书目数据库[③]；定期发布印刷图书销售排名和电子书、有声书的前十名榜单。

捷克期刊出版商联盟成立于1991年，是捷克唯一代表期刊出版和在线内容生产领域的企业和从业者的协会，成员包括捷克境内绝大部分期刊、报纸出版商，自2021年第二季度开始，在线内容提供商也有机会成为该联盟的注册会员。捷克期刊出版商联盟是世界报业和新闻出版协会（WAN-IFRA）、国际期刊联盟（FIPP）、欧洲报纸出版商协会（ENPA）和欧洲杂志媒体协会（EMMA）的成员，致力于促进期刊出版自由和版权保护，以及在青少年中推广期刊阅读。目前，该联盟代表出版商积极寻求政府对出版业的支持，以克服疫情带来的危机，并重点关注数字转型对出版业的影响。该联盟官方网站每月定期公布广告监测结果的数据，其中包含对媒体广告的详细概述，直至单个广告的信息。目前，广告监测数据仅由尼尔森公司（Nielsen Admosphere）协助提供[④]。

出版物发行审计局自1997年1月1日起开始负责印刷品发行量的公布和核实工作，在此之前，该项工作由捷克出版商联盟负责，该机构是国际发行量审计局联合会（IFABC）的成员，因此在公布审计数据时必须遵守国际标准。该机构由捷克

① 该奖项设立于1987年，见伊日·奥尔滕奖官网，https://www.cenajirihoortena.cz/，检索日期：2022年11月9日。

② 该图书节在2020年由于疫情的影响暂停举办，2021年恢复，有来自27个国家和地区的展商和观众前来参展。

③ 捷克书商与出版商协会官网，https://www.sckn.cz/ceskeknihy/，检索日期：2022年11月9日。

④ 捷克期刊出版商联盟官网，http://www.unievydavatelu.cz/cs/unie_vydavatelu/medialni_data/vydaje_na_reklamu_v_tisku，检索日期：2022年11月9日。

期刊出版商联盟（Unie vydavatelů）、媒体机构协会（Asociace mediálních agentur — ASMEA）和捷克品牌产品协会（České sdružení pro značkové výrobky — ČSZV）三方代表组成。2022 年，出版物发行审计局从法人利益集团变更为社会团体法人。捷克所有出版社都可以在完成验证后进入出版物发行审计局的验证系统。印刷品发行量的核查在期刊和广告及特殊用途出版物两个独立的系统中进行。在广告及特殊目的出版物系统中，主要对用于宣传公司、产品和服务，服务于广告或其他商业目的的出版物进行核查。

（四）相关法律情况

知识产权保护作为捷克宪法秩序的一部分，被写入《基本人权和自由宪章》（Listiny základních lidských práv a svobod）第 34 条。该条规定，对创造性知识活动成果的权利受法律保护，因此而获得利益的权利在法律范围内受到保护。

《关于出版发行定期出版物的权利和义务及相关法律的修订法案（出版法）》(Zákon o právech a povinnostech při vydávání periodického tisku a o změně některých dalších zákonů [tiskový zákon]) 是一部管理定期出版物的基本法律，于 2000 年 2 月 22 日颁布并生效。该法主要规定了定期出版物出版单位及相关自然人、法人的权利和义务，对出版物的内容做出了限制性规定。该法至今经历过 22 次修订，最新修订版将于 2023 年 1 月 1 日起正式实施，现行有效的法律版本自 2022 年 2 月 27 日起施行，至 2022 年 12 月 31 日终止[①]。本法移植了欧盟的相关法规，规定了作者对其版权作品的权利、出版商对所有权期限已过的未发表作品的权利、出版商获得报酬的权利等。该法规定，出版商有权获得与复制出版作品有关的报酬；出版商的权利应自作品出版后持续 50 年；出版商的权利应可转让。该法保护捷克共和国公民权益，只有在有国际条约规定的情况下，才能对外国公民发生效力。受版权保护的作品需标明 © 符号、出版时间以及作者。

非定期出版物的法律依据为《非定期出版物法》（Zákon o neperiodických publikacích）。该法律于 1995 年颁布，于 1996 年 1 月 1 日正式生效，并在 2002 年、2012 年、2017 年和 2022 年进行过修订，最新修订版本于 2022 年 2 月 1 日起生效。

---

① 人民的法律网，https://www.zakonyprolidi.cz/cs/2000-121/historie，检索日期：2022 年 11 月 9 日。

该法对非定期出版物的出版条件等做出详细规定。

为应对技术发展和电子出版物种类日益增加的情况，2020 年，捷克共和国众议院对《图书馆法》《出版法》和《非定期出版物法》三部法律的修正案草案进行讨论。该修正案主要涉及以下内容：认可以电子形式出版的期刊和非期刊出版物是书面文化遗产的重要组成部分，与有形媒介上的印刷出版物不同，尚未受到类似于法定缴存机构的监管，因此建议扩大出版商的义务，将选定的电子出版物交给特定的接收者（类似于现有的非定期印刷出版物和期刊的法定缴存制度），并对三部法律进行部分概念性澄清。该提案还涉及使电子文件可访问的议题。[①]

《图书馆和公共图书馆及信息服务的运营条件法（图书馆法）》(Zákon o knihovnách a podmínkách provozování veřejných knihovnických a informačních služeb [knihovní zákon])，于 2001 年 7 月 25 日颁布，2002 年 1 月 1 日正式生效。2002 年至今经历过 8 次修订。现行版本自 2022 年 2 月 1 日起生效。该法规定，图书馆可以开展除提供文献等基本服务之外的其他服务，包括出版专题出版物；可以从国家预算、国家财政或国家基金中获得专项补贴，以用于科学和研究项目，将信息源数字化，开展文化、教育和培训活动领域的项目等。

（五）政府对行业的相关支持

在图书增值税方面，2015 年前，捷克对商品征收的增值税分两档，自 1993 年以来一直对图书征收较低一档税率，截至 2015 年该档税率为 10%。2015 年起，捷克施行三种增值税税率，分别是基本税率 21%，第一档低税率 15% 和第二档低税率 10%，其中对图书征收第二档低税率。[②]2020 年 5 月 1 日前，捷克对电子书和有声书征收 21% 的基本税率。2020 年 5 月 1 日起，捷克财政部扩大增值税第二档低税率征收范围，电子书和有声书也被包含在内，增值税税率下调为 10%[③]。

捷克在图书馆运营方面给予大量政策和资金支持。其中，图书馆系统得到图书馆

---

① 捷克文化部，https://www.mkcr.cz/vyrocni-zpravy-81.html，检索日期：2022 年 11 月 9 日。

② 捷克书商与出版商协会：《2020 年捷克图书市场报告》（*Zpráva o českém knižním trhu 2020/21*），http://www.sckn.cz/document/download/7b546bce030538ad07f5315ebd26ea32/。

③ 捷克财政部，https://www.mfcr.cz/cs/aktualne/tiskove-zpravy/2020/od-1-kvetna-se-snizuje-dph-na-10--u-siro-38372，检索日期：2022 年 11 月 9 日。

公共信息服务计划（PISL）的支持，其主要目标是在信息和通信技术方面增强公共图书馆信息服务能力。2020 年，该计划拨款共计 3820.64 万捷克克朗，该计划的额外资金已直接用于图书馆的经费预算。2000 年 4 月 10 日公共图书馆资讯服务计划（Program Veřejné informační služby knihoven，简称 VISK）批准并投入使用，该计划旨在基于信息技术增强图书馆的公共信息服务能力；保证所有公民都能平等地获得图书馆信息资源；鼓励终身学习，满足公民的文化需求；向少数民族和残障人士提供特殊的图书馆和信息服务；集中保存收藏在图书馆的国家文化资料。除此之外，捷克政府还实施了 21 世纪图书馆计划（Knihovna 21. století，简称 K21），旨在支持少数民族相关工作和与海外进行双向交流，帮助残疾公民获得图书馆服务，并支持文化和教育图书馆项目。公共图书馆资讯服务计划和 21 世纪图书馆计划都由文化部文学和图书馆司进行招标，根据相关图书馆法和民法，为经注册的图书馆经营者、协会等提供补贴。此外，由布尔诺的摩拉维亚地区图书馆管理的捷克图书馆计划（Projekt Česká knihovna）为该公共图书馆购买捷克文学、文学学科和文学批评的学术作品等提供 520.02 万捷克克朗的资金支持。

在出版和阅读推广的资金补贴方面，2020 年，在文化部推出的文化活动项目（Program Kulturní aktivity）中，42 项与文学、阅读相关活动获得 783.17 万捷克克朗的补贴。45 部非定期出版物（非商业捷克原著和翻译小说、文学学术作品、文学批评和相关科学作品、儿童和青少年插图作品、捷克原创漫画等）获得 2373.40 万捷克克朗的资金支持。

捷克十分重视文化和出版的对外推广，捷克文化部在此过程中扮演着十分重要的角色。文化部下属文学和图书馆司[①]与布尔诺的摩拉维亚图书馆合作，在国外书展上筹备和组织专业的图书展览活动；与外交部合作在国外组织图书展览；助力捷克文学和翻译文学的出版、儿童和青少年原创插图作品的出版、文学期刊的出版等，为捷克文学的对外翻译等方面提供资金支持。捷克文化部还设立国家文学奖和国家翻译奖（Státní cena za literaturu a Státní cena za překladatelské dílo）[②]以表彰获奖者在本年度

① 捷克文化部，https://www.mkcr.cz/cinnost-oddeleni-literatury-a-knihoven-340.html，检索日期：2022 年 11 月 9 日。

② 捷克文化部，https://www.mkcr.cz/statni-cena-za-literaturu-a-statni-cena-za-prekladatelske-dilo-582.html，检索日期：2022 年 11 月 9 日。

以捷克语出版的原创文学作品或将文学作品从外语翻译成捷克语的作品；也可用于表彰作者迄今为止的文学创作或作者迄今为止在文学作品翻译领域的成就。为更好地推广捷克图书、促进文化交流，捷克文化部在其职权范围内，委托布尔诺的摩拉维亚图书馆，积极在伦敦国际书展、法兰克福国际书展、莱比锡国际书展、博洛尼亚国际书展等国际知名书展上参展并介绍捷克文学和文化。

为繁荣出版业，捷克每年会评选相应奖项，如捷克年度最美图书评选活动、年度图书馆奖等。捷克年度最美图书评选活动由文化部和民族文学纪念馆每年联合举办，对本国出版商在上一年度出版并由本国印刷商印刷的图书的封面、插图和装帧设计等进行评选，该比赛分为七个类别：专业、文学、儿童和青少年文学、教科书和教辅、艺术图书、目录和其他。每个类别的前三名能够获奖。出版商、平面设计师、文化机构和学生都可以通过提交其作品来参与评选。获奖图书将会出现在“图书世界”图书博览会（Svět knihy）、LITR 奥洛穆茨图书节（LITR Olomouc）、Tabook 文化节等书展上。年度图书馆奖由文化部举办，主要用于表彰图书馆长期以来在提供信息服务和丰富文化生活中做出的突出贡献，该奖项分为两类——“基础图书馆”和“公共图书馆提供信息服务的重大成就”。

（六）阅读情况

1. 图书馆情况

2001—2020 年 20 年间，捷克全国公共图书馆的数量呈缓慢下降的趋势，2001 年全国共有 6091 座图书馆，而 2020 年降至 5295 座。图书馆注册读者的数量也在呈波动式缓慢下降，2001 年为 151.2 万，而 2020 年该数字下降到 119.3 万。图书借阅量在 2001—2010 年的 10 年间不断波动，但总体稳定在 6000 万至 7000 万左右，而从 2011 年开始，图书总借阅量缓慢下降，2019—2020 年间经历了断崖式下滑，由 5120.1 万跌至 3892 万。实地到访图书馆的人数在 2001—2012 年的 12 年里，呈波动上升的乐观趋势，在 2012 年达到最高值，为 2429.8 万人次。但自 2012 年起，该数字开始缓慢下滑，最终由 2019 年 2210.2 万人次断崖式下跌到 2020 年 1309 万人次。2019—2020 年的各项数据指标的断崖式下滑虽与突发的疫情紧密相关，但也与近年捷克图书馆越发艰难的处境不无关联。（见表 1）图书馆的数量和图书馆注册读者数稳中有降，而图书借阅量和图书馆实地访问人数都在 2019—2020 年间经历了剧烈的下滑。2020 年的疫情无疑也影响到图书馆的正常运行，根据捷克政府的防疫措施，2020 年全国图书馆关闭了 106 天，图书馆的关闭和大多数服务的减少导致借阅量、实地访问人数的大幅下降。

表 1 2001—2020 年捷克全国公共图书馆数量及注册读者情况

年份	2001	2002	2003	2004	2005	2006	2007	2008	2009	2010
图书馆总数（座）	6091	6057	6046	5885	5920	5662	5533	5438	5432	5415
注册读者数（千人次）	1513	1533	1524	1538	1538	1476	1458	1448	1398	1431
图书总借阅量（千册）	69864	70825	71663	72875	71974	68697	67395	66744	66862	66773
实地访问人数（千人次）	18364	19658	20103	20615	20502	19902	20924	20913	22072	22157
年份	2011	2012	2013	2014	2015	2016	2017	2018	2019	2020
图书馆总数（座）	5408	5401	5381	5360	5354	5353	5339	5317	5307	5295
注册读者数（千人次）	1462	1450	1430	1430	1412	1372	1384	1373	1376	1193
图书总借阅量（千册）	67220	66258	64208	62614	60045	58204	55364	52705	51201	38920
实地访问人数（千人次）	24025	24298	24142	24053	23623	23400	22354	22047	22102	13090

资料来源：《2020 捷克共和国文化基础统计数据》（*Základní statistické údaje o kultuře v České republice 2020*）

经费方面，捷克国家图书馆 2018—2020 年间支出分别为 5.30 亿捷克克朗、5.91 亿捷克克朗和 6.83 亿捷克克朗。经费支出主要用于购置图书、能源消耗、维修保养、工资发放等项目。在馆藏方面，截至 2020 年底，捷克国家图书馆库存图书共 7509461 种，其中含手稿 21277 种。2014—2019 年，捷克公共图书馆在购书方面的支出在 3.40 亿 ~3.70 亿捷克克朗之间浮动。2017 年公共图书馆购书支出达到最高，为 3.67 亿捷克克朗。（见表 2）

表 2 2014—2019 年捷克公共图书馆的购书支出情况

单位：亿捷克克朗

年份	支出费用
2014	3.46
2015	3.51
2016	3.55
2017	3.67

续表

年份	支出费用
2018	3.43
2019	3.40

注：仅由市、县和州设立的图书馆参与统计

资料来源：《2019 年捷克图书市场报告》（*Zpráva o českém knižním trhu 2019/20*）

2. 国民阅读情况[①]

根据捷克二手书交易平台书宝（Knihobot）于 2021 年夏季进行的一项针对捷克国民阅读情况的调查，在所有受访者中，每天阅读 0.5~1 小时之间的人数最多，约为 41%；其次，每天阅读 1~2 小时的人数约为 21%。（见表 3）在图书阅读完成率方面，大部分受访者在开始阅读一本书后都能基本完成。其中，基本能完成阅读的受访者占 53%，阅读后全部完成的占 24%。（见表 4）35 岁以上的人每天阅读的比例最高，虽然儿童青少年阅读频率较之更低，但在有阅读机会的情况下，也同其他年龄段读者一样，能达到一小时左右的阅读时间。

表 3　捷克民众每天阅读图书时长情况

阅读时长	占比
0.5 小时及以下	17%
0.5~1 小时及以下	41%
1~2 小时及以下	21%
2 小时以上	14%
其他时长	7%

资料来源：书宝官方网站

表 4　捷克民众图书阅读完成情况

选项	占比
经常读不完	2%
每两本书有一本读不完	5%

① 书宝官方网站，https://blog.knihobot.cz/jaci-jsou-cesi-ctenari-na-knizku-si-najdeme-cas-skoro-kazdy-den-%E2%9D%A4/，检索日期：2022 年 11 月 9 日。

续表

选项	占比
每五本书有一本读不完	16%
很少读不完	53%
阅读后全部完成	24%

资料来源：书宝官方网站

在图书购买方面，60% 的受访者每年购买图书在 20 册以内，包括作为礼物馈赠他人而购买的图书。19% 的人每年购买 21~40 册书，12% 的人每月最多购买 5 册书。35 岁以上的人购买图书的数量几乎是 35 岁以下的人的两倍。（见表 5）

表 5　捷克民众图书年均购买情况

选项	占比
0~20 册	60%
21~40 册	19%
41~60 册	12%
61~80 册	2%
81~100 册	4%
101~200 册	2%
200 册及以上	1%

资料来源：书宝官方网站

在该调查中，受访者总体认为未来一段时间图书市场不会发生根本性的变化。其中，40% 的受访者认为目前的形势稳定，不会有革命性变化；18% 的人认为未来人们会少买书多借书；近 1/3 的人长期以来一直在购买二手图书；12% 的人在图书馆有借阅记录；9% 的读者认为未来电子书会比纸质书更普及。

2020 年，虽然疫情在捷克迅速传播，捷克书店也大多关门歇业，但是令人欣喜的是疫情对图书购买并没有产生太大影响。然而，图书获取方式却发生了根本性变化。据捷克国家图书馆和媒体研究机构尼尔森（Nielsen Admosphere）联合发布的数据，在传统实体书店购买图书的人数减少近 1/5，而所有相关的线上活动都有所增加，尤其是在线上平台购买纸质图书。也就是说在疫情影响下，相比实体渠道而言线上渠道

更受消费者青睐，电子书因其易获取性也备受读者关注。（见图 1）

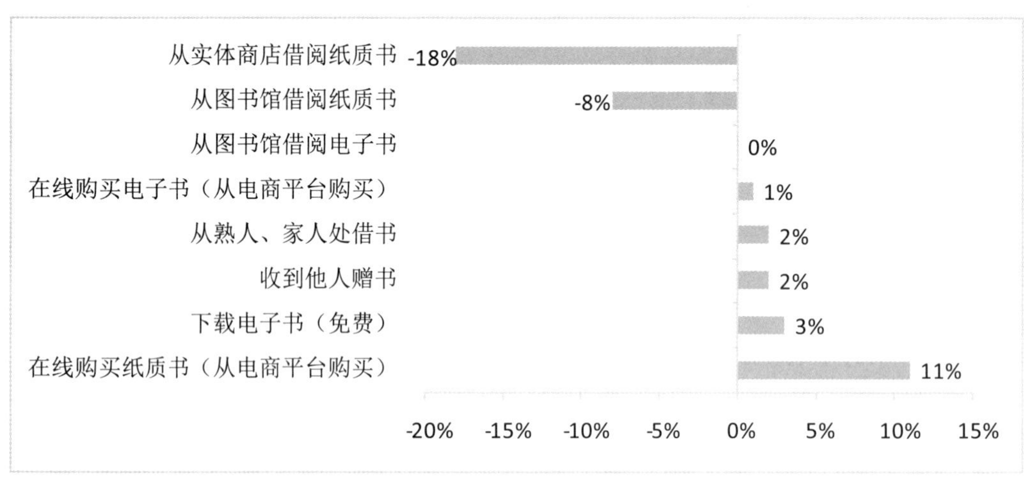

图 1 2020 年捷克民众图书获取渠道

资料来源：国家图书馆、尼尔森，《新冠疫情期间的阅读》[①]，2021 年 2 月。

在儿童阅读率方面，捷克国家图书馆（Národní knihovna ČR）开展了一项名为“儿童和青少年读者 2021”（České děti a mládež jako čtenáři v roce 2021）[②] 的调查，调查时间为 2021 年 4 月至 6 月。该调查显示，2021 年，大龄儿童年阅读量约为 7.3 本书，青少年的年阅读量为 8.9 本书。61% 的学龄儿童、42% 的 9~14 岁儿童和 55% 的青少年认为阅读图书很有趣。34% 的家长认为孩子们在本学年有更多的时间进行阅读。近 1/3 的家长表示，他们花了很多时间陪孩子培养上学所需的阅读能力。疫情并没有对青少年儿童的阅读产生明显影响。近 1/5 的青少年儿童表示，他们比疫情之前阅读频率更高，这是因为比起以往参加常规的学校课程和课外活动，他们现在有更多的时间可以进行阅读。但也有大约 8% 大龄儿童和 15% 的青少年表示，在疫情期间其阅读量要少于疫情前。原因主要在于：相较于阅读，电视剧和电影更能缓解疫情压力下的紧张情绪；居家环境阅读效率不高，精力难以集中等。疫情对杂志的阅读产生了负面影响，青少年的杂志非读者比例从 2017 年的 15% 增加到 2021 年的 30%，大龄儿童的则从

① 该阅读调查报告样本基线为 1005。

② 捷克国家图书馆：《儿童和青少年读者 2021》（https://text.nkp.cz/soubory/ostatni/tz_ceskedeti.pdf）。

14% 增加到 28%。

调查数据还显示，捷克青少年电子书阅读率和有声书的使用率较 2017 年均有不同幅度的增加。2021 年，捷克青少年非经常阅读电子书比例从 2017 年的 41% 上升到 54%。但经常阅读电子书的比例基本持平。手机为电子书阅读的首选终端。有声书听众比例与 2017 年相比也显著增加。43% 的青少年表示，他们在疫情期间开始更多地听有声书；38% 的青少年比起规定的阅读任务更喜欢听有声书。

阅读题材方面，小学生更喜欢阅读童话或传说；偏大年龄男孩喜欢漫画和幻想类，而同年龄段女孩则以生物自然类图书为主；侦探类在青少年中更加流行。

儿童青少年的畅销书中，《哈利·波特》热度依旧，2021 年更是首次排进儿童青少年畅销书榜前三。同时，《猎魔人》（*Zaklínač*）和《1984》也进入了榜单前三甲。大龄儿童最喜欢的书依然是《小屁孩日记》（*Deník malého poseroutky*），《布拉希纳》（*Prašina*）一书首次获得较高排名。

3. 阅读活动

捷克有大量的鼓励阅读的长期项目、活动及相关节日，例如“阅读很有用”（Čtení pomáhá）和“孩子们，你们阅读吗？”（Děti, čtete?）等都是针对儿童和青少年的阅读推广项目；布拉格作家节（Festival spisovatelů Praha）是一个向捷克人展现捷克文学和世界文学的重要舞台；除此之外，还有“图书适合你”（kniha ti sluší）[①]、“与书同行”（Rosteme s knihou）[②] 等受众广泛的图书推广活动。

自 2014 年以来，捷克书商和出版商协会以名为“图书适合你”的活动来庆祝每年的世界图书日和版权日，该活动旨在将图书市场的所有参与者，即出版商、书商、分销商、作者、图书馆和学校联合起来，为读者创造一个读书日。该活动的目标主要包括长期支持实体书店成为区域文化中心，向大众，特别是向青年一代展现图书的吸引力。该活动通过举办签名会、作者的个人会面等方式，邀请读者到书店来，以向广大读者传达“图书不仅是一种愉悦的来源，也是分享知识、理解差异和沟通世界的宝贵工具”的理念。2021 年，疫情导致许多书店关闭，捷克书商与出版商协会对活动的开展方式进行创新。在 2021 年的活动中，读者可以在网站“给你一本书”（www.

---

① 图书适合你官网，https://www.knihatislusi.cz/，检索日期：2022 年 11 月 9 日。

② 与书同行官网，https://www.rostemesknihou.cz/projekty-kampane/，检索日期：2022 年 11 月 9 日。

dameknihu.cz）购买由艺术家设计的图书礼券，或者根据自己的喜好定制自行设计的图书礼券，该图书礼券可以在捷克国内的所有合作书店内兑换使用，购买者也可以将购买的图书礼券作为礼物送给他人。这无疑是对图书市场的一个贡献，将为书店带来新的客户，并激发人们广泛阅读的兴趣。

“与书同行”活动由捷克书商与出版商协会及其下属公司图书世界公司在2005年布尔诺图书世界（Svět knihy Brno）书展上发起的宣传活动，旨在提高国民阅读素养，促进国内的图书阅读。国内外关于阅读的研究结果显示年轻人对阅读和图书的兴趣明显下降，而“与书同行”活动旨在通过文学和阅读比赛、调查、书展、与作家座谈、文学和艺术讲习班、研讨会和网站等一系列活动，特别是面向学前和在校儿童，发展和深化其文学教育和培养其阅读兴趣，从而提高和丰富沟通技巧和文化知识。作为一项非商业性的活动，该活动与其他专业和媒体组织以及在阅读推广领域工作或从事相关项目的机构开展广泛合作，这些合作伙伴包括图书馆、出版商以及非营利性公司和机构，通过利用其特定的职能和资源优势，来确保最广泛、最有效地进行阅读推广。目前，该活动已有46个官方合作伙伴。对于该项目的子项目和方案，图书世界公司也在海外积极寻求合作伙伴，并已成为欧洲阅读联盟（EU Read）成员①，交流在儿童和青少年阅读推广领域的实际经验。

二、图书业发展概况

捷克民众读书时间长，阅读活动多，捷克出版业与之相适应，形成了百花齐放的局面。在捷克出版的图书数量多，门类全；纸质书、电子书和有声书等不同媒介均占有一定市场地位；翻译类图书种类丰富；同时诸多企业也开设有相当数量和体量的出版社和书店。

（一）整体情况

从销售情况来看，捷克国内图书市场整体发展情况较为平稳，2020年图书市场总销售额为80亿捷克克朗，同比减少6.9%。其中，纸质图书销售额约为75亿捷克克朗，同比下降约8%。有声读物和电子书销售额同比增长约24%。2015—2020年，捷克图

① 欧洲阅读联盟的成员包括来自奥地利、英国、意大利、瑞士、葡萄牙、荷兰、德国等国的阅读推广活动组织者。

书市场呈现出了纸质图书市场份额缓慢下降、电子书和有声书逐步上扬的态势。（见表 6）

表 6　2015—2020 年捷克图书市场销售情况

单位：亿捷克克朗

类别	2015	2016	2017	2018	2019	2020
总销售额	75	78	80	83	86	80
同比变化	+4%	+4%	+2.5 %	+3.5 %	+0.5%	-6.9%
纸质书[①]	—	—	—	80	82	75
电子书和有声书	1.9	2.3	2.6	3.0	3.7	4.6

资料来源：捷克书商与出版商协会，《2020 年捷克图书市场报告》（*Zpráva o českém knižním trhu 2020/21*）

在图书出版种数方面，2020 年图书出版种数为 14117 种，2016 年捷克共出版图书 17815 种，五年间减少约 20.8%。其中，新书 12265 种，占图书出版总数的 86.9%。2001—2020 年二十年间，捷克图书出版种数经历先增长后减少，2001 年为 14321 种，起伏中于 2011 年增长至二十年来最高值 18985 种，此后 2012—2019 年图书出版种数徘徊在 17000 种左右，2020 年受新冠感染疫情等方面因素影响，图书出版种数跌至 2001 年种数之下。（见图 2）

单位：种

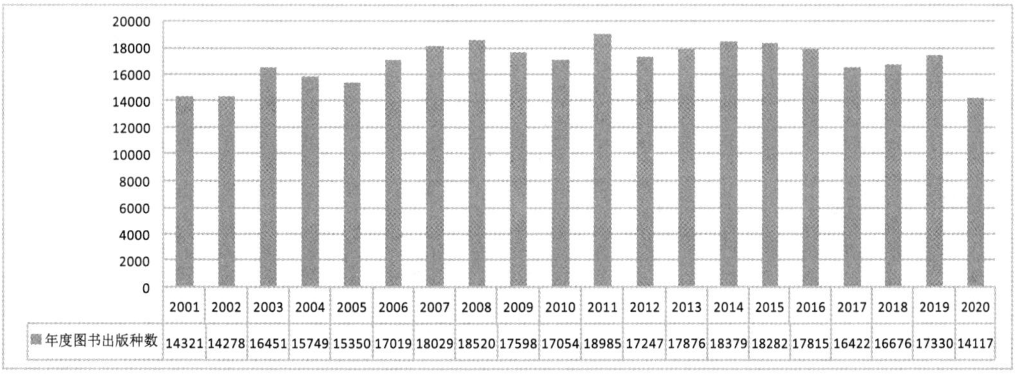

	2001	2002	2003	2004	2005	2006	2007	2008	2009	2010	2011	2012	2013	2014	2015	2016	2017	2018	2019	2020
年度图书出版种数	14321	14278	16451	15749	15350	17019	18029	18520	17598	17054	18985	17247	17876	18379	18282	17815	16422	16676	17330	14117

图 2　2001—2020 年捷克图书出版种数

资料来源：《2020 捷克共和国文化基础统计数据》（*Základní statistické údaje o kultuře v České republice 2020*）

① 2015—2018 年无纸质书销售统计数据。

2020 年，捷克共出版翻译图书 5376 种，涉及 53 种语言，占 2020 年图书出版总量的 38.1%。多年来，英语一直是翻译图书种数最多的语言，2020 年共翻译英语图书 2947 种，其次是德语 760 种和法语 295 种。在斯拉夫语言中，斯洛伐克语以 304 种翻译图书位居首位，其次是波兰语 106 种和俄语 95 种。（见表 7）

表 7　2020 年捷克翻译图书语种来源情况

单位：种

语种	数量
英语	2947
德语	760
斯洛伐克语	304
法语	295
西班牙语	163
意大利语	108
波兰语	106
俄语	95
其他语种	846
多语种	270

资料来源：《2020 捷克共和国文化基础统计数据》（*Základní statistické údaje o kultuře v České republice 2020*）

在图书内容方面，2020 年图书主要集中在文学领域，约 5201 种，占图书出版总种数的 36.8%。历史、传记等领域的图书虽然种数较多，但相比过去显著减少，共出版 1301 种，占已出版图书总数的 9.2%。（见表 8）2020 年中小学课本共有 380 种，大学课本 362 种。儿童和青少年文学作品出版种数也较多，2020 年出版种数为 2134 种，比 2016 年的 2157 种减少 1.1%。

表 8　2020 年出版图书分类情况

单位：种

分类	图书	手册	总数
综合	271	95	366

续表

分类	图书	手册	总数
哲学、心理学	332	19	351
宗教、神学	356	42	398
社会学、统计学	241	28	269
政治、经济	309	37	346
法学、公共管理、社会保障与关怀、保险业	632	30	662
军事与军事科学	132	19	151
教育系统、教育学	708	211	919
商业、枢纽、交通、旅游业	148	11	159
人种志、文化人类学	66	2	68
语文学、语言、语言学	234	16	250
数学	109	7	116
自然科学	357	140	497
医学健康	402	90	492
机械工程、技术、建筑工程、手工业	243	75	318
农业、林业、畜牧业、狩猎业、渔业	273	76	349
家庭管理	241	5	246
管理、领导与组织	136	1	137
空间规划、城市规划、景观设计、建筑学	175	29	204
雕塑、美术、图形、摄影	411	87	498
音乐、戏剧、电影艺术	209	20	229
体育运动	226	21	247
文学史和文学批评	123	11	134
文学图书	4489	712	5201
地理	190	19	209
历史、传记	1238	63	1301
合计	12251	1866	14117

资料来源：《2020 捷克共和国文化基础统计数据》（*Základní statistické údaje o kultuře v České republice 2020*）

（二）新兴出版物市场

1. 电子书

2020 年，电子书总销量持续增长，增势已超过纸质书，较上年同比增长 35%，共销售超 130 万册。2021 年，大多数捷克国内主要出版社（超过 400 个出版品牌）都有电子书出版。截至 2020 年底，在售电子书总量约为 2.1 万种。绝大多数畅销书都有电子版。2020 年，电子书的平均售价约为电商平台上纸质书价格的 63%。电子教科书和专业文献通常以 15% 的折扣出售。2020 年 5 月 1 日，增值税减税政策开始实施，电子书和有声读物执行的增值税税率为 10%。相对低廉的价格、国家增值税的减免支持以及突发新冠疫情导致的全民居家均助推了电子书市场的高速增长。捷克最畅销的电子书类型是“犯罪和悬疑”“捷克和世界小说”及“科幻和奇幻”等类别。在教育类电子书中，最受欢迎的是关于个人发展的类别。长期以来，电子书读者一直以男性为主。2020 年，女性的比例上升至 52%。布拉格是电子书销售的重点城市，占销量的 33%，其次是中波西米亚，占比 18%，以及南摩拉维亚，占比 10%。

2. 有声书

2020 年，捷克有声书零售市场销售额约为 2.27 亿捷克克朗，同比增长 12.4%。实体有声书销售额约为 0.87 亿捷克克朗，数字有声书销售额约 1.4 亿捷克克朗。

根据有声书出版协会（Asociace vydavatelů audioknih，简称 AVA）统计，2019 年数字有声书销量首次超过实体有声书，2020 年的疫情加快了这种趋势，捷克实体有声书销售量接近 30 万册，同比略有下降，数字有声书销量在有声书市场整体中占比上升至 62.5%，预计这一趋势将会持续。在一段时间内，以 CD 为主的实体有声书作为圣诞等节日礼品等销售仍有市场，但整个有声书市场的销售重点正在向电商大幅转移。在这种情况下，有声书出版商监督和打击非法下载极为重要，只有保护线上有声书销售，才能为不断提高的有声书制作成本提供资金。这种压力也可以从不断扩大和改进在线产品和服务中看出，有声书出版商正以积极的方式激励消费者购买有声读物的数字版本。

（三）企业发展情况

1. 出版社情况

捷克出版社设立采取注册制，自 1989 年以来，这一指标在数量上增长可观。1990 年，捷克国家 ISBN 中心报告的数目是 650 个出版社，但经过短短十年，2000 年这个数字已经增加到 2898 个，几乎是五倍之多。2020 年，在捷克新注册的出版实体有 194 家。根据国际标准书号系统的规则，截至 2020 年 12 月 31 日，捷克共批准

7608 个出版主体的注册申请。该中心估计，目前约有 1/3 注册的出版实体在捷克出版活动活跃，1/3 的实体没有积极出版或因各种原因暂时停止出版活动，其余的 1/3 已经停止了出版活动。（见表 9）

表 9　2015—2020 年出版社数量统计表

单位：家

年份	2015	2016	2017	2018	2019	2020
注册出版社数量	6389	6712	6986	7225	7414	7608
活跃出版社数量	2296	2211	2151	2058	2087	1880

资料来源：捷克书商与出版商协会，《2020 年捷克图书市场报告》（*Zpráva o českém knižním trhu 2020/21*）

目前，捷克出版业产业也越发呈现集团化、集中化，内容资源、作者资源、渠道资源、销售资源等也都越发集中于几家实力雄厚的大型出版企业手中。单就图书出版种数而言，2020 年捷克图书出版也主要集中于信天翁、欧洲媒体、格拉达出版社等几家主流出版商。2020 年，此 5 家出版商出版品种数占捷克全年出版种数的 19.8%。（见表 10）

表 10　2019—2020 年捷克重点出版商图书出版种数

单位：种

企业名称	2020	2019
信天翁传媒（Albatros Media）	1093	1563
欧洲媒体集团（Euromedia Group）	707	828
格拉达出版社（Grada Publishing）	443	395
摩拉维亚巴斯泰出版社（Moravská Bastei MOBA）	329	343
年轻前线（Mladá fronta）	227	165

资料来源：捷克书商与出版商协会，《2020 年捷克图书市场报告》（*Zpráva o českém knižním trhu 2020/21*）

信天翁传媒集团[①] 是捷克最大的出版商，建立于 1934 年，该集团不仅出版纸质图

---

① 信天翁传媒集团官网，https://www.albatrosmedia.cz/c/o-nas/，检索日期：2022 年 11 月 9 日。

书，还出版有声书和电子书，以及翻译图书。近年来，信天翁不断壮大自身出版版图。2019 年，信天翁收购多米诺出版社（Domino），该出版社以侦探小说和惊悚小说闻名。2021 年 2 月，信天翁以 1400 万捷克克朗的价格收购处于破产状态的年轻前线出版社的图书部门。

欧洲媒体集团[①]是捷克图书市场上最大的公司之一，成立于 1991 年，拥有十余个出版品牌。集团成立第二年，它成功地推出了一个名为“图书俱乐部”（čtenářský klub）的读书会，二十年里吸引超过 100 万名读者，如今仍有大约 20 万名会员。该集团也是国内最大的图书批发商，为书商、连锁书店、网上商店和商场提供国内大多数出版商的产品。

格拉达出版社[②]是捷克最大的专业文学出版商，成立于 1991 年。该出版社的出版物涵盖了各个领域的专业文献，包括法律、经济、金融和会计、管理、心理学、医学、计算机、技术和许多其他领域。2018 年 11 月，格拉达收购了隐喻出版社（Metafora），其现已成为格拉达出版社旗下品牌之一。格拉达旗下捷克第一家图书销售平台“书港”（Bookport）在捷克图书市场上已站稳脚跟，电子书销售也很成功。

摩拉维亚巴斯泰出版社[③]成立于 1991 年，是一家外商参与的公司。它出版了大量高质量图书，如《北欧犯罪》（*Severská krimi*）、《历史小说》（*Historický román*）、《世界犯罪》（*Světová krimi*）、《历史犯罪》（Historická krimi）、《非小说》（*Literatura faktu*）、《捷克原创侦探故事》（*Původní česká detektivka*）、《社会小说》（*Společenský román*）以及《律师》（*Rádce*）等。目前，该社已经发展成为捷克图书市场上最重要和最稳定的出版商之一。

年轻前线出版社[④]成立于 1945 年，是一家具有悠久历史传统的现代出版社，是捷克最大的出版社之一。该出版社的刊物《欧元周刊》（*týdeník Euro*）是以捷克商业为关注点的捷克最畅销的刊物，该杂志每周一出版，电子版于每周五晚出版。除此之外，年轻前线出版社也是在线市场的主要参与者之一，拥有专业网站“金融”（Finance）

① 欧洲媒体集团官网，https://www.euromedia.cz/，检索日期：2022 年 11 月 9 日。

② 格拉达出版社官网，https://www.grada.cz/，检索日期：2022 年 11 月 9 日。

③ 摩拉维亚巴斯泰出版社官网，https://www.mobaknihy.cz/o-nakladatelstvi/，检索日期：2022 年 11 月 9 日。

④ 年轻前线出版社官网，https://www.mf.cz/，检索日期：2022 年 11 月 9 日。

和 11 种专业在线刊物，主要涉及新闻、技术、交易、游戏和娱乐领域，其流量在不断增长。该出版社还包括一个图书部门，该部门每年推出约 200 余种新书。然而，自疫情爆发以来，整个媒体和广告市场都受到重大影响。2020 年 11 月 10 日，捷克布杰约维采地区法院再次宣布年轻前线出版社破产。

2. 书店

捷克大约有 600 家实体书店，其中 263 家由最大的 9 家零售连锁店经营。但因无法与线上平台相抗衡，独立书店关闭的趋势仍在继续。一些独立书商现在由零售连锁店接管经营，至少通过这种方式可以部分维持小城镇的图书实体销售渠道。（见表 11）

表 11 捷克按门店数量划分的图书零售连锁企业情况[①]

单位：家

书店所有者名称	书店品牌	书店数量
坎策尔斯贝格股份有限公司（Kanzelsberger, a. s.）	坎策尔斯贝格书店（Kanzelsberger）	61
便宜书籍股份有限公司（Levné knihy, a. s.）	便宜书籍书店（Levné knihy）	56
多布罗夫斯基责任有限公司（Dobrovský, s. r. o.）	多布罗夫斯基书店（Knihy Dobrovský）	39
科斯马斯责任有限公司（Kosmas, s. r. o.）	科斯马斯书店（Kosmas）	36
欧洲媒体集团股份有限公司（Euromedia Group, a. s.）	卢克索书店（Luxor）	36
帕维尔·多布罗夫斯基—贝塔责任有限公司（Pavel Dobrovský Beta, s. r. o.）	贝塔多布罗夫斯基书店（Beta Dobrovský）	11
加尔默罗会出版社责任有限公司（Karmelitánské nakladatelství, s. r. o.）	加尔默罗会书店（Karmelitánské knihkupectví）	10
捷克图书中心责任有限公司（Knihcentrum cz, s. r. o.）	图书中心书店（Knihcentrum）	10
捷克科学院联合运营中心（Stredisko spolecných cinností AV CR, v. v. i.）	学术书店（Academia knihkupectví）	4

资料来源：捷克书商与出版商协会，《2020 年捷克图书市场报告》（*Zpráva o českém knižním trhu 2020/21*）

坎策尔斯贝格公司[②]是捷克最大的图书连锁店，目前在布拉格和捷克其他城市经营 61 家书店，雇员约 320 人。该公司创立于 1990 年，是一家家族企业。公司经营四种类型的书店：大型书店、中型书店、小型书店和位于购物中心的书店。

① 数据截至 2021 年 10 月 31 日。

② 坎策尔斯贝格公司官网，https://www.dumknihy.cz/o-spolecnosti-kanzelsberger，检索日期：2022 年 11 月 9 日。

便宜书籍[①]成立于 1996 年，在捷克全国拥有 56 家门店和 1 个电子商店，每年在该连锁书店购书的顾客达 400 万人次。便宜书籍主要销售图书、杂志、日历、CD、DVD、海报、拼图、玩具、文具和办公用品。自 2000 年以来，便宜书籍也作为一家出版社运营，至 2011 年，已经出版超过 1000 种图书，主要为经典的捷克文学作品和进入公版领域的世界文学作品。

卢克索书店[②]成立于 2001 年。目前，该零售网络包括 36 家店铺，主要分布在购物中心。它在布拉格占有重要地位，经营着 13 家书店，其中卢克索书宫（Palác knih Luxor）是中欧最大的书店。

三、报刊业发展概况

捷克的报刊业出版由文化部进行管理。同图书业一样，捷克报刊发行种类多样，涵盖各种通俗和专业主题，受众也非常广泛，且囊括不同语种。不过，近年来，捷克报刊发行商营业数据整体呈现亏损的趋势。

（一）整体情况

在捷克，杂志和报纸都被划归为定期出版物，大多数杂志以捷克语出版，大多数外语杂志以英语或俄语出版，其余为德语、斯洛伐克语、波兰语、法语、世界语或罗姆语。保加利亚语、匈牙利语、乌克兰语和越南语各有一种刊物。所有日报则均以捷克语出版。在过去五年中，日报种类减少近 1.8%。2016 年出版 109 种，2020 年减少到 107 种；其他报纸的种类减少 6.0%，2016 年发行 1351 种，2020 年下降到 1270 种；杂志种类从 2016 年的 3774 种增加到 2020 年的 3927 种，增长 2.9%。（见表 12）

表 12　2018—2020 年捷克报刊发行种数

单位：种

类 别	2018	2019	2020
报纸刊发种数	1581	1441	1377
杂志刊发种数	3907	4026	3927

① 便宜书籍公司官网，https://www.levneknihy.cz/o-levnych-knihach/，检索日期：2022 年 11 月 9 日。

② 卢克索书店官网，https://www.luxor.cz/page/o-nas，检索日期：2022 年 11 月 9 日。

续表

类 别	2018	2019	2020
报刊总数	5488	5467	5304

资料来源：《2020 捷克共和国文化基础统计数据》（*Základní statistické údaje o kultuře v České republice 2020*）

在面向全体读者的杂志中，以女性、男性和家庭为主题出版的刊物最多，有602种，其次是政治、哲学、宗教和文化领域的杂志，共431种。在面向特定读者群体的杂志中，出版最多的为技术、科学和研究等专业刊物，共1028种；其次是企业杂志，共375种。（见表13）

表13　2020年捷克杂志分类表

单位：种

类别		数量
面向全体读者	插图、信息和报导	60
	政治、哲学、宗教和文化	431
	女性、男性和家庭	602
	广播、电视和电影	45
	旅游、休闲和运动	331
	通俗历史和地理	63
	通俗科学技术	95
	青少年	213
	其他	225
	合计	2065
面向特定读者	专业刊物（技术、科学和研究等）	1028
	工会、政党、协会杂志	94
	慈善机构	41
	企业杂志	375
	教区公告	35
	其他	289
	合计	1862
总计		3927

资料来源：《2020 捷克共和国文化基础统计数据》（*Základní statistické údaje o kultuře v České republice 2020*）

（二）报刊阅读情况

在捷克，在12~79岁的人群中，有75%的人（约670万人）至少阅读一种杂志，所有刊物每期总读者人数占66%以上，杂志每期的读者人数为58%，日报及其副刊每期的读者人数接近38%。12~79岁人群的报纸阅读率约为80%。整体的报刊出版物覆盖82%的人口，日报及其副刊共覆盖59%的人口。

读者最多的全国性日报是《闪电报》（*Blesk*，每期68.5万读者），其次是《今日青年先锋报》（*MF DNES*，44万读者）和《体育报》（*Sport*，19.6万读者）。

由伏尔塔瓦－拉贝传媒（Vltava Labe Media）出版的区域性刊物《日记报》（*Deník*）每期共有42.5万读者。

在日报的副刊中，阅读量最大的是《闪电报电视杂志》（*Blesk magazin TV*），目前有89.1万名读者，阅读量第二的是《电视杂志》（*TV magazín*），有76.8万名读者。经济类杂志的读者人数增加最多，增加了5%；信息和通信技术类杂志读者人数增加了2.5%。

根据捷克期刊出版商协会季度和年度报告，捷克2019—2021年阅读量最高的全国性日报有以下7种，2021年后半年的阅读量和平均销售量如表14所示。

表14　2021年第三、四季度捷克期刊阅读情况

名称	阅读量（万人）	平均销售量（份）
《闪电报》	68.5	128958
《今日青年先锋报》	44.0	86131
《体育报》	19.6	21892
《啊哈！》（*Aha!*）	18.4	31331
《权利报》（*Právo*）	17.2	53273
《人民报》（*Lidové noviny*）	15.2	23810
《经济报》（*Hospodářské noviny*）	12.8	27661

资料来源：捷克期刊出版商协会，《2021年第三、四季度基本阅读情况》（*Základní výsledky čtenosti titulů za 3. a 4. čtvrtletí 2021*）

（三）企业情况

捷克新闻中心（Czech News Center，CNC）[①]是捷克最大的媒体公司之一，出版《闪电报》《啊哈！》《体育报》《E15》等日报以及《反射》（*Reflex*）、《摩托世界》（*Svět motorů*）、《车贴士》（*AutoTip*）、《ABC》、《人民与国家》（*Lidé a země*）、《小太阳》（Sluníčko）、《百里香》（*Mateřídouška*）、《我的心理》（*Moje psychologie*）、《健康饮食》（*Dieta*）与《闪电报》下属杂志等数十种杂志，运营许多捷克知名网站。根据捷克新闻中心年报，2019年，其销售额总计20.39亿捷克克朗，比2018年减少5.6%；报纸和杂志的销售收入接近10.3亿克朗；广告销售收入几乎与之持平，达到10.1亿捷克克朗。该公司2019年折旧前的营业利润为2.06亿捷克克朗，同比下降2%，但总体处于亏损状态，亏损约1.4亿捷克克朗。2020年，捷克新闻中心实现营业额21.22亿捷克克朗，同比增长4%。根据公司年报的判断，营业额增长与公司同捷克印刷中心（Czech Print Center）合并有关。细观各业务板块，2020年该中心报纸和杂志收入为8.67亿捷克克朗，较2019年下降15.5%；广告销售收入接近9.6亿捷克克朗，下降5.3%；此外2020年新增印刷服务业务，收入约为3亿捷克克朗。

马夫拉（Mafra）[②]隶属于前总理安德烈·巴比什（Andrej Babiš）信托基金的爱格富集团（Agrofert）控股公司，是捷克最大媒体公司之一，出版《今日青年先锋报》《人民报》等知名日报以及新闻门户网站iDnes.cz和Lidovky.cz。根据其年报，2020年，该公司亏损8.68亿捷克克朗，而2019年同期盈利1500万捷克克朗。营业额下降是由于政府因疫情采取的经济措施导致广告减少；而亏损主要是由为长期资产计提拨备造成的。

《权利报》[③]是2021年捷克阅读量第五的日报，诞生于1991年，出版商为博尔吉斯（Borgis）公司。该公司是迄今为止唯一一家在2020年保持盈利的日报出版商。

---

① 媒体大师网，https://www.mediaguru.cz/clanky/2021/10/cnc-loni-mirne-zvysila-obrat-zustala-ale-ve-ztrate/，检索日期：2022年11月9日；https://www.mediaguru.cz/clanky/2020/10/cnc-loni-udrzela-trzby-nad-urovni-2-miliard-korun/，检索日期：2022年11月9日。

② 媒体人网，https://www.mediar.cz/mafra-loni-spadla-do-ztraty-868-milionu-kc/，检索日期：2022年11月9日；守护犬网，https://hlidacipes.org/mafra-ma-nejhorsi-hospodarsky-vysledek-od-vstupu-babise-z-miliardove-ztraty-vini-covid/，检索日期：2022年11月9日。

③ 媒体大师网，https://www.mediaguru.cz/clanky/2021/09/vydavatel-deniku-pravo-loni-udrzel-ziskove-hospodareni/，检索日期：2022年11月9日。

根据2020年年度报告，该公司2020年净利润为435万捷克克朗，利润比上年增长近20%。但由于市场疲软，该公司的营业额比2019年下降13%，营业总额为5.75亿捷克克朗。报纸销售的收入达到2.51亿捷克克朗，比2019年下降5.7%；广告收入达到3.19亿捷克克朗，降幅为8.5%。

四、中捷出版业交流合作情况

中国同捷克斯洛伐克于1949年10月6日建交。1993年1月1日，捷克成为独立主权国家，中方即予以承认并与之建立大使级外交关系。双方商定，继续沿用1949年10月6日为两国建交日[①]。自建交以来，我国与捷克在弘扬睦邻友好、实现共同发展的基础上，两国在双边经贸关系，双边文化、科技与教育领域的交往与合作方面均取得长足发展。尤其是在我国“‘一带一路’合作倡议”提出后，双方各领域合作更是迈上新台阶，进入新纪元。在文化出版领域，双方进行了深层次、宽领域的交流合作。

捷克方面在2020年颁布的《2021—2025年捷克共和国文化部对外更有效行动的构想》（*Koncepce účinnějšího působení Ministerstva kultury České republiky ve vztahu k zahraničí na léta 2021-2025*）[②]中指出，双方合作以两国签署的《文化合作议定书》为基石，巩固两国合作成果。在多边层面上，捷克积极参与了中国中东欧跨区域合作机制“17+1”。

2014年10月，两国签署《中华人民共和国文化部和捷克文化部2015—2018年文化合作议定书》。2016年3月，中捷签署《〈习近平谈治国理政〉捷克文版（暨中国主题图书）合作出版框架协议》。2019年4月，签署的最新版《中华人民共和国文化和旅游部和捷克共和国文化部2019—2022年文化合作议定书》[③]提到，中捷双方将促进文化和艺术领域的相互合作，其中包括文学领域和图书馆服务方面的合作。双方将支持两国作家和翻译协会之间的直接合作，鼓励出版商相互参与在两国举行的国际

---

① 中华人民共和国外交部，https://www.mfa.gov.cn/web/gjhdq_676201/gj_676203/oz_678770/1206_679282/sbgx_679286/，检索日期：2022年11月9日。

② 捷克文化部：《2021—2025年捷克共和国文化部对外更有效行动的构想》（https://mkcr.cz/doc/cms_library/koncepce-zahranicniho-pusobeni-ministerstva-kultury-2021-2025-12921.pdf）。

③ 人民的法律网，https://www.zakonyprolidi.cz/ms/2019-37，检索日期：2022年11月9日。

书展。捷克文化部和中国国家新闻出版广电总局均可向另一国出版商提供资助，以支持本国文学作品的翻译和出版。

2018 年 6 月 19 日至 21 日，根据《中华人民共和国国家档案局和捷克共和国国家图书馆合作协议》，捷克国家图书馆馆长马丁·戈康达应中国国家档案局局长李明华的邀请，率代表团一行 5 人来华访问。此次访问有力推动了中捷双方在档案数字化、电子文件管理等领域的合作，促进了两国档案和图书馆事业的共同发展。[①]

中捷两国在文学出版领域合作不断加深，2019 年，正值中捷建交 70 周年之际，捷克捷信公司与中捷两国的著名出版社合作，支持和翻译出版了六部捷克的经典文学著作。2019 年 8 月，奥斯卡大奖获得者、捷克著名作家斯维拉克的"布拉格故事集"系列被浙江文艺出版社首次引进中国。2019 年第 26 届北京国际图书博览会捷克展台开展了由捷克驻华大使馆举办、捷信消费金融有限公司支持的捷克展台开展仪式暨捷中文学出版作品分享活动。捷信助力捷克知名出版社在捷克出版了《鲁迅选集》的捷克语译本。2021 年 5 月 26 日，中国驻捷克大使馆举办了《中国和捷克的故事》线上交流会。《中国和捷克的故事》于 2020 年 1 月出版，有中捷文两个版本，中国驻捷克大使张建敏、捷克驻华大使佟福德分别为该书作序。该书主要讲述了中捷友好关系史，真实反映了两国关系的发展历程，充分展现了两国合作丰硕成果，生动刻画了两国人民友好情谊，具有相当的史料价值和现实意义。

中捷两国的图书业也借助大型国际书展有了深入交流的机会。自 2010 年起，中国的出版单位共参加 7 届布拉格国际图书博览会。最近一次参展是 2019 年参加第 25 届展会，书展代表团携多种图书亮相书展，期间，捷克当地作家和汉学家纷纷来到展台探讨图书出版、写作等相关话题。

2016 年，捷克作为中东欧国家之一联合担任博览会主宾国。捷克出版单位连续数年参加线下展览，最近一次于 2019 年参展。2022 年，捷克信天翁传媒、查理大学（Karolinum）、摩拉维亚图书馆（Moravian Library）、捷克文学中心（Czech Literary Centre）和西波西米亚大学拉迪斯拉夫·苏特纳设计与艺术学院（Ladislav

---

① 中华人民共和国国家档案局，https://www.saac.gov.cn/daj/gjjldt/201809/c3846716d4f149a49ad09b13f2f609c3.shtml，检索日期：2022 年 11 月 9 日。

Sutnar Faculty of Design and Art）共 5 家展商将继续参加第 29 届北京国际图书博览会。

参考文献

1. 捷克国家图书馆 . 新闻稿：新冠疫情期间的阅读 (Čtení v čase koronavirové pandemie – tisková zpráva)[EB-OL].(2022-05-07). https://text.nkp.cz/soubory/ostatni/tz_cteni_covid2021.pdf.

2. 捷克文化部 . 文化部 2020 年度报告 (*Výroční zpráva Ministerstva kultury za rok 2020*) [EB-OL]. (2022-05-07). https://www.mkcr.cz/vyrocni-zpravy-81.html.

3. 捷克国家图书馆 . 国家图书馆 2020 年度报告 (*Výroční zpráva Národní knihovny ČR 2020*) [R]. 2021.

4. 国家文化信息咨询中心 . 2020 捷克共和国文化基础统计数据 (*Základní statistické údaje o kultuře v České republice 2020*) [R]. 2021.

5. 捷克期刊出版商协会 . 2021 年第三、四季度基本阅读情况 (*Základní výsledky čtenosti titulů za 3. a 4. čtvrtletí 2021*) [R]. 2022.

6. 捷克书商与出版商协会 . 2019 年捷克图书市场报告 (*Zpráva o českém knižním trhu 2019/20*) [R]. 2020.

7. 捷克书商与出版商协会 . 2020 年捷克图书市场报告 (*Zpráva o českém knižním trhu 2020/21*) [R]. 2021.

8. 捷克国家统计局 . 2019 年文化收支报告 (*Výsledky účtu kultury – 2019*) [R]. 2021.

9. 国家文化信息咨询中心 . 2020 数据中的捷克文化 (*Kultura České republiky 2020 v číslech*) [R]. 2021.

10. 捷克国家统计局 . 2019 年捷克文化收支报告 (*Výsledky účtu kultury ČR za rok 2019*) [R]. 2021.

11. 捷克国家统计局 . 捷克共和国的经济发展：2020 年第四季度 (*Vývoj ekonomiky České republiky - 4. čtvrtletí 2020*) [R]. 2021.

（作者单位：中国新闻出版研究院；北京外国语大学）

黎巴嫩出版业发展报告

刘欣路 吴逸群

黎巴嫩共和国（الجُمْهُورِيَّة اللبنانيَّة），简称黎巴嫩，面积约1万平方公里，位于亚洲西南部、地中海东岸，东北部与叙利亚接壤，南部与巴勒斯坦、以色列为邻，首都为贝鲁特。截至2020年，黎巴嫩人口约为607万，绝大多数为阿拉伯人。阿拉伯语是黎巴嫩官方语言，法语、英语为通用语。居民中的54%信奉伊斯兰教，主要有什叶派、逊尼派和德鲁兹派；46%信奉基督教，主要有马龙派、希腊东正教、罗马天主教和亚美尼亚东正教等[①]。1943年独立后，黎巴嫩实行以教派分权为基础的独特政治体制，主要教派按照比例制原则分配政治权力。

黎巴嫩扼守亚非欧战略要道，历史上多个民族都曾在此建立统治，各种文明共同赋予黎巴嫩深厚的文化底蕴，使其成为中东地区最重要的文化中心之一。18世纪末至19世纪上半叶黎巴嫩出现广泛的文学和文化复兴，出版业也于此时应运而生，黎巴嫩逐步发展成为中东的出版中心，在阿拉伯世界素有“书写在埃及、出版在黎巴嫩、读书在伊拉克”之说，首都贝鲁特曾被联合国教科文组织评选为2009年“世界图书之都”，这些美誉都印证了黎巴嫩出版业的重要地位。

一、出版业发展背景

黎巴嫩出版业历史悠久，在几代人的接续努力下，形成开放的思想环境、宽松的审查制度和独立的行业组织，是阿拉伯世界名副其实的出版中心。为巩固出版业的发

① 中华人民共和国外交部网站．黎巴嫩国家概况．2022-04-12. https://www.fmprc.gov.cn/web/gjhdq_676201/gj_676203/yz_676205/1206_676668/1206x0_676670/.

展，黎巴嫩出台专门的法律法规，并与时俱进地颁布修正案，保障出版自由。此外，大批公共图书馆的建成和系列文化活动的开展，扩大了出版业的国内市场，也丰富了国民的精神生活。

（一）政治经济状况

黎巴嫩是一个历史悠久的中东小国，公元前3000年，迦南人即在此定居，公元前2000年，黎巴嫩成为腓尼基文明的中心，此后相继受古埃及、亚述、巴比伦、波斯、罗马帝国、阿拉伯帝国、奥斯曼帝国统治，第一次世界大战后沦为法国委任统治地，1943年独立，成立议会民主共和国。

黎巴嫩是中东所有国家中宗教最为多元化的国家，由18个公认的宗教派别组成，1975年内战之后，各派达成《塔伊夫协议》，重新分配政治权力。黎巴嫩议会实行一院制，现有128个议席，基督教和伊斯兰教议员各占一半。2019年10月，黎巴嫩政府宣布将对使用WhatsApp免费通话的用户征税，该决定成为多年来经济社会危机爆发的导火索，民众发起大规模抗议示威活动，致使总理萨阿德·哈里里辞职。2020年1月，由哈桑·迪亚布领导的新政府组成，但8月4日，黎首都贝鲁特港口区发生重大爆炸事件，造成重大伤亡，10日，总理迪亚布宣布政府集体辞职。[①] 2021年7月，黎巴嫩总统米歇尔·奥恩任命纳吉布·米卡提为总理，他是继萨阿德·哈里里、穆斯塔法·阿迪布之后，奥恩任命的第三位组建新政府的总理。2022年5月15日，黎巴嫩议会选举结果揭晓，基督教政党黎巴嫩力量成为黎巴嫩议会中最大的政党，看守总理米卡提再次被任命为总理，负责组建新内阁。

在对外政策方面，黎巴嫩奉行“中立、不结盟和开放”的原则，强调自身的阿拉伯属性，作为成立于1945年的阿拉伯联盟创始国之一，黎巴嫩同时重视同美国、法国等西方国家的关系，推行外交多元化，与98个国家建立外交关系。

黎巴嫩实行自由开放的市场经济，以服务业为主，服务业产值占黎巴嫩国内生产总值的70%左右[②]。金融业是黎巴嫩经济的主要增长部门之一，在1975年内战前，

---

① 中华人民共和国外交部网站. 黎巴嫩国家概况 .2022-04-12. https://www.fmprc.gov.cn/web/gjhdq_676201/gj_676203/yz_676205/1206_676668/1206x0_676670/.

② 中华人民共和国商务部网站. 对外投资合作国别（地区）指南：黎巴嫩（2021年版）. 2022-04-12. http://www.mofcom.gov.cn/dl/gbdqzn/upload/libanen.pdf.

黎巴嫩曾是名副其实的中东金融中心。20 世纪 90 年代战后哈里里政府为快速恢复黎巴嫩金融中心的地位，依靠外资和侨汇，重点发展金融业和房地产业，但牺牲了本就薄弱的工业和农业，2019 年，黎巴嫩工、农业产值仅占国内生产总值的 12.83% 和 5.29%[①]。目前黎巴嫩强化银行保密制度，继续承接中东地区的银行业务。除金融业外，旅游业是黎巴嫩经济增长的另一重要保障，黎巴嫩拥有丰富的文化旅游资源，曾被冠以“中东小巴黎”“中东瑞士”等美誉，1974 年黎巴嫩旅游业收入达到 15.7 亿黎镑，占国民总收入的 20%，2017 年旅游业对黎巴嫩国内生产总值的贡献达到 94 亿美元，占比 18%，创造 33.8 万个就业岗位[②]。

重点发展第三产业虽然曾在短期内促进了经济快速发展，创造“黎巴嫩奇迹”，但实体经济不断萎缩，削弱抵御风险的能力，政府不得不以债养债，公共债务不断飙升。2019 年黎巴嫩公共债务相当于国内生产总值的 150% 以上，同年 10 月黎巴嫩公民爆发大规模抗议活动。2020 年新冠感染疫情爆发以来，黎镑汇率大幅下跌，物价飞涨，人民的生活成本骤增。2020 年 4 月 30 日，黎巴嫩政府通过旨在缓解经济金融危机的“纾困计划”，该计划为期 5 年（2020—2024 年），将从债务重组、金融业重组、财政改革、经济结构改革四个方面重振黎巴嫩经济。

（二）出版业发展历程与相关法律及政策情况

1. 出版业发展历程

黎巴嫩出版业历史悠久，伴随着 18 世纪末至 19 世纪上半叶的文化复兴，印刷、出版等文化产业迅速发展起来。

黎巴嫩的出版业起步于 18 世纪的奥斯曼帝国时期，彼时奥斯曼治下的黎巴嫩是阿拉伯地区人民独立斗争的主要中心之一，在接连不断的反抗中多次获得事实上的自治地位，自治期间的统治者在黎巴嫩采取宽容的宗教政策，加速“欧化”进程，西方传教团来到黎巴嫩进行传教活动，他们不仅创办教会学校，还引进印刷机，开办印刷厂，促成黎巴嫩出版业的诞生，因此早期黎巴嫩图书内容多与宗教神学相关，较为单一。1733 年，黎巴嫩肯查拉镇的圣约翰天主教堂内迎来东方第一台阿拉伯语印刷机，

---

① 香港贸发局 . 黎巴嫩经济概况 [EB/OL]. 2022-04-12. https://beltandroad.hktdc.com/sc/country-profiles/lebanon.

② 中华人民共和国商务部网站 . 对外投资合作国别（地区）指南：黎巴嫩（2021 年版）. 2022-04-12. http://www.mofcom.gov.cn/dl/gbdqzn/upload/libanen.pdf.

并于 1734 年印刷出版第一本阿语图书《时间的天平》（ميزان الزمان）, 在之后的二十年里，它又陆续印刷出版 20 余种神学书籍。1751 年，圣乔治印刷厂在贝鲁特成立，它是黎巴嫩第一家印刷厂。19 世纪，西方势力加快渗入步伐，向黎巴嫩大量派遣传教团，黎巴嫩出版业进一步发展。1820 年第一批美国长老会传教团抵达贝鲁特，1834 年传教士将美国出版社的部分印刷出版活动从马耳他岛转移到贝鲁特，在运行的百余年间，该出版社在黎巴嫩印刷发行 2960 种不同主题和语言的书籍。1854 年天主教下属印刷厂印刷 2000 本基督教图书并免费分发给当地民众。在传教士的影响下，西方近现代的文明、文化和价值观传入，促进民族意识的萌发，在黎巴嫩知识界，特别是基督教教徒，纷纷创办报刊，建立出版社，通过图书报刊等印刷媒体发表各种政论。黎巴嫩出版物类型在这一时期变得更加多样，涉及报纸、杂志、词典工具书等多种类别。1858 年，第一家由黎巴嫩人建成的印刷厂投入使用，用于印刷哈里里创办的报纸《新闻花园》。1863 年，萨迪尔出版社（دار صادر）在贝鲁特成立，负责印刷官方公报和法律法规。黎巴嫩民族主义领袖、基督教教徒布特鲁斯・布斯塔尼在贝鲁特创办阿拉伯语报纸《叙利亚号角》（نفير سورية, 1860 年），阿语杂志《天堂》（الجنة, 1870 年），他毕生致力于阿拉伯语和阿拉伯文化的复兴，出版了第一部现代阿拉伯语词典《阿拉伯语详解大词典》，7 卷本《阿拉伯百科全书》，为后人留下宝贵的文化遗产。1909 年，第一本阿语女性杂志《佳人》（الحسناء）在贝鲁特创刊，丰富了出版物的品类。截至 1902 年，除商业票据印刷机外，贝鲁特城内已有 16 台专门从事图书报刊出版的印刷机，1908—1912 年间，共有 49 家报纸、26 家杂志在贝鲁特发行，超过 44 家报纸在黎巴嫩境内其他地区出版发行。

第一次世界大战的爆发阻断了黎巴嫩出版业欣欣向荣的发展势头。一战伊始，奥斯曼帝国对黎巴嫩实行军事恐怖统治，派遣杰马尔帕夏执掌黎巴嫩军政大权。1915 年 6 月，杰马尔下令查封报社，先后逮捕多名青年领袖和社会活动家并将 58 人处以死刑，黎巴嫩出版业遭受残酷打压。一战后，法国在黎巴嫩建立起委任统治，奥斯曼帝国末期施行的审查制度被废除，新闻出版再度活跃起来，各类宣扬政治、经济和社会观点的报纸杂志成为这一时期显著的出版物，著名讽刺杂志《黄蜂》（الدبور）于 1922 年创刊，法语报纸《东方》（*L'Orient*）于 1924 年创办。与此同时，伴随着反抗殖民统治、争取民族独立的斗争，《白天报》《家园报》等知名阿拉伯语报纸问世，成为要求独立、反抗压迫的文化阵地。直到1943年黎巴嫩独立时，黎巴嫩已建立起贝鲁特出版社、狩猎者出版社等知名出版社。值得一提的是，二战期间黎巴嫩停止从国外进口书籍，反向刺激国内出版业的发展，在此期间黎巴嫩印刷出约百万册各类专业书籍，并开始将部分图书报刊销往其他阿拉伯国家。1943—1952年，独立后的第一届黎巴嫩政府对媒体的管控一度十分严苛，在民众的反抗下，1952年黎巴嫩新一届政府放松新闻监管，并于1962年出台《黎巴嫩出版物法》（قانون المطبوعات اللبناني），出版自由自此得到法律保障。此后得益于宽松的政策氛围，黎巴嫩成为中东北非地区出版自由度最高的国家，在各类图书出版物中，宗教、政治研究、历史、文学是黎巴嫩图书出版最重要的类别，近年来，考虑到出版商的经济利益，教科书和各类教辅工具书的出版持续增长。

黎巴嫩出版物久负盛名，远销海外，2020年黎巴嫩出版物出口额为3823万美元[①]，占黎巴嫩出口总额的1.08%。但近年来由于黎巴嫩经济情况的恶化，各类出版原材料价格不断上涨，居民收入下降，无力负担昂贵的图书消费，黎巴嫩出版业正在经历最为艰难的寒冬。

2. 现行法律

黎巴嫩宪法作为国家的根本大法，在序言中强调对言论自由和隐私权的保护，序言宣布黎巴嫩将遵守联合国条约和《世界人权宣言》，尊重包括见解自由、信仰自由在内的公共自由。宪法第十三条保护法律范围内的言论和写作表达自由、新闻自由、集会自由和结社自由。除宪法外，黎巴嫩现行的出版业相关法律主要是1962年颁布的《黎巴嫩出版物法》，该法于1995年做出最后一次修订，是目前针对黎巴嫩出版业最为全面的法律条例。

《黎巴嫩出版物法》对各类相关从业人员做出详细的要求，第3章第22条规定“记者必须是年满21岁的黎巴嫩公民，须获得学士学位或同等学历，新闻专业学士可免除实习，其他专业学士学位获得者则需实习1年”。第31条规定“各类新闻公司的全体合伙人必须是黎巴嫩国籍，且公司全部股份须在名义上属于黎巴嫩国籍的自然人所有”。该法看似严格把控出版商的国籍归属，但在实际操作中，以黎巴嫩人名义来

① 黎巴嫩印刷媒体出口数据. (2022-04)[2022-04-12]. https://tradingeconomics.com/lebanon/exports/printed-books-newspapers-pictures.

购买股票即可以轻易地规避法律限制，导致许多黎巴嫩新闻报纸依赖于外国资金，在20世纪70年代，黎巴嫩独特的文化开放和言论自由环境，使其成为国际出版投资的目标，包括萨达姆·侯赛因、卡扎菲、本·阿里以及沙特王室在内的阿拉伯世界领导人都曾是黎巴嫩出版物的重要投资者[①]，沙特王子瓦利德至今仍是《白天报》的重要股东之一。

除规范从业人员外，《黎巴嫩出版物法》对于出版物的许可、发行、售卖等流程都有明确的规定，如第27条规定“在未获得新闻部颁发的许可证之前禁止发行任何新闻出版物”，第30条规定“申请许可证要求申请者是黎巴嫩国籍，居住在黎巴嫩，享有公民权利和政治权利，无刑事犯罪和其他犯罪行为，不服务于其他国家”，第33条规定在满足“注册资本不少于50万黎镑，并缴纳一定的保证金”后才能获得许可证。对于出版物销售方，该法也做出相应的资质要求，第74、75条规定“所有想出售出版物的人必须从新闻部获得许可，否则将被处以50~500黎镑的罚款，屡次违规者将被禁止出售出版物”，并且“发行商和街头小贩不得传播未经出版的消息，或有悖于伦理和公共道德、损害民族或宗教感情以及国家团结的消息”。

该法对于出版内容也做出一些限制，1994年5月18日第330号法令对原法令做出如下修正：“如果出版物发表的内容包含侮辱本国宗教，或其他意图激起宗派冲突、种族冲突，扰乱公共和平，危及国家安全、主权、统一、领土边界、对外关系的内容，公诉人有权没收其出版物并将其移交主管法院。”[②]

《黎巴嫩出版物法》对出版业的限制在多次修正中逐渐减少，在1962年出台时，该法曾包含20条关于出版物犯罪的条例，但到1995年最后一次修订时，这20条法律已经悉数被废除，并规定“所有出版犯罪均不允许审前拘留”，总体而言，黎巴嫩报刊言责自负，无须接受政府的审查和事前监管，在法律层面上享有充分的自由和独立。

（三）行业组织和管理机构

在行政管理方面，黎巴嫩出版行业的主要政府管理机构是文化部（وزارة الثقافة

① Media Landscapes. Lebanon overview. [2022-04-12]. https://medialandscapes.org/country/lebanon.

② 黎巴嫩大学法律信息中心.1994年第330号法律. (1994-05-26) [2022-04-12]. http://77.42.251.205/LawView.aspx?opt=view&LawID=175093.

مكتب شؤون（اللبنانية）、新闻部（وزارة الإعلام اللبنانية）和公共安全总局媒体事务办公室（الإعلام في المديرية العامة للأمن العام）。黎巴嫩文化部成立于 1993 年，最初是文化和高等教育部的一部分，2000 年 8 月成为一个独立的部门。2008 年 10 月一项关于重组该部的新法律被通过。目前，该部负责遗产、文物、艺术、文学、文化产业的管理，职权范围包括规划文化政策，组织和赞助文学和艺术事务，发展知识经济等；主要工作包括提出法律法规草案，促进文化创作，推广创新产品，建立文化设施，组织考古调查和发掘，进行文物保护和展示，管理文化遗址等。该部还负责支持文化领域的研究，组织文化活动和会议。2010 年，该部曾制作阿拉伯语 ISBN 指南，用于规范境内出版图书的标识。此外它还管理着巴克林国家图书馆、博物馆总局和国家高等音乐学院等文化机构。新闻部的主要职责是负责维护与媒体协会的联系，审查并向符合条件的媒体单位及个人颁发许可证，管理国家通讯社，监管媒体内容，管理外国新闻机构及从业人员，发行官方出版物等。公共安全总局媒体事务办公室负责对涉嫌威胁公共安全的各类媒体进行调查，并协同国家视听媒体委员会、新闻部和司法部门进行处理。在司法方面，黎巴嫩设有新闻出版法庭，专门审理媒体或个人违反新闻出版法律的案件，对媒体针对行政部门的决定提出的上诉做出裁决等[①]。

在行业组织方面，黎巴嫩设有出版商协会（نقابة اتحاد الناشرين في لبنان）、书商工会（نقابة أصحاب المكتبات في لبنان）、教科书出版商协会（نقابة اتحاد الناشرين المدرسيين）、图书进口商协会（اتحاد مستوردي الكتب في لبنان）、黎巴嫩作家联盟（اتحاد الكتاب اللبنانيين）等机构。黎巴嫩出版商协会成立于 1947 年，是在黎出版商的合法代表机构，负责发布书展信息，筹办贝鲁特书展，维持与阿拉伯出版商协会等出版行业组织的联系，组织黎巴嫩出版商参与境内外各类书展等事务。协会原有约 650 家注册机构，近年来受经济危机等问题影响，这一数字骤降到 109 家[②]。黎巴嫩书商工会约有 350 个成员，但其中大多数实际上是文具店，在新学年开始时才会组织书籍销售。据估计，专营书店的数量约为 50 家，大卖场、文具店等地偶尔也会设立图书销售点。黎巴嫩图书进口商协会有 10 个成员，这些公司与法国出版机构联系密切，它们在自己的书店出售

① 刘欣路，何明星 . 黎巴嫩新闻出版业概况：兼谈黎巴嫩与中国的文化交往 . 科技与出版，2016（6）：41.

② 半岛电视台 . 危机、审查制度和盗版，黎巴嫩出版商谈论过去的经历和当前的挑战 .[2022-08-31]. https://www.aljazeera.net/news/cultureandart/2022/1/28/أزمات-اقتصادية-وسياسية-ورقابة-وقرصنة.

进口书籍，也将部分进口书籍转售给其他书店[①]。教科书出版商协会负责在学年开始前调研教科书市场，评估居民购买力和出版成本，并与经贸部协商确定教科书价格。黎巴嫩作家联盟是一家总部设在贝鲁特的非营利性文化机构，该组织根据1968年8月20日第23号法令成立，自成立以来，多名黎巴嫩作家、诗人和思想家加入该联盟，热衷于在黎巴嫩内外事务上积极发声。

除图书行业组织，黎巴嫩新闻出版业的协会组织历史更为悠久，根据《黎巴嫩出版物法》第四章规定，黎巴嫩报业联盟（اتحاد الصحافة اللبنانية）是汇集报纸所有者和编辑的行业组织，由黎巴嫩报业协会和编辑协会组成。其中，黎巴嫩报业协会代表报纸所有者的利益，早在1918年就已有雏形，1946年得到黎巴嫩政府承认。编辑协会则代表报纸编辑的利益，成立于1941年。两个协会曾于1950年底合并，1953年解体，最终于1962年形成现在的报业联盟，由报业协会主席兼任联盟主席，编辑协会主席兼任联盟秘书长，两个协会各派两名代表组成报业最高委员会，负责组织协调两个协会，制定和修改协会制度，为退休记者建立基金等事务。报业联盟总揽黎巴嫩报业准入资格认定、各类奖项颁发、从业行为监督及违纪追责等事务，在行业管理和发展中发挥巨大的作用。

（四）政府政策与公共图书馆建设情况

黎巴嫩公共图书馆建设模式多样，数量众多。2001年黎巴嫩政府与法语国家组织开展阅览和文化活动中心（CLAC）建设项目，在14个乡镇建立起45个中心，每个中心藏书量约7000~10000册，月平均访客量1600~2000人，月平均借阅量500册。文化部还通过与当地协会或市政当局的图书馆签订协议的方式，建立起106家合作公共图书馆，覆盖黎巴嫩全部城镇。此外，民间协会和外国使团也都致力于在黎巴嫩建立公共图书馆和文化中心，极大地促进了文化发展与传播。黎巴嫩公共图书馆的访问量不断增长，每年有17万余本图书外借，其中儿童借阅数量显著。为进一步扩大阅读，黎巴嫩政府还通过创建童书资源中心、图书数据库，发起全国阅读周，开展文化活动等方式促进全民阅读[②]。

---

① 法国图书出版国际署 . 近东法语图书市场 .（2021-04）[2022-08-29]. https://www.bief.org/fichiers/operation/4328/media/10622/FICHE%20PROCHE-ORIENT%20-%20BIEF%20-%202021.pdf.

② 黎巴嫩文化部 . 公共图书馆和 CLAC. [2022-04-12]. http://culture.gov.lb/ar/Ministry-Services/CLAC-and-Public-Libraries.

黎巴嫩著名的公共图书馆有以下 3 家。

黎巴嫩国家图书馆（المكتبة الوطنية اللبنانية），位于贝鲁特市，建于 1921 年，最初收藏有菲利普·德·特拉齐子爵捐赠的约两万册书和三千多份不同语言的手稿。在 1975—1990 年黎巴嫩内战期间，图书馆多次遭到轰炸和抢劫，多份珍贵手稿丢失或焚毁。1979 年，该馆关闭，幸存的手稿和文件存放在国家档案馆。2003 年，国家图书馆修复项目启动，经初步清点，馆藏图书共 117749 册，主要为阿拉伯语、法语、英语图书，馆藏期刊 5661 份。图书馆可使用阿拉伯语、法语、英语三种语言进行图书检索。

巴克林国家图书馆（المكتبة الوطنية في بعقلين）位于巴克林古镇，曾作为监狱使用，1987 年改为图书馆，并在 1996 年成为隶属于文化部的公共图书馆。该图书馆包含公共图书馆和儿童青少年图书馆两个部分，藏书超 10.5 万册，主要是阿拉伯语、英语和法语图书，还有 28 万种期刊出版物，以及黎巴嫩所有日报、重要杂志和阿英法三语的古今文献。巴克林图书馆的访客大部分是在校学生和研究人员。

东方图书馆（المكتبة الشرقية）成立于 1875 年，20 世纪通过与当时的欧洲东方学家的交流而充实馆藏，自 2000 年起由圣约瑟夫大学管理，是一个面向公众开放的研究型图书馆，馆藏包括 20 万册图书，2000 种期刊，3500 份手稿，5 万张照片文件，诸多旧地理地图，涵盖考古学、宗教学、伊斯兰教、神学、历史学、哲学、语言学、文学和艺术等领域，馆藏图书多为法语藏书，阿拉伯语藏书约占全部馆藏图书的 1/3。

二、图书业发展概况

黎巴嫩自古以来就是文明汇聚之地，多元开放的文化环境促进了图书业的繁荣发展。出版商为黎巴嫩和阿拉伯世界提供数量庞大的各类图书，又从欧美、亚洲等地国家进口丰富的图书，实现文化互鉴和知识共享。通过书展、书店、网络等渠道，读者可以选购到物美价廉的图书，但受经济危机和疫情影响，图书价格迅速攀升，二手书需求的扩大成为黎巴嫩图书业的新特点。

（一）图书出版情况

黎巴嫩的图书出版一直享有良好的声誉，宽松的审查制度、精良的印刷技术和大量经验丰富的从业人员使黎巴嫩在 20 世纪 70 年代成为中东翻译、印刷、出版和图书发行的中心。但黎巴嫩的统计业比较落后，不能准确和完整地给出其出版业的各项官方数据，只有相关行业协会和研究机构提供的估测数据。据黎巴嫩出版商协会统计，黎巴嫩有 700 多家出版社，是中东地区出版社数量最多的国家，但活跃的出版社不超过 200 家，受疫情等诸多因素影响，黎巴嫩出版社数量锐减。黎巴嫩出版商协会主席在采访中表示，目前黎巴嫩出版社数量仅有 500 家左右[①]。

黎巴嫩图书出版偏好随着社会发展而不断调整，20 世纪 50 年代以来，顺应黎巴嫩和阿拉伯国家受教育群体的扩大，出版商倾向于出版字典、辞典、百科全书等工具书。20 世纪 60 至 80 年代，一般文化书籍，文学、诗歌、政治和社会研究类图书成为当时的热销图书。20 世纪 80 年代以来，伴随着宗教影响的扩大，宗教书籍的出版数量有所增加。而今大中小学教科书成为黎巴嫩出版业的重要类别。黎巴嫩国内图书市场相当有限，大部分出版物都销往国外，根据黎巴嫩咨询研究所（the Consultation and Research Institute，简称 CRI）2010 年发布的报告，黎巴嫩人平均每月的图书花销仅有 6.7 美元，年均图书购买量仅有 2.4 本，所以黎巴嫩图书出版业的行业结构以区域出口为导向，69.8% 的图书销往其他阿拉伯国家，8.9% 的图书销往世界其他地区，仅有 21.3% 的图书在国内市场售卖。在出版语言方面，阿语图书占黎巴嫩图书出版总量的 84.7%，法语和英语图书出版分别占比 7.5%。在图书类型方面，在阿拉伯国家销售最多的儿童图书（19.3%）占黎巴嫩出版物总量的 15.6%，宗教图书（占阿拉伯国家销量的 18.9%）在黎巴嫩出版的图书中排名第一，占出版总数的 18.2%，学校和大学教科书占出版物总额的 16.7%，在黎对阿拉伯国家图书出口总额中占比 14.3%，文学作品（小说、诗歌、散文）仅排在第四位，占黎巴嫩出版的图书总数的 12.6%，这一类别只占阿拉伯国家图书销量的 9.6%。由此可见，黎巴嫩图书出版的类型与阿拉伯国家图书市场的需求密切相关。

黎巴嫩出版社成果丰硕，是地区图书生产大国，2015—2019 年五年间，平均每年生产超 7700 种图书[②]，每年生产图书数量占到阿拉伯图书市场的 10% 以上。（见

---

① 半岛电视台 . 危机、审查制度和盗版，黎巴嫩出版商谈论过去的经历和当前的挑战 . [2022-08-31]. https://www.aljazeera.net/news/cultureandart/2022/1/28/أزمات-اقتصادية-وسياسية-ورقابة-وقرصنة.

② 阿拉伯出版商协会 . 阿拉伯国家的出版业 2015-2019. [2022-04-24]. http://www.arab-pa.org/UploadFiles/uploadEditor/file/نهائى%20-%20تقرير%20حركة%20النشر%20فى%20الوطن%20العربى%20.pdf.

表 1）图书的大量出版使得黎巴嫩图书业对经济的影响远超区域内其他国家，2019 年，黎巴嫩出版物出口总值达到 7473.6 万美元，占到全年总出口额的 2%。2020 年，受疫情影响，黎巴嫩图书出口额有所下滑，出口总值为 3796 万美元，[①] 主要销往沙特阿拉伯（776 万美元）、摩洛哥（487 万美元）、叙利亚（313 万美元）和阿尔及利亚（185 万美元）。[②]

表 1　2015—2019 年黎巴嫩图书出版种数及占比情况

单位：种

类别	2015	2016	2017	2018	2019
黎巴嫩图书出版种数	6453	7621	8536	8612	7479
阿拉伯国家图书出版种数	54601	59390	63830	66218	70630
黎巴嫩图书种数占比	12%	13%	13%	13%	11%

数据来源：阿拉伯出版商协会，《阿拉伯国家的出版业 2015—2019》

受经济危机和新冠感染疫情的影响，黎巴嫩图书业面临着巨大压力。由于经济危机，黎镑大幅贬值，而图书出版需要的纸张、墨水、胶水等都严重依赖于外国进口，萨基出版社称“印刷和纸张的成本增加 30%，运输成本增加大约 40%”[③]，图书价格提高十倍左右，以《地理科学系列图书》为例，之前的定价是 13000 黎镑，现在的定价则高达 105000 黎镑[④]，疯涨的价格使读者无力承担，图书销量下降 90% 以上。

此外，受疫情影响，各类线下书展被迫关闭，使黎巴嫩图书的销售更加艰难。书展是黎巴嫩图书销售的重要渠道，约 89.6% 的黎巴嫩出版商会参加国内的书展，82.6% 的出版商会参加阿拉伯国家的书展[⑤]。出版商将大量图书运送到展览会上，直

① 黎巴嫩 2020 年外贸报告 . [2022-08-30]. https://ccib.org.lb/uploads/Foreign%20Trade%202020_1.pdf.

② 黎巴嫩 2020 年纸质书籍进出口情况 . [2022-08-30]. https://oec.world/en/profile/bilateral-product/printed-reading-books-except-dictionaries-etc/reporter/lbn.

③ BookBrunch. Lebanon’s publishing industry fights for survival. [2022-04-12]. https://www.bookbrunch.co.uk/page/free-article/lebanons-publishing-industry-fights-for-survival/.

④ 黎巴嫩都市报 . 图书、文具和运输价格：疯狂的数字 . [2022-04-12]. https://www.almodon.com/society/2021/8/30/ قام-جنونية-أسعار-الكتب-والقرطاسية-والنقليات-أر.

⑤ Shereen Kreidieh. *The Publishing and Marketing of Lebanese Children’s Books in the Arab World*. Oxford Brookes University, 2015: 92.

接向公众出售，书展也是向其他国家分销商推介图书、销售版权的机会，出版商常常能从一次书展上获得大笔订单，法拉比出版社指出，“我们曾在贝鲁特书展上卖出超过 14000 册图书，并举办 45 场签约仪式，还收获国外的订单，这些订单往往来自其他国家的参观者，书展的取消给出版社带来巨大的损失”。[①]

除上述原因外，泛滥的盗版书也挤压了图书业发展的空间，尽管黎巴嫩 1999 年颁布的《文学艺术财产保护法》（قانون حماية الملكية الأدبية والفنية）对侵犯版权的行为做出 1 个月至 3 年的监禁或 500 万至 5000 万黎镑罚款的惩罚，但在实际执法过程中，行政层面权责不清，经费不足，人手不够，国内安全形势不稳，无暇顾及版权保护，司法层面不够重视，版权案件提交公诉调查时限长，大大延误对盗版产品的扣留和财产损失的认定，导致盗版现象盛行，超过 67% 的黎巴嫩出版商表示，他们的书曾被盗印，这些书通过以该出版社的名字重印（73.2%），影印成小册子（56.3%），或以另一个出版商的名字重印（46.5%）的方式重新在市场上流通[②]，损害图书出版商和作者的合法权益，严重影响图书业的健康发展。

（二）图书销售情况

根据黎巴嫩咨询研究所（CRI）对 2000—2008 年间黎巴嫩图书销售的分析，最畅销的图书依次是宗教类图书、教科书和童书，分别占比 19%、15% 和 14%[③]。目前黎巴嫩市场上流通的图书主题一般包括宗教、政治、科学、诗歌、小说、传记、工具书、儿童文学等类别，根据第 62 届贝鲁特国际书展的销售数据，2018 年黎巴嫩最畅销的宗教类图书为《马克思主义和现代伊斯兰教》；最畅销的政治类图书为《阿拉伯的崩溃》；最畅销的诗歌类图书为《身体的战争》《拨动心弦》；最畅销的儿童图书为《阿尔伯特叔叔的时空之旅》，以上图书均为阿文图书。从中可以看出，黎巴嫩人民的阅读兴趣广泛，涉猎主题众多。外语图书在黎巴嫩的受众有限，绝大部分黎巴嫩读者依然喜欢阅读阿文图书。

---

① 地区报 . 新冠重创图书业，经济危机使它没落 . (2020-12-03) [2022-04-12]. https://manateq.net/كورونا-يفتك-بصناعة-الكتاب-والأزمة.

② Shereen Kreidieh. *The Publishing and Marketing of Lebanese Children's Books in the Arab World*. Oxford Brookes University, 2015: 93.

③ Shereen Kreidieh. *The Publishing and Marketing of Lebanese Children's Books in the Arab World*. Oxford Brookes University, 2015: 68.

图书销售形式上，黎巴嫩图书业的产销分工并不明确，作者、出版商、分销商和书店店主之间缺乏协调，作者可以成为出版商，书店也可以出版自己的系列图书，出版商更是经常直接面向读者出售图书，咨询研究所调查发现黎巴嫩出版商会同时采用多种渠道销售图书，但出版商直销比书店发售更受青睐。结果显示 86% 的出版商直接在当地出售图书，如与学校合作或在学校组织书展，75% 的出版商会参与国内书展，主要是贝鲁特国际书展和其他地方书展，72% 的出版商会直接向国外出售图书，相比之下，仅有 61% 的出版商通过书店发售图书。[①] 除书展、实体销售外，线上销售也成为一种重要的销售渠道，如法拉比出版社的图书会同时通过亚马逊、谷歌图书、泉源（Almanhal）等网站销售。

此外，近年来黎巴嫩二手书市场的发展也值得注意，由于图书价格上涨，读者无力购买新书，刺激二手书需求的上涨，在线上和线下都搭建起二手书集市。如黎巴嫩北部巴特龙市的旧书集市上，每本书以远低于市场新书平均价的 5000 黎镑出售。在校学生是对二手书需求最大的群体，他们在脸书（Facebook）等网络社区自发建立了多个线上交易集市，用于出售和交换二手教科书和文具。此外还出现书屋（the House of Books）、考拉书店（Koala. bookshop）等二十多家专门出售旧书的线上书店。

（三）主要出版企业

黎巴嫩出版社众多，主要集中在首都贝鲁特，影响力较大的出版社有以下 5 家。

东方出版社（دار المشرق）成立于 1848 年，是黎巴嫩历史最悠久的出版社，在阿拉伯世界享有极高的声誉。该出版社最初以出版古籍图书而著称，曾在阿拉伯各国搜集大量阿拉伯伊斯兰文化的经典古籍，并重新整理出版。进入 20 世纪以后，该出版社除保持古籍出版优势外，还涉足现当代文化领域，出版塔哈·侯赛因、陶菲克·哈基姆、优素福·欧瓦德、莱拉·阿斯拉尼等一大批思想家和大文豪的作品。东方出版社还出版大量工具书，其中《阿拉伯语大辞典》是阿拉伯世界使用范围最广的辞典[②]，截至 2018 年初，东方出版社已出版各类词典 22 本，总销量超过 50 万册。东方出版社坚持贯彻促进黎巴嫩及阿拉伯世界科学、文化和宗教间对话的理念，推出两个

---

① Shereen Kreidieh. *The Publishing and Marketing of Lebanese Children's Books in the Arab World*. Oxford Brookes University, 2015: 91.

② 刘欣路，何明星 . 黎巴嫩新闻出版业概况：兼谈黎巴嫩与中国的文化交往 . 科技与出版，2016（6）：42.

高水平的系列出版物，其一为与圣约瑟夫大学合作出版的“探索与研究”系列读物，另一个则是“文本与课程”系列，包含文学、历史、哲学、法律、伊斯兰研究等多种类别。此外，该出版社的阿拉伯语教科书系列因其独特的编写方式和良好的质量成为东方出版社的新名片。

法拉比出版社（دار الفارابي）1956 年在贝鲁特成立，是黎巴嫩规模最大的综合性出版机构之一，在中东、欧洲主要国家建有营销渠道，每年出版图书近千种，涉及科学、思想、文化、文学、艺术等各个领域。该出版社的理念是传播与时代同步的思想和知识，为人民特别是弱势阶层发声。在过去的 60 年中，该出版社曾出版一大批在阿拉伯世界引起极大反响的本土图书和引进版图书，特别是在传播阿拉伯文化方面受到读者的广泛认可[①]。法拉比出版社出版阿拉伯语图书和法语、英语、俄语、西班牙语等多语种译著图书，该出版社的编辑来自多个阿拉伯国家，出版的图书展现出阿拉伯地区思想文化的多样性，多种出版物被视为阿拉伯和中东科研机构的参考书。据统计，法拉比出版社成立以来，出版最多的图书类型依次是小说、诗歌、政治类图书和译著，除满足本土市场外，法拉比出版社近一半的图书出口到其他阿拉伯国家，其中沙特是最重要的销售对象国，占出版物总量的 14%。

1979 年萨基书局在伦敦注册成立，这是第一家在英国成立的阿拉伯出版机构。1982 年，萨基书局设立分支机构，专门出版与中东有关的英文图书。1987 年开始出版阿拉伯语图书。1991 年，萨基书局在黎巴嫩注册成立萨基出版社（دار الساقي）。因其独特的发展历程，萨基出版社把推动阿拉伯思想现代化和阿拉伯文明复兴作为宗旨，将自我定位为促进东西方文明对话的桥梁，曾出版一大批反映世界各国先进文化的优秀图书，知名出版物有小说《苏斯洛夫的女儿》《启示》《小贝都因人》，以及纳吉布·马哈福兹文学奖获奖作品《挚爱》等。

阿拉伯科学出版社（الدار العربية للعلوم）1986 年在贝鲁特创立，致力于用阿拉伯语传播现代科学，注重科学技术在当代生活中的实际应用。出版物包括 3000 多种图书，涵盖计算机、互联网和编程，自然科学和科学发明，农业技术，儿童和家庭护理，烹饪，家居装饰以及美容，旅游和远足，运动等诸多话题，以其多样性和全面性处于阿拉伯

① 刘欣路，何明星 . 黎巴嫩新闻出版业概况：兼谈黎巴嫩与中国的文化交往 . 科技与出版，2016（6）：42.

出版业的前沿，此外阿拉伯科学出版社还提供多本中文教材内容的免费下载。

阿萨拉出版社（دار الأصالة）成立于 1998 年，专门从事儿童读物出版，迄今已出版超过 1600 种图书，获得数十个国内和国际奖项。该出版社拥有一支专业的教育团队，负责关注儿童文学的最新研究进展，紧跟出版过程。出版的图书销往阿拉伯世界的学校、教育和文化部、非政府组织和经销商，面向全体阿拉伯国家的儿童。

（四）重要书展和活动

书展是黎巴嫩图书业的盛会，吸引了普通百姓和不同国家的书商参与其中。作为黎巴嫩图书销售的重要渠道之一，出版社以书展为契机和国外书商洽谈生意，向外推广黎巴嫩的文化成果。贝鲁特国际书展（معرض بيروت العربي الدولي للكتاب）是黎巴嫩最具代表性的书展，它创办于 1956 年，是阿拉伯世界的第一个书展，现由阿拉伯文化俱乐部和黎巴嫩出版商协会联合承办，于每年 11 月末开始，持续到 12 月中旬，为期 14 天。书展旨在弘扬文化，提升整体文化水平，其间展出的图书涵盖整个阿拉伯地区。而且因为黎巴嫩相对开放和宽容的社会环境，一些在其他阿拉伯国家被禁的出版物也有机会公开亮相。2015—2019 年间，平均每年有来自不同国家的 240 余家出版商参与贝鲁特国际书展，年平均访客量达 16 万人，参展出版商大多数是黎巴嫩出版商，每年约有 600 所中小学和 20 所大学组织前来书展参观。（见表 2）[①]2019—2021 年由于黎巴嫩国内局势动荡和新冠大流行，贝鲁特书展连续停办三年，2022 年贝鲁特书展能否如期举办尚不可知。

表 2　2015—2018 年贝鲁特书展参展商及访客情况

类别	2015	2016	2017	2018
参展国家数（个）	6	5	6	8
参展出版商数（家）	261	233	258	232
访客数（万人）	15	16.5	16	17
时长（天）	14	14	14	14
参展情况	黎巴嫩出版商 188 家，425 所中小学和 17 所大学参观	黎巴嫩出版商 171 家，650 所中小学和 18 所大学参观	黎巴嫩出版商 190 家，605 所中小学和 21 所大学参观	622 所中小学和 19 所大学参观

资料来源：阿拉伯出版商协会，《阿拉伯国家的出版业 2015—2019》

① 阿拉伯出版商协会 . 阿拉伯国家的出版业 2015-2019：144.

除贝鲁特国际书展外，黎巴嫩于每年3月中上旬在安特利亚斯城举办图书节活动，活动期间来自图书制作、出版、发行等领域的人相聚于此，交流经验，促进对话。圣埃利修道院负责承办图书节书展，包括阿拉伯语、法语、英语、亚美尼亚语等多语言图书会在此展出，各类出版物打折销售，吸引数以万计的参观者。除书展以外，图书节还会举办主题丰富的研讨会，如2020年的图书节就以“黎巴嫩：在中立和主权之间”“应对经济和社会危机”“巴勒斯坦和叙利亚难民：挑战和解决方案”等为主题，举办多场切中时弊的主题研讨会。图书节还会选取一些图书做分析探讨，如对《即将到来的革命：对黎巴嫩运动的哲学反思》的图书研讨[①]，促进学者对于国家现状的思考，也吸引黎巴嫩大多数出版社和大学参与其中。除此以外，图书节还会组织图书签售、新书发售、文化比赛、文化人物表彰等现场活动和仪式，以向文化贡献者致敬并鼓励新一代文艺领域的创作者。

（五）数字化转型

受原材料价格上涨、经济下行、纸质书销售成本上升等诸多因素影响，黎巴嫩出版业开始探索数字化转型道路。据统计，2022年1月，黎巴嫩互联网普及率占总人口的89.3%，蜂窝移动连接率占总人口的68.4%，[②]庞大的网民基数为出版业数字化转型提供有利的发展基础。

1994年，教育软件公司（Eduware）在贝鲁特成立，与微软、黎巴嫩教育与高等教育部及黎巴嫩历史协会达成合作，致力于促进教育科技的发展。该公司开设线上书店，允许来自世界各地的出版商和作者将他们的图书转化为电子版本并在线上书店发布出售，读者则可以购买后，在相应的应用程序上阅读，目前该平台支持Windows10、iOS和安卓等系统的设备。此外，部分公共图书馆也开始数字化转型尝试，黎巴嫩英国文化协会推出数字图书馆，允许读者在线阅读和下载4000多种杂志报纸、1万余篇学术期刊和1千余本电子书，获取漫画、电子书、有声读物等资源，既节约出版商印刷、出版和宣传的成本，也使读者可以便捷地获取图书资源。除提供电子书外，一些出版商还通过增强现实技术来丰富读者的阅读体验，黎巴嫩童书出版商“小裁缝”

① 祖国呼声报．黎巴嫩图书节：一个充实的节日．[2022-04-12]. https://www.nidaalwatan.com/article/15954-للكتاب-برنامج-حافل تروبسة-معرضالمهرجان-اللبناني.

② 数字2022：黎巴嫩．[2022-08-29]. https://datareportal.com/reports/digital-2022-lebanon.

（الخياط الصغير）将畅销儿童读物制作成应用程序，使读者可以在阅读的同时享受互动的乐趣，吸引更多读者。

数字化转型给黎巴嫩出版业当下的窘境提供新的发展方式，随着技术的发展，电子书的普及率将会不断提高，电子阅读的体验感也会越来越好。但如何在数字阅读时代加强版权保护和盗版追责将成为黎巴嫩出版业转型的一大难题。

三、报刊业发展概况

黎巴嫩报刊业有着悠久的历史，曾对阿拉伯报刊业的发展起到重要的推动作用。数量众多、题材丰富、语言多样是黎巴嫩报刊的突出特征，现今报刊已成为黎巴嫩人民日常生活的一部分，各式各样的报刊满足了不同群体的文化需求，丰富了广大读者的消费选择。

（一）报业出版概况

1858年，尚处于奥斯曼帝国统治下的黎巴嫩的第一份独立报纸《新闻花园》诞生，这也是阿拉伯世界第一份现代意义上的报纸。此后黎巴嫩的报刊业快速发展，越来越多的报纸面世，不仅充盈了黎巴嫩境内的报业市场，还推动了阿拉伯世界报业的发展，一些黎巴嫩人开始前往其他阿拉伯国家办报，埃及著名的《金字塔报》就是由黎巴嫩人塔克拉于1875年创办的。

现今黎巴嫩人均媒体拥有量不但在阿拉伯世界独占鳌头，在世界范围也居领先地位，仅有600多万人口却拥有600多种报纸。黎巴嫩报刊不仅数量众多，而且大多质量上乘，多种报刊不仅在国内发行，还行销到许多其他阿拉伯国家。黎巴嫩各类报刊共计600余种，其中政治性报纸52种，其他为各个领域的专门性报纸，所有报纸均为私营报纸，观点开放，深受读者喜爱。主要日报有《白天报》，发行量约4万份；《大使报》，发行量5万份；《旗帜报》，发行量6.2万份，其中在国内发行2.95万份；《家园报》，发行量1.4万份；《安瓦尔报》，发行量5.8万份。主要刊物有《事件周刊》《阿拉伯周刊》《狩猎者》《杂志周刊》《黎巴嫩评论》《星期一早晨》等，但因经济问题部分报刊已停刊。

（二）主要企业及代表性报刊情况

《白天报》（جريدة النهار）是黎巴嫩头部私营政治性日报，创办于1933年8月4日，创始人为图维尼，现由其家族经营，沙特王子瓦利德是《白天报》的重要股东之一。它是黎巴嫩历史最为悠久的私营报纸之一，发行量约为45000份，是黎巴嫩第二大报，长期受到读者的欢迎。2009年益索普数据（Ipsos Stat）调查显示它被评为黎巴嫩最受读者欢迎的五家报纸之一，在阿语译厂（Industry Arabic）网站评选的2020年度最具影响力的阿拉伯报纸中位列第七。目前该报在黎巴嫩和主要阿拉伯国家均有销售，以线上线下相结合的方式方便读者阅读。《白天报》为各种思想流派的交锋提供平台，以报道政治事件为特色。此外，该报还是阿拉伯世界最早开始连续关注环境议题的报纸，从1997年开始设立环境问题专版。

《大使报》（جريدة السفير）曾是黎巴嫩第一大报，也是一份具有阿拉伯属性的政治性日报，创刊于1974年3月26日。自创刊起一直秉承“办一份黎巴嫩的阿拉伯报纸”和“为不能发声的人发声”的理念，以深入报道阿拉伯世界的重大事件和观点犀利而著称。20世纪80年代，第五次中东战争期间，《大使报》是唯一一份没有停刊的黎巴嫩报纸。亚辛・哈菲兹、穆斯塔法・胡塞尼、易卜拉欣・阿米尔等一大批享誉阿拉伯世界的思想家、学者均在《大使报》开辟专栏。《大使报》曾在主要的阿拉伯国家均设立销售渠道，日发行量约为5万份[①]。《大使报》在政治立场上支持阿拉伯民族主义和巴勒斯坦解放组织，与黎巴嫩真主党和叙利亚政府关系密切，与《白天报》政见不同，2016年12月31日因资金危机停止出版。

《每日星报》（*The Daily Star*）是黎巴嫩最古老的英文报纸，于1952年创立，由于当时石油业的繁荣，大量讲英语的西方人涌入中东，《每日星报》就在此背景下应运而生，随着该报逐渐在黎巴嫩壮大，以及内战期间大量黎巴嫩人逃离祖国，《每日星报》的业务范围扩大到整个中东和海湾地区。2009年，该报因重大财务困难暂停运营两周，2010年，黎巴嫩前总统哈里里及其家族成为《每日星报》的所有者。2020年2月4日，该报因财务困难暂停印刷出版，2021年10月31日，该报正式停止出版。

除上述报纸外，黎巴嫩知名的阿语报纸还有《家园报》《共和国报》，此外，法语报纸、亚美尼亚语报纸也流通于市，满足不同人群的需求。

---

① 刘欣路，何明星．黎巴嫩新闻出版业概况：兼谈黎巴嫩与中国的文化交往．科技与出版，2016（6）：42.

（三）期刊杂志出版概况

根据发行频率，黎巴嫩期刊包括周刊、月刊、季刊等类型，涉及政治、文化、经济、建筑、商业等专门领域，丰富了读者对读物的选择，知名的期刊杂志有以下 3 种。

《事件》（الحوادث）是一份政治类刊物，1957 年由萨利姆创建，被视为阿拉伯世界调查性新闻的先驱者，以大胆披露、专业性强著称，因而在阿拉伯人中广为流传。但这也使该刊和其主编萨利姆经常成为舆论的焦点，萨利姆更是经常受到威胁。1980 年 2 月 25 日，萨利姆遭到绑架、折磨后死亡，但他所创办的《事件》周刊已然成为最著名的阿拉伯政治周刊之一。

《文学杂志》（مجلة الآداب）是 1953 年在黎巴嫩创刊的一本文学月刊，由文学出版社发行，是传播最广的阿拉伯文学杂志。该刊的定位是“关注思想事务的月刊”，包括米哈伊勒·努埃曼、陶菲克·优素福·阿瓦德、埃及评论家安瓦尔·马达维在内的一批知名作家学者曾为该刊撰稿。《文学杂志》每期会设置多个不同的栏目，主要有诗歌、小说、故事、书评、宗教、文化活动等，从 2015 年起以电子刊形式发行。

《卡拉蒙》（كلمن）是一本文化季刊，2010 年由一批经验丰富的黎巴嫩学者、记者和批评家创立，政治评论家哈扎姆·萨吉耶、诗人阿巴斯·贝登、巴勒斯坦记者马纳尔·卡德尔和社会学家艾哈迈德·贝登等人均参与该刊的编辑撰稿。该刊创建的初衷是为填补黎巴嫩的文化空缺，创始人认为黎巴嫩缺乏真正的自由平台，无论是报纸、广播还是电视都受到资助者的制约，很难称得上是自由开放的媒体。该刊希望能够壮大与之相关的作家和读者圈子，创建一个宽阔的文化空间，为因战争和冲突而渐行渐远的几代人架起沟通的桥梁，努力展现多元的观点，避免狭隘的意识形态偏见。

除上述期刊外，黎巴嫩国内发行的期刊还包括《商业世界》《阿拉伯建筑世界》《阿拉伯经济学家》等更具有针对性的期刊杂志。

四、中黎出版业交流合作情况

中国和黎巴嫩均是历史悠久的文化大国，两国的文化交往早在黎巴嫩独立前就已展开。1971 年两国正式建立外交关系，建交 50 余年来，两国在政治、经济、文化等各个领域的关系不断深化，出版业合作也不断推进，取得丰硕的成果，2020 年黎巴嫩对中国出版物的进口额达到 109 万美元，占出版物总进口额的 3.4%，中国图书正在不断丰富黎巴嫩的图书市场[①]。

（一）中黎文化交流现状

中国和黎巴嫩虽然地理上相距遥远，但两国之间的友谊源远流长，两国人民对于对方的文化都抱有浓厚的兴趣。中黎政府十分重视双方文化交流，早在 1992 年，中黎双方就签署了第一个文化交流协定。随着改革开放的进程加快，双方的文化交流更加密切，2006 年 11 月，中国驻黎巴嫩大使馆与黎巴嫩圣约瑟大学签署在该校设立孔子学院的协议，目前已有数百名学生在孔子学院学习。2010 年 5 月，中黎签署《中黎文化协定 2009—2012 年执行计划》，掀开中黎文化交流史的重要一页。自 2013 年习近平总书记提出“一带一路”倡议以来，中黎文化领域的交流日益频繁，以文明互鉴促进“民心相通”成为两国人民的共同期许。2017 年“一带一路”国际合作高峰论坛期间两国签署《中黎文化协定 2017—2020 年度执行计划》，鼓励通过签署协议或专定协议在版权领域开展合作，双方互相推荐本国优秀的当代文学作品 3~5 部，供对方翻译出版，为两国文化交流注入新的活力。2020 年 5 月，中黎两国正式达成政府间关于互设文化中心的协定，两国将在对方首都互设文化中心，为促进深入的文化交流搭建平台。

在两国政府的大力支持下，双方开展广泛的文化交流、学术往来、人才交流，丰富多彩的中国文化活动在黎巴嫩展开，诸如“大使杯”汉语歌曲演唱比赛、大学生汉语演讲比赛、“中国饮食文化”主题活动、“翻译与中阿人文交流”国际研讨会、斋月杯中国象棋大赛、职业武术比赛、“欢乐春节”活动、中医针灸讲座等，为黎巴嫩人民介绍丰富多样的中华传统文化遗产，展现出多样的文化魅力。中黎在艺术领域的交流也十分频繁，两国互派艺术团巡演，黎巴嫩卡拉卡拉剧团在北京大剧院演出话剧《丝绸之路上的时光航行》和歌舞剧《一千零一夜》，中国江苏女子民族乐团、中国杂技团、北京雷动天下现代舞团等则登上黎巴嫩的舞台，为两国人民带来充满异域风情的文化体验。近年来电影艺术的交流成为中黎文化交流中的新亮点。2018 年 8 月 30 日，中国驻黎巴嫩使馆、中国电影频道和黎巴嫩国家电视台在贝鲁特签署“中国电影月”赠播协议，精选 10 部中国优秀电影作品，由黎巴嫩国家电视台播放，帮助黎

---

① 黎巴嫩印刷媒体进口数据 . [2022-04-12]. https://tradingeconomics.com/lebanon/imports/china/printed-books-newspapers-pictures.

巴嫩观众更好地了解中国历史文化和风土人情。2019 年上海国际电影节通过独有的引进片绿色通道，上映黎巴嫩现实题材影片《何以为家》，影片真实展现出黎巴嫩社会的残酷面，其中包含的感人细节跨越文化的差异，打动了普通中国观众的心，影片最终大获成功，黎巴嫩这个遥远的阿拉伯国家也走进更多中国人的视野。

（二）中黎出版业交流状况

中黎出版业交流历史悠久，早期以个人译介、零星出版为主要特征，如今重大出版项目牵头、双方出版社为主体、大型书展为平台成为中黎出版业交流的新趋势。

早在 20 世纪 20 年代，黎巴嫩作家纪伯伦的作品就经茅盾、张闻天、沈泽民、赵景深等学者翻译而来到中国，1931 年冰心译著《先知》的出版使纪伯伦的作品为中国读者所熟知，此后，纪伯伦成为黎巴嫩在中国的一个文化符号，其所有作品均被翻译出版，并畅销不衰。黎巴嫩对中国作品的译介最早可追溯到 1958 年，阿文版《毛泽东同志论帝国主义和一切反动派都是纸老虎》一书由黎巴嫩法拉比出版社引进出版。中黎建交之后，两国出版合作进入新的阶段，推出一系列重大出版项目，保障图书的稳定出版。2010 年 5 月，原国家新闻出版总署与阿拉伯国家联盟秘书处签署《中阿典籍互译出版工程合作备忘录》，展开优秀历史典籍、现当代文学作品、少儿作品的互译工作，中黎图书互译也是该项目的组成部分之一，目前黎巴嫩作家吉尼·法沃兹的著作《第 99 层》已由五洲传媒出版社出版发行。

2014 年底，丝路书香工程项目获得中宣部批准立项，2015 年正式启动，其中中国著名作家刘震云的小说《手机》已由哈赛宁博士翻译，并于黎巴嫩出版发售，另有 80 多部中国优秀作品受到支持。2019 年，国家“十三五”规划的出版补充项目“‘一带一路’沿线国家经典诗歌文库”第一辑先行推出 17 个国家、地区共 22 册诗选，该项目以国别为划分标准，甄选各国代表诗作，既包含名家名篇，也囊括民间歌谣，整体展示对象国诗歌发展的全貌，其中黎巴嫩分册由中国翻译文化终身成就奖获得者仲跻昆先生翻译，向中国读者展现黎巴嫩人民的生活与情感。

在互译项目的牵头下，两国多家出版机构签署合作协议，以版权输出、建立海外编辑部的方式，结合特定市场精选好书，实施本土化运营，让出版在走出去的同时真正走进当地社会。2015 年中国外文出版社和黎巴嫩阿拉伯科学出版社签订协议，成立中国主题图书海外编辑部，又于 2016 年签署 28 项版权输出协议，授权出版阿拉伯文版《三国演义》《红楼梦》《西游记》《水浒传》《湨梁村手记》等中国古典和现代文学作品。近年来黎巴嫩阿拉伯科学出版社参与出版一系列当代中国主题图书，与多家中国出版社建立合作关系。2017—2019 年，该社接连获得新世界出版社《中国关键词：“一带一路”篇》、中华书局《中国文化的根本精神》、中国外文局“如何看中国”系列丛书的海外版权，并于 2018 年与华语教学出版社签订成立中国图书海外编辑部的合作协议，成为黎巴嫩民众理解中国发展的重要窗口。

除当代中国主题图书外，中国当代文学也是中黎出版合作的重要内容。2017 年，人民文学出版社和黎巴嫩文学出版社（دار الآداب للنشر والتوزيع）、黎巴嫩雪松出版社（مطبعة الأرز اللبنانية）等机构签订出版合同，实现《废都》《带灯》《古船》《独药师》《隐身衣》《石榴树上结樱桃》《少年巴比伦》《奔月》《七根孔雀羽毛》9 部中国当代文学作品的版权输出，在此之前，黎巴嫩雪松出版社已出版《永远有多远》《慈悲》《五百万汉字》的阿拉伯文版，在黎巴嫩、苏丹、阿联酋等国均有销售。

儿童图书是中黎出版合作的另一重要内容，2020 年黎巴嫩儿童图书进口额为 63.9 万美元，中国是其第一大童书进口国，约占黎进口总额的 73%。[①] 中黎儿童图书的迅速发展离不开两国出版社的密切合作。2017 年，第十一届中华图书特殊贡献奖将青年成就奖授予黎巴嫩数字未来公司总裁穆罕默德・哈提卜，以表彰其在翻译和出版中国图书、促进中黎文化交流等方面做出的重大贡献。数字未来公司注重新媒体技术与传统图书的创新结合，在童书及其衍生品的研发和制作方面独树一帜。2015 年数字未来公司与安徽少儿出版社组建合资公司——时代未来出版公司，着重引进出版中国少儿图书。近年来公司业务不断拓展，与近 20 家中国出版机构建立起良好的合作关系。2018 年，外研社与该公司签订《七色龙》（阿拉伯文版）授权协议，2021 年山东教育出版社与数字未来公司签署《梁晓声人世间童书》阿拉伯文版版权输出协议，2022 年安少社与时代未来达成《桦皮船》阿拉伯文版的版权输出协议，让更多海外读者能够阅读富有传统文化韵味的中国故事。疫情期间，该公司还翻译出版《新冠肺炎防护手册》（漫画版），并以线上发行的方式供阿拉伯读者免费下载阅读。目前该公司共翻译出

① 2020 年黎巴嫩儿童图书进出口数据 . [2022-08-30]. https://oec.world/en/profile/bilateral-product/childrens-picture-books/reporter/lbn.

版 200 余种中文图书，为中国图书在阿拉伯地区的传播与推广做出积极贡献。

此外，包括中国画报出版社、黄河出版集团、朝华出版社、黎巴嫩萨基出版社等在内，越来越多的双边出版机构展开交流合作，共同推动中国图书更好地走出去。

在出版业交流合作中，各类书展搭建起重要平台。2016 年，外研社携 380 余种图书参加第 60 届贝鲁特国际书展；2018 年，五洲传播出版社携“That’s books”阿语数字阅读平台和中国主题图书参加第 62 届贝鲁特国际书展。同年黎巴嫩阿拉伯科学出版社参加第 25 届北京国际图书博览会。在中黎建交 45 周年之际，中国优秀出版物展在黎巴嫩大学举办，展出中国出版的英文、阿文和法文版图书共计 200 种 500 多册，涉及中国当代政治、经济和社会发展等各个方面，图书类型有经典学术专著、文学作品、汉语教材、儿童读物等。开幕式同时举办《百年牵手——中国和黎巴嫩的故事》阿文版的首发式，追忆中黎两国的长久情谊，为增进两国人文交流与合作注入新的活力。

此外，中黎出版企业多次以卡萨布兰卡国际书展、沙迦国际书展、阿布扎比国际书展、法兰克福书展、开罗国际书展等大型书展为契机，开展展览展示、版权输出、合作出版等活动，架设中黎图书交流的桥梁。

参考文献

1. 彭树智，王新刚 . 中东国家通史：叙利亚和黎巴嫩卷 . 北京：商务印书馆，2003.

2. 何明星 . 中华人民共和国外文图书出版发行编年史（上）. 北京：学习出版社，2013.

3. 刘欣路，何明星 . 黎巴嫩新闻出版业概况：兼谈黎巴嫩与中国的文化交往 . 科技与出版，2016（6）：40-43.

4. Kreidieh S. *The Publishing and Marketing of Lebanese Children's Books in the Arab World*. Oxford Brookes University, 2015.

5. 丁隆，刘国熙 . 黎巴嫩治理困境的根源探析 . 西亚非洲，2022（1）：134-155.

6. 阿拉伯出版社协会 . 阿拉伯国家的出版业 2015-2019. (2021-06) [2022-04-24]. http://www.arab-pa.org/UploadFiles/uploadEditor/file/2%النشر20%حركة20%تقرير0نهائى 20%-20%العربى20% الوطن20% فى .pdf.

7. 中华人民共和国外交部网站 . 黎巴嫩国家概况 . (2021-08-01)[2022-04-12]. https://www.fmprc.gov.cn/web/gjhdq_676201/gj_676203/yz_676205/1206_676668/1206x0_676670/.

8. 中华人民共和国商务部网站 . 对外投资合作国别（地区）指南：黎巴嫩（2021 年版）. (2022-01)[2022-04-12]. http://www.mofcom.gov.cn/dl/gbdqzn/upload/libanen.pdf.

9. 香港贸发局 . 黎巴嫩经济概况 . [2022-04-12]. https://beltandroad.hktdc.com/sc/country-profiles/lebanon.

10. 新浪财经 . 黎巴嫩新闻自由度列全球第 93 位 . (2012-02-08)[2022-04-12]. http://finance.sina.com.cn/roll/20120208/151511337328.shtml.

11. 黎巴嫩印刷媒体出口数据 . (2022-04)[2022-04-12]. https://tradingeconomics.com/lebanon/exports/printed-books-newspapers-pictures.

12. 法空间 . 黎巴嫩出版物法 . (2016-08-19) [2022-04-12]. https://www.fakongjian.com/tools/laws/251-lebanon/14659-1471609862.html.

13. Media Landscapes. Lebanon. [2022-04-12]. https://medialandscapes.org/country/lebanon.

14. 黎巴嫩大学法律信息中心 .1994 年第 330 号法律 . (1994-05-26) [2022-04-12]. http://77.42.251.205/LawView.aspx?opt=view&LawID=175093.

15. 黎巴嫩新闻部 . 新闻工会 . (2020-03-12) [2022-04-12]. https://www.ministryinfo.gov.lb/44275.

16. 黎巴嫩新闻编辑工会 . 编辑工会历史 . (2019-04-19) [2022-04-12]. https://www.orlb.org/?page=article&id=270.

17. SKeyes 官网 . 关于 SKeyes. [2022-04-12]. https://www.skeyesmedia.org/en/About-Us.

18. 马哈拉特基金会官网 . [2022-04-12]. https://maharatfoundation.org/who-we-are.

19. 黎巴嫩文化部 . 公共图书馆和 CLAC. [2022-04-12]. http://culture.gov.lb/ar/Ministry-Services/CLAC-and-Public-Libraries.

20. 中东报 . 巴克林国家图书馆：从监狱到文化遗产大厦 . (2012-05-07) [2022-04-12]. https://archive.aawsat.com/details.asp?section=67&article=676020&issueno=12214#.

YkV0J73P3iA.

21. BookBrunch. Lebanon’s publishing industry fights for survival. (2020-11-06) [2022-04-12]. https://www.bookbrunch.co.uk/page/free-article/lebanons-publishing-industry-fights-for-survival/.

22. 黎巴嫩都市报 . 图书、文具和运输价格：疯狂的数字 . (2021-08-30) [2022-04-12]. https://www.almodon.com/society/2021/8/30/ات-أرقام-جنونية أسعار-الكتب-والقرطاسية-والنقلي.

23. 地区报 . 新冠重创图书业，经济危机使它没落 . (2020-12-03) [2022-04-12]. https://manateq.net/كورونا-يفتك-بصناعة-الكتاب-والأزمة.

24. 黎巴嫩纸质媒体进口数据 . (2022-04)[2022-04-12]. https://tradingeconomics.com/lebanon/imports/china/printed-books-newspapers-pictures.

25. 祖国呼声报 . 黎巴嫩图书节，一个充实的节日 . (2020-03-03) [2022-04-12]. https://www.nidaalwatan.com/article/15954- -حافل-ترويسة-معرضالمهرجان-اللبناني-للكتاب برنامج.

26. 黎巴嫩印刷媒体出口数据 . (2022-04)[2022-04-12]. https://tradingeconomics.com/lebanon/exports/printed-books-newspapers-pictures.

27. 贝鲁特印刷业的诞生 . [2022-08-30]. https://www.yabeyrouth.com/5451-نشأة-الطباعة-في-بيروت.

（作者单位：北京外国语大学）

塞尔维亚出版业发展报告

王卉莲　李卓帆

塞尔维亚共和国（Republika Srbija），简称塞尔维亚，位于欧洲东南部的巴尔干半岛，与黑山、波斯尼亚和黑塞哥维那、克罗地亚、匈牙利、罗马尼亚、保加利亚、北马其顿接壤，国土面积 88499 平方公里，首都为贝尔格莱德，人口数量约为 719 万人（不含科索沃地区），以塞尔维亚族为主，少数民族有匈牙利族、罗马尼亚族、波斯尼亚族以及克罗地亚族等。大部分人口信仰东正教，占总人口的 84.6%，少数信仰伊斯兰教与天主教，官方语言为塞尔维亚语。[①]

一、出版业发展背景

塞尔维亚出版业拥有悠久的历史，数百年来随着塞尔维亚的国家命运起伏而曲折发展。塞尔维亚共和国于 2006 年黑山独立后继承了塞黑的国际法主体地位，在出版领域，塞尔维亚继承了南斯拉夫的建设成果，并在其基础上进行了改革与创新，建立起了一套相对完备的出版业体系，并不断向着现代化的方向持续发展。

（一）政治经济状况

塞尔维亚是议会制共和国，现行宪法为 2006 年黑山独立公投后通过。塞尔维亚总统是国家元首，由民众投票选举产生，任期五年。阿莱克桑达尔·武契奇（Aleksandar Vučić）于 2017 年就任总统，于 2022 年成功连任。政府由总理与各内阁部长领导，现任总理为安娜·布尔纳比奇（Ana Brnabić）。国民议会是一院制立法机构。

---

① 资料来源：塞尔维亚共和国政府官网，https://www.srbija.gov.rs/tekst/en/130127/basic-info.php。

根据国际货币基金组织调查，2020 年塞尔维亚名义国内生产总值为 529.6 亿美元，人均 7666 美元。塞尔维亚经济以服务业为主，占 GDP 的 67.9%，工业其次，占 26.1%。塞尔维亚国家银行为中央银行，贝尔格莱德证券交易所是塞尔维亚唯一的证券交易所，官方货币为塞尔维亚第纳尔。

（二）出版业法律法规

自 20 世纪 90 年代南斯拉夫逐渐解体，塞尔维亚开始进行规模浩大的法律法规制定工作。经历 20 世纪末政治体系剧变后，塞尔维亚在南斯拉夫法律的基础上建立起适用于当前国内政治体系的较为完善的出版业法律体系。这一体系规范出版业各项活动，随着出版业发展不断进行修订与完善。目前塞尔维亚出版业的主要法律有《出版法》（Zakon o izdavanju publikacija）、《出版物强制复制法》（Zakon o obaveznom primerku publikacija）以及《版权及邻接权法》（Zakon o autorskom i srodnim pravima），成为塞尔维亚出版业得以稳定发展的基础。

现行《出版法》颁布于 1991 年，此前，塞尔维亚主体与南斯拉夫的两个自治省分别实行各自的出版法律，即 1980 年颁布的《塞尔维亚出版活动法》（Zakon o izdavačkoj delatnosti[Službeni glasnik SR Srbije", broj 16/80]）、1984 年颁布的《伏伊伏丁那自治省出版活动法》（Zakon o izdavačkoj delatnosti [Službeni list SAP Vojvodine", broj 13/84]）以及 1974 年颁布的《科索沃自治省出版活动法》（Zakon o izdavačkoj delatnosti [Službeni list SAP Kosova", broj 7/74]）。《出版法》颁布后，各地原有的同类法律及其修正案一并被废除，塞尔维亚实现了全国范围内出版法律的统一。

这部出版法在 1993 年、2004 年、2005 年经过多次修订，对违反该法的法律责任部分进行过多次完善。该法对包括出版物认定、出版人身份以及出版流程等在内的出版业主要方面做出规定，一般由所在市文化行政主管部门对出版者和出版组织的工作进行监督，由塞尔维亚国家图书馆负责出版物国际标准编号的发放，并要求出版商在出版物上印刷图书在版编目（CIP）信息。

《出版物强制复制法》2011 年颁布，2016 年进行修订，进一步阐释需要提交强制性副本的情况。该法规定由塞尔维亚国内出版商出版或在塞尔维亚印刷的出版物必须提交强制性副本；塞尔维亚国家图书馆和塞尔维亚中心（Matica Srpska）为接收强制性副本的两个机构；出版商需提供 6 份强制性副本，其中 2 份永久留存为文化资产保存在塞尔维亚国家图书馆，1 份转交塞尔维亚中心保存，1 份转交伊沃安德里奇图书馆（Biblioteka Ivo Andrić），2 份用于文化交流；塞尔维亚中心负责接收伏伊伏丁那地区的强制性副本，其中 2 份永久留存为文化资产，2 份转交塞尔维亚国家图书馆保存，1 份转交伊沃安德里奇图书馆，1 份用于文化交流；对未按要求提交强制性副本的机构处罚金 10 万 ~50 万塞尔维亚第纳尔（合 0.6 万 ~3 万元人民币）。

在对外国出版商的版权保护方面，塞尔维亚的最早实践可追溯到 1930 年南斯拉夫王国签署的《伯尔尼公约》，明确要求该公约签署国互相保护彼此出版者的版权。现行《出版法》也对外商在塞尔维亚的出版活动做出说明，规定根据塞尔维亚所加入的国际协定或来自与塞尔维亚拥有互惠关系的国家的出版商，其版权在塞尔维亚受法律保护，而著作者精神权利在塞尔维亚受无条件保护。

现行《版权及邻接权法》于 2009 年颁布，在 2011 年、2012 年、2016 年以及 2019 年历经四次修订。这部法律对版权及邻接权的确认、保护等方面做出详细规范，但同时在版权方面塞尔维亚的规定相较于其他欧洲发达国家更为宽松。塞尔维亚对用于非商业目的的复制要求较少，出版者无须进行特别申请，也不需要支付额外费用。此外，该法尚未对电子出版物和传统出版物做出区分。但随着塞尔维亚出版业屡屡在数字出版领域与发达国家产生纠纷，将来不排除会对这一领域进行修订。

此外，塞尔维亚其他法律也对出版业某些具体领域或行为进行规范，如在《法律及其他法规发布法》（Zakon o objavljivanju zakona i drugih propisa i akata）中就对法律与官方公告等内容的出版规范做出具体规定。

在教育领域，塞尔维亚教育与科学技术部（Ministarstvo prosvete, nauke i tehnološkog razvoja）颁布多部出版相关法律法规。2010 年，颁布《教科书法》（Zakon o udžbenicima），明确各类教科书所属类别、教科书内容的具体要求，并对教科书质量审核做出了详细规定；同年颁布《教科书出版许可规定》（Pravilnik o dozvoli za izdavanje udžbenika），对教科书出版类别、许可证申请等事项进行具体要求。2018 年颁布《低流通教科书出版规定》（Pravilnik o izdavanju niskotiražnih udžbenika），对少数民族、残障人士教育所需教科书出版事宜做出要求，并明确该类图书的出版可得到国家预算资金支持。

（三）管理机构

1. 政府管理部门

塞尔维亚出版业相关事宜由塞尔维亚共和国文化与信息部（Ministarstvo kulture i informisanja）当代创作司（Sektor za savremeno stvaralaštvo）统筹，与相关政府部门以及一些相对官方化的文化机构合作，共同管理塞尔维亚出版业。

塞尔维亚共和国文化与信息部是塞尔维亚文化领域最高行政机构。其职能由《国家部门法》（Zakon o ministarstvima）所规定，主要负责文化领域的监管与促进、文化相关动产与不动产的保护、图书出版等行业的管理以及信息与媒体行业的管理。（见图 1）

2021 年 1 月，塞尔维亚文化与信息部出台《2021 年至 2025 年文化领域战略重点》，从多媒体发展、文化场馆建设与文化领域人才培养等多个方面对塞尔维亚文化领域的发展做出展望。值得一提的是，该文件肯定国际合作在塞尔维亚文化发展中的重要性，并计划与联合国教科文组织协作，促进塞尔维亚文化事业的进步。同时，对青少年的文化教育给予足够关注，鼓励文化机构在历史、科学与艺术等领域面向青少年组织多样化的活动，设置相关培养项目。

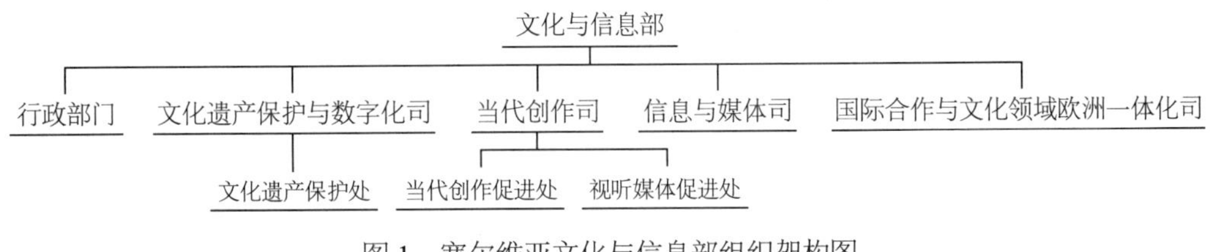

图 1　塞尔维亚文化与信息部组织架构图

资料来源：塞尔维亚共和国文化与信息部官网

塞尔维亚共和国文化与信息部下设当代创作司是出版业主管部门，主要职责为对当代文学、出版、视觉艺术、多媒体、音乐、唱片、音乐表演艺术、电影等领域的跟踪与分析，对这些领域从业者提供帮助以促进塞尔维亚文化产业发展。出版业是当代创作司工作领域之一。该司通过日常监督与规范促进出版业发展，同时也与国际合作司合作，促进出版业国际化与规范化进程。

塞尔维亚国家知识产权局（Zavod za intelektualnu svojinu）是国家行政系统中专门负责产权、版权及邻接权有关事务的机构，其主要工作内容为专利、商标等知识产权、版权及邻接权的国家管理。出版物版权保护也属于国家知识产权局的工作内容。

塞尔维亚国家知识产权局共下设三个司，分别为专利司，商标司，版权及邻接权、国际合作、教育与信息司。其中版权及邻接权、国际合作、教育与信息司负责出版物版权事务，并参与版权保护相关法案和章程的起草，追踪有关部门、机构履行版权保护义务的情况，并对版权所有者提供专业的信息支持。该司下设的版权及邻接权处主管出版行业版权事务。（见图 2）

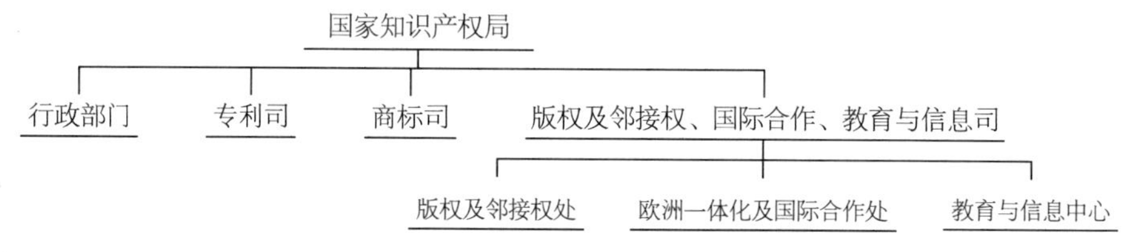

图 2　塞尔维亚国家知识产权局组织架构图

资料来源：塞尔维亚国家知识产权局官网

塞尔维亚国家知识产权局的资金来源主要为政府预算、国际组织捐赠以及上一年结余。在 2016 年至 2018 年间，政府预算是其最主要资金来源。根据塞尔维亚国家版权局所公布的信息，政府预算在该局资金中平均所占比重为 89%。同时在这三年中，国家知识产权局的总资金量与政府预算均呈逐年上升趋势。（见表 1）这也反映出塞尔维亚当局对于知识产权保护的重视程度在不断增强。

表 1　2016—2018 年塞尔维亚国家知识产权局资金来源情况

单位：万塞尔维亚第纳尔

类别	2016	2017	2018
政府预算	12435.6	12500.8	13178.3
国际组织捐赠	1472.1	1476.7	1347.9
上年结余	0.6	0.7	220
总资金	13908.3	13978.2	14746.2

资料来源：塞尔维亚国家知识产权局

塞尔维亚国家图书馆(Narodna Biblioteka Srbije)于1832年建立，1919年颁布的《印刷法》（Zakon o štampi）和《国家图书馆法》（Zakon o Narodnoj biblioteci）确立塞尔维亚国家图书馆作为中央图书馆的地位，同时规定国家图书馆可以在全国强制性地获得出版物副本。该馆在漫长发展过程中不断壮大，部门日益完备。1953 年成立图书馆中心，后来发展成为图书馆活动促进部。1960 年成立书目部门，旨在制作塞尔维亚回顾书目；同年成立考古部门，旨在描述、登记南斯拉夫西里尔文手稿，以及重建手稿收藏。1965 年颁布的《塞尔维亚图书馆法》（Zakon o bibliotekama Srbije）赋予国家图书馆作为塞尔维亚中央主要图书馆的特殊地位和重要职能。1976 年，塞尔维亚国家图书馆开始采用新的资料编目规则，并采用新的国际标准书目著录（ISBD），为向自动化数据处理转型做准备。

自 1987 年起，塞尔维亚国家图书馆开始承担出版物正式出版前对其进行的编目工作。1989 年，塞尔维亚国家图书馆建立电子目录，并规定每一种出版物在正式出版前都需提交塞尔维亚国家图书馆，由该馆审核后分配国际标准出版物代码，正式出版后，需要将样书上缴该馆留存。

目前，塞尔维亚国家图书馆正在加强国际合作与数字图书馆建设。2008 年，该馆参与由联合国教科文组织发起的“世界数字图书馆”（Svetske digitalne biblioteke）建设项目，其后逐步建立、完善塞尔维亚数字图书馆。2013 年，塞尔维亚国家图书馆加入“欧洲科学技术合作”(European Cooperation in Science and Technology)发展项目，并在该项目帮助下建立中世纪研究网络中心。

2. 行业协会

除政府管理部门外，塞尔维亚还存在一些民间性质的出版行业协会。这些行业协会在联合国内出版商、促进出版业发展与国际合作方面做出重要贡献。

塞尔维亚出版商与书店协会（Udruženje izdavača i knjižara Srbije）是塞尔维亚全国性的出版商与书店协会，成立于 2011 年，其前身是塞尔维亚出版商协会（Udruženje izdavača Srbije）、塞尔维亚出版与书店协会（Srpskog udruženja izdavača i knjižara）。该协会旨在联合塞尔维亚国内各出版商与书店，制定出版、图书行业共同行为准则，实现、维护会员共同利益和需求，为成员提供专业协助。协会积极参与贝尔格莱德国际书展及其他相关文化活动。同时还作为塞尔维亚出版业在欧洲出版商联合会、国际出版商协会中的代表，在促进出版业国际交流与合作中发挥重要作用。该协会涵盖塞尔维亚全境，目前拥有140个会员，上述会员年营业总额超过7000万欧元。

此外，还有塞尔维亚专业出版商协会（Udruženje profesionalnih izdavača Srbije）。该协会为非政府非营利性出版商组织，位于贝尔格莱德，旨在为其成员提供法律、道德、技术与后勤等方面的保障，促进塞尔维亚出版业发展。

塞尔维亚书店协会（Udruženje knjizara Srbije）成立于1994年，最初名为南斯拉夫书店协会（Udruženje knjizara Srbije）。彼时其主要工作是在学校与办公材料进出口商间建立联系。因在多次非正式会议中该协会工作得到广泛认可，于是开始定期组织书店会议，如今协会每年举行两次正式的书店会议。2003年，协会更名为塞尔维亚与黑山书店协会（Udruženje knjižara Srbije i Crne Gore），2006年两个共和国分离后更名为塞尔维亚书店协会并沿用至今。目前，协会共有60个会员，主要工作包括举办行业论坛、为会员提供专业协助，以及定期出版书店行业刊物《书店》（*Knjizar*）。

值得注意的是，除行业协会外，塞尔维亚目前已参与到巴尔干地区最大的在线书目系统中。该系统对塞尔维亚出版业规范化发展具有重要意义。合作在线书目系统与服务（Cooperative Online Bibliographic System & Services，简称COBISS）是巴尔干地区最大的图书信息系统。1987年，位于斯洛文尼亚的马里博尔信息研究所（IZUM）接管南斯拉夫国家图书馆协会所采用的共享编目系统。1991年，马里博尔信息研究所在原共享编目系统的基础上进行改进，推出合作在线书目系统与服务，实现巴尔干地区内图书馆资料标准化与书目统一管理。目前，该系统已建成斯洛文尼亚、塞尔维亚、北马其顿、波斯尼亚和黑塞哥维那、黑山、保加利亚、阿尔巴尼亚、科索沃地区八个信息系统，其中阿尔巴尼亚、科索沃地区的信息系统尚未与其当地图书馆达成合作。该系统代表一种在国家图书馆系统中联合各图书馆的组织模型。其含有共享编目、联合书目以及成员图书馆的本地数据库，由各国的国家合作在线书目系统与服务中心（National COBISS Centre）规划、协调，实现图书馆资源的标准化与共享编目，并通过网络连接创建各国图书馆信息系统。在塞尔维亚，其业已成为最大的图书信息系统，与塞尔维亚境内的各图书馆进行合作，向公众提供图书信息查询服务，并协助塞尔维亚国家统计局进行年度出版业数据统计，发布《报纸、杂志及其他连续出版物出版活动报告》（*Publishing and Printing Activities Serial Publications — Papers (Newspapers),*

Magazines and Other Serials）、《图书和小册子出版活动报告》（*Publishing Activity and Printing — Books and Brochures*）两份报告，并参与发布《年度文化报告》（*Kultura*）。

（四）国民阅读情况

1. 图书馆建设

塞尔维亚图书馆建设较为完善，其境内图书馆大致可以分为公共图书馆、教育图书馆（包括中小学图书馆和高等教育图书馆）以及特殊图书馆。据统计，2019 年塞尔维亚共有图书馆 1808 座，其中公共图书馆 523 座，占 29.3%，教育图书馆 1164 座，占 64.4%，特殊图书馆 114 座，占 6.3%。

2014—2017 年间塞尔维亚图书馆数量逐渐上升，而自 2017 年起该数据开始下降，2018—2019 年间下降最为突出，降幅达 29.6%，2019 年以后塞尔维亚图书馆数量出现增长，其中增长的主要部分是学校图书馆，公共图书馆数量进一步减少。与欧洲国家相比，塞尔维亚图书馆资源并不充足，据 2019 年统计塞尔维亚公共图书馆平均接待人数（总人口 / 公共图书馆总数）为 1.31 万人，这一数据远高于欧洲发达国家，说明目前塞尔维亚图书馆资源依然缺乏。（见图 3）

单位：座

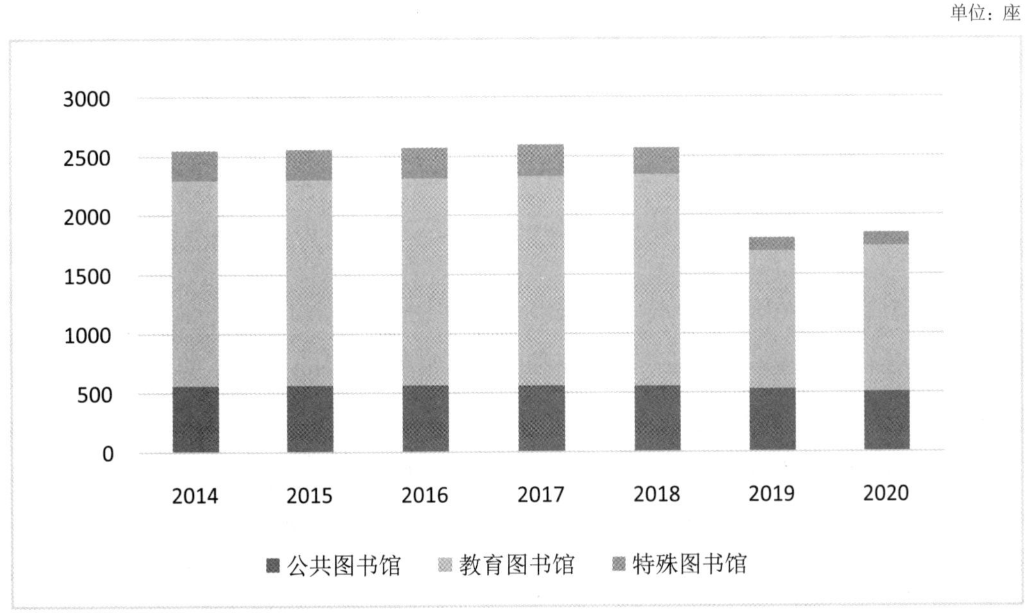

图 3　2014—2020 年塞尔维亚图书馆数量变化情况

资料来源：塞尔维亚国家统计局，《年度文化报告（2014—2020）》

与塞尔维亚近年来图书馆数量骤减相对应的，是图书借阅次数的减少。2018—2019年借阅次数大幅度减少是图书馆数量缩减的必然结果，而这一数据在2020年新冠感染疫情得到一定控制后有所提升。尽管2014—2017年间塞尔维亚图书馆数量保持增长趋势，但图书借阅次数仍处于下滑状态。这与近年来各种网络媒体兴起与在线阅读发展有关。（见图4）

单位：万次

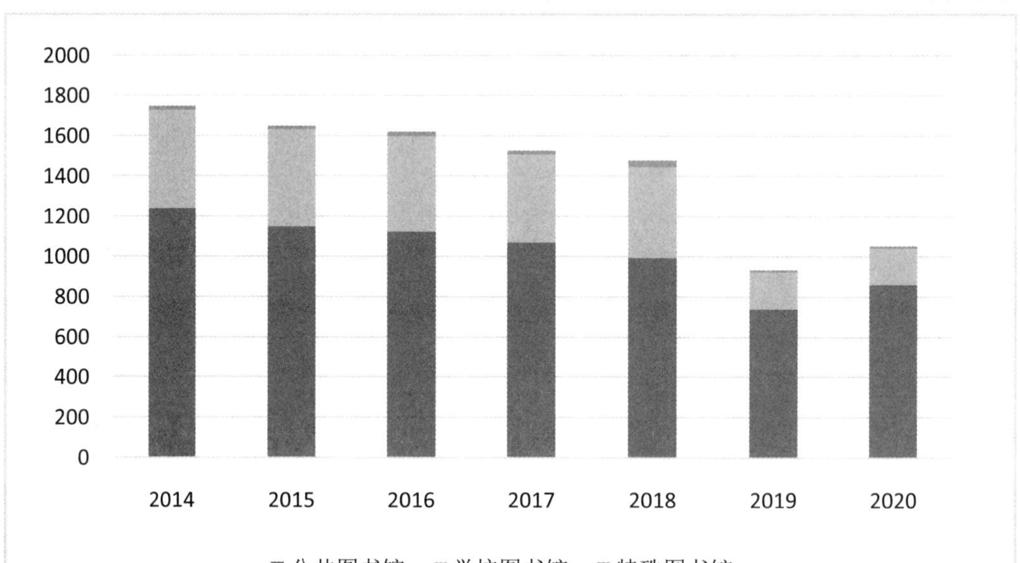

图4　2014—2020年塞尔维亚图书借阅次数变化情况

资料来源：塞尔维亚国家统计局，《年度文化报告（2014—2020）》

公共图书馆是塞尔维亚民众进行图书阅读的主要场所，而在诸多公共图书馆中，位于贝尔格莱德的塞尔维亚国家图书馆和位于诺维萨德（Novi Sad）的塞尔维亚中心最为重要。以2018年数据为例，在塞尔维亚全国557座公共图书馆中，这两座国家图书馆的借阅量占借阅量总数的18.3%。而这一数据也体现出塞尔维亚图书馆发展在地域上的差异：以首都贝尔格莱德和诺维萨德为首的北部地区人口较为密集，图书馆建设也较为完善，相比之下南部地区发展则较为缓慢。（见图5）

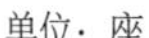

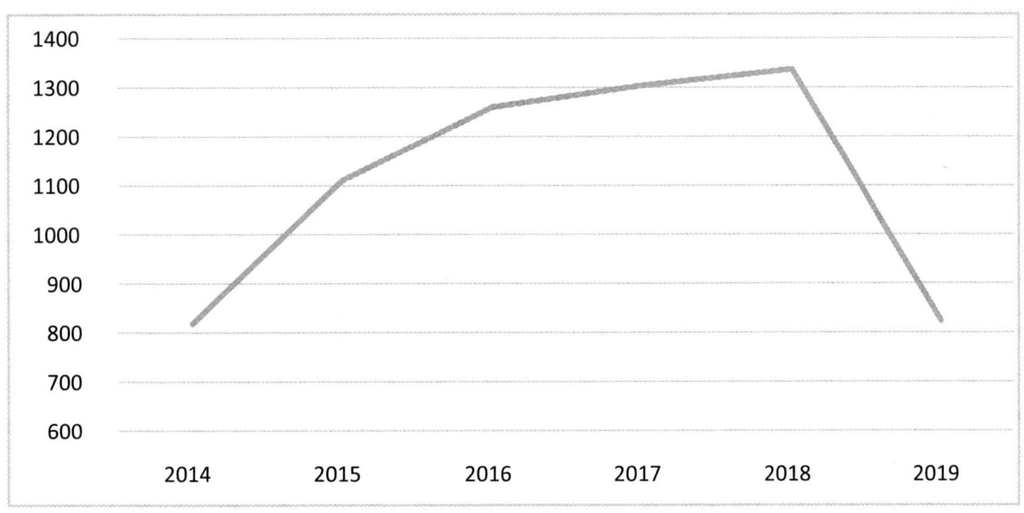

图 5　2014—2019 年塞尔维亚拥有电子访问途径的图书馆数量变化情况

资料来源：塞尔维亚国家统计局，《年度文化报告（2014—2019）》

目前塞尔维亚有一定比例的图书馆已经拥有相对完善的数字图书馆系统。截至 2018 年，塞尔维亚拥有电子访问途径的图书馆总数已达 1336 座，在全部图书馆中占比 52%。塞尔维亚国家图书馆已经建立起数字国家图书馆系统，收纳诸多图书、古籍以及音像资料，为公民进行阅读与查找提供便捷途径。此外，在 COBISS 系统帮助下，塞尔维亚建立起了相对完善的一体图书查询系统，方便公民了解图书馆藏情况，使借阅过程更加便捷。

2. 塞尔维亚全民阅读情况

2018 年欧盟统计局（Agencija Eurostat）和塞尔维亚文化发展研究中心（Zavod za proučavanje kulturnog razvitka）在世界读书日期间进行的一项统计显示，如今塞尔维亚全民阅读情况并不乐观。根据该调查，塞尔维亚人平均每天阅读 6 分钟，而每 11 个人中只有 1 个人可以完成每月读一本书的目标。这些数据都低于欧洲平均水平，并远远落后于北欧地区。（见图 6）

单位：%

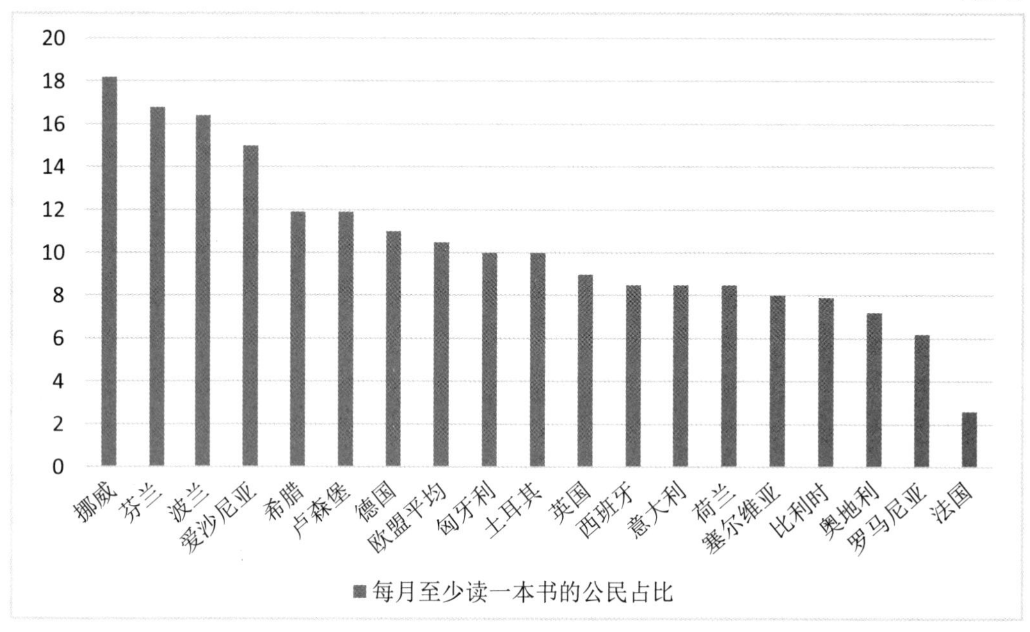

图 6 2018 年欧洲各国每月至少读一本书的公民所占比重情况

资料来源：《消息报》（*Informer*），《仅有八成塞尔维亚民众日常阅读》

而另一方面，塞尔维亚女性比男性更喜欢阅读。塞尔维亚有 49.3% 的男性近一年内未曾读过一本书，而对女性而言，这一数据仅为 29.4%，远低于男性。此外，数据显示，女性购买图书、访问图书馆的频率也高于男性。

依据年龄阶段划分读者人群，由于学业要求，年轻人阅读量更高，而 30~49 岁年龄段的人群阅读量最小。15~29 岁年轻人中有 2/3 的人每年至少阅读一本书，其次是 50 岁以上群体，有 60.4% 的人能够完成每年阅读一本书的目标。年龄在 30~49 岁群体仅有 58.3% 的人能够每年阅读一本书。

随着互联网的进一步发展，人们获取资讯的方式发生翻天覆地的变化，更多的人开始使用移动设备和互联网获取更及时丰富的信息。报刊业受互联网冲击最大，越来越少的人使用这种传统的信息获取方式。在 2015—2019 年间，塞尔维亚家庭平均每月在购买报纸这一项目上的支出逐年减少，平均降幅达 12%。（见表 2）与之对应的则是近年来塞尔维亚报纸销量逐年下降。图书销量近年来稳定保持在一定范围内波动，相对于报刊业而言，受互联网发展的影响较小。原因在于，一方面由年轻人存在阅读特定内容图书的需求，另一方面老年人一定程度上更加依赖于通过传统阅读方式获得资讯。

表 2 2015—2019 年塞尔维亚家庭平均每月在出版物项目中的支出情况

单位：塞尔维亚第纳尔

类别	2015	2016	2017	2018	2019
图书	283	322	293	262	325
报纸	232	210	175	142	138
其他出版物	4	6	5	4	4

资料来源：塞尔维亚共和国国家统计局，《塞尔维亚共和国国民消费调查（2015—2019）》

3. 互联网发展情况

近年来，互联网技术获得快速发展，在世界范围内改变了人们的生活以及获取信息的方式，塞尔维亚人无疑也在经历着这一全球革命。

据塞尔维亚国家统计局统计，2021 年塞尔维亚已有 81.5% 的家庭接通网络，这一数据在 2020 年是 81%。在全国范围内，首都贝尔格莱德的网络建设最为突出，有 92.9% 的家庭在使用网络，其次是伏伊伏丁那地区。

2021 年数据显示，塞尔维亚每天有超过 335 万人使用计算机，较 2020 年的 320 万人增长 4.7%。同时，42.3% 的民众表示自己曾在调查进行前三个月内进行过网络购物，2020 年这一比例为 36.1%。

二、图书业发展概况

塞尔维亚每年发布《图书和小册子出版活动报告》和《报纸、杂志及其他连续出版物出版活动报告》两个重要的出版业报告。报告所涉及的统计工作由塞尔维亚国家统计局统筹实施，在塞尔维亚国家图书馆和 COBISS 系统协助下进行，依据通用十进制图书分类法进行统计，最终由国家统计局发布报告，并收录在国家统计局和塞尔维亚文化发展研究中心所发布的《年度文化报告》中。

（一）图书出版情况

1. 整体概况

2012—2020 年间，塞尔维亚图书和小册子平均出版种数为 11400 种。总体来看塞尔维亚图书出版量呈上升趋势。2017 年图书出版种数达到近十年的最高值之后开始回落。2019—2020 年出版业受疫情影响严重，出版种数跌至近十年最低值。（见图 7）由于塞尔维亚主要的出版管理部门和出版机构大多位于塞尔维亚北部地区（主要是贝尔格莱德地区和伏伊伏丁那地区），塞尔维亚出版业发展呈现明显的南北差异。北方每年出版种数平均占全国总出版种数的 83.5%。

单位：种

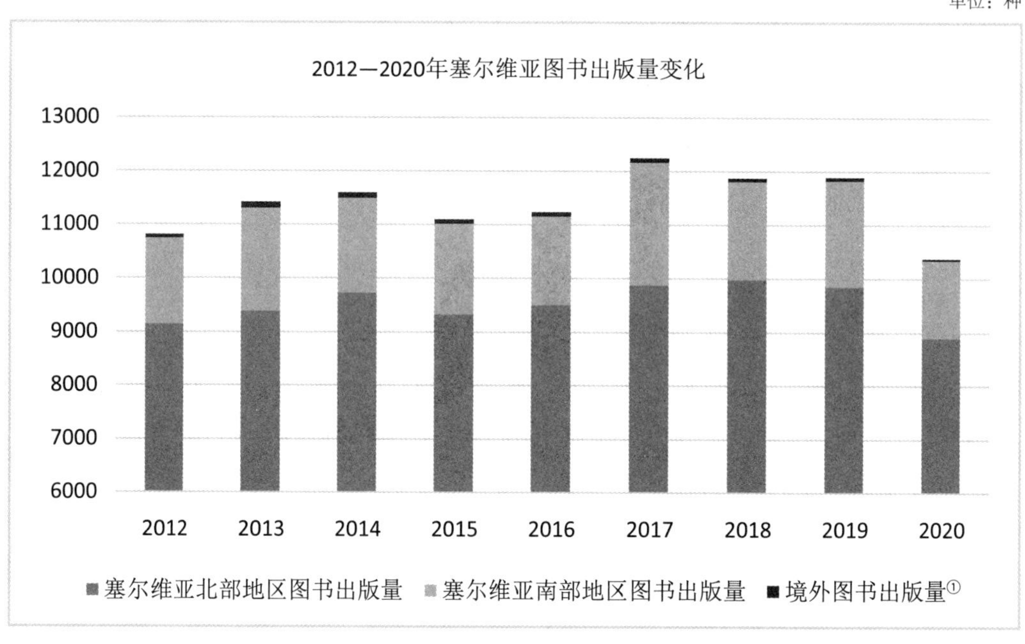

图 7 2012—2020 年塞尔维亚不同地区图书出版种数变化情况

资料来源：塞尔维亚国家统计局，《图书和小册子出版报告（2012—2020）》

塞尔维亚语图书在诸多出版物中占有最大比重。以 2019 年为例，该年度共出版塞尔维亚语纸质图书 10103 种，占全部图书的 84.9%。近十年间，塞尔维亚语出版物所占比重保持在相对稳定的水平。而随着出版物总体数量的增加，除受疫情影响较大

① 境外图书出版是指由国外出版商出版，但在塞尔维亚境内印刷的出版物。

的2020年外，塞尔维亚语出版物出版种数也整体呈上升趋势。（见表3）

表3 2012—2020年塞尔维亚语图书出版种数情况

类别	2012	2013	2014	2015	2016	2017	2018	2019	2020
种数	9168	9674	9469	9427	9413	10453	9767	10103	8933
所占比重	84.8%	84.6%	81.6%	84.9%	83.8%	85.3%	82.1%	84.9%	86.1%

资料来源：塞尔维亚国家统计局，《图书和小册子出版报告（2012—2020）》

除塞尔维亚族外，塞尔维亚境内还居住着匈牙利族、罗马尼亚族、波斯尼亚族、克罗地亚族、斯洛伐克族、卢森尼亚族等少数民族。以2019年为例，该年度共出版少数民族语言图书428种，约占全部图书的3.6%。在各少数民族语言图书中，匈牙利语、克罗地亚语以及波斯尼亚语出版物较多。（见表4）这一方面是由于上述民族目前居住在塞尔维亚境内的公民较其他少数民族更多，另一方面也是由于其语言本身，尤其是克罗地亚语和波斯尼亚语与塞尔维亚语具有相似性。

表4 2012—2020年塞尔维亚部分少数民族语言图书出版情况

单位：种

语言	2012	2013	2014	2015	2016	2017	2018	2019	2020
克罗地亚语	4	103	107	89	101	101	106	105	82
波斯尼亚语	68	68	121	93	102	91	111	94	88
匈牙利语	162	101	161	109	135	117	116	94	78
卢森尼亚语	23	33	28	4	13	40	21	20	32
罗马尼亚语	36	34	34	14	27	22	26	18	10
斯洛伐克语	29	51	42	26	28	31	61	37	6
阿尔巴尼亚语	45	20	192	20	20	18	67	14	7
保加利亚语	6	7	7	13	14	16	27	7	3

资料来源：塞尔维亚国家统计局，《图书和小册子出版报告（2012—2020）》

在非少数民族语言出版物中，英语出版物占有最大比重，2019年共出版294种，占全部非塞尔维亚语出版物总数的39.6%。法语、西班牙语等语言出版物在塞尔维亚也有一定影响力，但相对而言影响较小。意大利与塞尔维亚相邻，文化交流较为密切，因此在出版业中也占有一定地位。塞尔维亚非母语出版的发展状况呈现一定的不规律性，但在近十年中保持着总体稳定的状态。（见表 5）

表 5 2012—2020 年塞尔维亚非少数民族语言图书出版情况

单位：种

语言	2012	2013	2014	2015	2016	2017	2018	2019	2020
英语	306	381	281	294	324	331	389	294	277
法语	10	12	13	11	6	12	10	9	4
西班牙语	6	7	7	4	2	1	3	3	—
意大利语	6	5	4	4	2	3	3	7	5
土耳其语	2	1	1	—	1	1	2	—	—

资料来源：塞尔维亚国家统计局，《图书和小册子出版报告（2012—2020）》

在图书出版内容方面，目前在塞尔维亚出版数量最多的是语言学、文学类图书，2019 年共出版 5034 种，占出版总数的 42.3%。其次是社会科学类图书，2019 年共出版 2828 种，占出版总数的 23.8%。出版数量较少的是宗教类和哲学、心理学类，2019 年分别出版 436 种与 381 种，其中宗教类所占比重为 3.36%，哲学、心理学类所占比重为 3.2%。主流出版领域对出版量增长影响也较大，2018 年与 2019 年出版量的骤变主要受语言学类、文学类图书与社会科学类图书出版情况变化影响。语言学、文学类，社科类以及科技、医学类图书出版量随年份变化较为明显，成为影响总体出版量的关键领域。相对而言，哲学、心理学类，宗教类图书出版量随时间变化不明显，出版情况较为稳定。2015—2020 年塞尔维亚各类图书出版情况见图 8、图 9。

单位：种

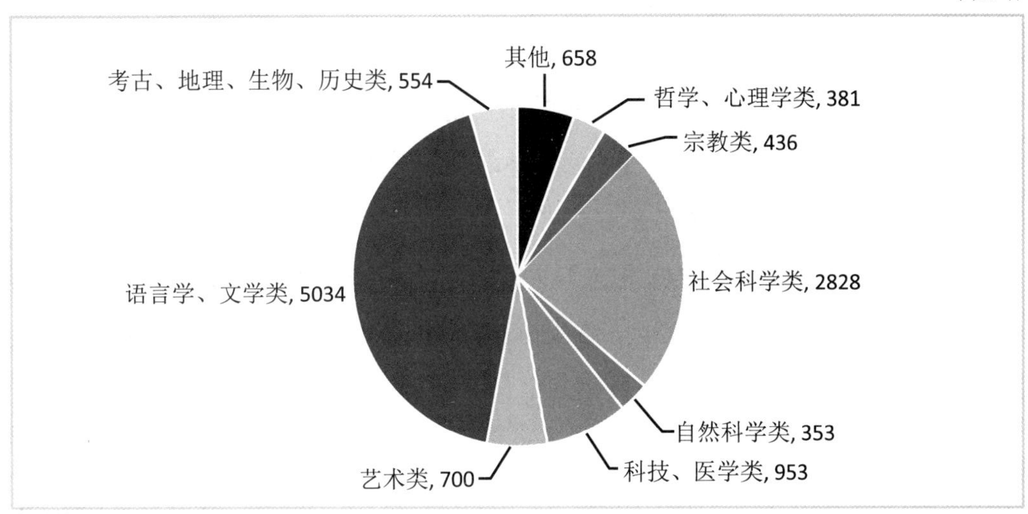

图 8　2019 年塞尔维亚各类图书出版占比情况

资料来源：塞尔维亚国家统计局，《图书和小册子出版报告（2012—2020）》

单位：种

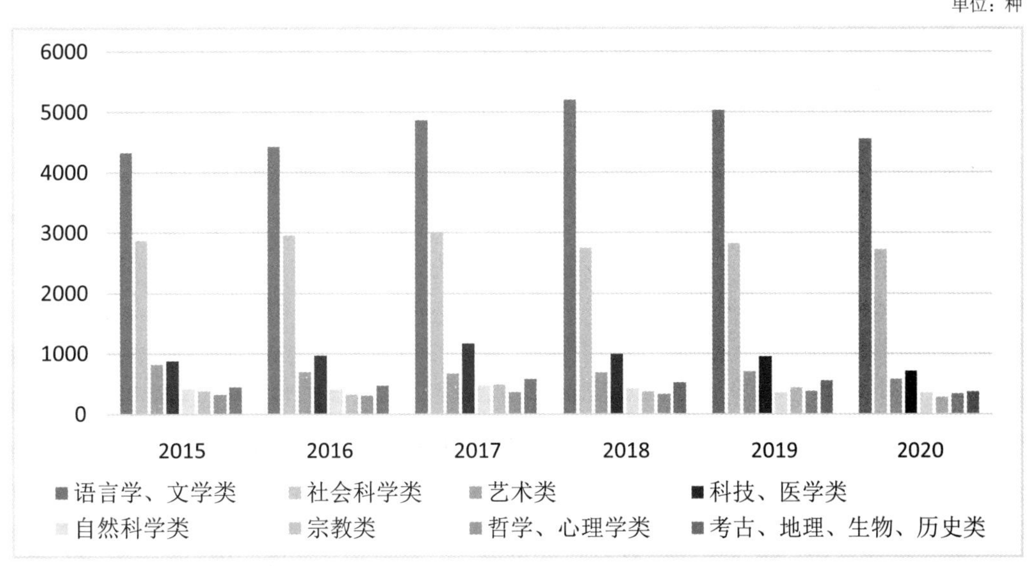

图 9　2015—2020 年塞尔维亚各类图书出版变化情况

资料来源：塞尔维亚国家统计局，《图书和小册子出版报告（2015—2020）》

2006 年塞尔维亚国家图书馆联合文化企业 MC MOST 进行过一次较为全面的图书市场调查，尽管调查时间已较为久远，但在塞尔维亚家庭对图书支出较为稳定的情况下，该调查的部分数据仍具有参考价值。

调查报告指出，受访者平均每年购买8.6本图书，平均每4.5个月进行一次图书购买活动。41%的消费者是因为图书的内容进行购买，而15%的消费者是出于教育或工作目的购买图书，其余比较重要的购书原因还包括作为礼品、熟人推荐等。关于购书促进因素，有54%的受访者表示价格降低是增加图书消费的因素之一，其次是更好的服务、更多的空闲时间等。81%的受访者表示平时并不会购买外语图书，而在购买外语图书的19%受访者中，有84%的人购买英语图书，其次是德语、俄语、法语以及意大利语图书。而对于图书作者，大多数受访者（54%）表示更加青睐本国作家作品。

2. 出版社与书店情况

目前，塞尔维亚共有各类出版社近400家，其中塞尔维亚出版商与书店协会会员近150个。这些出版社相对而言规模较大，组织较为系统。在塞尔维亚众多出版社中，规模较大的有火山出版社（Vukan）、德尔塔出版社（Dereta）、拉古纳出版社（Laguna）、克里奥出版社（Clio）、地缘政治出版社（Geopolitika）等。

火山出版社是目前塞尔维亚最大的出版社之一，成立于2013年，前身是阿尔纳里（Alnari）和莫莫与玛亚娜（Mono i Manjana）两个大型出版社。这两家出版社在过去二十年间对塞尔维亚出版业具有较大的影响力。针对儿童读物，该社创办火山儿童（Vulkančić）出版品牌，出版来自于世界各地的儿童教育与创意图书。

德尔塔出版社也是目前塞尔维亚较为重要的出版社之一，已有二十多年历史，是塞尔维亚文化艺术界的标杆。值得一提的是，该社是首个将塞尔维亚著名作家作品翻译为英文的出版社。这一举动为该社赢得极高赞誉。

拉古纳出版社于1998年在贝尔格莱德成立，是塞尔维亚最大的出版社之一。每年出版近400种出版物，旗下的拉古纳青少年（Laguna Junior）品牌致力于青少年图书的出版，每年出版近70种儿童图书和青少年图书，得到业内广泛认可。

塞尔维亚书店品牌与出版商具有高度重叠性，具有一定规模的出版商多在塞尔维亚各大城市建立旗下书店进行图书零售。拉古纳、火山等出版社已成为图书销售领域的龙头。拉古纳目前已在塞尔维亚开设47家书店，另有12家书店开设在波黑与黑山，书店致力于读者俱乐部建设，目前已有70万名会员。该书店在网络购书这一渠道同样也是先行者，每月其网站独立访问量超过80万次。火山书店成立于2010年，目前已在塞尔维亚全境开设31家书店，其中16家位于贝尔格莱德，销售各个国内出版商的图书，是目前塞尔维亚规模最大的连锁书店之一。德尔斐书店（Delfi）是塞尔维亚另一个较大的连锁书店品牌，目前已在塞尔维亚 24 个城市开设 48 家书店，平均每天有超过一万人次光顾，其每年举办两次的“图书之夜”活动是塞尔维亚最大的区域性书店节之一。此外，其网站也是塞尔维亚最大的网上购书平台之一，每天访问量超过两万人次。

3. 数字出版业发展情况

塞尔维亚数字出版业起步时间较晚。塞尔维亚近五年才开始出现电子书平台。最早涉足数字出版领域的是克里奥出版社，2009 年贝尔格莱德书展上该社首次提供 26 种图书的电子版，顾客可支付纸质版图书价格的 50% 来获得电子版图书前 30% 的内容试读。而当试读结束后，顾客可选择是否支付剩下的 50% 获得纸质版图书。这是塞尔维亚出版社在数字出版领域中的首次尝试。2011 年，拉古纳出版社在其网站上发布塞尔维亚第一本真正意义上的电子书《塞尔维亚影像》（*Čista slika Srbije*），并允许读者免费下载。

长期以来，塞尔维亚出版商未进行电子出版业务的拓展，原因之一在于塞尔维亚盗版盛行，出版商害怕在网络平台公开出版物会影响到自身利益。同时，塞尔维亚最大的读者群体依然是退休人员，而这个群体更偏好纸质书阅读。

2018 年，德尔斐出版社创建塞尔维亚第一个电子阅读平台伊甸园图书（Eden Books）。该平台迅速发展成为塞尔维亚最活跃的社交网络与电子阅读平台。截至 2021 年，该平台注册用户数量超过 10 万人，并保持着超过 85% 的活跃度。目前，该平台提供超过 1200 种电子出版物供读者阅读，并与书店合作进行纸质图书数字化工作。

（二）文学奖项与文学活动

塞尔维亚一直是众多文学家耕耘的沃土。随着几百年来文学艺术的蓬勃发展，塞尔维亚创立了多种文学奖项。据统计，目前塞尔维亚全国共有超过 400 个文学奖项，涵盖文学创作、翻译、诗歌等领域，促进塞尔维亚文学全面发展。

1. 主要文学奖项

每周资讯奖（NIN-ova nagrada）是塞尔维亚最重要的文学奖项，又称作每周资讯评论家年度小说奖。该奖项于 1954 年由《每周资讯》（*Nedeljne Informativne novine*）报纸设置，原颁发给南斯拉夫范围内的年度最佳小说，现颁发给塞尔维亚的年度最佳小说。在塞尔维亚，该奖地位与法国的龚古尔奖相当。

安德里奇奖（Andrićeva nagrada）是塞尔维亚最负盛名的文学奖项之一。该奖项以著名文学家伊沃·安德里奇的名字命名。1961 年，伊沃·安德里奇因“以史诗般的气魄从祖国的历史中找到了主题并描绘了人类的命运”，成为了巴尔干地区第一位荣获诺贝尔文学奖的作家。根据安德里奇遗嘱，该奖项自 1975 年起颁发给经过伊沃·安德里奇基金会评选的年度最成功的塞尔维亚语短篇小说或短篇小说集。

兹玛伊奖（Zmajeva nagrada）于 1953 年在塞尔维亚中心设立，设立之初是为了纪念塞尔维亚伟大的诗人约万·约万诺维奇·兹玛伊（Jovan Jovanović Zmaj）诞辰 120 周年。该奖项每年颁发给最优秀的塞尔维亚语诗歌作品。

布兰科奖（Brankova nagrada）设立于 1953 年，以纪念塞尔维亚著名诗人布兰科·拉迪切维奇（Branko Radičević）逝世 100 周年。该奖项由伏伊伏丁那作家协会作为评审，颁发给年度最佳诗歌作品，并且要求作者不得超过 30 岁。一方面致敬了未满 30 岁便英年早逝的布兰科·拉迪切维奇，另一方面也能够激励青年诗人。

众多文学奖项展现塞尔维亚文学艺术发展的繁荣，营造浓郁的文学创作氛围，也使得塞尔维亚这片土地成为滋养优秀文学家、诗人、翻译家的沃土。在过去几百年中，塞尔维亚文学家笔耕不辍，向世界展现一个历史悠久、饱经沧桑的国家形象，留下宝贵的文化遗产。

2. 文化活动

书展是塞尔维亚最为重要的文化活动之一。各种书展为塞尔维亚出版商、作家、书商、图书馆、多媒体公司以及其他参与者提供建立联系、交流经验与开展合作的机会，促进了塞尔维亚出版业的发展与繁荣。

贝尔格莱德书展是塞尔维亚历史最悠久、规模最大且最负盛名的书展之一。1956 年，在克罗地亚首都萨格勒布举办第一届南斯拉夫书展，次年书展改在贝尔格莱德举办，此后每年 10 月中旬贝尔格莱德都会举行盛大书展。来自世界各地的图书在此展出，2019 年书展参观人数达 18 万人。

诺维萨德国际书展也是塞尔维亚重要的书展活动之一。该书展在每年 4 月份举办，2022 年共有超过 150 个出版商或机构参展。与此同时，该书展会公布包括年度最佳出版物奖、年度出版贡献奖、年度最佳儿童读物奖等多个奖项，拉扎·科斯蒂奇文学奖[①]（Nagrada „Laza Kostić”）也在该书展上颁发。

三、报刊业发展概况

目前，报刊仍是塞尔维亚人获取资讯的主要方式之一，在塞尔维亚仍保持着较大的出版量。塞尔维亚作为一个人口 700 万的国家，拥有 1000 余种不同的杂志以及近 300 种报纸。2018 年是近十年间塞尔维亚报刊出版种数最多的年份，该年塞尔维亚共出版各类连续性出版物 1792 种，其中杂志 1460 种，报纸 247 种。其中 78.9% 的报刊由塞尔维亚北部的贝尔格莱德和伏伊伏丁那地区的出版社出版。

近十年来，塞尔维亚杂志和报纸出版呈现截然相反的发展趋势。报纸出版物种类逐年减少。2012 年塞尔维亚共出版报纸 374 种，2019 年已减至 224 种，而 2020 年在新冠感染疫情冲击下报纸缩减至 206 种。而塞尔维亚杂志则是除 2017 年出现明显低谷外，2012—2018 年间出版种数呈逐年上升状态。2012 年塞尔维亚共出版杂志 1197 种，而 2018 年共出版 1460 种杂志，较 2017 年增长 14.2%，是近十年来塞尔维亚杂志出版种数最多的一年。（见图 10）

单位：种

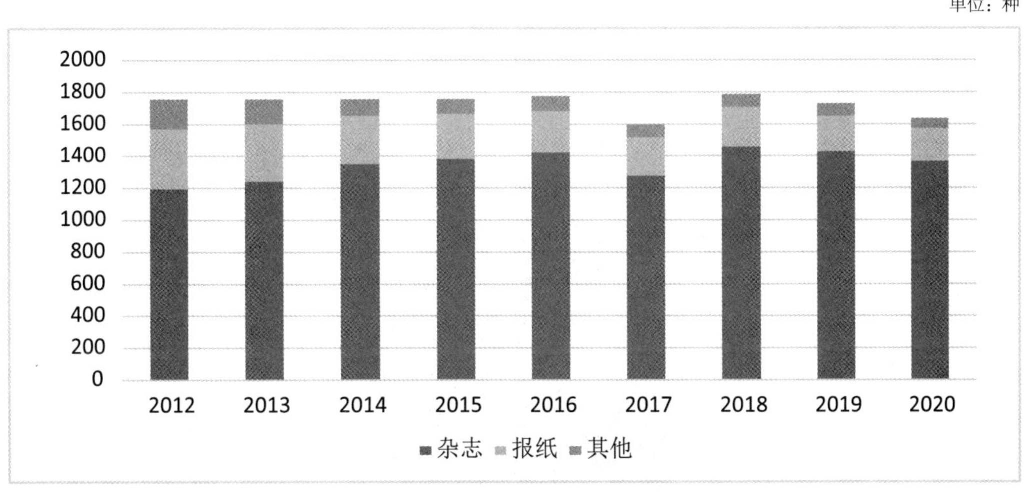

图 10　2012—2020 年塞尔维亚连续出版物出版情况

资料来源：塞尔维亚国家统计局，《连续出版物出版报告》

① 拉扎·科斯蒂奇文学奖（Nagrada „Laza Kostić”）为纪念伏伊伏丁那地区出生的塞尔维亚浪漫主义文学家拉扎·科斯蒂奇（Laza Kostić）而设立，从 2007 年开始颁发。拉扎·科斯蒂奇文学奖颁发给两次诺维萨德国际书展之间出版的最佳图书。

在众多杂志中，出版种数最多的是社会科学类出版物和科技、医学类出版物。以报刊出版种数最高的2018年为例，该年度出版社科类杂志415种，占全部杂志的28.4%，科技、医学类杂志390种，占全部杂志的26.7%。社科主题在报纸出版中占有更高的比重，2018年共出版社科主题报纸136种，占全部报纸的55.1%。（见图11、图12）

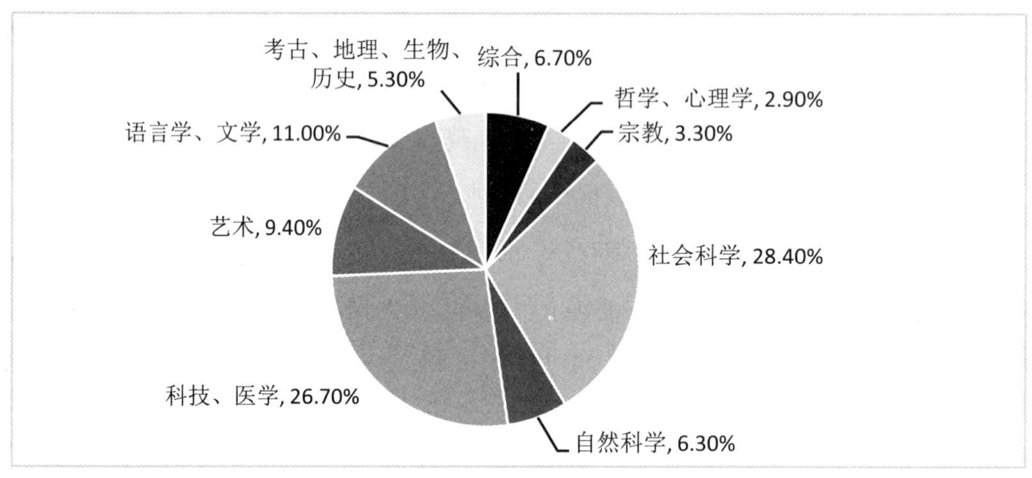

图11　2018年塞尔维亚各类别杂志出版情况

资料来源：塞尔维亚国家统计局，《连续出版物出版报告》

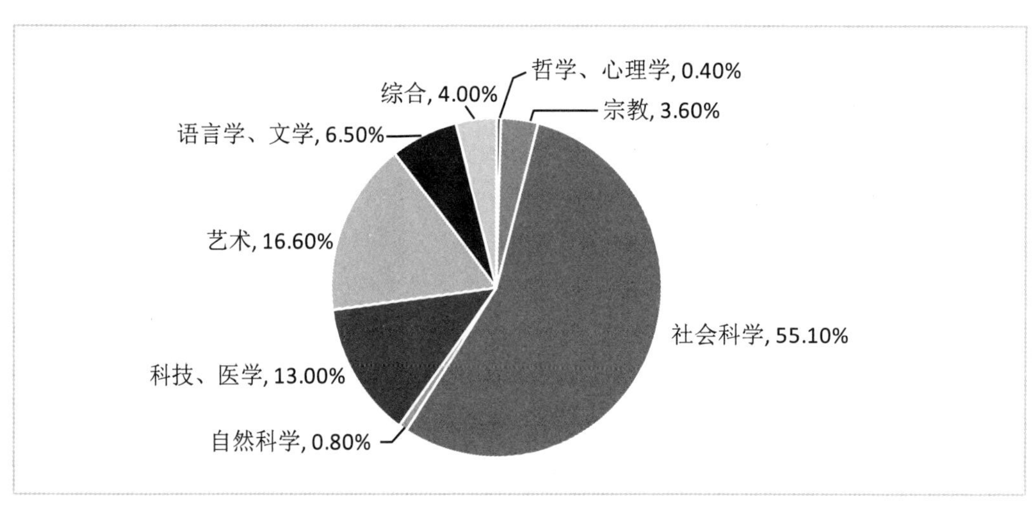

图12　2018年塞尔维亚各类别报纸出版情况

资料来源：塞尔维亚国家统计局，《连续出版物出版报告》

目前，塞尔维亚仍有150万人通过日刊获取资讯，250万人会购买周刊，这一份额较通过网络与电视获取资讯的份额而言较小，但对于人口只有700多万的塞尔维亚而言，充分说明目前报刊在塞尔维亚仍拥有坚实的读者基础。在塞尔维亚诸多报刊中，最受欢迎的是各类小报，如《消息报》《闪电报》《晚间新闻》《信使报》等。这些小报内容吸引人们的眼球，售价便宜，深受群众喜爱。除各类小报外，一些历史悠久、相对官方的报纸也同样在这一市场中占有相当大的比重，其中最有影响力的是创刊于1904年的《政治报》。（见表6）

表6　2016年塞尔维亚各大报纸发行量情况

单位：份

名称	版式	发行量	创刊年份
《消息报》（*Informer*）	小报	102000	2012
《晚间新闻》（*Večernje Novosti*）	小报	68000	1953
《信使报》（*Kurir*）	小报	60000	2003
《闪电报》（*Blic*）	小报	58000	1996
《你好！》（*Alo!*）	大报	56000	2007
《政治报》（*Politika*）	柏林版式①	45000	1904
《塞尔维亚电报》（*Srpski telegraf*）	小报	36000	2016
《体育画报》（*Sportski žurnal*）	大报	10000	1990
《日报》（*Dnevnik*）	柏林版式	8000	1953
《今日报》（*Danas*）	柏林版式	4000	1997

资料来源：维基百科②

小报占据大部分市场份额，同样意味着信息质量的下降。这些小报几乎每天都在卷入制造假新闻与虚假传播的丑闻之中。据新闻委员会（Savet za štampu）监测数据显示，2018年8月至12月，塞尔维亚各类小报共发生超过3000起违反《塞尔维亚记者守则》（Kodeks novinara Srbije）的新闻活动。违规行为包括刊登煽动性内容，刊

---

① 柏林版式（Berliner Format）是欧洲大陆流行的三种主要报纸版式之一，主要由报纸尺寸区分，由尺寸的不同进而决定内容的编排。采用这种版式的报纸通常的尺寸为470毫米×315毫米。

② 来源网站：https://en.wikipedia.org/wiki/List_of_newspapers_in_Serbia。

登血腥、恐怖等不宜公共传播内容，使用歧视性言论，侵犯未成年人权利等。而最常使用这些违规行为的也恰恰是发行量最大的《你好！》《信使报》《告密者》等。

所有权透明度问题也是目前塞尔维亚报刊业所面临的问题之一。其中最著名的例子为《晚间新闻》和《政治报》。这两份报纸在未公开情况下进行私有化改革，但同时国家依然对其拥有较大的控制力。而对于另外一些广为人知的报刊所有者，也往往被怀疑与具有影响力的商人、政治家存在隐秘联系。

目前，塞尔维亚报刊业主要受到《塞尔维亚共和国公共信息与媒体法》（Zakon o javnom informisanju I medijima）和《塞尔维亚记者守则》两部法律约束。一方面，出版商需要在由塞尔维亚文化与公共信息部领导的各地公共信息管理机构进行注册登记，成为合法出版商，并依据这两部法律履行相应的义务。而另一方面，尽管拥有完善的报刊出版相关法律，塞尔维亚并没有报刊审查机制，监管相对薄弱，仅有一些独立机构进行对于报刊媒体行为的具体监管，如新闻委员会。新闻委员会由出版商、印刷商、在线媒体的所有者和专业记者组成，主要任务是监督印刷类媒体、在线媒体对《塞尔维亚记者守则》的遵守情况，并解决个人和机构对于媒体出版内容的投诉，对违反《塞尔维亚记者守则》规定道德标准的行为发出公开警告。

在电子媒体成为人们获取资讯的主流方式的时代，塞尔维亚印刷媒体也在积极地进行变革。大多数报刊都已建立自己的在线门户网站，并以此作为发布新闻的重要平台。其中，《闪电报》《信使报》《你好！》《告密者》《晚间新闻》的在线门户网站已成为塞尔维亚访问量最多的十大网站之一。

四、中塞出版业交流合作情况

塞尔维亚对中国文学作品的翻译活动历史悠久。早在 1937 年，在南斯拉夫王国就出版了由德语转译的《水浒传》。随后，在贝尔格莱德陆续出版了《阿 Q 正传》《太阳照在桑干河上》《铸剑》《呐喊》《骆驼祥子》等中国现代文学作品。南斯拉夫分裂后，塞尔维亚也持续关注中国文学作品，并对部分中国文学作品进行翻译。早在莫言获得诺贝尔文学奖之前，他的作品就已经出版塞尔维亚语译本。目前，塞尔维亚阿尔巴托斯·普拉斯出版社（Albatros Plus）、阿格拉出版社（Agora）、博特出版社（Portlibris）等近 10 余家出版社已与中国达成合作，并持续有新的译本出版，其中芝戈亚出版社

（Cigoja）成立中国主题国际编辑部，在贝尔格莱德大学中文系和孔子学院帮助下出版多部有关中国文化的图书。同时，中国作家也在积极参与塞尔维亚文化活动，如中国作家邹荻帆曾在 1993 年参加南斯拉夫“斯梅德雷沃诗歌节”并获得“斯梅德雷沃古城堡钥匙奖”；作家苏童曾在塞尔维亚的中国文学读者俱乐部开幕之时与塞尔维亚读者进行视频连线，与塞尔维亚读者分享自己的创作理念。

20 世纪 70 年代后，中国对塞尔维亚的文学翻译开始增多，其中最重要的是塞尔维亚诺贝尔文学奖得主伊沃安德里奇的著作。这一时期，中国还制作上映了一系列来自该国的译制片，其中最著名的是《桥》（*Most*）和《瓦尔特保卫萨拉热窝》（*Valter brani Sarajevo*）。近年来，中国对塞尔维亚文学作品的翻译持续增多，出版包括米洛拉德 · 帕维奇（Milorad Pavić）的巨著《哈扎尔辞典》（*Hazarski rečnik*）在内的一批塞尔维亚优秀文学作品。2014 年，塞尔维亚作家、地缘政治出版社（Geopoetika）主编弗拉蒂斯拉夫 · 巴亚茨（Vladislav Bajac）获得中华图书特殊贡献奖。

自 2013 年“一带一路”倡议提出以来，中国与塞尔维亚的文化交流日益频繁。2014 年 2 月 19 日，中塞双方在贝尔格莱德签署关于加强中塞作品互译项目的合作备忘录，旨在促进中塞双方在文化领域，特别是图书出版业的合作。同年，中国成为第 59 届贝尔格莱德书展的主宾国，期间举行文化发展高端论坛、出版专业研讨会等 40 余场活动。2014 年 10 月 27 日，中国 – 塞尔维亚出版文化发展高层论坛在塞尔维亚国家图书馆举行，双方就中塞双方文化交流历程进行总结，并就进一步开展中塞出版业合作达成一致。2016 年，在习近平主席访问塞尔维亚期间，中塞双方签署《中国国际广播电台与塞尔维亚国家广播电视台合作协议》。中塞双方就“一带一路”建设与中国 – 中东欧国家合作机制等主题和活动进行全方位报道。同时，双方还将在影视方面重点展开合作，计划共同进行影视创作，并增加两国作品互译。2021 年，中国与塞尔维亚签署《中华人民共和国文化和旅游部与塞尔维亚共和国文化和信息部 2021—2024 年文化合作计划》，双方就中塞文化合作前景达成共识，并对疫情期间文化合作的发展做出规划。

此外，2014 年中塞双方签署《关于互设文化中心的协议》，计划互相建设文化中心作为文化交流的窗口与平台。贝尔格莱德中国文化中心目前已建成，但截至 2022 上半年暂未对外开放，而北京塞尔维亚文化中心已于 2018 年正式揭幕。两座文化中心未来将作为展示彼此文化与艺术的平台，进一步推动两国文化互动与合作。

参考文献

1. 丁超，宋炳辉 . 中外文学交流史：中国 – 中东欧卷 [M]. 山东：山东教育出版社，2015.

2. Statistical Office of the Republic of Serbia. Publishing Activity and Printing: Books and Brochures[R]. 2012, 2013, 2014, 2015, 2016, 2017, 2018, 2019, 2020.

3. Statistical Office of the Republic of Serbia. Publishing Activity and Printing: Papers (Newspapers), Magazines and Other Serials [R]. 2012, 2013, 2014, 2015, 2016, 2017, 2018, 2019, 2020.

4. Statistical Office of the Republic of Serbia, Centre for Study in Cultural Development. Culture[R]. 2014, 2015, 2016, 2017, 2018, 2019, 2020.

5. Statistical Office of the Republic of Serbia. Household Budget Survey[R]. 2015, 2016, 2017, 2018, 2019, 2020.

6. Samo osam odsto srba redovno čita![N]. Informer, 2018-04-25.

7. MC MOST, Narodna biblioteka Srbije. istraživanje tržišta knjiga u Srbiji[R]. 2006: 15-22.

（作者单位：中国新闻出版研究院；北京外国语大学）

沙特阿拉伯出版业发展报告

杨 雪 李世峻

沙特阿拉伯王国（المملكة العربية السعودية），简称沙特，国土面积为 225 万平方公里，位于亚洲西南部的阿拉伯半岛，东濒波斯湾，西临红海，同约旦、伊拉克、科威特、阿拉伯联合酋长国、阿曼、也门等国接壤，是海湾和中东地区、阿拉伯世界具有重要影响的国家。阿拉伯语为沙特官方语言，总人口为 3481 万，其中本国公民约占 62%，伊斯兰教是国教，其中逊尼派占 85%，什叶派占 15%。沙特以利雅得为首都，其西部重镇麦加则是伊斯兰教的创始人和先知穆罕默德的诞生地，也是全球伊斯兰教信仰者的朝觐圣地。

历史上，沙特所在的阿拉伯半岛是阿拉伯文明的摇篮，沙特自身又是伊斯兰教的发祥地。它既拥有重要的战略地位，又蕴藏着丰富的石油资源，自 1933 年首次发现石油以来，沙特凭借广泛的投资和经济建设，一跃成为中东大国，对地区乃至世界政治经济格局产生重要影响。近年来，沙特举国锐意改革，于 2016 年正式发布“2030 愿景”。在文化领域，沙特政府更加关注发展人民才智、增强人民技能、丰富人民精神食粮，促使沙特以更加开放、现代、多元的方式走向世界。同时，沙特政府和民间也一直致力于推动“2030 愿景”与“一带一路”倡议相对接，以实现相互借鉴、优势互补。

一、出版业发展背景

沙特是中东地区大国，地理位置优越，经济实力雄厚。数十年来，沙特不断推进现代化建设进程，锐意进取，深化改革，加大对文化及出版领域的资金投入，而出版业更发展成为沙特文化产业中不可或缺的重要一环，其长足发展有利于创造就业机会、促进行业投资，助力沙特的经济发展。

（一）政治经济状况

沙特自古以来是东西方交通枢纽，沟通大西洋和印度洋，联系亚、欧、非三大洲，战略位置极其重要。

沙特系君主制国家，奉行独立自主的外交政策，实行自由经济政策，参与地区事务，重视发展同美国的关系，同时开展多元化外交，加强同巴基斯坦、马来西亚等亚洲伊斯兰国家以及同中国、俄罗斯和日本等亚欧国家的关系，积极发挥石油大国作用，也是二十国集团（G20）中唯一的阿拉伯成员国。目前，沙特已经同 130 多个国家建立外交关系。

1932 年建国前后的沙特，游牧业在国民经济中占有极为重要的地位，随着石油资源的发现，沙特经济迅速发展，从一个贫穷国家一跃进入富国行列。20 世纪 60 年代进入全面改革阶段，随后的数十年中，多个五年计划的推进及实施使沙特在现代化道路上稳步前进。

在国际贸易中，沙特实行自由贸易和低关税政策，出口以石油和石油产品为主，约占出口总额的 90%，石化及部分工业产品的出口量也在逐渐增加，石油收入是其国家财政收入的绝对支撑。进口主要聚焦机械设备、食品、纺织品等消费品和化工产品。其主要贸易伙伴包括美国、日本、中国、英国、德国、意大利、法国、韩国等。[①]但沙特面临过分倚重石油收入、非石油经济产业发展滞后、经济结构发展不平衡等问题。根据沙特中央统计局数据，按年平均汇率计算，沙特 2019 年名义国内生产总值为 79.2967 万亿美元，经济增长率达 0.8%，人均名义国内生产总值为 23174 美元，是中东、北非地区最大的经济体，排在世界前列。2016 年，沙特正式发布了以实现“社会欣欣向荣、经济繁荣旺盛、国家远大理想”为目标的《2030 愿景》文件，积极引进国外的先进技术设备，大力发展钢铁、炼铝、水泥、海水淡化、电力工业、农业和服务业等非石油产业；积极推进基础设施建设，创造良好的金融投资环境，鼓励创新产

① 资料源于中华人民共和国外交部网站：https://www.fmprc.gov.cn/web/gjhdq_676201/gj_676203/yz_676205/1206_676860/1206x0_676862/。

业和私有经济的发展；大力发展旅游业，不断提高女性的社会地位，加大对教育、文化、科学、体育、卫生等领域的投入力度，重视环境保护和自然资源的可持续开发，等等，推动社会、经济、文化实现现代化、多元化发展。根据沙特当局公布的国民经济核算报告，2020 年受新冠感染疫情影响，沙特国内生产总值下降了 4.1%；2021 年国内生产总值达到 83.35 万亿美元，较 2020 年度实现了 3.2% 的增长，实现了自 2015 年以来的增速新高，这也表明沙特国内经济充满活力，发展前景广阔。在世界银行最新发布的《营商环境报告》中，沙特的营商便利指数跃升了 30 位，一举成为全球营商环境改善最显著的经济体。①

（二）出版相关法律及政策

沙特新闻出版奉行伊斯兰教法框架下的法律法规，在思想和文化上为社会服务，鼓励科学技术发展，传播伊斯兰和阿拉伯文化，捍卫阿拉伯民族和伊斯兰世界。②

沙特出版行业的主要法律法规为 2003 年出台的《印刷出版法》。该法共包含 49 条，较为全面地叙述了沙特出版领域的相关规定。其中第 9 条规定，任何出版物均应基于有效的事实和证据，以公共利益为目标，进行客观的、有价值的批评，禁止以任何方式发布以下内容：违背伊斯兰教法及其他适用法的内容；损害国家安全、公共秩序或服务于与国家利益相悖的外国利益的内容；损害总穆夫提、最高宗教委员会、国家官员、公务员及任何自然人或法人的名誉、尊严的内容；煽动仇恨、在公民之间宣扬对立的内容；鼓励或煽动犯罪的内容；对国家政策有害的内容；未经对应部门许可便披露的调查、审判结果。③

《印刷出版法执行条例》则对《印刷出版法》的条文进行了细化解释，其中第 73 条规定了出版审查内容，明确指出沙特任何出版物在流通前需满足以下要求：不得发布或复制有违伊斯兰教法的内容，不得以文字或图像的形式批评《基本法》④；不得发布或复制损害国家主权或内外部安全的内容，未经相关部门批准不得发布或复制

① 《沙中商务理事会主席：扮演好“门户”角色　推动沙中经贸关系发展》，2021 年 9 月 7 日，中国新闻网（https://www.chinanews.com.cn/cj/2021/09-07/9560490.shtml）。

② 陈沫主编：《列国志——沙特阿拉伯》，社会科学文献出版社 2011 年版，第 339 页。

③ 摘译自沙特《印刷出版法》，该法案原文（阿拉伯文）见：https://laws.boe.gov.sa/Files/Download/?attId=6633a92f-7d4b-466c-91c5-adbb0124b7a2。

④ 指沙特以伊斯兰教法为基础为国家制定的基本法律。

军事新闻或秘密通信；不得在正式宣布之前发布国家签订的协议或条约文本；不得在与国家旅游总局批准的地图比对之前印刷、出版、传播、流通任何王国的地图或其他带有包含王国边界的地图的出版物；不得在与各市批准的地图比对之前印刷、出版、传播、流通任何带有包含城市边界的地图的出版物；不得发布损害王国货币、损害王国经济名誉、扰乱王国金融市场的观点或扰乱王国经济局面的内容；不得在获得有关机构批准之前发布与个人情况有关的调查、审判等事实；不得发布与个人生活隐私有关的新闻或图片，除非发布是为了公共利益需要执行司法判决或行政决议的需要，且获得有关部门批准；不得发布任何煽动犯罪、仇恨、恶劣流言，不得在社会成员之间宣扬对立；不得发布含有误导消费者内容的广告。

沙特于 1994 年加入《国际版权公约》，沙特知识产权局（SIPA）于 2003 年 8 月 30 日颁布《著作权法》，明确著作权人及其作品享有的各种权利和义务。随后，《著作权法实施条例》发布，并对各项条款进行细化。该法第 21 条明确列举了 5 种侵权行为，第 22 条规定了侵权行为的惩罚措施，包括警告、不超过 25 万里亚尔的罚款、对侵权方不超过 2 个月的关停、没收所有侵权产品、不超过 6 个月的监禁等。对同一作品或其他作品的反复侵权行为，将导致上述惩罚的加倍。委员会可要求侵权人对申诉人进行赔偿，其赔偿金额应与侵权行为的大小相一致，可公开谴责侵权人，在 2 年之内终止侵权企业参与活动、场合和展览等等。2019 年，沙特知识产权局批准《著作权法》的新实施条例共 16 条，于 2019 年 12 月 23 日开始施行。新修订的实施条例规定，著作权保护范围包括计算机软件和建筑作品。作者和艺术家在沙特制作和销售其作品副本以及创作衍生作品的权利也得到确认。

（三）出版管理机构

1. 政府机构

在沙特，出版行业的相关事务主要由新闻部（وزارة الإعلام）和文化部（وزارة الثقافة）两个政府部门管理。2018 年，随着沙特实行大部改制，原文化新闻部（وزارة الثقافة والإعلام）被拆分为两个独立部委，即新闻部和文化部。[①] 目前，新闻部主要负责对出版行业进行管理和审查，也是出版业相关法律法规的执行主体。在 2003 年《印

① 《沙特：建立文化部，使其独立于新闻部》（阿拉伯文），2020 年 5 月 20 日，阿拉比亚网（https://www.alarabiya.net/saudi-today/2018/06/02/السعودية-إنشاء-وزارة-للثقافة-وفصلها-عن-الإعلام）。

刷出版法》出台之后，新闻部先后于2018年和2020年发布了《印刷出版法执行条例》及《媒体活动条例》，对各类出版物的内容做了更为细化的规定。在2021年外国出版物审查电子平台上线之后，新闻部及其下属的沙特视听媒体总局（الهيئة العامة للإعلام المرئي والمسموع السعودية）负责对其进行管理。[①]

文化部主要负责对出版活动的引导和支持。其下属的文学、出版和翻译局（هيئة الأدب والنشر والترجمة）负责文学、出版和翻译方面的事务。其中，该局文学处负责发展作家能力，提升读者水平，支持文学创作；出版处负责提升出版行业标准，推广沙特图书，创造国际水平投资环境，筹办国际书展；翻译处负责促进本国翻译事业的发展。该部下属的图书馆局负责发展本国的图书馆事业，促进图书馆的社会参与，提高图书馆的行政和运营效率。

2. 行业协会

2004年，沙特出版商协会（جمعية الناشرين السعوديين）经原文化新闻部批准成立，总部位于沙特首都利雅得，于2015年成为国际出版商协会会员。

根据《沙特出版商协会章程》，沙特境内的每个出版商都有权凭借必要的证明文件，经沙特出版商协会理事会批准加入协会。根据每年出版图书的不同，协会内部存在三类会员资格，由协会大会确定每类会员的会费。协会有关部门定期评估会员的活动，并向协会理事会提交年度报告。

表1 沙特出版商协会会员类别

会员类别	要求
A类	每年出版8种以上图书的出版商
B类	每年出版5~8种图书的出版商
C类	每年出版少于5种图书的出版商

资料来源：沙特出版商协会官方网站

根据沙特出版商协会的官方网站，该协会的职能主要为：提高沙特出版业水平，

① 沙特视听和媒体总局向新闻部汇报工作，对新闻部部长负责，但在财政和行政上独立于新闻部。下文中的图书馆局和文化、翻译和出版局与文化部的关系亦是如此。

捍卫出版业利益，巩固出版业行业准则，制定出版商章程，照顾会员诉求，在沙特内外捍卫其合法权益；加强出版商之间的合作与沟通，帮助其协商解决分歧；提升出版界工作人员的专业能力；促进出版商和社会的沟通，推广沙特图书，鼓励阅读；制定会员表现的专业评估机制，组织财务和行政方面的研究；在本国、地区和国际层面扩大沙特图书的传播范围，鼓励沙特图书外译；在书展、研讨会等场合代表沙特出版商，在沙特国内主要城市组织沙特图书长期展览；提高图书内容、引注、设计、印刷、装帧等方面的标准；监督会员出版的图书，对其进行分类，发行入门指南；发行《沙特出版活动》期刊等。

（四）公共图书馆建设情况

沙特现代化建设时间相对较短，公共图书馆发展历时不长，然而在几任国王的亲自关怀下，沙特公共图书馆在过去的数十年里取得了可圈可点的成绩。沙特公共图书馆致力于为国民及国外游客提供丰富的图书馆藏及优质的阅读体验，定期举办各种文化阅读活动，满足读者不同层次的阅读需求。同时，也十分注重与各国高校及智库间的交流合作，助力国家建设知识型、文化型社会，实现“2030 愿景”。

法赫德国王国家图书馆(مكتبة الملك فهد الوطنية)建于 1986 年，位于沙特首都利雅得，被誉为沙特最重要的文化建筑之一。其前身是利雅得市公共图书馆，后根据萨勒曼国王的提议改建为国家图书馆。该馆致力于保护国家知识产权和阿拉伯伊斯兰文化传统，建设知识型社会；通过应用先进技术保存并提供知识和信息，引领图书馆和信息技术产业发展；与文化机构合作，推进国家知识倡议；为社会各阶层提供知识服务。根据 2016 年最新统计数据，该馆馆藏读物达 240 万余册，包括 30 万种以上图书、期刊和报纸，藏有 5000 余部手稿和超过 7.5 万册插图手稿，还有若干钱币、音像资料等其他形式的藏品。1994 年起，法赫德国王国家图书馆开始在对图书、期刊的登记和索引中应用国际检索编号系统，也已建立起多媒体数据库、信息内网、手稿和善本的多功能检索维护系统等平台，为个人、政府、社会组织和机构提供高水平的信息检索及传播服务。

阿卜杜勒·阿齐兹国王公共图书馆（مكتبة الملك عبد العزيز العامة）建于 1985 年，位于沙特首都利雅得，后又于卡萨布兰卡、北京大学设立分馆。图书馆对沙特的国家和王室历史格外关注，并致力于推动实现阿拉伯伊斯兰文明遗产的保护和复兴，通过研讨会、讲座、展览及参与社会活动等形式，支持科学研究和翻译出版事业。该图书馆与沙特内外的知识机构保持着密切的合作关系，为发展儿童文化、提供社区服务等做出贡献。此外，该图书馆还主持过阿卜杜拉・本・阿卜杜勒・阿齐兹国王国际翻译奖、阿拉伯统一索引、阿拉伯数字图书馆、沙特阿拉伯王国百科全书等重大文化项目。该馆占地面积约 26000 平方米，藏有原始手稿 4500 余部，纸质和微缩图像 800 多张，总计近 200 万页，还藏有 8100 余枚珍品钱币。图书馆设有马术研究中心，提供 3000 余种马术领域最重要的阿拉伯语和外语参考资料。此外，该馆拥有 6239 份涉及领域多样的历史影像资料，记录了从 19 世纪中叶到 20 世纪初沙特经历的重要历史阶段。2017 年，阿卜杜勒・阿齐兹国王公共图书馆北京大学分馆落成，占地面积 13000 平方米，共 6 层（地下 3 层），包括阿拉伯中国研究中心、古代手稿图书馆及行政办公室，可容纳超过 300 万册图书和资料。

（五）国民阅读状况

沙特国民十分重视阅读，将其视为一种有益的学习和消遣方式。2014 年，沙特阿美公司旗下的阿卜杜勒・阿齐兹国王世界文化中心对沙特国民阅读状况进行了多方位、立体的调研，随后发布了名为《阅读与知识社会》的调研报告。该报告显示，93% 的沙特人每天投入近一小时的时间培养孩子的阅读能力，88% 的成年人每天阅读时间达到 81 分钟。该研究认为，阅读已经成为近年来沙特民众最普遍的兴趣爱好之一。此外，有别于阿联酋、黎巴嫩等受西方文化影响更加明显的阿拉伯国家，沙特国民坚持用母语进行阅读，坚持阅读《古兰经》等阿拉伯文宗教经典。其中，40.8% 的少年儿童经常阅读《古兰经》，平均每天阅读时间为 47 分钟，40.3% 的成年人坚持每天阅读《古兰经》。调查还发现，83% 的沙特父母愿意为孩子阅读买单，每月至少花费 100 里亚尔为儿童购买阅读材料。在阅读题材方面，《阅读与知识社会》调查报告还发布了成年人最喜爱的图书题材，其中排名前两位的分别是文学类图书（33.8%）和宗教类图书（33.1%）。

2019 年，沙特文化部发布报告称，35% 的沙特家庭拥有私人藏书，其中排名前三的图书题材依次为宗教类、学术类以及诗歌与文学类。

在阅读形式方面，2020 年沙特文化部发布的一份报告显示，63% 的沙特人更喜欢纸质书，其余 37% 的人更青睐电子书。近两年来，受到数字信息技术广泛普及、全球公共卫生危机等因素的影响，电子阅读的热度在沙特急剧攀升。2021 年沙特民调中心针对沙特国民的阅读情况进行了小规模的民意调查，在随机抽取的769名不同性别的沙特公民中，30%的受访者时常阅读电子书，22%的受访者时常阅读纸质书；谈及阅读偏好时，72%的受访者更喜欢电子阅读，仅有28%的受访者更喜欢纸质阅读。

（六）互联网使用情况

得益于国内对互联网应用及科学技术发展的大力扶持，沙特已经成为中东地区对互联网运用及数字技术发展最友好的国家之一。沙特不断升级的数字化技术提高了相关产业的盈利能力及用户满意度，于是进一步促进国内外网络信息技术企业在沙特的发展。

根据“数据门户”（Data Portal）网站的最新数据，截至2022年1月，沙特国内互联网用户达3484万人，普及率高达97.9%。沙特最常用的上网设备是手机，占比71.87%；其次为笔记本电脑和台式机、平板电脑等。据统计，沙特国民每天用在互联网上的平均时长为8小时5分钟，其中社交媒体使用平均时长为3小时24分钟，使用移动互联网的平均时间为4小时35分钟。

近年来，沙特的社交媒体使用规模发展势头迅猛。根据2019年英国广播公司（BBC）发布的报道，得益于智能手机的高普及率，沙特拥有中东规模最大的社交媒体市场之一。用户在推特（Twitter）、优途（YouTube）和脸书（Facebook）等社交媒体平台上最为活跃，宗教、政治、文化是沙特用户在社交媒体上最主要的讨论主题。[①]目前，82.3%的沙特人口是活跃的社交媒体用户，人数达到2920万，其中2766万人通过手机使用社交媒体。

表2　2022年1月沙特国民社交媒体使用排名

社交媒体	活跃用户	占国内人口比重
优途	2930万	82.3%
抖音（TikTok）	2237万	64.2%
色拉布（Snapchat）	2020万	58.6%
照片墙 (Instagram)	1545万	43.4%
推特	1410万	40.5%

① 《沙特阿拉伯媒体档案》，2019年2月15日，“BBC”网站（https://www.bbc.com/news/world-middle-east-14703480）。

续表

社交媒体	活跃用户	占国内人口比重
脸书	1140 万	32%
领英（LinkedIn）	610 万	17.1%

资料来源："数据门户"官网数据[①]

值得注意的是，集视频、社交、直播等功能为一体的优途在沙特的用户数最高，也是中东家庭体验的重要组成部分，超过 90% 的母亲每天都会和孩子观看《鲨鱼宝宝》（*Baby Shark*）等热门视频，超过 40% 的父亲在优途上寻求指导，许多年轻父母在一天结束的时候通过优途上的喜剧放松身心。

表 3　2022 年 1 月沙特搜索引擎市场份额占比

搜索引擎	占比
谷歌（Google）	96.6%
必应（Bing）	2.06%
雅虎（Yahoo）	0.36%
Yandex[②]	0.21%
DuckDuckGo[③]	0.09%
其他	0.68%

资料来源：2022 年沙特社交媒体统计

虽然沙特的互联网普及度和可及性比较高，但国内严格的管控措施对线上信息和网络服务范围施加了很大限制：第一，沙特政府对网络基础设施和网络运营商施加多种技术和法律监管；第二，沙特政府实行较为严格的互联网内容审查制度，对被认为包含攻击性、非法或反伊斯兰内容的网站予以封锁；第三，对违反《反网络犯罪法》的行为可以拘留和惩罚。此外，沙特政府定期对网站、博客、聊天室、社交媒体、电子邮件和短信进行监控。

① 《数字 2022：沙特阿拉伯》，2022 年 2 月 9 日，"数据门户"官网（https://datareportal.com/reports/digital-2022-saudi-arabia?rq=Saudi）。

② 俄罗斯最大的搜索引擎。

③ 其总部位于美国。

二、图书业发展概况

由于历史和文化原因，沙特图书出版业的起步相对滞后，且并不具备十分雄厚的发展根基，却在整体上呈现出成长迅速、生机勃发和“后劲十足”的特点。20 世纪中期以来，石油经济的迅猛发展使沙特的国家财富不断积累，也为其包括图书业在内的文化产业带来颇为强劲的发展动能。至 21 世纪初期，沙特的国家图书产业已经颇具规模，高水平图书出版机构先后出现。随着国家改革进程的不断推进，图书品类多元化、图书市场国际化、图书产业时代化成为沙特图书业发展的总趋势。

（一）整体情况

1. 20 世纪沙特出版业发展概况

与埃及、叙利亚、黎巴嫩等阿拉伯国家相比，沙特的出版业发展历史相对较短。1882—1883 年奥斯曼帝国期间希贾兹州出版社（مطبعة ولاية الحجاز الحكومية）在麦加建立，标志着沙特出版业诞生。由于早期沙特出版业规模较小，印力有限，难以满足读者需要，在很长一段时间内，沙特需要从开罗、德里、阿姆利则、孟买等地大量购买图书。从出版业诞生到 20 世纪以前这段时期，沙特绝大部分图书的主题都限于伊斯兰教、伊斯兰历史和阿拉伯语。

自现代沙特建国到 1950 年之前，沙特国内先后成立了夏姆斯・哈齐格出版社（مطبعة شمس الحقيقة）、塔拉齐・马吉迪亚出版社（مطبعة الترقي الماجدية）、伊勒米亚出版社[①]（المطبعة العلمية）等出版机构。受益于阿卜杜勒・阿齐兹国王自身对读书的热爱，沙特国内推行了一系列旨在鼓励和支持出版的政策，如免除印刷用纸、设备和其他相关材料的关税，为以伊斯兰遗产、宗教、阿拉伯语语言学、阿拉伯历史等为主题图书的出版提供全额资助，支持本土和外国出版社在沙特营业等。上述政策在特定历史时期极大地促进了沙特出版业的发展，但这一时期沙特国内出版业总体仍然呈现出出版社及出版图书总数较少和主题相对单一的特点；同时，彼时的沙特国内仅希贾兹地区出版业稍显繁荣，现代出版概念尚未在全国普及。

1950 年起，沙特的石油产业起飞，为国家带来巨大财富。相应地，政府建制此

① 该出版社为麦地那城第一家出版社。

后更加完整，部门更加健全。得益于教育事业的普及，文化与知识活动也不断增加。20世纪后半叶，教育与媒体的发展对沙特出版业起到巨大的促进作用，前者大幅降低文盲率，为图书和期刊提供更为广泛的受众群体；后者降低出版业的入场门槛，使各种报纸、期刊的出版机构呈现出“多点开花”之势。截至1983年，沙特共有89种期刊和12种报纸，不过，这些报纸和期刊在国内的流通量较小，基本不超过8万份，且大多在利雅得、吉达等6个大中型城市间传播，缺少面向儿童等群体的细分市场报刊。该时期，总部位于国外的报刊流通情况相对较好，例如《中东报》《麦吉莱》等报刊，其流通量能够超过10万份，流通范围也扩展到本地区乃至全世界。

至20世纪后半叶，沙特已经成为世界上发展速度最快、最具发展雄心和潜力的国家之一。然而，相较于其他行业，沙特政府对出版业的重视程度较为不足。总体而言，这段时期的沙特图书出版业主要分为三大部分：私营出版（出版社）、国营出版（政府进行出版）和准政府出版社。彼时，私营出版并不是沙特商人们热衷涉足的领域，原因有二：其一，与其他行业不同，出版企业无法得到政府补贴；其二，沙特各阶段学校使用的教材多为进口，从而使本土出版公司失去大块的潜在市场份额。在此背景下，沙特本土私营出版商多为兼职（在小范围内印制自己的作品）或副职（主要业务在其他领域）。一方面，他们出版的图书多限于一般性主题，缺乏有深度的专业出版物；另一方面，他们也缺少改进出版质量的专业知识、经验和意愿。

20世纪80—90年代，沙特国内出版企业的数量有所增加，总数超过100家，图书的出版质量和发行数量均有所提升，利雅得和吉达两座城市彼时也已成为沙特出版业的中心。此时，沙特的私营出版倾向于出版题材的多样化，偏爱伊斯兰经典、大众读本、诗歌、小说等销售额较高的题材，对儿童、学术、科技等主题也有所涉猎。

2. 21世纪沙特出版业发展情况①

21世纪初期，沙特出版业整体呈现出新的局面，行业总估值超过4.5亿里亚尔，沙特也由此被视为阿拉伯世界前景可期的出版市场。促进沙特出版行业大步发展的原因主要有四点：首先，沙特私人、政府和社会组织所有的出版社已经超过500家，数量可观；其次，沙特的大学等高等学府自20世纪70年代起发展迅速，具有相对充足

① 本节主要编译自：哈立德·阿兹卜，《海湾国家的图书出版：现实造就未来》（阿拉伯文），《海湾观点》2021年11月第168期。

的预算和适配政策，有助于私营出版业的兴起；第三，政府通过直接采买、激励政策等方式对出版产业给予了有力支持；第四，私人、政府及社会组织所有的各类书店数量逐年攀升。得益于以上四点原因，沙特图书在销售数量、主题多样性和内容质量等方面均取得了长足发展。据统计，2005 年伊斯兰宗教图书占沙特图书总量的 75%，而该数字在 2021 年已下降到 48%。除与宗教、历史、文学等主题相关的图书外，人文社科和应用技术方面的图书占比正在日益提高。

表 4　2015—2019 年沙特新书出版图书种数情况

单位：种

年份	2015	2016	2017	2018	2019
种数	3042	2390	2730	4220	8121

资料来源：《海湾观点》2021 年 11 月第 168 期

目前，私营出版社是沙特出版业的中坚力量，且多数位于利雅得、吉达、麦地那和麦加四座城市。在所有私营出版社中，奥贝康出版社（دار العبيكان للنشر）、杰利尔书店（مكتبة جرير）、通途出版社（دار المنهاج للنشر والتوزيع）三家最为典型。奥贝康出版社是综合性出版机构的代表，涉足领域广阔，在沙特国内、海湾地区和国际市场均具备不俗的影响力。杰利尔出版社是数字化出版机构的代表，由其出版的图书主题众多，业务范围从沙特延伸至科威特、巴林、阿联酋、卡塔尔等国，该出版社致力于图书的数字化销售，其脸书账号粉丝数超过 315 万人。通途出版社是文化经典出版社的代表，其“名录”系列享有盛誉，包括《苏莱曼手稿名录》《艾资哈尔图书馆手稿名录》《奥地利国家图书馆手稿名录》等。

大学、社会出版机构、公共图书馆在沙特出版领域中的作用也日益凸显。21 世纪以来，沙特的大学对出版社建设和出版物质量的提高给予不小的重视。例如，苏欧德国王大学出版社管理并运营 14 种专业科学期刊，翻译了沙特近一半的科技主题图书，并与沙特及其他阿拉伯国家的作者群体保持稳固的合作关系。以费萨尔国王伊斯兰学术研究中心、沙特文化艺术协会为代表的社会组织通过组织奖项（如前者设立的费萨尔国王国际奖等）和出版活动（如后者创办的卡提夫周二论坛等），鼓励作家进行创作。公共图书馆则充分发挥技术优势，为出版社、发行商、作者和政府部门等提供服务，自身也定期发行出版物。例如，法赫德国王图书馆发起了 4 个系列的出版项目，累计出版图书近 300 种，内容涵盖图书馆学、信息技术、生物地理、目录、思想文化等主题。阿卜杜勒·阿齐兹国王公共图书馆则发起“阿拉伯统一目录”“沙特百科全书”“‘凭图书重拾信心’文化项目”等出版项目。

近年来，翻译活动的兴盛为沙特带来一大批崭新的出版物。据统计，沙特当下共有 130 家政府及私人拥有的翻译机构。1932—2016 年间，沙特共翻译 5364 种图书（1995—2016 年间翻译 4814 种），其中人文社科类占 83.8%，自然科学类占 3.9%，卫生健康类占 12.3%，源语言为英语的占 98.28%（其他源语言包括法语、德语、土耳其语、西班牙语、乌尔都语、日语、意大利语、葡萄牙语、俄语等）。为鼓励本国的翻译事业，沙特还设立了蜚声世界的阿卜杜勒·阿齐兹国王翻译奖。

值得关注的是，数字出版日渐成为 21 世纪沙特出版业的重要分支，而政府机构和大学在此领域较为活跃，推出许多数字出版建设项目。其中，“沙特数字图书馆”项目已经建立起包括 62 个专业、1900 种刊物和 40 万篇文章的数据库，以及收录有 15 万部高校论文及其他学术研究工具的知识平台。各大商业出版社也着力打造自己的数字出版平台，积极与国际同行开展合作。例如，2004 年成立的系统出版社与卡布斯苏丹大学、黎巴嫩美国大学、约旦大学、埃及知识银行、阿联酋大学等地区知名高校合作，共同建设知识库。

表 5　2018 年沙特市场上各类别图书种数情况

单位：种

类别	数量
通识	17330
文学	8642
宗教	8556
历史、地理	1393
社会学	1072
应用科学	549
科学	544
哲学与心理学	366

续表

类别	数量
语言	343
艺术	273

资料来源：2018 年沙特公共统计局的调查报告

3. 出版行业整体特点

整体来说，沙特出版行业主要有以下五个特点。

占国民经济比重较小。由国际出版商协会发布的 2015 年国别报告显示，沙特拥有阿拉伯世界最大的图书市场，图书和相关商品出口额约为 2500 万美元，进口额约为 1.25 亿美元。出版、媒体和相关内容产业总产值约为 35 亿美元，占国内生产总值的 0.5%。近 3 万人受雇于出版、媒体和内容产业，仅占沙特总劳动力的 0.3%。

面向地区和国际市场。起初，考虑到国内复杂的审批流程和严苛的监管制度，许多沙特作者和出版商倾向于在黎巴嫩、埃及等国出版自己的图书。后来，沙特政府对出版业的监管略有放松，还主动鼓励国内出版业面向地区和国际“出海”。为此，文化部下属的文学、出版和翻译局成立了沙特出版社（دار النشر السعودية），为小型和新兴的沙特出版社、印厂、从业者和版权机构提供服务和支持。

鼓励数字化和创新。沙特出版商热衷于数字化转型，虽然速度不及西方发达国家，但已经是阿拉伯世界转型最快的国家之一。许多出版商已经将拥有的图书电子化，还有出版商致力于建立自己的图书和电子书平台。在对其他市场的模式、平台、方法进行系统调研和评估的基础上，沙特出版商正努力做出最佳的创新决策。

女性参与不足。尽管沙特的文化、宗教和法律法规并未禁止女性成为出版商或在出版行业就职，但沙特女性普遍对出版行业兴趣不足。近年来，在沙特举办的出版业会议往往鼓励女性参与出版，并对她们可能面临的问题、挑战及需要的行业帮助进行了讨论。

盗版问题一度严重。沙特有关版权保护的法律框架已经到位，但执法不畅问题始终存在。盗版问题每年为沙特造成约 1.4 亿美元的贸易损失，这一数字也居海湾地区首位。为此，沙特信息和文化部逐年加大打击盗版的力度，在一定程度上减轻了相关问题。

（二）图书销售情况

沙特国内的图书销售渠道主要包括分销商、大小书展、实体书店及图书销售网站等。

书店和书展是线下购买纸质书的主要途径。杂志《拉吉勒》曾刊文对沙特的二手书店（مكتبة الكتاب المستعمل）、鲁世德书店（مكتبة الرشد）、遗产书店（المكتبة التراثية）、太德穆尔出版社书店（مكتبة دار التدمرية）、杰利尔书店（مكتبة جرير）、穆艾伊德书店（مكتبة المؤيد）、东方书店（مكتبة الشرق）、火星书店（مكتبة المريخ）、奥贝康书店（مكتبة العبيكان）等位于沙特首都利雅得的十大连锁书店进行全面介绍，其主要经营品类如下。（见表6）

表6　沙特利雅得主要连锁书店主营的图书品类

书店名称	主营品类
二手书店	二手书、孤本、旧教材等
鲁世德书店	大学教材、阿拉伯语图书、伊斯兰遗产图书
遗产书店	高价图书
太德穆尔出版社书店	宗教经典、宗教图书
火星书店	大学教材、参考资料
奥贝康书店	教材、儿童图书

资料来源：《拉吉勒》杂志，2020年5月24日

根据2014年《利雅得报》的报道，沙特每年书店图书零售市场的规模约为60亿里亚尔，标志着出版行业随技术进步而展现出良好前景。[①] 根据2018年《经济报》的报道，沙特在中东图书营销领域占据首位，每年在国内出版业的投资额超过50亿里亚尔。[②]

① 伊卜拉欣·沙班：《王国零售图书市场规模为每年60亿里亚尔》（阿拉伯文），2014年2月16日，《利雅得报》（https://www.alriyadh.com/910532）。

② 《图书市场50亿投资额……电子盗版是最突出的障碍》（阿拉伯文），2018年2月20日，《经济报》（https://www.aleqt.com/2018/02/20/article_1335441.html）。

表 7　2012—2021 年沙特出版行业利润

单位：亿美元

年份	2012	2013	2014	2015	2016	2017	2018	2019	2020	2021
利润	8.74	9.46	10.10	10.74	11.05	12.17	12.45	12.73	11.19	11.52

资料来源：“Statista”网站

举办书展已成为沙特国内图书销售的主要途径之一。根据《欧卡兹报》2017 年报道，当年利雅得国际书展图书销售总额达 7200 万里亚尔，参展人数逾 40 万人次，550 家出版社受邀参展，约 26 万种纸质书和 90 万种电子书亮相书展。

在新冠感染疫情影响下，沙特的电子书市场规模逆势扩大。《中东报》2020 年 7 月的一篇文章援引业内人士的话称，沙特 2020 年第二季度电子书销售额同比上涨 30%。[①] 沙特最主要的图书网购平台有 5 家（见表 8），通过这些网站，读者可以购买除二手书之外的绝大部分图书。此外，iOS、安卓等系统移动设备的用户还可以在亚马逊、“Total Boox”“Smashwords”、谷歌图书（Google Play Books）等应用程序中购买、下载、阅读不同格式的电子书。

表 8　沙特主要图书销售网站

名称	简介
沃拉格特网（https://warqat.com/）	该网站是沙特和其他阿拉伯国家最优秀的图书网购平台之一，总部位于沙特，与许多阿拉伯出版社合作，提供不同学科和领域的各类图书。网站上的图书价格适中，购买方便，通过国际航运公司提供派送和托运服务。
贾马隆网（https://jamalon.com/en/）	该网站是最为方便的沙特图书网店之一，拥有各国语言图书数百万册（尤其是阿拉伯语和英语图书），类别涵盖阿拉伯和其他地区小说、地理、历史、政治和体育等。
我的图书网（https://kotobi.com/ar/）	该网站是沙特境内最佳在线售书网站之一，价格平易近人，主题涵盖各个专业领域。
亚马逊（https://amazon.com/）	该网站是沙特最为知名的国外售书网站之一，所售图书包括纸质书和电子书等。除了图书以外，还可以购买服装、鞋帽、电子设备等商品。
杰利尔书店（https://www.jarir.com/sa-en/）	该网站是沙特最佳在线售书网站之一，是沙特和海湾地区的知名品牌。该网站售卖大量图书，并提供覆盖沙特全国各地的配送服务。

资料来源：沙特科技新闻网“科技 101”（2021 年发布）

值得指出的是，阿拉伯国家图书并不像其他国家那样，将图书定价直接印刷在图

① 《新冠感染疫情大幅提高电子书店利润》（阿拉伯文），2020 年 7 月 2 日，第 15192 期，《中东报》（https://aawsat.com/home/article/2365646/）。

书封底，而是各个出版商可根据不同的销售场所对图书制定不同的定价。[①]通常情况下，沙特图书定价的主导权掌握在各大出版社手中，沙特文学、出版和翻译局可在职权范围内做出一定范围内的调控，指导并监督出版商的图书定价行为。与实体书店图书定价相比，书展上的图书定价较为灵活。为了节约成本，许多出版社说服展会管理部门，在书展期间不对展出的图书采用电子条码定价系统。由于没有明确定价，买卖双方能够充分讨价还价，许多人以低于市场价一半的价格购得图书。

此外，沙特有不少私营出版社从日本、俄罗斯和德国进口原材料，图书的印刷质量较高，故其成品价格通常高于埃及和黎巴嫩出版社的图书。然而，这也在一定程度上削弱了沙特出版社在地区市场的占有率。同埃及、黎巴嫩等国相比，沙特图书成本高昂，考虑到货币兑换、运输、工人工资等因素，很多出版商的年利润不超过 5%。[②]

表 9　2016—2020 年沙特印刷图书、报纸、图画及其他出版物的进出口贸易额

单位：万美元

年份	2016	2017	2018	2019	2020
进口额	14790.23	15441.10	15977.91	12559.72	13013.00
出口额	2639.09	2023.41	1447.08	1509.63	1181.41
转口贸易[③]额	763.24	419.01	530.62	—	810.23

资料来源：联合国贸易数据库（UN Comtrade）

2011 年，曾有学者指出，沙特的图书行业缺乏政府资助，限制了思想家和作家著作的出版。[④]随着时间的推移，上述情况有所改观。2021 年沙特文学、出版和翻译局成立了沙特出版社，以支持沙特出版业的发展。该出版社隶属于沙特文学、出版和翻译局，享有法律和财务上的独立地位，拥有自己的治理体系。除了在国内和国际营

① 图书并无固定定价标准，根据出版商自身销售需求来调控，总体售价根据每个国家的物价标准浮动。

② 《图书市场 50 亿投资额……电子盗版是最突出的障碍》（阿拉伯文），2018 年 2 月 20 日，《经济报》（https://www.aleqt.com/2018/02/20/article_1335441.html）。

③ 转口贸易：也被称为中转贸易，是指国际贸易中进出口货品的交易不是在生产国与消费国之间直接进行，而是通过第三国易手进行的买卖。

④ 拉舒德 • 本 • 穆罕默德 • 霍拉耶夫：《这本书值得政府支持吗？！》（阿拉伯文），2011 年 3 月 6 日，《经济报》（https://www.aleqt.com/2011/03/06/article_511566.html）。

销和发行沙特图书外，该出版社也致力于用具有重大影响力的作品丰富沙特的文化生活，为实现国家文化战略目标做出贡献。另外，它还致力于激励本国的出版活动，提高出版内容的质量与产量，为沙特出版业提供优质的服务，重点支持小型和新兴出版社、地方出版社、专业出版社和运用现代技术的出版社。

（三）主要企业情况

目前，沙特约有 4000 家出版机构。除少部分规模较大的出版机构隶属于政府机构外，绝大部分出版机构为私营企业，不同出版机构的规模和出版效率差距悬殊。

杰利尔书店（مكتبة جرير）创立于 1974 年，是沙特最大的图书和消费类电子产品零售商，总部位于利雅得。20 世纪 80 年代，杰利尔书店在利雅得开设第二家分店，90 年代又开设一家。2002 年，杰利尔书店注册成为股份公司，并于次年在沙特资本市场（تداول）上市，目前实收资本达到 12 亿里亚尔。除阿拉伯语和英语图书外，杰利尔书店的业务范围还涉及办公耗材、电子产品、学校用品、智能家居等。

截至 2021 年，杰利尔书店在沙特开设了 57 家门店，科威特 4 家，卡塔尔 3 家，阿联酋 2 家，并开设了自己的图书网购平台。2012—2020 年间，公司营收稳步增长，零售额由 460 万里亚尔上升至 930 万里亚尔。（见图 1）

单位：万里亚尔

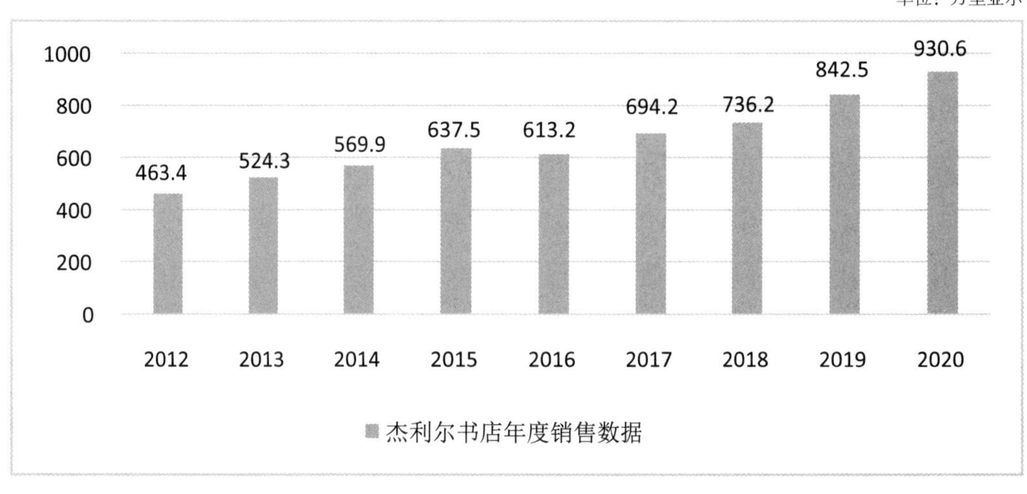

图 1 2012—2020 年杰利尔书店销售总额

资料来源：杰利尔书店官方网站

近年来，杰利尔书店在中东地区图书销售业发挥着举足轻重的作用，2019年，被益普索评为沙特最具影响力品牌前五名。未来，杰利尔书店将致力于在2025年之前使沙特和海湾地区的门店数达到80个，并提高自身的电子商务能力，增强社交媒体数字营销，增进与客户的互动，同时继续秉持以客户为中心的原则，提供更具个性化的产品、服务和体验，保持市场领先地位，助力沙特国家发展。

奥贝康出版集团是沙特的一家教育和综合性出版集团，其前身为谢赫・法赫德・奥贝康博士于1981年创办的印刷厂，经过多年的发展，业务范围涵盖图书出版、印刷、零售等。目前，该社在沙特全境拥有20家书店。2006年成立了奥贝拉教育出版社，同时合并成立于1996年的奥贝拉出版社。迄今为止，该出版社出版图书种数超过3000种。目前，近1500名作者与该社有稳定合作关系，包括约570位阿拉伯作家以及来自美国、英国、德国和西班牙的其他作家。出版社与剑桥大学出版社建立了合资企业，主要出售其英语图书。此外，该社自营的网络售书平台于2014年成立，售有来自各大出版商的6000余种阿拉伯语电子书。

（四）主要书展和奖项

1. 主要书展

沙特作为阿拉伯国家最大的图书市场，一年一度的利雅得国际书展和吉达国际书展是其国内最为著名的两大书展，并以其严格的“图书禁令”[①]闻名于阿拉伯出版界，而书展期间获取的超高销售额也让全球各国出版商趋之若鹜。在沙特，“逛书展”不仅成为民众采购图书的主要途径，也是国内外作家、学者等聚集一时的文化盛会。

利雅得国际书展（معرض الرياض الدولي للكتاب）是阿拉伯文化界的一项重大文化活动，为展销型书展，每年在利雅得举办，为文学、出版、翻译等领域的个人和企业机构提供展示其图书和服务的平台。

2006年，沙特政府通过当时的高等教育部与利雅得展会公司签订合作协议，标志着政府首次参与书展的筹办。目前，书展由隶属于沙特文化部的文化、出版和翻译局主办，并将在“2030愿景”的框架下更好地为文化产业发展做出贡献。书展在参观人数、图书销量、文化活动、机构参与等方面位于阿拉伯世界各大书展的前列。书展

① 参展图书内容需接受严格审查，严禁亵渎伊斯兰教，涉及色情、暴力等内容的图书参展，一经发现，展会方将直接予以没收。

鼓励读者积极参与，并组织相关的大会、讲习班、研讨会、讲座、签售会、见面会等活动，提升人们的知识水平和文艺素养。此外，书展还设有“利雅得国际书展奖”，包括优秀出版奖、优秀儿童出版奖、优秀翻译出版奖等奖项，向国内外出版机构开放，旨在鼓励沙特国内外出版社积极参展。2021 年的书展举办了各类文化展览、讲座，召开了出版商会议以及版权和翻译研讨会，还在现场设有互动游戏、儿童出版物摊位和阅读站。为鼓励参展，主办方采取了许多激励措施，如为展位费提供 50% 的折扣、承担展商图书运输费等。为发展线上业务，书展还专门提供数字商店和虚拟展览，出版商可以在线上向无法亲自到场的读者出售图书。

就规模而言，每年参观书展的人数平均不低于 50 万人次，超过 500 家阿拉伯国家和国际出版企业机构、超过 250 个文化组织参加，举办超过 80 场文化活动，参展客商数达 30000 人，展会面积达 25000 平方米。其中，2017 年书展参观人数超过 40 万人次，约 550 家出版社参展，期间通过网上售出的图书达 38000 册，总销售额达 7200 万里亚尔，比 2016 年度提高了近 20%。①

吉达国际书展（معرض جدة الدولي للكتاب）是沙特第二大书展，其规模仅次于利雅得国际书展，创办于 1994 年，由沙特文化部和哈尔希会展公司联合主办，展会面积达 27500 平方米，通常持续 10 天左右。自 2006 年起，书展经历了 10 年中断后，于 2015 年恢复举办，其规模也逐年扩大。近年来，平均每年约有来自 35 个国家的 400 多家海内外出版社参加书展，日观展人数可达 5 万人，展出图书总数最高可达 35 万册。除图书展出及销售外，书展期间还有丰富多彩的讲座、研讨会、文化沙龙、培训班等活动，不少图书作者会在书展期间举办售书签名会，与读者们会面，互动。书展组织方通过公开发布的活动时间表，让读者能够自行规划参与书展相关活动的行程。

2. 图书领域主要奖项

为了鼓励国内外作家、学者及翻译家们更多地参与到各个领域的图书创作与翻译中，传播阿拉伯文明与文化，立体、全面地展示沙特风貌，促进各国文化交流沟通，沙特政府在国内开设了十余种世界级、国家级、省级等不同级别的图书文化类奖项。

阿卜杜拉·本·阿卜杜勒·阿齐兹国王国际翻译奖（عبد الله بن عبد العزيز العالمية للترجمة

① 资料来源：https://www.okaz.com.sa/culture/na/1534223。

جائزة الملك）设立于 2006 年 10 月 30 日，旨在奖励在外国经典与阿拉伯语互译中取得突出成就的人物和机构。该奖项评选委员会总部设在位于利雅得的阿卜杜勒·阿齐兹国王公共图书馆，每年评选一次，向获奖者颁发证书、纪念奖章及 50 万里亚尔奖金。该奖项下设组织机构贡献奖、自然科学外译阿、自然科学阿译外、人文学科外译阿、人文学科阿译外、个人贡献奖等奖项。2011 年，我国阿拉伯语学界巨擘仲跻昆教授因其长期从事阿拉伯文学研究及在翻译阿拉伯文学作品中的突出贡献荣获该奖项的荣誉奖。

阿卜杜勒·阿齐兹国王图书奖（جائزة الملك عبد العزيز للكتاب）于2013—2014年度发起，面向不隶属于特定机构的本国和外国专家学者，旨在奖励与阿拉伯半岛政治、社会、文化、经济、考古、地理、历史等方面和伊斯兰世界文明有关的著作和译作，由沙特国王阿卜杜勒·阿齐兹基金会的一个专门机构负责管理。该奖项依据作品内容分为 8 个奖项，奖金总额为 80 万里亚尔，每个分支的获奖者奖金为 10 万里亚尔。

年度图书奖（جائزة الكتاب السنوية）旨在奖励沙特作家的各类学术和文学作品，由沙特新闻部组织。该奖包含宗教图书奖、思想图书奖、哲学图书奖、语言文学艺术图书奖、社会教育心理科学图书奖、理论与应用科技奖、经济和管理学图书奖等奖项，每年评选 5 本获奖图书，奖金总额为 10 万里亚尔，获奖者将在利雅得国际书展期间受到表彰。

（五）数字化转型

近些年，沙特电子书出版领域仍是一片潜力无穷、亟待开发的“蓝海”。完备的数码基础设施、互联网的高普及率以及日益宽松的政策导向为国内外出版商推出数字阅读产品、开辟电子阅读市场提供了良好的环境。然而，以下三个方面的障碍抑制了相关产业的进一步发展：首先，包括沙特在内的绝大部分阿拉伯国家还未形成电子阅读的风尚，更多的读者更习惯于阅读纸质图书，涉及阅读本身的体验、对健康的担忧、电子书的可及性等多重因素；其次，政府未能有效打击盗版侵权问题，致使网络上充斥着免费的电子版本图书文件，影响了出版商的利益；最后，相关行业机构及各大书展对电子书的推介和支持项目比纸质书少很多，致使前者在相当长时间内面临热度不足的困境。

最近几年，沙特大力推进数字化转型，推出《数字经济政策》，旨在让数字经济占国内生产总值的比重达到全球发达经济体水平，从而响应“2030 愿景”。在此背景下，沙特主要出版商在电子书业务板块增大发力，推动沙特电子出版提质升级。例如，沙特媒体研究集团旗下的拉夫出版社（دار الرف للنشر）在 2021 年的利雅得国际书展上挂牌成立，该出版社致力于开拓以青年为代表的电子书潜在受众群体，按照读者需求推出电子书、有声书、数字漫画等读物，并与世界知名出版社建立合作伙伴关系。此外，受新冠感染疫情的影响，沙特传统出版业受到损伤，许多出版商被迫裁员，并将图书印刷量和支出费用降低至最低水平，加之人们阅读习惯的转变，电子书与纸质书的竞争压力客观上有所减轻。因此，沙特电子书市场实现迅猛发展。“Statista”网站的权威数据显示，2021 年沙特电子书市场盈利达到 9292 万美元，同比上涨 16.6%，预期 2022 年盈利将达到 10430 万美元。人们对电子书的接受程度也在悄然增加。2021 年沙特民调中心进行的小范围公民阅读习惯调查结果显示，在 769 名受访者中，72% 更喜欢电子阅读，28% 更喜欢纸质阅读。①

目前，以杰利尔书店、“我的图书”网为代表的沙特本土图书线上平台均有海量电子书出售，主题囊括文学艺术、人文社科、政治经济、儿童教育、科学技术等，并有与不同设备及操作系统相适配的多种文件格式可供选择。沙特用户还可以在本国访问尼罗和幼发拉底（Neelwafurat）、贾马隆（Jamelon）等阿拉伯世界的主流图书网店并购买电子书。值得一提的是，除网购外，沙特读者还可在许多非营利性公共电子书平台上免费阅读电子资料。其中，沙特数字图书馆（المكتبة الرقمية السعودية）是阿拉伯世界最大的电子学术资源库，由沙特高教部下属的国家电子学习中心建立，收录超过 31 万份电子文献供世界各地的读者参阅。

三、报刊业发展概况

自现代沙特诞生以来，报刊业在其文化产业中始终占据重要地位，并且形成了报刊种类多、发行量大、传播范围广和影响力强的基本特点。迄今为止，沙特主流报刊在海湾地区乃至阿拉伯世界仍然具有重要影响，其中的不少报纸和刊物也被视作判断和体现沙特国家建设路线和改革走向的“风向标”。

① 《72% 的沙特人更喜欢电子阅读，每天花 7 个小时》（阿拉伯文），2021 年 10 月 7 日，《麦地那报》（https://www.al-madina.com/article/754651）。

（一）整体情况

沙特全国发行有数十种报纸、上百种期刊，其所奉行的新闻政策以遵守伊斯兰法规为原则，在思想上和文化上为社会服务。沙特报刊的发行语言以阿拉伯文和英文为主，部分报刊（如《吉达报》《利雅得报》等）也有乌尔都语、马拉雅拉姆语等其他语言版本。其中，《阿拉伯新闻报》《中东报》《利雅得报》《欧卡兹报》《麦地那报》《生活报》《祖国报》等均为沙特国内较为重要的报刊。

表 10　2015—2017 年沙特国内电子和纸质报刊印制及售卖情况

单位：种

年份		2015	2016	2017
报纸	印制种数	608	648	405
	售卖种数	449	327	290
期刊	印制种数	57	36	36
	售卖种数	31	24	24

资料来源：2019 年沙特国家统计局发布的报告

根据表 11、表 12 可知，沙特第一、二大城市利雅德和吉达由于经济发展迅速，已经成为沙特国内新闻出版业的中心。沙特绝大多数报刊为私营，少部分报刊直接隶属于政府部门或其下属的科研传媒机构。需指出的是，沙特王室、政府常常以持股、发布指示等途径不同程度地参与私营报刊的经营。例如，《中东报》名义上隶属于沙特媒体研究集团，但其成立得到了沙特王室和相关部长的批准，其实际所有者为沙特王室成员费萨尔亲王；《生活报》的实际拥有者为哈立德·本·苏尔坦亲王；以自由主义立场闻名的《祖国报》能够得以创立，是受到哈立德·费萨尔“建立反映沙特时代脉搏、生活方式的媒体，在整个沙特吸引读者”理念的影响，其出版所需设施也受到了王室的资助。

表 11　沙特主要报纸情况

报纸名称	出版语言	出版地	首创年份	报纸性质
乌姆古拉报（جريدة أم القرى）	阿拉伯文	麦加	1924	国有

续表

报纸名称	出版语言	出版地	首创年份	报纸性质
麦地那报（جريدة المدينة）	阿拉伯文	吉达	1937	私营
生活报（جريدة الحياة）①	阿拉伯文	伦敦	1946	私营
论坛报（جريدة الندوة）	阿拉伯文	麦加	1958	私营
欧卡兹报（جريدة عكاظ）	阿拉伯文	吉达	1960	私营
岛屿报（جريدة الجزيرة）	阿拉伯文	利雅得	1960	私营
国家报（جريدة البلاد）	阿拉伯文	吉达	1932	私营
利雅得报（جريدة الرياض）	阿拉伯文	利雅得	1965	私营
今日报（جريدة اليوم）	阿拉伯文	达曼	1965	私营
经济报（جريدة الاقتصادية）	阿拉伯文	利雅得、宰赫兰	1992	私营
中东报（الشرق الأوسط）	阿拉伯文	伦敦	1978	私营
祖国报（الوطن）	阿拉伯文	艾卜哈、吉达	2000	私营
东方报（صحيفة الشرق）	阿拉伯文	达曼	2011	私营
体育报（صحيفة الرياضية）	阿拉伯文	利雅得	1987	私营
麦加报（صحيفة مكة）	阿拉伯文	麦加	2014	私营
阿拉伯新闻报（*Arab News*）	英文	利雅得	1975	私营
沙特公报（*Saudi Gazette*）	英文	吉达	1976	私营
艾希尔新闻报（*Aseer News*）	英文	艾卜哈	2013	私营

资料来源：2019 年沙特国家统计局发布的报告

表 12　沙特主要期刊情况

期刊名称	出版语言	出版地	首创年份	期刊性质
阿杜玛图（أدوماتو）	阿拉伯文	利雅得	2000	私营
遗址（أطلال）	阿拉伯文、英文	利雅得	1977	国有
麦吉来（المجلة）	阿拉伯文、英文、法文、波斯文	伦敦	1980	私营
拉吉勒（الرجل）	阿拉伯文	利雅得	1992	私营
海滩（الساحل）	阿拉伯文	卡推夫	2006	私营
改革（الإصلاح）	阿拉伯文	麦加	1928	国有
方向（*Destination*）	英文	吉达、利雅得	2008	私营
叶玛麦（اليمامة）	阿拉伯文	利雅得	1952	私营

① 因财务问题，该报于 2020 年 3 月正式停刊。

续表

期刊名称	出版语言	出版地	首创年份	期刊性质
杰米莱（الجميلة）	阿拉伯文	迪拜	1994	私营
海亚（هيا）	阿拉伯文	利雅得	1992	私营
鲁特奈（روتانا）	阿拉伯文	利雅得	2005	私营
我的女士（سيدتي）	阿拉伯文、英文	伦敦	1981	私营
绿洲（مجلة الواحة）	阿拉伯文	尼科西亚（塞浦路斯）	1996	私营
秘密（مجلة أسرار）	阿拉伯文	利雅得、吉达	2009	私营
海湾评测（مجلة التقييس الخليجي）	阿拉伯文	利雅得	2008	国有
自然（阿文版）（نيتشر الطبعة العربية）	阿拉伯文	利雅得	2012	国有
海湾观点（آراء حول الخليج）	阿拉伯文	吉达	2001	私营

资料来源：2019 年沙特国家统计局发布的报告

（二）主要企业及代表性报刊情况

1. 主要企业

叶玛麦报业集团（مؤسسة اليمامة الصحفية）是沙特最大的报刊媒体企业之一，创立于 1963 年，总部位于利雅得，60 多个分支机构遍布国内外，通讯记者网络发达，被认为是阿拉伯世界规模最大、最为成功的新闻企业之一。目前，该集团拥有包括管理人员、编辑、技术人员、工人等 1500 多名员工，销售额稳步增长。该集团旗下拥有《利雅得报》及《叶玛麦》期刊、“利雅得”系列丛书、《多特报》（جريدة دوت）等。其中，《利雅得报》被视为集团重要的盈利来源，其广告销售额约为每年 1.4 亿美元；《叶玛麦》期刊则是利雅得出版的第一本期刊。

沙特媒体研究集团（المجموعة السعودية للأبحاث والإعلام）是沙特最大的报刊媒体集团，创立于 1987 年，总部位于利雅得。该集团旨在向阿拉伯国家和全世界的读者发行报刊，为其提供高质量的媒体服务和产品。该集团拥有近 20 家分支机构，主要有沙特出版研究公司、沙特传播公司、阿联酋印刷出版传播公司、麦地那印刷传播公司、沙特商业集团、科威特印刷传播集团等。该集团出版发行的主要报刊有《中东报》、《阿拉伯新闻报》、《经济报》、《拉吉勒》期刊、《我的女士》期刊、《阿拉伯漫画》期刊等。2019 年，沙特媒体研究集团总收入达 7.87 亿里亚尔，资产总额超过 57 亿里亚尔。

欧卡兹报业出版机构（مؤسسة عكاظ للصحافة والنشر）创立于 1960 年，总部位于吉达。

其发行的主要报纸是《欧卡兹报》《沙特公报》，主要期刊是《俱乐部》《儿童良善》。

2. 代表性报纸

《中东报》是国际性的阿拉伯文报纸，内容涵盖地区政治、社会问题、经济商业、体育娱乐等多种主题，另有21类专业增刊，面向世界各地的阿拉伯读者，总部位于伦敦。《中东报》由西夏姆·哈菲兹和穆罕默德·阿里·哈菲兹创立，首期发行于1978年。《中东报》是第一个使用卫星传输技术在世界各地同时印行的阿拉伯日报，自称“领先的国际阿拉伯文报纸”。据估计，《中东报》是中东销量最高的两大阿拉伯文日报之一，立场上更亲近沙特。

《利雅得报》是沙特首个以阿拉伯文出版的日报，首期发行于1965年，总部位于利雅得。其内容涵盖政治、社会、宗教、经济、文化、体育等多个主题，主要面向政府官员、军官、专家学者、企业家等群体，其整体立场支持沙特政府。《利雅得报》在许多方面开沙特报业之先河，例如该报是第一个包含漫画内容的沙特报纸、第一个开设妇女专栏的沙特报纸，也是为数不多的允许刊载匿名评论文章的沙特报纸之一，在阿拉伯世界具有较大的影响力。

《阿拉伯新闻报》是以英文出版的国际日报，于1975年创立，起初总部位于吉达，2018年迁至利雅得。该报主要关注沙特和阿拉伯地区事务，面向企业家、高管、外交官等群体，是沙特最受欢迎的报纸之一。自2016年起，该报实行国际化和数字化战略，推出了在巴基斯坦和日本发行的电子版和法语版。

《欧卡兹报》是以阿拉伯文发行的日报，于1960年创办，总部位于吉达，每期在吉达和利雅得两地同时印行。根据迪拜新闻俱乐部的说法，《欧卡兹报》的核心支持者为沙特国民和阿拉伯世界的青年群体。就立场而言，《欧卡兹报》是沙特的两大主要的偏自由主义报纸之一。

《经济报》于1960年创立，总部位于吉达和宰赫兰。该报是沙特唯一的专门性金融商业报纸，被誉为“沙特的金融时报”，密切关注地区和国外的消费事务和金融局势，提供国内、地区和国际层面的经济商业报道与研究，面向企业家、学者、政府高官等群体。

《祖国报》由艾希尔出版传播公司创立于2000年，总部位于艾卜哈，是沙特新兴报纸的代表。其内容以沙特本国事务为主，通常对统治家族和政府活动进行正面报道。

3. 代表性期刊

《费萨尔科学》是由费萨尔国王伊斯兰研究中心和阿卜杜勒·阿齐兹国王科技城出版的阿拉伯文科学季刊，首期出版于 2003 年。该刊关注阿拉伯世界科学文化的传播及前沿理论科学和应用科学，旨在为一般读者进行科普。该刊语言力求简明易懂，是阿拉伯世界为数不多的、专门致力于普及科技知识的期刊。

《叶玛麦》是叶玛麦报业集团管理的阿拉伯文周刊，创刊号发行于 1964 年，旨在为读者提供地区和国际资讯，话题涵盖文化、体育、宗教、政治、经济等照顾不同读者兴趣的多元话题，是阿拉伯世界最受欢迎的文化社会期刊之一。

（三）数字化转型

近年来，数字化转型是沙特报刊业的大势所趋。随着全球化的不断发展和数字技术的普及，数字媒介在文化领域大放异彩，报刊数字化的进展尤为迅速。据沙特国家统计局的统计，沙特 2019 年数字版报纸与纸质版报纸的数量比为 660：13[①]。

目前，沙特大部分主流报刊都开通了官方网站，以便发行数字版本，同时还涌现出一批没有实体版本的纯电子报刊。与传统报刊相比，新兴电子报刊主题更加丰富，观点更加新锐，报道自由度也相对更大，其中最为主要的如下。

《团结报》于 2001 年创办，总部位于伦敦，被视为沙特第一份电子报纸。该报提供有关政治、经济、艺术、体育、科技等领域的地区、国际新闻与观点评论，立场偏向自由主义，反对宗教激进。

《沙特公报》（*Saudi Gazette*）是欧卡兹报业集团管理的一份英文日报，首期发行于 1976 年，总部位于吉达。目前，其纸质版已经停印，仅提供电子版。《沙特公报》秉持“真实和温和的基调”，致力于将自身打造成向世界传播沙特新闻的窗口。

《麦吉莱》（المجلة）是由沙特出版研究集团发行的周刊，创立于 1980 年，总部位于伦敦。目前，其纸质版已经停刊，每周以阿拉伯文、英文、法文和波斯文在线出版。自创刊以来，《麦吉莱》被视为阿拉伯世界政治领域领先的国际性期刊之一，新闻来

① 优素福·阿里夫：《沙特媒体从纸质到数字化》（阿拉伯文），2020 年 11 月 20 日，《文化》杂志（https://www.al-jazirah.com/2020/20201120/cm15.htm）。

源广泛，其政治讽刺漫画也较为出名。

四、中沙出版业交流合作情况

中国和沙特自1990年正式建交以来，双边关系稳步、向好发展。2016年1月，两国建立全面战略伙伴关系，并在联合声明中指出，双方鼓励两国官方和民间文化交往，支持在新闻、卫生、教育、科研、旅游等领域的交流与合作，积极参与对方举办的各类文化活动，增进友好的两国和两国人民间的沟通和友谊。沙特作为“一带一路”倡议的重要参与国家，与我国在各个领域合作发展稳步推进，而中沙之间的出版业合作也在不断推进，取得了丰硕成果。

进入21世纪以来，中沙双方都致力于加强在图书出版领域的交流合作，积极组织双方的行业机构及出版社参加对方国家的书展，利用展会面对面交流的契机，进一步推动双方文化出版领域的合作迈向更高、更广、更深层次。2014年，沙特作为主宾国受邀参加了第20届北京国际图书博览会，也成为首个担任该书展主宾国的阿拉伯国家。除了展出涉及伊斯兰经典，沙特历史、地理、文学与儿童读物等题材的图书外，主办方还在我国精心策划举办了中阿文化关系史、沙特与中国文学、沙中经济关系及其发展等文化活动。此次主宾国活动不仅为沙特与中国文化界、出版界开展多种形式交流合作提供了良好的机遇，也加深了中国民众对沙特文化、阿拉伯文化及伊斯兰文明的认识，促进了沙特及阿拉伯文化在中国的传播。

多年来，包括北京师范大学出版社、五洲传播出版社在内的多家国内出版机构多次派出代表团参加沙特利雅得国际书展，每次参展不仅带去了包括政治、经济、文化、文学、儿童以及中文教材等题材的中国主题图书及多种中国风精美文创产品，还与沙特文化界、出版界广泛接触，举办了多种多样的图书及文化交流活动，受到沙特各界的广泛欢迎。2021年，五洲传播出版社应沙特文化部邀请，代表中国出版界联合海外合作方沙特科研与知识交流中心，在疫情之后，首次线下参加利雅得国际书展，不仅受到了沙特当地读者的热烈欢迎，许多热爱中文的青年读者驻足中方展台并认真地阅览相关图书，而且吸引了国内外十余家主流媒体宣传报道，其中包括沙特最知名的媒体之一、沙特本土历史最悠久的杂志《叶玛麦》，阿联酋主流媒体“Big News Network”等，而《叶玛麦》周刊更连续两周以书展情况和重点图书推荐为主题在该刊物上发出了中国声音。

图书的译介与阅读是增进中沙人民相互了解和友谊的最有效途径。2016 年，中沙双方政府代表签署了“沙中经典和现当代作品互译出版项目备忘录”（以下简称“中沙互译”），根据备忘录要求，中沙双方将相互翻译出版对方国家不少于 50 种作品。“中沙互译”是两国间第一次大规模的图书译介项目，意义重大，不仅为两国的文化、出版界提供了宝贵的学习交流机会，促进中沙两国文化及文学等领域的双向交流，而且对深化中沙关系发展、促进中沙两国民心相通发挥着积极作用。沙方承办单位沙特科研与知识交流中心与中方承办单位五洲传播出版社、北京师范大学出版社共同执行“中沙经典和现当代作品互译出版项目”，双方邀请国内的专家、学者积极参与，共同推进。经过中沙双方的不懈努力，目前已经出版了包括《夜行衣上的破洞》《牺牲的价值》《汗水与泥土》《沙特阿拉伯王国货币发展史》《中国地理》《中国政治制度》和《中国文学》在内的 20 余部图书。2019 年 3 月，沙特科研与知识交流中心通过线上方式与中方承办单位一道为“中沙互译”项目最新出版的图书举办了发布会，中国驻沙特大使陈伟庆应邀出席并对图书的首发表示祝贺，并表示愿继续为中沙人文交流合作提供支持和配合。

在“一带一路”倡议和“2030 愿景”的带动下，中沙两国的出版业交流合作实现了新的突破，不少沙特作家、翻译家及出版人积极参与中沙两国的图书出版事业并做出了杰出贡献。沙特青年作家阿里·穆特拉菲于 2008 至 2012 年在北京任阿拉伯语教师，回国后以在北京的所见、所闻、所感为素材，撰写了《中国之美》一书，出版后在阿拉伯世界引发强烈反响，为了表彰他为中沙两国文化发展做出的积极贡献，中国政府于 2016 年向其颁发了“中华图书特殊贡献奖青年成就奖”。于 2021 年荣获第 15 届中华图书特殊贡献奖的沙特阿拉伯出版家、萨比阿出版集团董事长穆斯法尔·法拉赫·萨比阿积极推动两国图书互译项目的实施，先后出版了《新冠肺炎防护知识挂图》《最好的礼物是你》等作品。

2020 年，为配合中沙建交 30 周年系列活动，中国驻沙特大使馆将 323 种共计 6066 册中国主题图书捐赠给苏欧德国王大学中文系、努拉公主大学、沙特科研与知识交流中心、阿卜杜勒·阿齐兹国王公共图书馆、利雅得学校和沙特吉达大学孔子学院。2021 年 1 月，中国优秀图书海外推广项目“中国书架”落户沙特达兰技术谷中国石化中东研发中心。项目拥有中文、英文、阿拉伯文 3 种语言、共计 1500 余本优秀纸质图书和大量电子图书，涵盖了中国经济、文学、历史、艺术和科技等各个领域。“中国书架”在讲述“中国故事”、为当地读者提供良好阅读体验的同时，让他们感悟中国历史、文化、艺术之美，了解了当代中国的文明与进步①。

经过多年努力，中国和沙特出版业的交流与合作已经拥有坚实的基础。未来，双方一定能够进一步深化本领域的务实合作，共同推动双方文明间的交流、对话与互鉴，为人类文明的繁荣发展做出贡献。

参考文献

1. 陈沫主编：《列国志——沙特阿拉伯》，社会科学文献出版社 2011 年版。

2. 王珍珍：《沙特现代化之路》，《科学时代》2010 年第 10 期。

3. 哈立德·阿兹卜：《海湾国家的图书出版：现实造就未来》（阿拉伯文），《海湾观点》2021 年 11 月第 168 期。

4. 拉舒德·本·穆罕默德·霍拉耶夫：《这本书值得政府支持吗？！》（阿拉伯文），2011 年 3 月 6 日，《经济报》（https://www.aleqt.com/2011/03/06/article_511566.html）。

5.《图书市场 50 亿投资额……电子盗版是最突出的障碍》（阿拉伯文），2018 年 2 月 20 日，《经济报》（https://www.aleqt.com/2018/02/20/article_1335441.html）。

6.《新冠疫情大幅提高电子书店利润》（阿拉伯文），2020 年 7 月 2 日，第 15192 期，《中东报》（https://aawsat.com/home/article/2365646/）。

7. 伊卜拉欣·沙班：《王国零售图书市场规模为每年 60 亿里亚尔》（阿拉伯文），2014 年 2 月 16 日，《利雅得报》（https://www.alriyadh.com/910532）。

8. 优素福·阿里夫：《沙特媒体从纸质到数字化》（阿拉伯文），2020 年 11 月 20 日，《文化》（https://www.al-jazirah.com/2020/20201120/cm15.htm）。

9.《沙特国家概况》，中华人民共和国外交部网站（https://www.fmprc.gov.cn/web/gjhdq_676201/gj_676203/yz_676205/1206_676860/1206x0_676862/）。

① 资料来源：《2021 年度央企海外十大精彩瞬间：“一带一路”竖起“中国书架”》，国务院国有资产监督管理委员会（http://www.sasac.gov.cn/n4470048/n16518962/n22461652/n22461682/c22525957/content.html）。

10.《沙中商务理事会主席：扮演好“门户”角色　推动沙中经贸关系发展”》，2021 年 9 月 7 日，中国新闻网（https://www.chinanews.com.cn/cj/2021/09-07/9560490.shtml）。

11.《沙特：建立文化部，使其独立于媒体部》（阿拉伯文），2020 年 5 月 20 日，阿拉比亚网（https://www.alarabiya.net/saudi-today/2018/06/02/إنشاء-وزارة-للثقافة-وفصلها-عن-الإعلام-السعودية）。

12.《中国出版集团拜访沙特出版协会》，中国出版集团公司新闻中心（http://www.cnpubg.com/news/2017/0502/34358.shtml）。

13.《2021 年度央企海外十大精彩瞬间：“一带一路”竖起“中国书架”》，国务院国有资产监督管理委员会（http://www.sasac.gov.cn/n4470048/n16518962/n22461652/n22461682/c22525957/content.html）。

（作者单位：五洲传播出版社；上海外国语大学）

土耳其出版业发展报告

王　珺　韩诗语

土耳其共和国（Türkiye Cumhuriyeti，以下简称土耳其）是一个横跨亚欧大陆两洲的国家，占据重要地理位置，拥有重要地缘政治战略意义。2017 年，土耳其举行修宪公投，将议会制改成总统制，行政权全权移交给总统。2018 年，雷杰普·塔伊普·埃尔多安（Recep Tayyip Erdoğan）再次当选土耳其总统。2016—2021 年间，土耳其经济大幅震荡，通货膨胀率高居不下，土耳其里拉一跌再跌。2016 年，土耳其里拉对美元汇率为 0.35，截至 2022 年 7 月，里拉对美元汇率已跌至 0.05。受经济震荡和新冠感染疫情的影响，土耳其政府在文化领域的投入出现波动，图书业和出版业正采取各种措施渡过难关。

一、出版业发展背景

2016 年以来，土耳其出版业整体呈稳定发展态势。土耳其文化和旅游部（Türkiye Kültür ve Turizm Bakanlığı，以下简称土耳其文旅部）结合国家方针政策，提出“2019—2023 年战略计划”，旨在推动土耳其文化和旅游业的发展。2020 年新冠感染疫情（以下简称疫情）的爆发导致土耳其出版业受到打击，该战略计划的实施也受到一定程度的影响。对此，土耳其文旅部调整了预算，采取了一系列应对措施。

（一）政治经济近况

新冠感染疫情发生以来，土耳其国内生产总值在数据上保持整体上升趋势。2019 年土耳其国内生产总值为 4.32 万亿里拉，2020 年达到 5.05 万亿里拉，增长 16.9%；2021 年土耳其国内生产总值为 7.29 万亿里拉，增长 42.8%。（见表 1）

表 1　2019—2021 年国内生产总值变化情况

单位：万亿里拉

年份	2019	2020	2021
国内生产总值	4.32	5.05	7.29
变化	—	16.9%	42.8%

资料来源：土耳其统计局

然而，由于土耳其货币政策的频繁变动，通货膨胀率始终居高不下，导致土耳其财政状况越发吃紧。受新冠感染疫情影响，2020 年世界大多数国家都采取降息政策以提振经济，土耳其也不例外，但经济反弹的同时，通胀的压力也在不断加剧，越来越多的土耳其人将资金兑换为美元和欧元储存，土耳其人均美元持有量的增加，给里拉带来更大的压力。2021 年以来，里拉对美元已经累计贬值超过 50%，截至 2021 年第三季度，土耳其外债已达到 4535 亿美元，是其外汇储备的四倍。除了疫情的影响，俄乌冲突也让土耳其的物价不断攀升。通胀率持续高企进一步侵蚀土耳其民众的收入，导致消费水平持续下降。根据土耳其官方数据，2022 年 3 月土耳其居民消费价格指数（CPI）较去年同期上涨 61.14%，创 20 年以来的新高。土耳其总统埃尔多安解释称通货膨胀率上涨是由于全球商品价格上涨和里拉的贬值导致的，同时宣布对公务员和退休人员给予额外补助。

外交方面，土耳其是欧亚大陆地缘政治的枢纽国家，具有跨地域战略作用。进入 21 世纪以来，全球局势与中东地区形势均发生很大变化，土耳其正义与发展党政府调整地缘政治取向，从被动参与向积极介入转型，以周边为跳板，采用全方位地缘政治进取性外交，开拓“战略纵深”。[①]2020 年 11 月，拜登当选美国总统，给土耳其外交政策带来巨大挑战。此前土耳其向俄罗斯示好，在 S-400 导弹问题上支持俄罗斯，受到美方的严重制裁，但由于经济上对西方的依赖，土耳其不得不调整外交政策，向美方倾斜，甚至支持乌克兰加入北约。这也导致土俄关系陷入紧张局势。作为中东大国，土耳其在中东地区的地缘政治作用和影响也不容小觑，叙利亚、伊朗、利比亚等问题中都能看到土耳其的身影，近期俄乌冲突过程中，土耳其在北约东扩的问题上努力为

① 董漫远 . 土耳其进取性地缘政治外交析论 [J]. 西亚非洲，2022（2）：142.

本国谋求更大国际政治与外交空间。

（二）文化政策情况

土耳其文旅部结合国家大方针和政策，提出“2019—2023 年战略计划”，以期保护文化多样性并将其传递给后代，扩大文化和艺术方面的投资，增加相关活动，遵循可持续旅游理念，增加土耳其在世界旅游市场的份额。其中有关出版业及图书业的相关目标有：增加图书馆种类及数量；增加包括图书、杂志、电子书等在内的图书馆藏书种类及数量；简化信息获得途径，提高文化素养，传播阅读文化；将文化遗产数字化。（见表 2）

表 2 “2019—2023 年战略计划”部分具体项目计划情况

类别	2018 年	2023 年目标
图书馆会员数量（万人）	290	659.1
文化和旅游方面双边或多边协议数量（个）	9	33
累计获得资助的土耳其文化、艺术和文学翻译作品数量（种）	191	1191

资料来源：土耳其文旅部

文旅部的资金来源主要包括一般预算、流动资金、其他收入等三个方面。根据文旅部“2019—2023 年战略计划”，2019—2023 年的预算应如下表。按原有预期，流动资金的增长应为文旅部资金增加的主要来源，国家的一般预算按照年度实际工作需要会有明显的投入调整。（见表 3）

表 3 “2019—2023 年战略计划”预算情况

单位：亿里拉

来源	2019	2020	2021	2022	2023
一般预算	40.44	33.66	34.66	37.87	40.23
流动资金	6.22	6.84	7.52	8.27	9.1
其他收入	0.15	0.16	0.17	0.20	0.21
合计	46.81	40.66	42.35	46.34	49.54

资料来源：土耳其文旅部

但是，由于里拉的快速贬值、土耳其国内通货膨胀以及疫情的影响，实际预算与2018年制订的计划出现较大偏差。2015—2019年期间，土耳其政府对文旅部的预算拨款始终呈上升趋势，直到2020年大幅下降。2020年，由于疫情影响，土耳其政府各个部门的预算都有所下降，但是文旅部预算下降较多，减少约5亿里拉，在总预算中占比下降9.49%，在政府总预算中所占份额为0.47%，同比下降13%。（见表4）

表4　2015—2021年土耳其文化旅游部历年预算情况

单位：亿里拉

类别	2015	2016	2017	2018	2019	2020	2021
部预算	22.98	27.78	34.60	39.97	56.65	51.27	60.16
政府总预算	4641.63	5607.82	6341.76	7513.00	9490.26	10820.21	13282.54
占比	0.49%	0.49%	0.55%	0.53%	0.60%	0.47%	0.45%
同比变化	—	20.90%	24.55%	15.53%	41.72%	-9.49%	17.34%

资料来源：土耳其文旅部

2015—2021年间，土耳其文旅部拨付图书馆与出版物总局的预算波动较大。7年间，图书馆与出版物总局的预算在2017年处于峰值，为3.13亿里拉，占当年文旅部预算的9.06%；2018年为最低，仅占文旅部总预算的0.89%；2020—2021年预算比例相对平稳。①（见表5）

表5　2015—2021年图书馆与出版物总局历年预算情况

单位：亿里拉

类别	2015	2016	2017	2018	2019	2020	2021
总局预算	0.35	0.40	3.13	0.36	—	1.77	2.01
文旅部总预算	22.98	27.78	34.60	39.97	56.65	51.27	60.16
占比	1.52%	1.44%	9.06%	0.89%	—	3.46%	3.34%

资料来源：土耳其文旅部

① 土耳其文旅部2019年图书馆与出版物总局预算的原始数据缺失。

疫情爆发初期，土耳其出版商协会（Türkiye Yayıncılar Birliği）、新闻和出版联盟（Basın Yayın Birliği）、出版商专业协会联合会（Yayımcı Meslek Birlikleri Federasyonu）、出版商版权和许可专业协会（Yayıncılar Telif Hakları ve Lisanslama Meslek Birliği）、土耳其印刷和出版专业协会（Türkiye Basım Yayın Meslek Birliği）、教育出版商专业协会（Eğitim Yayıncıları Meslek Birliği）、文本和文化图书出版商版权和许可协会（Ders ve Kültür Kitapları Yayıncıları Telif Hakları ve Lisanslama Birliği）联合向土耳其政府提交申请，请求政府采取措施支持行业正常经营。2020 年 3 月，土耳其财政部税务总局（T.C. Hazine ve Maliye Bakanlığı Gelir İdaresi Başkanlığı）发布公报，将印刷业和出版业纳入“经济稳定盾牌包”（Ekonomik İstikrar Kalkanı Paketi）中，允许这两个行业推迟代扣代缴、增值税和社会保障费征收。

根据土耳其文旅部政府工作报告，2021 年文旅部支持发展包括电子书在内的图书期刊出版，将更多作品以电子书的形式公开，以确保更多的读者能够获得更多优质的出版物；开展必要的宣传活动，提高土耳其文学在世界范围内的认可度；鼓励文学创作，对首次出版的作品给予支持。为了满足新冠感染疫情下人们对电子作品的需求，文旅部计划增加电子出版物数量并发布于相关网站和应用，允许公民免费阅读。同年，为建设 9 座图书馆，文旅部提供了 750 万里拉支持。有关增值税方面，2021 年 6 月，土耳其财政部税务总局在官方公报上公布，具有国际标准书号 (ISBN) 的涂色和儿童活动类图书可以豁免增值税。

（三）公共阅读环境

截至 2020 年底，土耳其共有 1 座国家图书馆、1213 座公共图书馆、606 座大学图书馆及 32158 座正规和非正规教育机构图书馆。土耳其国家图书馆（Milli Kütüphane）藏书量达到 147.53 万册，较 2019 年增长 5.1%；公共图书馆藏书量达到 2112.5 万册，同比增长 1.8%。根据土耳其文旅部“2019—2023 年战略计划”，土耳其政府计划在 5 年间花费 4.43 亿里拉用于增加各类图书馆数量，至 2020 年，这一举措的效果已经初步显现，全国各类图书馆数量在一年中增加了 1500 多座，主要集中在正规和非正规教育机构图书馆一类中。（见表 6）

表 6 2019—2020 年土耳其各类图书馆数量

单位：座

类别	2019	2020
国家图书馆数量	1	1
公共图书馆数量	1182	1213
大学图书馆数量	610	606
正规和非正规教育机构图书馆数量	30618	32158
合计	32411	33978

资料来源：土耳其统计局

2016—2020 年，土耳其的公共图书馆、正规和非正规教育机构图书馆的馆藏量增长最为明显，这也为更多民众获取图书馆服务提供了便利。5 年间，土耳其大学图书馆馆藏量增加 330 多万册，平均每座大学图书馆增加 5000 多册。（见表 7）

表 7 2016—2020 年土耳其各类图书馆藏情况

单位：万册

类别	2016	2017	2018	2019	2020
国家图书馆	129.90	141.05	146.35	140.41①	147.53
公共图书馆	1882.82	1999.36	1996.66	2074.25	2112.50
大学图书馆	1523.60	1638.55	1760.00	1794.54	1855.31
正规和非正规教育机构图书馆	2743.02	2670.71	3026.34	3200.68	3445.46

资料来源：土耳其统计局

近年来，土耳其的图书馆在规模扩张过程中遇到了许多挑战。例如，由于利益相关者对合作持消极态度，公共机构和组织对增建图书馆的积极性不高，图书馆选址出现了阻碍。为解决上述问题，同时传播社会阅读文化、培养社会阅读习惯，满足不同群体的阅读需要，为生活在低人口密度生活区的人做贡献，提供固定图书馆没有的服务，土耳其文旅部大力支持推动流动图书馆的建造。流动图书馆，即在大型车辆内提供图书借阅服务。2018 年底，土耳其境内共有 53 座流动图书馆，预计将在 2023 年达

① 由于更新了行政记录，对图书数量数据进行了修订。

到 81 座。（见表 8）

表 8 2018—2021 年流动图书馆建设情况

单位：座

类别	2018 年底	2019	2020	2021
目标	—	4	5	5
实际	—	0	4	9
完成率	—	0%	80%	180%
现有数量	53	53	57	66

资料来源：土耳其文旅部政府工作报告

截至 2021 年底，土耳其境内共有 66 座流动图书馆。流动图书馆服务人数达到 122038 人次。目前，流动图书馆的建设面临三大困境：缺少满足提供流动图书馆服务所需技能的司机；当地政府有关图书馆服务立法的执行效率有待提高；城市发展规划中缺少图书馆建设预留区管理的法律标准等。此外，由于新冠感染疫情的爆发，流动图书馆的设置和开放都受到了影响。

根据世界英语编辑网站（Global English Editing）发布的《2020 年世界阅读习惯报告》（*World Reading Habits in 2020*）①，由于新冠感染疫情的影响，世界上 35% 的人阅读时长有所增加，与电子书或有声读物相比，实体书的阅读时长更高。2020 年，土耳其人均周阅读时间为 5 小时 54 分钟，世界排名第 18 位。按照人口百分比来看，有 78% 的土耳其人每天看新闻超过一次，位居世界第三。尽管受到疫情影响，世界各国实体书销售都受到不同程度的打击，但是在封闭管理期间，土耳其的图书销量逆势而上，增长了 30%。

2021 年，土耳其家庭互联网使用率达到 92.0%，与 2020 年相比增长 1.3%；16~74 岁年龄段个人互联网使用率为 82.6%，与 2020 年相比增长 3.6%，其中男性互联网使用率为 87.7%，女性为 77.5%。2017—2021 年，土耳其居民在网上购买商品或服务的比例保持上升趋势，2020 年达到 44.3%。（见表 9）

① Infographic. World Reading Habits in 2020. (2020-11-10). https://the-digital-reader.com/2020/11/10/infographic-world-reading-habits-in-2020/.

表 9　2017—2021 年土耳其居民在网上购买商品或订购服务的比例

性别	2017	2018	2019	2020	2021
男性	29.00%	33.60%	38.30%	40.20%	48.30%
女性	20.90%	25.00%	29.90%	32.70%	40.30%
整体	24.90%	29.30%	34.10%	36.50%	44.30%

资料来源：土耳其统计局

2021 年第四季度，通过互联网购买数字产品的土耳其民众比例为 30.6%，最多的是观看电影、电视剧，达到 14.5%；购买纸质书、杂志或报纸的比例为 27.7%。2017 年至 2021 年第四季度，通过互联网购买纸质书、杂志或报纸的土耳其民众的比例基本呈上升趋势，2020 年第四季度出现了大幅增长。按照性别区分，女性在网上购买纸质书、杂志或报纸的比例比男性更高。（见表 10）

表 10　2017—2021 年第四季度土耳其居民通过互联网购买纸质书、杂志或报纸的比例

性别	2017 年第四季度	2018 年第四季度	2019 年第四季度	2020 年第四季度	2021 年第四季度
男性	15.40%	19.30%	19.00%	22.50%	23.90%
女性	16.40%	22.30%	21.70%	30.20%	31.60%
整体	15.80%	20.60%	20.20%	26.10%	27.70%

资料来源：土耳其统计局

二、出版业管理情况

为了应对新冠感染疫情，加强对出版业的管理，推动出版业发展，土耳其文旅部图书馆与出版物总局不断扩大图书馆规模，支持数字化出版，并开展一系列促进项目，鼓励文学创作、对外文化输出和文化交流。同时，土耳其出版行业协会也分别制定应对政策，力图减少新冠感染疫情带来的损失，促进土耳其出版业规范化发展。

（一）图书馆与出版物总局政策制定情况

在土耳其文旅部“2019—2023 年战略计划”的大框架下，图书馆与出版物总局在 2020—2021 年分别制定了相关的政策。

图书馆方面，2020 年，图书馆与出版物总局计划通过采取新的管理方法，利用

新的技术，扩大图书馆的服务功能以传播阅读文化，主要包括：对 30 座图书馆进行翻新；开设 5 座公共图书馆；增加移动图书馆的数量，投入使用 5 个新的移动图书馆。2021 年，图书馆与出版物总局在该框架下继续加强图书馆建设，对 50 座图书馆进行翻新，开设 5 座新的图书馆，投入使用 10 个新的移动图书馆。

出版方面，2020 年，图书馆与出版物总局提出将支持开展包括电子出版物在内的出版活动，包括开展出版业创新商业模式和技术研发活动，将更多的电子书公开出版；在“土耳其经典作品数字化转型项目”（Türk Klasik Eserlerinin Dijital Ortama Aktarılması Projesi）范围内，将文旅部网站上的电子书数量增加到 200 种；计划开通土耳其文化和出版推广门户网站“阅读土耳其”（www.readturkey.gov.tr），开展在线数字化国际推广工作。2021 年，总局除保持或推动上述计划的开展之外，还对文旅部支持创建的 e-kitap.gov.tr 子出版平台进行必要的研究，丰富电子书、有声读物等不同载体和内容。

宣传方面，2020 年，图书馆与出版物总局指出，将开展必要的宣传活动，提高土耳其文学在世界范围内的认可度，增加海外销售，主要包括：邀请更多的土耳其本土出版商参加博洛尼亚书展、法兰克福书展等重要国际书展，并在土耳其展区专门设置特殊会议区支持版权销售；邀请外国出版商参加特定的书展，并与当地出版商进行版权谈判；制定相关法律法规以加强土耳其文化、艺术和文学对外开放项目（Türk Kültür, Sanat ve Edebiyatının Dışa Açılması Projesi，简称 TEDA）的财政和行政基础设施；修订《文学作品支持条例》（Edebiyat Eserlerinin Desteklenmesi Hakkında Yönetmelik），对作家创作的第一部作品给予支持，以鼓励文学创作，并确保使符合出版条件但尚未找到出版机会的文学作品能够触达作者。2021 年，该局针对新冠感染疫情，支持出版商参与国际书展和国际媒体上举行的线上展示活动；设立文学翻译奖，奖励在国外推广土耳其文化和艺术的翻译者，开启国际文学翻译坊计划（Uluslararası Edebi Çeviri Atölyeleri Programı）。

（二）促进项目开展情况

1. 面向土耳其国内的促进项目情况

文学作品支持计划（Edebiyat Eserlerini Destek Projesi / Edebiyat Eserlerinin Desteklenmesi，简称 EDES）是土耳其文旅部 2013 年公布生效的《文学作品支持条例》

的支持项目之一，旨在支持制作和出版土耳其文学领域的新作品和原创作品，并鼓励作者进行写作，对第一次出版土耳其语作品的作者提供资金，且此作品应是作者的处女作。2014—2020 年，该计划共计支持 387 部土耳其语作品创作并出版。

为了方便因新冠感染疫情而不得不待在家里的民众阅读图书，2020 年，土耳其文旅部推出有声读物网站 kutuphanemcepte.org，将超过 100 种有声读物上传供民众使用。目前，文旅部在有声读物制作公司、出版社和出版专业组织的共同支持下，以有声读物项目（Sesli kitap）为名，努力将该平台从临时服务转变为持续服务。在此项目下，文旅部将从出版社购买的图书纳入 seslikitap.gov.tr 网站和相应的手机应用软件，以支持土耳其出版业有声读物和其他数字产品的生产与传播。

为了鼓励出版业科技应用的研发和创新，支持出版业的数字化生产，提供非印刷形式的图书产品，2020 年土耳其文化旅游部推出了“我的电子书” 移动应用程序（E-Kitabım）。该程序可从 iOS 应用商店和 GooglePlay 应用商店下载，除能阅读文旅部的出版物外，使用者还可以阅读其他公共机构的出版物和私人出版社的电子书。这一方式不仅保证土耳其民众可从这一正规渠道免费获取部分电子书，还通过政府向私人出版社购买电子书的形式，为出版企业提供资金支持，保证其电子书生产的持续性。2021 年，因疫情的持续，土耳其民众对电子书的需求增加，文旅部新增 115 种电子书，并以 epub3 格式在“我的电子书”网站（www.ekitabim.ktb.gov.tr）和“我的电子书”手机应用上发布，至此，该应用上共有 1527 种电子书可供阅读。

2. 面向国外的促进项目情况

土耳其促进出版业国际交流合作的项目目前主要有三个。土耳其文化、艺术和文学对外开放项目（TEDA）是土耳其文旅部于 2005 年推出的图书海外推广项目，旨在鼓励海外出版社翻译并出版有关土耳其文化、艺术和文学的作品。截至 2021 年，该项目共资助 2764 种作品以 60 种语言在 68 个国家翻译出版。该项目 2019—2021 年支持情况见表 11。

表 11　土耳其文化、艺术和文学对外开放项目 2019—2021 年开展情况

类别	2019	2020	2021
支持出版数（种）	274	287	375

续表

类别	2019	2020	2021
完成出版数（种）	204	178	293
总计资助金额（万欧元）	50.16	45.88	—

资料来源：土耳其文旅部

土耳其文学出版近年在国际文学界和出版界受到广泛关注，但对土耳其文学感兴趣的出版商、发行商、作家、编辑和翻译者在获得有关版权所有者、其代表和相关作品版权的必要信息方面存在信息不畅的情况，“阅读土耳其”网站由此建立。这是一个在线平台，用于促进和丰富对土耳其文学感兴趣的编辑、出版商、海外分销商、插画家、翻译家、作家等之间的交流和互动，力图成为“外国人关于土耳其文学和出版的主要在线参考来源”。

伊斯坦布尔奖学金计划（Istanbul Publishing Fellowship Program）旨在将伊斯坦布尔打造成版权交易的重要城市，向国际市场推广土耳其文学、艺术和文化，增进版权机构、编辑、翻译、插图画家、零售商、印刷厂的交流合作，为出版商提供适合洽谈业务和交易版权的环境。各国出版社经理、编辑、版权机构、出版专业协会和出版非政府组织登录www.fellowship.istanbul并注册为会员后均可以免费申请加入该计划，之后须按期参与研讨会、面谈及其他活动。

图拉会议项目（Turla Meetings）[①]是2017年由新闻传播合作协会（Basın Yayın Birliği Derneği）发起、受土耳其文旅部支持的在线版权交流平台，将土耳其出版商介绍给国际出版专业人士，并允许土耳其出版商进行在线版权谈判。在图拉会议网站上注册的土耳其国内外出版商、版权代理商等业内人士可拥有在线展示资格，创建自己的书目表和展示空间，进行在线版权磋商。图拉会议举办期间，所有注册人士都能够通过该网站进行为期3天的视频通话，版权磋商优先建立图书目录的注册方；活动日期外，注册出版商、代理商可在线展示他们的图书。2020年11月17日至19日，首届在线图拉会议成功举办，来自38个国家的142位出版商出席会议，举办约500场B2B会议，并在线展示139个目录的2243种图书。

① 官方网址为：https://turlameetings.com/。

（三）行业协会情况

1. 土耳其出版商协会

土耳其出版商协会于1985年在伊斯坦布尔成立，作为土耳其出版商和分销商的代表，共有400多名会员，包括28家经销商、8家电子书服务商、69家书店、320个在线销售网站、3家有声读物服务提供商和9家数据库服务提供商。新冠感染疫情前后，该协会主要在增值税、出版业经历的财政问题、新冠感染疫情下的应对措施等话题上采取相关行动。

就增值税问题，土耳其出版商协会联合7个行业联盟与协会机构[①]，共同向土耳其财政部递交申请信。信中提到，新冠感染疫情的爆发对出版业产生负面影响，纸张等原材料成本不断上涨，读者对电子书、有声读物的需求增加却无法及时满足。2018年的新政策规定，纸质图书免征增值税，而电子书的增值税保持在8%，2019年这一税率又提高到18%，大大阻碍了该领域的发展。因此，土耳其出版商协会带头提出电子书免征增值税的请求。

2020年3月，土耳其出版商协会就新冠感染疫情对出版业带来的影响进行了研究和评估，联合7家行业组织向土耳其财政部递交申请，建议将出版和出版分销部门添加到受支持的部门名单中，启动出版业短期工作补贴，将图书馆与出版物总局的购书预算增加至少5倍，并尽快购书付款。

2. 土耳其印刷与出版专业协会

土耳其印刷与出版专业协会（Türkiye Basım Yayın Meslek Birliği）是土耳其重要的出版专业协会之一，旨在向社会传播版权文化和意识，打击盗版行为；开展必要的研究，消除出版业发展的障碍，促进出版机构制度化建设。该协会在“2023年愿景”中提出推动制定和实施一部优秀的版权法的设想，据此在土耳其国内外建立本国版权集体权利管理，有效打击盗版。2020年以来，该协会主要推动了以下事项：2020年7月发布《职业协会颁发授权证书规定》（Meslek Birliklerine Verilecek Yetki Belgesi Hakkında Yönetmelik），明确作品所有人、相关权利人和其他经济权利人为成为协会

---

① 含新闻和出版联盟、出版商专业协会（Yayıncı Meslek Birlikleri Federasyonu）、土耳其印刷和出版专业协会、出版商版权和许可专业协会、教育出版商专业协会、教科书版权合作和许可专业协会（Ders Kitapları Telif Hakları ve Lisanslama Meslek Birliği）和土耳其教育出版商协会（Türkiye Eğitim Yayıncıları Derneği）。

会员所必须出具授权证书的原则和步骤；2021 年协助土耳其文旅部版权总局更新防伪标签技术的要求和标准；设立伊斯坦布尔出版奖学金计划。

3. 新闻传播合作协会

新闻传播合作协会旨在推动土耳其国内国际印刷和出版业的发展，确保出版应有的地位和权利。该协会推出雅特达姆（Yatedam）和图拉会议项目，用于在国外推广土耳其文学。根据该协会 2021 年 7 月更新的协会宪章，协会入会费为 500 里拉，每年向会员收取 300 里拉；成员普通大会每三年召开一次。新冠感染疫情爆发前，该协会通过参加世界各地举办的书展介绍出版商的产品。疫情爆发后，协会通过在线平台，将来自世界各地的出版商聚集在一起。2020 年 11 月，该协会发表《在土耳其出版》（*Publishing in Turkey*），指出将在土耳其文旅部、伊斯坦布尔发展局（Istanbul Development Agency）、伊斯坦布尔商会（the Istanbul Chamber of Commerce）的支持下，建立一个在线平台。

三、出版业发展概况

整体来看，2016—2021 年土耳其图书业出版能力不断提高，各类载体的图书出版量不断增长，并且自 2020 年起，由于新冠感染疫情的影响，电子书和有声读物的出版量大幅上升。在疫情爆发的背景下，出版社和书店迎着出版、销售、物流等各方面的压力，开展新的活动与读者进行交流。

（一）图书业整体情况

据土耳其统计局和出版商协会数据，2020 年土耳其新出版的出版物数量为 78500 种，较 2019 年增长 14.5%；2021 年土耳其新出版的出版物数量为 87231 种，较 2020 年增长 11.1%。同年，土耳其各类载体的图书出版量达到 4.39 亿册，较 2020 年增长 1.26%。事实上，无论是年出版种数还是年出版册数，2016 年以来土耳其的图书出版情况整体稳定且良好，6 年间出版种数增加超过 60%，出版册数增加 8.7%。（见表 12）

表 12　2016—2021 年土耳其图书出版情况

类别	2016	2017	2018	2019	2020	2021
出版种数（种）	54446	60335	67135	68554	78500	87231
出版册数（亿册）	4.04	4.08	4.11	4.24	4.33	4.39

资料来源：土耳其统计局、土耳其出版商协会

土耳其 2020 年出版的 78500 种图书中，教育类图书的占比最高，为 28.2%，达到 22127 种，其次是成人小说和学术类图书，分别占比 20% 和 19.2%。与 2019 年相比，学术类图书出版量增幅最大，同比增长 31.6%。（见表 13）

表 13　2016—2020 年土耳其图书类型和数量情况

单位：种

类别	2016	2017	2018	2019	2020
成人小说	9166	9830	10639	12505	15731
成人文学	11150	11509	11687	11172	11212
儿童和青少年	8618	10042	9299	10338	10429
教育	14711	17153	21628	19369	22127
学术	7481	8413	10751	11434	15052
宗教	3320	3658	3131	3736	3949
总数	54446	60335	67135	68554	78500

资料来源：土耳其统计局

2021 年土耳其出版的图书中，纸质书为 72052 种，占总出版物总数的 82.6%，较 2020 年相比下降 4.1%；电子书和有声读物为 14409 种，与 2019 年的 9815 种相比增长 46.8%。根据国际出版商协会（International Publishers Association）的数据，2021 年土耳其出版图书种数全球排名第五。电子书和有声读物出版种数的增长则与新冠感染疫情的爆发、经济危机和纸张价格上涨有密切联系。疫情期间通过在线销售渠道购买图书的数量比往年增加了近 100%，社会层面对纸质书的需求大幅提高，同时也刺激了对有声读物、电子书的需求。全球纸浆价格上涨、进口纸张的运费也不断提高，而土耳其十分依赖外来进口纸张。以外汇来计算，进口纸张和书本封面纸价格上涨高

达200%，图书用纸价格上涨高达30%~35%，铜版纸价格上涨超过100%。在汇率上涨高达90%的情况下，2021年12月，土耳其纸价上涨200%~300%，让整个图书业遭遇重大危机。

2020年受疫情影响，土耳其图书零售总额再次回落。（见表14）2020年土耳其学校停课，教育部宣布为除高中以外的所有年级共1759万学生免费发放补充资源图书，使教育出版陷入困境。教育出版在出版业零售市场的总营业份额从52.99%下降到44.20%，与2019相比营业额下降25.99%。该决定也对土耳其出版业造成负面影响，并被称作是“令人担忧的事态发展”。[①]2021年，这一数据稍有回升，教育出版在出版业零售市场的总营业份额达到49.59%，与2020年相比营业额上升了37.96%。

表14　2016—2021年土耳其图书零售和批发市场情况

单位：亿里拉

类别	2016	2017	2018	2019	2020	2021
图书零售总额	63.35	57.94	69.65	88.53	78.55	96.59
图书批发总额	58.96	34.84	46.52	58.69	51.38	66.26

资料来源：土耳其出版商协会

在土耳其文学界，奥尔罕·凯末尔小说奖（Orhan Kemal Roman Armağanı）是比较重要的奖项。该奖创办于1972年，用于纪念土耳其作家奥尔罕·凯末尔，首次出版或多卷作品的全部出版完成的长篇小说可以参与评选。评选委员会于每年5月的第二周举行会议，于6月2日，即奥尔罕·凯末尔逝世周年纪念日或6月的第一周内正式向获胜者颁发金银牌匾作为奖品。获奖作品需具有较强的当代语言表达能力、组织能力，具有解决社会或个人问题的能力，并且不违背奥尔罕·凯末尔的世界观[②]。获得过该奖的作者，时隔7年可再次参选。获奖作者自动成为评选委员会成员候选人，当遴选委员会成员出现空缺的情况下，可自愿担任遴选委员会成员。2017年以来获得该奖的作家和作品如表15。

① 土耳其出版商协会．2020年图书市场报告．（2021-04）.[2022-05-10]. https://turkyaybir.org.tr/wp-content/uploads/2021/04/Kitap-Pazari-Raporu_2020.pdf.

② 奥尔罕·凯末尔以描写土耳其穷人生活的现实主义小说而闻名。

表 15　2016—2021 年奥尔罕·凯末尔小说奖获奖情况

年份	作者	作品
2017	居尔塞·克拉特（Gürsel Korat）	《健忘镜》（*Unutkan Ayna*）
2018	塞拉·沙赫奈尔（Seray Şahiner）	《灰》（*Kul*）
2019	法鲁克·杜曼（Faruk Duman）	《婆罗洲须猪》（*Sus Barbatus*）
2020	艾汉·格奇金（Ayhan Geçgin）	《一个事件》（*Bir Dava*）
2021	海居尔·米拉斯（Herkül Millas）	《族墓》（*Aile Mezarı*）

资料来源：奥尔罕·凯末尔小说奖官网

（二）数字内容生产与销售情况

土耳其统计局按照图书的载体形式将图书分成纸质图书，含 DVD、VCD、CD 等在内的物理介质电子书，网络电子书，其他形式图书等 4 类。2008—2020 年，以纸质图书为载体的出版物占据土耳其整体出版物的绝大部分，网络电子书出版量在 2016—2017 年有明显下降，2018 年后大幅上升。2020 年受新冠感染疫情影响，网络电子书出版量有较大提升，占比达到 11.4%。（见表 16）

表 16　2016—2020 年土耳其不同载体图书出版情况

单位：种

类别		2016	2017	2018	2019	2020
纸质图书	种数	51113	58027	61265	61512	68120
	占比	93.9%	96.2%	91.3%	89.7%	86.7%
物理介质电子书	种数	325	212	391	415	523
	占比	0.6%	0.4%	0.6%	0.6%	0.7%
网络电子书	种数	2697	1767	5177	6072	8917
	占比	5.0%	2.9%	7.7%	8.9%	11.4%
其他	种数	311	329	302	555	446
	占比	0.6%	0.6%	0.5%	0.9%	0.6%
总计		54446	60335	67135	68554	78500

资料来源：土耳其统计局

土耳其出版商协会将数据库和有声读物也统称为电子书。2020 年，土耳其电子书网上销售额达到 6.99 亿里拉，其中主要以进口读物，即进口语言教育数字平台为主。2021 年，电子书的销售额达到 7.19 亿里拉，较 2020 年相比增长 2.86%，市场份额也较 2020 年有所增加。（见表 17）疫情期间，虽然有声读物的销量增加，但电子书整体的销量并未显著提高。这是因为土耳其出版商在疫情之前并没有在这一领域有较强的销售和营销能力，土耳其也没有广泛销售和使用电子书的阅读设备。

表 17　2020—2021 年土耳其电子书网上销售情况

单位：亿里拉

类别	网上销售额	
	2020	2021
教育	0.81	0.96
文化	0.77	0.89
学术	0.04	0.05
进口	5.37	5.29
总额	6.99	7.19

资料来源：土耳其出版商协会

2006 年，土耳其在线图书销售的市场份额为 2.24%，但到 2020 年底，这一份额增长到 36.17%。2021 年，由于新冠感染疫情的持续，许多书店暂停营业，线上图书销售的市场也同时受到影响，其份额从 36.17% 下降到 20.85%。线上销售的图书中，文化出版物占 44.81%，学术出版物约占 35%，辅助工具书约占 37%，进口语言教育和文化艺术图书占 25%。（见表 18）

表 18　2020—2021 年土耳其线上图书销售情况

单位：亿里拉

类别	网上销售额	
	2020	2021
教育	5.57	3.68
文化	20.12	16.27
学术	1.11	0.65
进口	1.61	0.43

续表

类别	网上销售额	
	2020	2021
总额	28.41	20.41

资料来源：土耳其出版商协会

（三）疫情前后土耳其图书市场发展情况

新冠感染疫情对土耳其图书出版和销售环节产生了持续、多维度的影响，几乎70%的图书和杂志零售店已经关闭，仅有电子商务网站、连锁店和少量书店开放。而网上书店由于订单短期内暴增而面临严重的物流压力，所以遗憾的是，网络销售额大幅增长远不能弥补其他渠道的销售额损失。一方面，出版商正在经历严重的收入损失，另一方面，之前的销售收入也出现了入账延误，出版上游面临严重的现金流不足问题。在这样的困境下，土耳其一些出版社采取了多种自救措施，将出版活动维持在一定水平，力图渡过这段艰难时期。土耳其第一家具有外资背景的多安图书出版社（Doğan Kitap）及时修改了出版计划，缩减出版品种；加快数字出版，提升线上网店的铺货能力；采取限制出版成本的措施。成立于1945年的单体出版社建设信用出版社（Yapı Kredi Yayınları）的图书在疫情期间销售量大大减少，不得不停止新书的出版，审查再版计划并推迟一些版本的再版；同时还将读书会移至网络社交媒体平台举行，通过线上分享图书、举办活动、开展游戏等多种方式与读者保持沟通交流。

在土耳其，线下书展是出版社重要的图书销售渠道，线下展会的停办对土耳其所有出版商来说都造成重大的收入损失。新冠感染疫情爆发前，2019—2020年土耳其国内先后举行的五个书展情况见表19。随后，由于新冠感染疫情的影响，其他国内书展暂停或延期举办。国际书展方面，土耳其出版商协会于2019年参加了伦敦书展、法兰克福书展、博洛尼亚书展、第比利斯书展；于2020—2021年参加了线上法兰克福书展和博洛尼亚书展。

表19　2019—2020年土耳其国内书展情况

召开时间	书展名称	所在地	参会机构数量（家）
2019.4.6—2019.4.14	第24届伊兹密尔书展（24. İzmir Kitap Fuarı）	伊兹密尔	465

续表

召开时间	书展名称	所在地	参会机构数量（家）
2019.4.2—2019.5.5	第 2 届东阿纳多卢埃尔祖鲁姆书展（Doğu Anadolu Erzurum 2. Kitap Fuarı）	埃尔祖鲁姆	135
2019.9.28—2019.10.6	第 7 届迪亚巴克尔书展（Diyarbakır 7. Kitap Fuarı）	迪亚巴克尔	—
2019.11	第 38 届伊斯坦布尔国际书展（38. İstanbul Uluslararası Kitap Fuarı）	伊斯坦布尔	800+
2019.12.10—2019.12.15	第 2 届埃斯基谢希尔书展（Eskişehir 2. Kitap Fuarı）	埃斯基谢希尔	155
2020.1.4—2020.1.12	第 13 届切库罗瓦书展（Çukurova 13. Kitap Fuarı）	切库罗瓦	300
2020.2.15—2020.2.23	第 6 届黑海书展（Karadeniz 6. Kitap Fuarı）	萨姆松	250
2020.3.7—2020.3.14	第 18 届布尔萨书展（Bursa 18. Kitap Fuarı）	布尔萨	—

资料来源：土耳其出版商协会

土耳其具备较为强大的图书分销渠道和多样化的网上书店，这为出版社渡过疫情难关开辟了宝贵的通道。红猫书店集团（Kırmızı Kedi）[①] 是土耳其具有代表性的图书发行渠道，集 B2B 与 B2C、线上与线下于一体，拥有自己的纸质书、电子书在线销售平台，覆盖大众与校园销售渠道，具备图书发行、电子书制作、出版市场信息化服务能力。红猫书店的主页包括新上图书、热销图书、图书分类、出版社、作者和“我们的杂志”六个部分，可以通过图书名字和分类进行检索，支持 VISA、MasterCard 和 troy 支付 [②]。土耳其 D&R 音乐与图书商店（D&R Music and Book Store）[③] 成立于 1997 年，至今已在土耳其的 51 个省开设 214 家实体店，并拥有自己的售书网站。成立于 1996 年的艾迪菲（Idefix）是土耳其最大的本土在线书店，并于 2010 年推出土耳其第一个电子书平台，支持 iOS 和安卓两个操作系统，目前线上图书达到 20 万种，涉及 2000 多家出版社。另外，亚马逊网站在土耳其建立的分公司、土耳其本土类似淘宝的网站超瑞（Trendyol）[④] 也将图书作为销售的一类产品。土耳其这些线上图书销售渠道的搜索和排序方式较为统一，可通过搜索品牌、发行商、作者、介质（电子书、精装书等）、语言、评分、价格等获得图书信息，并按照相关度、销量、评论量、最新出版、价格、折扣等排序，较为方便读者选择。

---

① https://www.kirmizikedi.com/。

② 土耳其银行卡支付系统。

③ D&R — Kültür, Sanat ve Eğlence Dünyası (dr.com.tr)。

④ Trendyol — Biz Kimiz。

（四）报刊业发展概况

2016—2020 年，土耳其每年出版品种最多的报刊类型是周报，出版种数远超其他出版周期的报纸。周报出版品种在 2016—2020 年呈下降趋势，2020 年出版周报 625 种，较 2019 年相比下降 10%。自 2016 年来，日报的出版品种基本呈下降趋势，2020 年土耳其拥有日报 238 种，较 2019 年减少 4.8%。（见表 20）

表 20　2016—2020 年土耳其日报和周报出版种数

单位：种

类别	2016	2017	2018	2019	2020
日报	391	342	280	250	238
周报	759	753	730	694	625

资料来源：土耳其统计局

2019 年，土耳其报纸和期刊的发行总量为 5485 种，2020 年则为 4746 种，同比下降 13.5%。其中政治新闻类数量最多，超过 2100 种，其次是行业、专业类和学术类，分别是 501 种和 395 种。（见表 21）

表 21　2020 年土耳其报纸和期刊类型和数量

单位：种

类别	报纸	期刊
政治、新闻、时事	1947	154
文学、历史	2	189
科学、信息、技术	2	82
教育、考试	4	192
经济、贸易、金融	35	106
思想、艺术	5	106
机构	20	147
文化、旅游、介绍	11	160
行业、专业	40	461
广告、公告、通知	7	39

续表

类别	报纸	期刊
健康	7	124
生活、环境	7	70
女性、少年、儿童	3	114
学术	4	391
幽默	2	13
运动	19	37
时尚、购物	8	83
地方行政	36	36
其他	6	78
总计	2164	2582

资料来源：土耳其统计局

四、中土出版业交流合作情况

2015 年 11 月，中国与土耳其签署《关于“一带一路”倡议和“中间走廊”[①]倡议相对接的谅解备忘录》，土耳其成为第一个同中国签署政府间共建“一带一路”合作文件的国家。据统计，2020 年，中土双边贸易额为 240.8 亿美元，同比增长 15.6%，中国成为土耳其第二大贸易伙伴，仅次于德国；中国在土新签工程承包合同额为 45.99 亿美元，同比增长 242.7%，完成营业额 9.22 亿美元，同比增长 37.9%；中国对土非金融类直接投资为 2527 万美元，同比增长 98%；全行业直接投资为 5593 万美元，同比增长 338.3%。

2021 年是中土建交 50 周年，两国都期待用好现有合作机制，继续发展战略合作关系，稳步推进大项目合作，促进双边贸易平衡发展，推动使用本币结算。2021 年 6 月，土耳其在中国成都设立总领事馆。事实上，中土之间的合作在推动过程中会遇到地区安全局势不稳定、区域经济政策变化多、历史文化与相互联系的国家之间关系复杂、两国关系受全球大国关系影响大等多重因素影响，在竞争中求合作是必然选择。

在此背景下，中国与土耳其之间持续开展的包括出版业在内的文化交流合作必定

① 土耳其“中间走廊”计划通过铁路和公路分别穿过格鲁吉亚、阿塞拜疆，跨越里海，经土库曼斯坦—乌兹别克斯坦—哈萨克斯坦路线到达中国，可有效节约欧亚大陆两端货物运输的时间和距离。

在增进两国人民相互了解，加深友谊，稳固互信，合作共赢方面起到积极作用。在出版领域，中土双方也都做出了积极努力。土耳其文化、艺术和文学对外开放项目运行的十几年中，至今有 31 种土耳其作品获得土方资金支持，被翻译成中文或维吾尔文，中国国际广播电台出版社、浙江大学出版社、东方出版有限公司、上海文艺出版社等中国出版社都参与到该项目在中国的落地工作中。中国方面，仅丝路书香工程就已在 7 年中资助中国 28 家出版社与 20 家土耳其出版社合作，翻译出版 93 种中国作品。这里简要介绍其中较为重要的几家土耳其出版社。

红猫出版社（Kırmızı Kedi Yayınevi）成立于 2008 年，拥有土耳其最大、覆盖最广的图书发行渠道艾迈客图书发行公司（Emek Kitap）。近年来，红猫出版社与中国的译林出版社、五洲传播出版社等建立了业务联系，还将莫言、余华、刘慈欣等著名中国作家的作品翻译成土耳其文出版，并专门设立中国书架。[①] 疫情期间，为加强抗疫国际合作，该社承担了《张文宏教授支招防控新型冠状病毒》一书土耳其文版的翻译出版工作。[②]1982 年成立的起源出版社（Kaynak Yayınları）[③] 出版有关启蒙运动、宗教的起源和社会学、乌托邦、文化史、文学、艺术、当代政治、政治组织、土耳其唯物主义的起源、土耳其工人运动和社会主义的图书，出版量已经有近千种。1997 年开始，该社开拓童书产品线，遵循进步、世俗、爱国和独立的出版路线，力图汇集“土耳其和世界儿童文学”的杰出作品，因此将伊朗、中国、古巴、俄罗斯等国的儿童文学作品翻译成土耳其文。土耳其哥白尼出版社（Kopernik Kitap）[④] 由知识分子和作家组成，以“土耳其知识思想的交汇点”为座右铭，出版文学、历史、哲学、回忆录、传记、儿童读物等类图书。土耳其伊莎基出版社（İthaki Yayınları）[⑤] 成立于 1997 年，是土耳其十大出版社之一，在奇幻文学和科幻小说领域有重要地位，出版有关当代文学、哲学、历史、政治理论、文学批评、少儿图书、足球读物、世界经典图书和漫画

① 中国作家网 . 丝路国家的书店业发展如何 .（2019-07）[2022-05-10]. http://www.chinawriter.com.cn/n1/2019/0731/c403994-31267945.html?from=singlemessage&isappinstalled=0.

② 国际在线 . 加强抗疫国际合作　非通用语行业贡献力量 .（2020-04-26）[2022-05-10]. https://baijiahao.baidu.com/s?id=1665026620772492134&wfr=spider&for=pc.

③ kaynakyayinlari.com.

④ https://www.kopernikkitap.com.tr/.

⑤ http://www.ithaki.com.tr/.

等图书。

中方出版机构需要重点关注的是，土耳其是一个历史悠久的“年轻”国家，全国8300多万人口中，在接受12年制义务教育的年轻人超过2500万，25岁以下青年人的比例则更高。这意味着中国出版机构应该在充分认识到两国历史关系与社会差异的前提下，用更有时代感的方式进行出版交流合作。

参考文献

1. 董漫远．土耳其进取性地缘政治外交析论 [J]. 西亚非洲，2022（2）：141-145.

2. Gayrisafi Yurt İçi Hasıla, İktisadi Faaliyet Kollarına Göre A10 Düzeyinde Cari Fiyatlarla Değer, Pay ve Değişim Oranı, IV. Çeyrek: Ekim-Aralık, 2021[R]. TÜİK.

3. 2019-2023 Stratejik Plan[R]. Türkiye Cumhuriyeti Kültür ve Turizm Bakanlığı.

4. 2015 Yılı İdare Faaliyet Raporu[R]. Türkiye Cumhuriyeti Kültür ve Turizm Bakanlığı.

5. 2016 Yılı İdare Faaliyet Raporu[R]. Türkiye Cumhuriyeti Kültür ve Turizm Bakanlığı.

6. 2017 Yılı İdare Faaliyet Raporu[R]. Türkiye Cumhuriyeti Kültür ve Turizm Bakanlığı.

7. 2018 Yılı İdare Faaliyet Raporu[R]. Türkiye Cumhuriyeti Kültür ve Turizm Bakanlığı.

8. 2019 Yılı İdare Faaliyet Raporu[R]. Türkiye Cumhuriyeti Kültür ve Turizm Bakanlığı.

9. 2020 Yılı İdare Faaliyet Raporu[R]. Türkiye Cumhuriyeti Kültür ve Turizm Bakanlığı.

10. 2021 Yılı İdare Faaliyet Raporu[R]. Türkiye Cumhuriyeti Kültür ve Turizm Bakanlığı.

11. COVID-19 Ekonomik İstikrar Kalkanı Paketi[R]. Türkiye Cumhuriyeti Hazine ve Maliye Bakanlığı.

12. Kütüphane Türüne Göre Kütüphane, Kitap ve Diğer Materyal, Yararlanan Kişi ve

Kayıtlı Üye Sayısı, 2016-2020[R]. TÜİK.

13. Cinsiyete Göre Bireylerin Özel Kullanım Amacıyla İnternet Üzerinden Mal veya Hizmet Siparişi Verme ya da Satın Alma Oranı, 2004-2021[R]. TÜİK.

14. Cinsiyete Göre Son 3 Ay İçinde Özel Kullanım Amacıyla Bireylerin İnternet Üzerinden Sipariş Verdiği ya da Satın Aldığı Mal Türleri, 2021[R]. TÜİK.

15. 24. Olağan Genel Kurulu Çakışma Raporu[R]. Türkiye Yayıncılar Birliği.

16. Vizyon 2023[R]. Türkiye Basım Yayın Meslek Birliği.

17. Publishing in Turkey[R]. Türkiye Cumhuriyeti Kültür ve Turizm Bakanlığı.

18. Materyalin Türü ve Konusuna Göre Yayın Sayısı, 2019, 2020[R]. TÜİK.

19. Türkiye Yayıncılar Birliği 2020 Yılı Kitap Pazarı Raporu[R]. Türkiye Yayıncılar Birliği.

20. Türkiye Yayıncılar Birliği 2021 Yılı Kitap Pazarı Raporu[R]. Türkiye Yayıncılar Birliği.

21. Gazete/dergilerin Yayımlanma Sıklığına Göre Sayısı, 2019, 2020[R]. TÜİK.

22. Gazete/dergilerin En Ağırlıklı İçerik Türüne Göre Sayısı, 2019, 2020[R]. TÜİK.

（作者单位：中国新闻出版研究院；北京外国语大学）

匈牙利出版业发展报告

黄逸秋　朱洳逸

匈牙利出版业历史悠久，也是匈牙利文化产业中规模最大、最多样化的分支。21世纪第一个五年，匈牙利出版业曾迎来被业内人士称为“大图书时代”的繁荣时期。此后金融危机、欧债危机相继爆发，加之政府扶持力度降低、网络销售平台崛起等，多方因素作用下，匈牙利出版业开始长达十年的低位徘徊。2016年以后，随着青民盟政府经济提振政策效果日显，匈牙利经济强劲增长，出版业发展的外部环境得以改善。但2020年爆发的新冠感染疫情打破增长势头，匈牙利宏观经济发展再度遇冷。在此背景下，匈牙利出版业发展也呈曲折态势：以2020年为分界点，此前出版业发展整体向好，图书出版种数和营业额稳步增长，印刷数企稳回升。2020年，除出版种数保持增长外，图书总印刷量和营业额均大幅缩减。在此期间，由于管理政策更迭，匈牙利教科书市场变化显著，针对不同教学阶段的教科书发展差异巨大。在阅读和购书习惯方面，匈牙利人的阅读兴趣和消费需求较此前均有所下降，图书馆服务点的注册用户和活跃用户数量也一路走低。尽管由于种种原因，匈牙利出版业近年来发展较为曲折，但中匈出版界的交流合作不断深化，已有一批中国文学类图书在匈牙利打开市场。

一、出版业发展背景

近年来，匈牙利政局持续稳定。在2018年4月举行的匈牙利议会换届选举中，执政党青民盟－基督教民主人民党再次赢得大选，并赢得 199 个议席中的 133 个席位。同年 5 月 18 日，欧尔班·维克多领导的政府完成组阁。[①] 作为青民盟连续执政的第三个周期，本阶段的主要目标包括阻止匈牙利人口的自然下降、加强清洁和可持续能源的开发以及建成更多的公路、铁路和航空设施等。

青民盟牢固的执政根基为匈牙利经济发展奠定基础。受 2008 年国际金融危机、2009 年欧债危机影响，匈牙利经济连年表现低迷。2010 年上台后，青民盟政府推行税负改革、减少财政赤字，对养老金和重点行业实行再国有化，开展大型基建类公共项目增加就业岗位。一系列政策取得实质性效果，匈牙利经济逐步回暖，并于 2013 年实现正增长。到 2017 年，匈牙利国内生产总值达到 1430 亿美元，此后两年继续快速增长，2019 年达到 1635 亿美元。但 2020 年暴发的新冠感染疫情再次给匈牙利经济带来打击。2020 年，匈牙利国内生产总值降至 1550 亿美元，国内生产总值增长率为 -4.9%；失业率为 3.7%，与前三年数据接近，表明经济基调逆转尚未影响就业市场的稳定；年平均通货膨胀率 3.3%[②]，尽管仍处于安全范围内，但这一数字是 2017 年以来的最高值。2020 年 1 月通货膨胀率高达 4.7%，为 2017 年同期的两倍。

新冠感染疫情在全球的蔓延也给匈牙利外贸业造成非同寻常的困难。2017—2019 年，匈牙利进出口贸易额稳步增长。在疫情全球蔓延之初（2020 年 2 月），出口水平依然突出，顺差明显，但此后对外贸易开始大幅下滑。匈牙利国家统计局数据显示，2020 年全年匈牙利进出口总额较上年减少 95.02 亿欧元，降幅 4.4%，其中进口额下降 53.93 亿欧元，出口额下降 41.09 亿欧元。（见图 1）

---

① https://kormany.hu/a-kormany-tagjai.

② https://tradingeconomics.com/hungary/full-year-gdp-growth.

单位：亿欧元

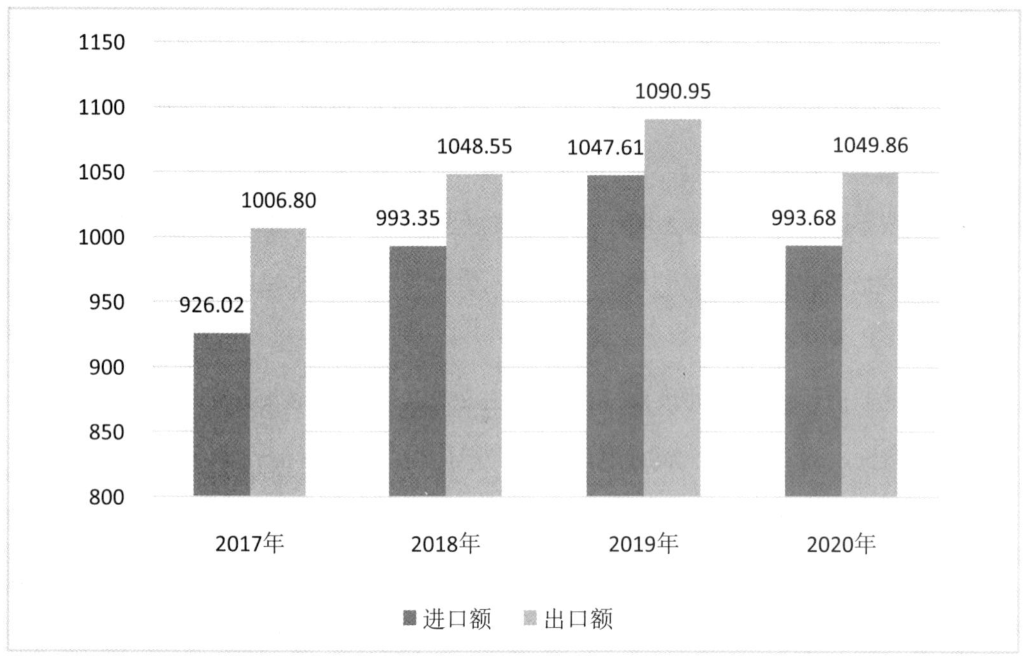

图 1 2017—2020 年匈牙利进出口贸易额

资料来源：匈牙利国家统计局

对外贸易额的增速变化也直观反映出疫情对匈牙利经济产生的重大影响。（见图 2）相比 2017—2019 年同期外贸增速态势，2020 年初进出口增速维持在 2%~5% 之间，随后在 4 月份大幅下降。产品出口同比下降 37.2%，进口同比下降 29.1%。2020 年 1—4 月，产品进出口总值同比下降 8.4%。①

① https://www.ksh.hu/docs/hun/xftp/idoszaki/kulker/kul_foly_2020_05/index.html#acovid19jrvnynegatvgazdasgihatsainakeredjekntam-agyarklkereskedelmitermkforgalomszintjesegyenlegeisjelentsmrtkbencskkent.

单位：%

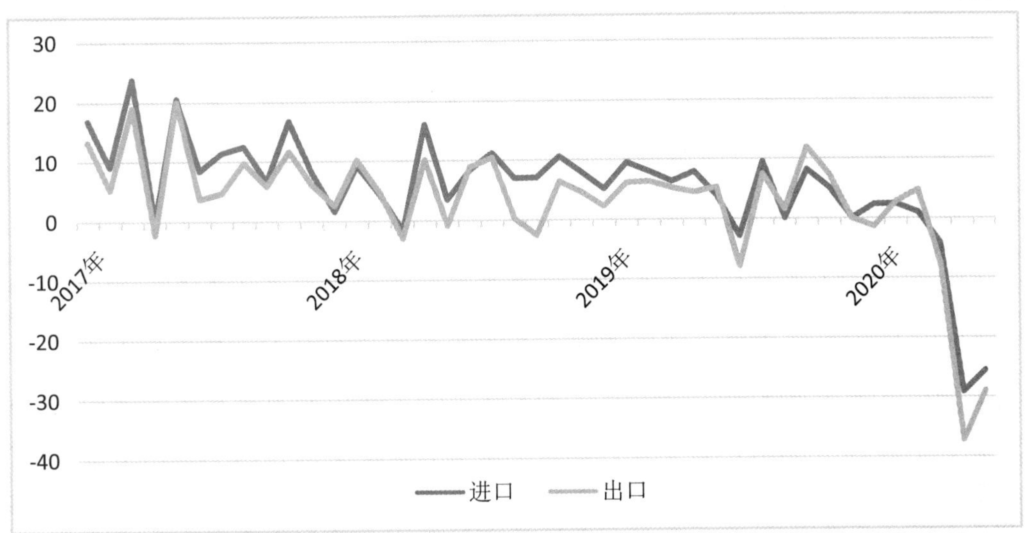

图 2　2017 年 1 月—2020 年 5 月匈牙利进出口增速与上年同比变化

资料来源：匈牙利国家统计局

二、图书业发展情况

2020 年新冠感染疫情的暴发给匈牙利宏观经济带来重大影响，以此为分界点，匈牙利出版业的发展也呈现不同态势：2016—2019 年出版业整体向好，图书出版和销售都表现亮眼，印刷数也在 2018 年企稳回升；2020 年疫情暴发后，尽管出版种数仍保持增长，但图书印刷数量和营业额均大幅下滑。从细分市场来看，文学类图书不论是出版种数、印刷数还是销售收入均居于前列；受教科书国有化法案及后续政策影响，教科书市场结构发生显著变化。2017 年，匈牙利规模最大的出版集团亚历山德拉（Alexandra）宣布部分破产，也成为匈牙利出版业的不稳定因素。

（一）2016—2020 年整体情况

2016 年匈牙利出版图书 12649 种，经过 2017 年的小幅回落后图书出版种数稳步增长，至 2020 年达到 14694 种，5 年间涨幅超过 16%。（见表 1）

表 1　2016—2020 年匈牙利出版图书种数及印数

年份	2016	2017	2018	2019	2020
种类（种）	12649	12287	13128	13901	14694

续表

年份	2016	2017	2018	2019	2020
印数（册）	32630565	26915376	31084308	31692975	28024890

数据来源：匈牙利国家统计局

专业类、文学类图书和教科书常年居于匈牙利图书出版种数的前三甲。其中，专业类图书是出版种数最多的图书品类，历年来在图书总种数中占比均超过 30%，且保持良好的上升势头。2020 年专业类图书的种数达到 4831 种，所占比例高达 32.9%。文学类图书的出版种数虽然有所波动，但始终维持在 3000~4000 种之间，在经历 2019 年的短暂回落后，2020 年攀升至 3905 种，占 2020 年图书出版总种数的 26.6%。教科书 2019 年共出版 2434 种，显著增长，比 2018 年增长 40.5%，但 2020 年迅速回落至 2115 种。其他各类图书的出版种数 5 年间都呈现波动发展的趋势，但变化幅度较小，且种数在 2020 年都有不同程度的增加。（见图 3）

单位：种

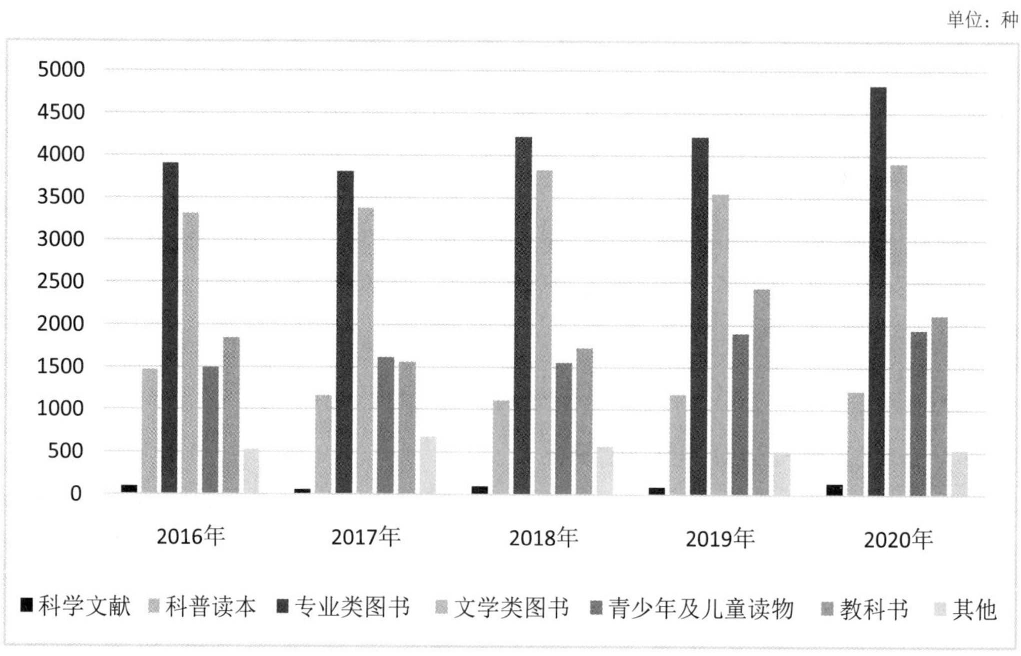

图 3　2016—2020 年匈牙利图书出版情况

资料来源：匈牙利国家统计局

与出版种数稳步增长相比，匈牙利图书印刷数量多有起伏，2016 年总印数超过 3263 万册，2017 年骤降至 2692 万册，此后虽有所提升，却始终未达到 2016 年的水平。2020 年匈牙利图书印刷总量仅为 2802 万册，较 2016 年高峰时期下降 14%。（见表 2）

表 2　2016—2020 年匈牙利图书印刷情况

单位：册

类别	2016	2017	2018	2019	2020
科学文献	62865	50270	93444	88494	36320
科普读本	3498934	2567709	2403577	2443326	2487276
专业类图书	3234039	3366803	4239984	4104351	3796855
文学类图书	6693556	6657979	8790935	7427695	6126427
青少年及儿童读物	4790600	4340163	4481664	5088321	5416515
教科书	13682185	9244487	10432038	12002952	9400244
其他	668386	687965	642666	537836	761253
总数	32630565	26915376	31084308	31692975	28024890

数据来源：匈牙利国家统计局

教科书、文学类图书和青少年及儿童读物始终居于各类图书印数的前三位。其中教科书印数最多，但波动较大。2016 年教科书印数为 1368 万册，占 2016 年图书总印数的 41.9%。此后因匈牙利教科书管理政策的频繁变化，教科书印数大幅减少。2017 年，教科书印数为 924 万册，仅为 2016 年的 1/3。此后教科书印数有所起伏，但在图书总印数中的比重一直维持在 35% 左右。（见图 4）文学类图书、青少年及儿童读物的印数相对稳定，前者 2018 年达到峰值 879 万册，其余年份基本稳定在 600 万 ~800 万册；后者则始终位于 400 万 ~600 万册之间。相比之下，科学文献类图书的种类虽多，但印数较少，年均印数均未达到 10 万册。

单位：万册

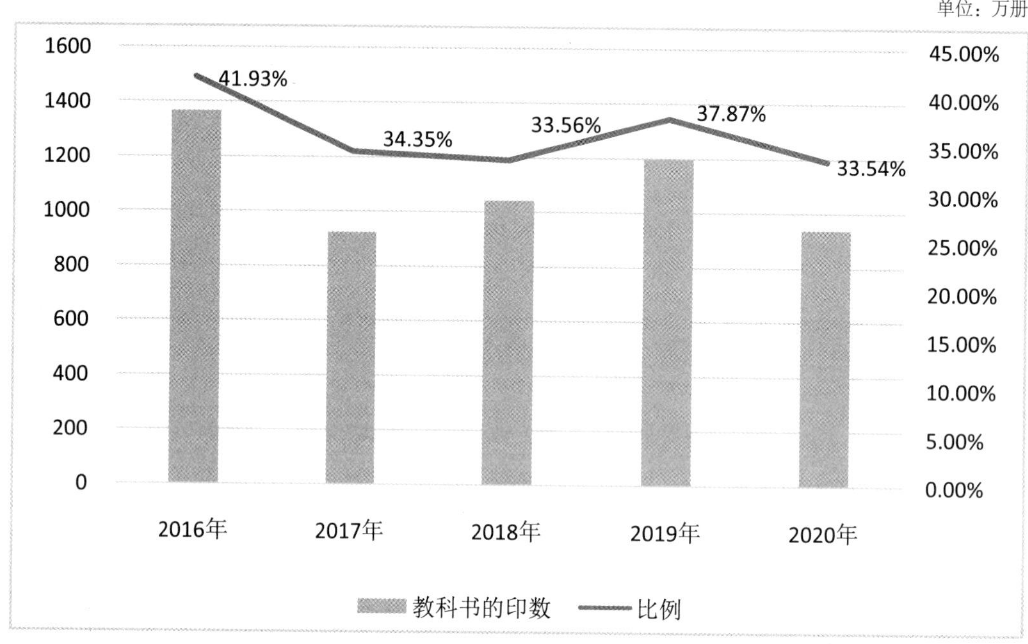

图 4 2016—2020 年匈牙利教科书印数及占比情况

资料来源：匈牙利国家统计局

图书销售额方面，由于匈牙利图书出版及传播协会 (Magyar Könyvkiadók és Könyvterjesztők Egyesülése) 自 2018 年起再次将私营出版社出版的公共教育教科书 (Köznevelés) 纳入统计范围，匈牙利自由流通图书市场的营业额被显著拉升。[①] 剔除这一因素，2016—2019 年匈牙利图书销售情况总体稳定，营业额小幅增长。2019 年匈牙利自由流通图书市场营业额为 555.4 亿福林（按消费者价格计算），较 2018 年增长 3%。但新冠感染疫情终结了增长态势——2020 年自由流通图书市场营业额大幅下降至 497.3 亿福林，较 2019、2018 年分别减少 10.5% 和 8.1%。（见图 5）

① 匈牙利国家统计局未对图书销售情况进行统计。受教科书管理政策变化的影响，匈牙利图书出版及传播协会对自由流通图书市场营业额的统计范围经历数次变化：2013 年以前将各类教科书均纳入统计，2013—2017 年仅将高等教育教科书纳入专业类图书统计，其他教科书不统计。2018 年起重新将教科书纳入统计，但仅包括私营出版商出版的公共教育教科书，高等教育教科书仍纳入专业类图书统计。

单位：亿福林

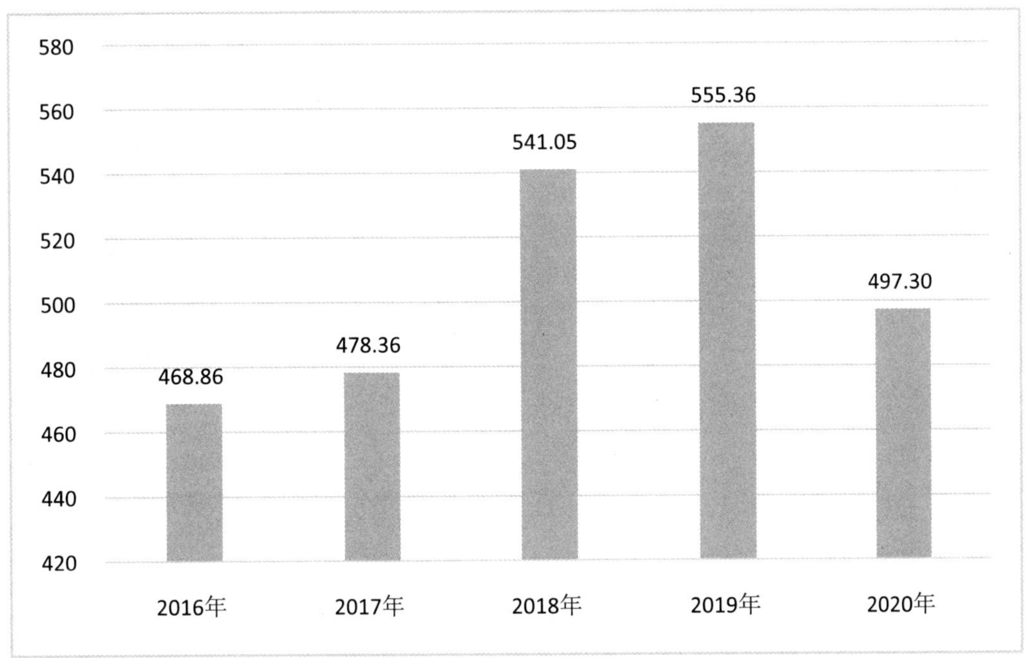

图 5　2016—2020 年匈牙利图书市场的营业额变化情况

资料来源：匈牙利图书出版及传播协会

在匈牙利自由流通图书市场中，青少年及儿童读物、文学类图书和科普读本始终是各类图书中的销售收入前三甲，三者的销售之和常年占据图书销售总额的 80% 左右。其中，文学类图书销售收入稳步增加，2020 年首次超过其他两种图书，达到 161.6 亿福林，占 2020 年图书销售总额的 32.5%。科普读本的销售收入 2020 年明显下滑，销售收入仅为 101.8 亿福林，较 2019 年减少 27.9 亿福林；占 2020 年图书销售总额的 19.7%，占比较 2019 年降低 3.7%。私营出版商出版的公共教育教科书 2018 年起再次纳入统计范围，2018 年营业额 52.3 亿福林，经历 2019 年小幅增长后锐减至 14.9 亿福林，降幅高达 72.2%。（见图 6）

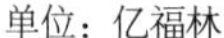

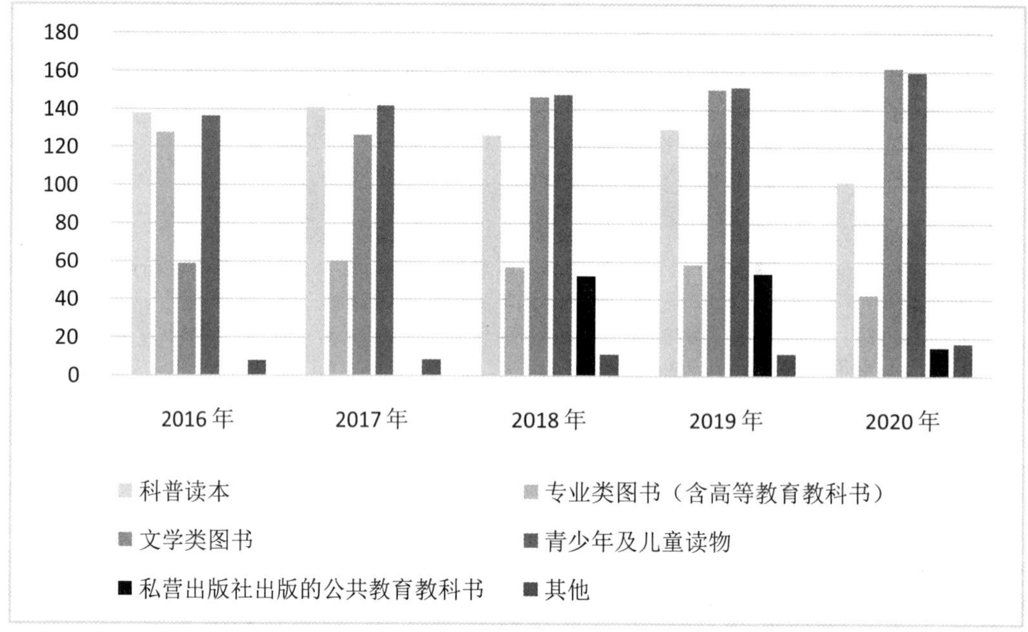

图 6 2016—2020 年匈牙利各类图书销售情况

资料来源：匈牙利图书出版及传播协会

外语图书在匈牙利图书市场上发展态势良好。2016 年，匈牙利共出版外语图书 890 种，占 2016 年全部图书种数的 7%，共印刷 105 万册，占当年图书印刷总量的 3.21%；2020 年，匈牙利共出版外语图书 1533 种，占比 10.43%，印刷 117 万册，占比 4.18%。（见表 3）

表 3 2016—2020 年匈牙利外语图书种数及印数情况

年份	2016	2017	2018	2019	2020
种数（种）	890	791	859	1001	1533
印数（册）	1047605	999071	997916	950866	1172583

资料来源：匈牙利国家统计局

在外语图书中，以两种及以上外语出版的多语种图书种类最为丰富，印刷数最多。根据匈牙利国家统计局的数据，2016 年以来，多语种图书始终保持在 600 种以上，印刷数虽然逐年减少，但 2020 年依然占外语图书总印刷量的 64%。（见图 7）

单位：册、种

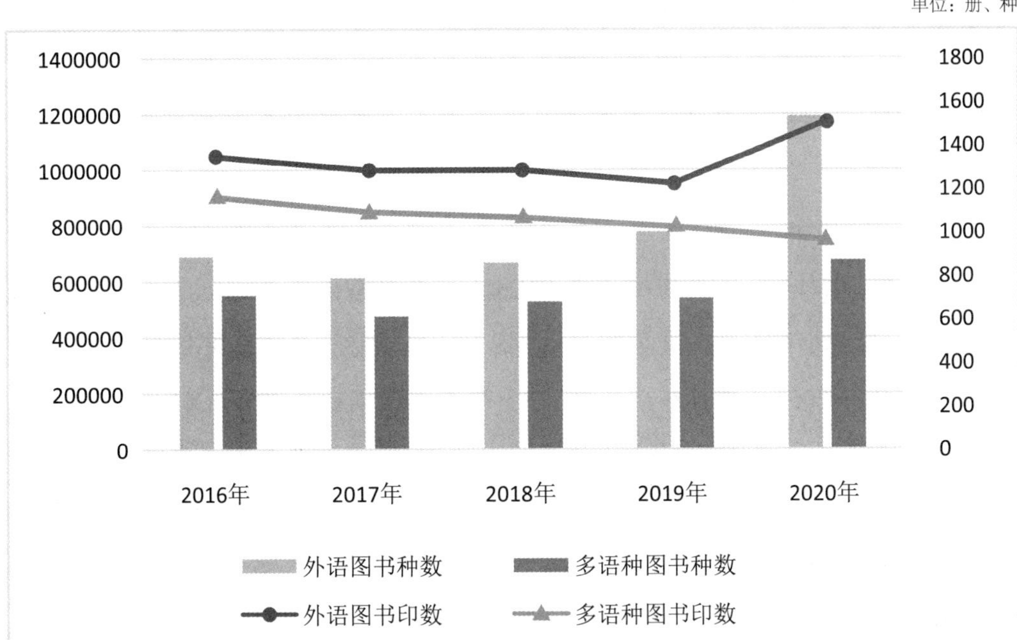

图 7　2016—2020 年多语种图书种数及印数情况

资料来源：匈牙利国家统计局

单一语种的外语图书以英语图书居多，其次为德语、意大利语图书。2016—2019 年英语图书的种数、印刷量在外语图书中分别占比约 15% 和 10%，2020 年英语图书迎来一次市场高潮，共出版 396 种，占 2020 年外语图书种数的 25.8%，总印数 24 万册，占 2020 年外语图书印刷量的 20.5%。（见表 4）

表 4　2016—2020 年英语图书种数及印数占外语图书的比例

年份	2016	2017	2018	2019	2020
英语图书种数（种）	130	125	124	154	396
英语图书种数占比	14.61%	15.80%	14.44%	15.38%	25.83%
英语图书印数（册）	91292	111880	107373	121911	240681
英语图书印数占比	8.71%	11.20%	10.76%	12.82%	20.53%

资料来源：匈牙利国家统计局

（二）细分市场

纵观匈牙利的图书市场，不论出版、印刷还是销售市场，文学类图书、青少年及儿童读物都是重要的图书品种。由于管理政策更迭，教科书这一品类的变化也值得关注。

1. 文学类图书

文学类图书种类丰富，包括诗歌及文选、小说及叙事作品、戏剧及剧本，以及文学报道、传记小说等其他文学作品。小说及叙事作品一直是最受市场欢迎的文学类图书，2016—2019 年间其在文学类图书种数中占比均超过 70%，2019 年占比高达 77%，但随着其他文学类图书种数激增，2020 年小说及叙事作品的种数在文学类图书中的比例下降至 63.8%。2020 年，除小说、叙事作品外，其他各类文学图书的品种数均大幅增加，其中诗歌、文选的种数达到 647 种，比 2019 年增长 18.7%；戏剧、剧本共 70 种，较 2019 年增长一倍；其他文学作品 697 种，较 2019 年增长近二倍。

根据匈牙利最大的图书出版集团之一里拉集团（Líra Könyv）的数据，2020 年匈牙利销量最高的 10 种文学类图书分别是：迪莉娅・欧文斯《蝲蛄吟唱的地方》（Delia Owens，*Ahol a folyami rákok énekelnek*）、鲁皮・考尔《太阳和他的花》（Rupi Kaur，*A nap és az ő virágai*）、R. 凯莱尼・安吉丽卡《巴塞罗那，巴塞罗那》（R. Kelényi Angelika，*Barcelona, Barcelona*）、莎莉・鲁尼《普通人》（Sally Rooney，*Normális emberek*）、玛格丽特・阿特伍德《遗嘱》（Margaret Atwood，*Testamentumok*）、乔治・奥威尔《1984》（George Orwell，*1984*）、莎莉・鲁尼《友好交谈》（Sally Rooney，*Baráti beszélgetések*）、博拉索・布朗《命运》（Borsa Brown, *A végzet*）、R. 凯莱尼・安吉丽卡《罗马，罗马》（R. Kelényi Angelika，*Róma, Róma*）和有川浩《旅行猫的编年史》（Hiro Arikawa，*Az utazó macska krónikája*）。[①]

---

① https://www.libri.hu/top200-2020?page=2.

表5 2016—2020 年文学类图书各细分领域种数与占比情况

类别	2016	2017	2018	2019	2020
诗歌、文选	511 种 /15.44%	602 种 /17.80%	525 种 /13.70%	545 种 /15.35%	647 种 /16.57%
小说、叙事作品	2449 种 /73.99%	2398 种 /70.90%	2940 种 /76.74%	2736 种 /77.05%	2491 种 /63.79%
戏剧、剧本	38 种 /1.15%	35 种 /1.03%	57 种 /1.49%	35 种 /0.99%	70 种 /1.79%
其他文学作品	312 种 /9.43%	347 种 /10.26%	309 种 /8.07%	235 种 /6.62%	697 种 /17.85%
合计	3310 种	3382 种	3831 种	3551 种	3905 种

资料来源：匈牙利国家统计局

2. 青少年及儿童读物

匈牙利青少年及儿童读物的分类主要以年龄为依据，包括分别面向 6~14 岁、14 岁以上青少年的小说和学龄前儿童的教育作品（绘本 [képeskönyv]、填色书 [kifestő]、折叠画册 [leporelló]、诗歌和童话书 [verses- és meséskönyv]）。2016 年以来，青少年及儿童读物内部呈现出逐渐均衡的趋势：原先数量最多的、面向学龄前儿童的图书种数波动减少，由 2016 年的 1003 种下降至 2020 年的 894 种；面向 6~14 岁儿童的图书种数则稳步增加，2020 年达到 840 种，是 2016 年的近两倍。面向 14 岁以上青少年的图书种数增长迅速，2016 年仅有 35 种，2019 年为 116 种，2020 年激增至 205 种，涨幅较 2016 年高达 485.7%。（见表 6）

根据里拉集团的数据，2020 年匈牙利销量最高的 10 本青少年及儿童读物分别是安托万·德·圣-埃克苏佩里《小王子》（kartonált Antoine De Saint-Exupéry，*A kis herceg*）、弗拉基米尔·苏捷耶夫《快乐故事集》（Vlagyimir Szutyejev，*Vidám mesék*）、J. K. 罗琳《哈利·波特与魔法石》（含精装与简装）（J. K. Rowling，*Harry Potter és a bölcsek köve*）、路易莎·梅·奥尔科特《小妇人》（Louisa May Alcott，*Kisasszonyok*）、纳吉·博迪萨尔《每个人的童话世界》（Nagy Boldizsár，*Meseország mindenkié*）、玛格达·萨博《阿比格尔》（Szabó Magda，*Abigél*）、J. K. 罗琳《吟游诗人比德尔的故事》（J. K. Rowling，*Bogar bárd meséi*）、J. K. 罗琳《哈利·波特与火焰杯》（J. K. Rowling，*Harry Potter és a Tűz Serlege*）和 J. K. 罗琳《哈利·波特与凤凰社》（J. K. Rowling，*Harry Potter és a Főnix Rendje*）。

表 6　2016—2020 年青少年及儿童读物出版情况

单位：种

类别	2016	2017	2018	2019	2020
面向 6 岁以下儿童	1003	1039	935	1200	894
面向 6~14 岁儿童	459	519	546	586	840
面向 14 岁以上青少年	35	63	76	116	205
合计	1497	1621	1557	1902	1939

数据来源：匈牙利国家统计局

3. 教科书

匈牙利教科书按照受众教育程度分为基础教育、中等教育、高等教育教科书以及其他类教科书，其中基础和中等教育教科书均属于公共教育教科书。2016 年以来，匈牙利各类教科书的出版情况发生很大变化。基础教育和中等教育使用的教科书一直居匈牙利教科书出版种数的前两位。2016 年，二者分别出版 950 种和 433 种，经历两年的起伏后，2019 年二者的种数都出现爆发式增长，分别出版 1325 种、683 种，较 2016 年分别增长 39.5% 和 57.7%。而 2020 年这两类图书的种数却戏剧性地遽降至 1025 种、503 种，较 2019 年降幅高达 22.6%、26.4%。高等教育教科书则与之相反，不仅自 2018 年起保持增长态势，2020 年出版种数更是激增至 587 种，超过中等教育教科书成为教科书中的种数亚军。（见表 7）

表 7　2016—2020 年匈牙利教科书出版情况

单位：种

类别	2016	2017	2018	2019	2020
基础教育	950	792	921	1325	1025
中等教育	433	422	477	683	503
高等教育	91	65	99	128	587
其他	368	289	236	298	—
合计	1842	1568	1733	2434	2115

数据来源：匈牙利国家统计局

造成这一冰火两重天局面的直接原因是近年来匈牙利公共教育教科书管理政策发

生重大转变。匈牙利政府通过行政手段大力扶持国有出版发行机构和教会出版商，私营出版商在公共教育教科书市场的发展空间不断受到挤压，只能转向高等教育用书出版。

自 2013 年以来，匈牙利政府将公共教育教科书的征订和发行权完全交由国有发行商克罗 (Kello)，私人发行商由此被挤出公共教育教科书发行市场。2014 年 1 月，《关于为国家公共教育提供教科书的 CCXXXII 法》（A nemzeti köznevelés tankönyvellátásáról szóló 2013. évi CCXXXII törvény）正式生效。根据该法案，匈牙利国家教育办公室（Oktatási Hivatal）负责公共教育教科书的认定和清单制订，列入清单的教科书均由匈牙利政府免费提供[①]。2015 年有 54% 的学生获得匈牙利政府发放的免费教科书，2019 年这一比例增加到 85%。2019 年匈牙利《国家公共教育法》修正案 (A közneveléssel összefüggő egyes törvények módosításáról és a nemzeti köznevelés tankönyvellátásáról szóló 2013. évi CCXXXII törvény hatályon kívül helyezéséről) 出台，其中第 93 条规定“被认可的教会或其内部的教会法人可以提名教科书”[②]。修正案的出台使教会出版商在公共教育教科书出版市场上获得了与国有出版商一样的有利地位。相比国有出版商和教会出版商，私人出版商的出版物要获得教科书认定并进入清单无疑面临更大难度。此外，匈牙利政府还通过其他政策限制私人出版商进入公共教育教科书市场。据匈牙利全国教科书专业协会（Tankönyvesek Országos Szakmai Egyesülete）披露，从 2014 年 1 月起，匈牙利私人出版商出版的新教科书无法再获得认定，而 2018 年底到期的通识教材也不再获准续期。上述政策措施导致数百种私人出版商出版的公共教育教科书被陆续从官方清单中删去。根据匈牙利全国教科书专业协会的统计，2016 年，在匈牙利公共教育教科书清单中，私人出版商出版的教科书有 1590 种（包括当年出版的新书和往年出版并仍在认定有效期内的教科书），占 2016 年公共教育教科书总种数的 44.1%，2019 年，私人出版商出版的教科书数量减少一半，仅有 762 种，占 2019 年总种数的 26.9%。[③] 为寻找出路，私人出版商只能转向不受政策限制的高等教育教科书市场。（见图 8）

---

① https://net.jogtar.hu/jogszabaly?docid=A1300232.TV×hift=20170101&txtreferer=A1100190.TV.

② https://mkogy.jogtar.hu/jogszabaly?docid=A1900070.TV.

③ 匈牙利公共教育教科书清单包括当年新出版的教科书和往年出版并仍在认定有效期内的教科书，匈牙利国家统计局仅统计每年新出版的教科书。

单位：种

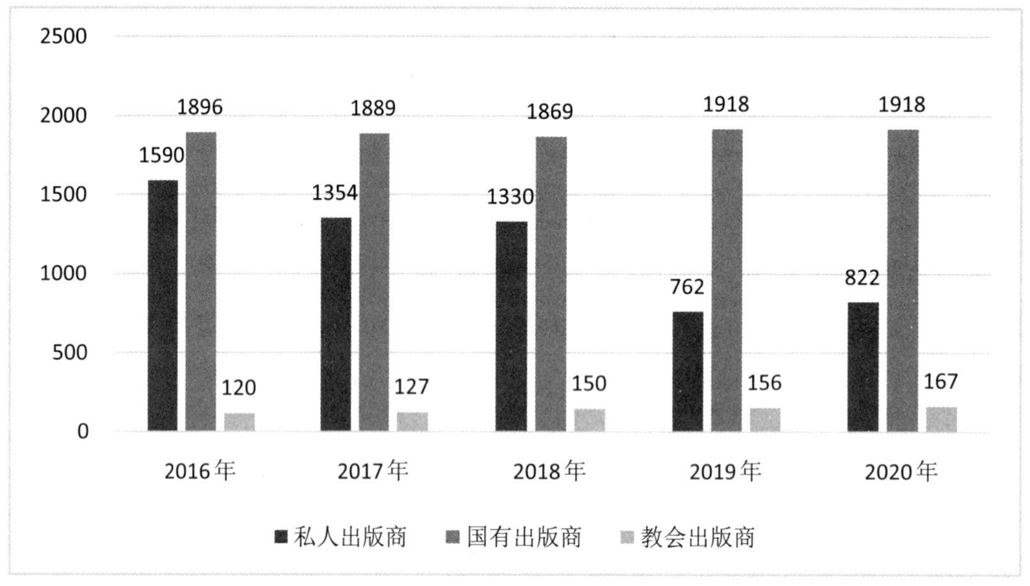

图 8　2016—2020 年匈牙利公共教育教科书清单中各类出版商出版种数

数据来源：匈牙利全国教科书专业协会

4. 电子书市场

匈牙利电子书市场规模较小，根据匈牙利图书出版及传播协会的数据，电子书仅占匈牙利图书市场份额的 1%~2%。这种情况一方面是由于高额税率的影响，匈牙利的纸质图书享受 5% 的优惠增值税率，而电子书和有声读物的增值税税率高达 27%①，电子书销售商不得不将高昂的税率转嫁到消费者身上，导致匈牙利的电子书价格有时甚至高于纸质书。另一方面，读者尚未形成付费阅读电子书的消费习惯。匈牙利国家反盗版委员会 (Hamisítás Elleni Nemzeti Testület) 的调查显示，与 2017 年相比，2020 年电子书的下载量从 19% 下降至 15%；当电子书需要收费时，2017 年 16% 的受访者表示“会等到免费时下载”，81% 的受访者表示“不会下载”，2020 年前者下降至 12%，后者则上升至 85%，表明越来越多的匈牙利人不愿意为电子书付费。

2018 年 10 月 2 日，欧盟理事会通过一项提案，允许成员国对电子出版物实行减税、超减或零增值税税率，从而使电子出版物和纸质出版物的增值税规则保持一致。目前

① https://mkke.hu/archivum/torvenyjavaslatok/digitalis_illetve_e_konyvek_kedvezmenyes_forgalmi_adoszintje.

大部分欧盟国家已在本国内落实为电子出版物降税的政策，但匈牙利政府至今未对此做出回应。

（三）行业组织

2017 年，匈牙利最大的图书发行、贸易和出版集团亚历山德拉（Alexandra）宣布部分破产，这给匈牙利的出版业带来重创。亚历山德拉集团成立于 1993 年，在 21 世纪初期已经拥有近 100 家书店。除销售图书外，集团旗下的亚历山德拉出版社是匈牙利最大的出版商之一，曾出版匈牙利语版本的《冰与火之歌》《尤利西斯・摩尔》等全球畅销图书。尽管规模庞大，亚历山德拉集团由于业务不明朗、内部管理混乱等问题多年来一直债务缠身。2017 年，亚历山德拉出版社因资金链断裂欠下 110 亿福林的债务并最终宣布破产，无法支付与之合作的出版商们的账单。这些合作者主要是小型出版商和个人作者，亚历山德拉出版社的破产意味着他们的损失将超过 30 亿福林。[①] 事件发生后，亚历山德拉出版社与集团书店业务剥离，这些旗下书店被收购。

在这种情况下，为保护中小型出版商的利益，2017 年气候出版社（Éghajlat Kiadó）、密涅瓦出版社（Minerva Kiadó）、完美出版社（Perfact Kiadó）、HGS 出版社（HGS Kiadó）和 G– 亚当出版社 (G-ADAM Kiadó) 共同成立匈牙利出版商利益保护协会（MKÉSZ）。协会的目标[②]是：使协会成员有可能对亚历山德拉集团采取联合行动（例如通过提起诉讼）；为出版商提供技术、后勤援助（例如要求关闭的书店归还库存图书）；呼吁现有的图书分销商代表进行谈判，以提高图书出版商的利润；为缺少法律支持的小型出版商提供法律建议；为缺乏信息的小型出版商建立信息渠道(例如邮件列表）。其长期目标还包括：为没有仓储能力的小型出版商提供物流解决方案；开发网络销售平台（网络商店），降低对传统批发商的发行依赖；创建专业、独立的图书基金会，为具有高文化价值的作品和优秀外文图书提供出版资助；为电子书出版提供法律和专业援助；为图书业从业人员制定道德规范。该协会对会员的国籍、注册资本、成交额和注册地址均没有特定要求，会员企业不论规模大小都享有平等的投票权。入会免费，年度会费为 12000 福林。

---

① https://mkesz.hu/nyiltlevel01.

② https://mkesz.hu/node/2.

目前该协会拥有 29 个出版商成员，承办过包括第 1 届家庭图书日暨书展（2018 年）、圣诞图书展览（2019 年）等大型活动。2020 年该协会主席致函匈牙利首席检察官，敦促政府通过法律手段制裁亚历山德拉出版集团并要求该集团尽快付清欠款[①]。

三、国民阅读情况

2020 年 6 月，匈牙利塔基社会研究所（TÁRKI Társadalomkutatási Intézet Zrt.）针对匈牙利成年人的阅读和购书习惯进行调查，上一次调查是 2005 年进行的。[②]研究发现，匈牙利成年人的阅读兴趣和消费需求与 2005 年相比都有所下降；文学类图书和娱乐性图书（szórakoztató irodalom）最受欢迎；传统纸质书在图书市场仍占据主导地位。

（一）阅读与图书消费情况

1. 阅读情况

线上调查显示，2020 年 13% 的匈牙利成年人有至少每周一次的定期阅读习惯，而在上一次调查中（2005 年）这一比例达 25%。妇女、年轻人（18~39 岁）和 60 岁及以上的人、受过中等及以上教育的人、布达佩斯居民、失业者、学生以及处于产假或育儿阶段的妇女中有阅读习惯的人数均高于全国平均水平。不阅读的原因方面，45% 的受访者表示只是因为“不喜欢阅读”，而在 2002 年和 2005 年的两次调查中，公开表示不喜欢阅读的非阅读人群比例要小得多，分别只有 22%、17%。本次调查中，33% 的受访者因为“没有时间”而不阅读，而在前两次调查中选择这一原因的比例分别为 39% 和 46%。这意味着，匈牙利成年人的阅读兴趣在显著下降。除去完全没有阅读习惯的受访者，其余受访者平均每年阅读 37 本书。在仅将阅读作为爱好的受访者中，21%的读者每年阅读不超过 10 本书，18% 的受访者每年阅读超过 50 本书。一次阅读一本书的受访者比例为 54%，略高于一次阅读多本书的受访者比例（46%）。在热爱阅读的受访者中，近一半（46%）读者每年至少阅读一本外语图书，英文图书

① https://index.hu/kultur/2020/12/09/levelet_irtak_a_konyvesek_polt_peternek/.

② 线上调查于 2020 年 6 月 26 日至 8 月 5 日完成，共计 2910 人参与，调查问卷发布在塔基的在线平台上，并由多个图书市场参与者（多个图书出版商网站、新闻网站和脸书页面，以及其他与阅读相关的脸书群组）分发到达目标群体。全国代表性调查（线下调查）的对象为居住在匈牙利的 998 名成年人，调查根据受访者的性别、年龄、教育水平和定居地点分别对受访者加以分类，调查内容与线上调查的内容一致，以进一步深入了解匈牙利成年人的阅读偏好和购书习惯。

最受欢迎，90% 的外语读者选择阅读英文图书。

全国代表性调查和网络调查的结果均显示，文学类图书和娱乐性图书是最受成年阅读人群欢迎的图书类型：2020 年，72% 的线下被调查者阅读文学类图书，69% 的线上受访者表示会定期阅读文学类图书和娱乐性图书。

2. 图书消费情况

线上调查显示，购书频率方面，2020 年，58% 的匈牙利成年人永远不会或几乎永远不会买书，9% 的人至少每半年买一次，7% 的人至少每季度买一次，25% 的人每年买几次书，只有 1% 的人每月买一次。在有阅读习惯的成年人中，69% 的人在 2020 年中至少购买过一次图书，这一数据较 2005 年略有下降，当时的比例在 74% 至 76% 之间。支出金额方面，读者本人及其家庭每个月用于购书的费用从 300 福林到 10 万福林不等，平均花费 12661 福林，约占 2020 年匈牙利人均月收入的 3.1%。年度支出水平随着读者的所在地而改变：居住在农村的家庭一年支出最少，而布达佩斯的家庭一年支出最多。促销对读者购书行为有较大影响，最具吸引力的促销包括一次性打折和季节性降价，85% 的受访者表示会有意识地关注并利用这些促销活动，55% 的受访者表示愿意推迟购书以享受优惠价格，49% 的受访者主要以折扣价购买新版图书（在书店或线上），而 18% 的读者倾向于图书馆借阅。购书渠道方面，被调查者没有表现出明显偏好，2020 年曾在书店购买过纸质书的受访者比例和曾在网上书店购书的受访者比例均为 88%。

线上调查和全国代表性调查的结果都表明，传统纸质书在匈牙利图书市场牢牢占据主导地位。线上调查显示，2020 年，97% 的受访者选择购买纸质书，29% 的人选择购买电子书，8% 的人选择购买有声书。在全国代表性调查中，34% 的受访者选择购买纸质书（在图书购买者中的比例为 94%），2% 的受访者选择购买电子书（在图书购买者中的比例为 6%），1% 的人选择购买有声图书（在图书购买者中的比例为 3%）。

（二）阅读设施建设与使用情况

1. 建设情况

匈牙利图书馆服务点包括独立图书馆和非独立的图书馆服务点两类，后者是小型聚居地政府为其居民提供阅读服务的服务点。2016—2020 年，匈牙利的图书馆服务点数量略有减少，其中独立图书馆规模明显萎缩，非独立服务点的数量有所增加。2016

年，匈牙利有非独立服务点 2537 个，占图书馆服务点总量的 67.1%，到 2020 年，非独立服务点已有 2709 个，占图书馆服务点总量的 73%。（见表 8）此外，匈牙利政府还为部分农村地区配备图书馆巴士 (könyvtár busz)，以更好地提供图书借阅服务。萨博尔奇 – 萨特马尔 – 贝雷格县 (Szabolcs-Szatmár-Bereg) 的莫里茨 · 齐格蒙德图书馆（Móricz Zsigmond Könyvtár）、包尔绍德 – 奥包乌伊 – 曾普伦县（Borsod-Abaúj-Zemplén）的拉科齐 · 费伦茨二世图书馆（Ferenc Rákóczi II. Könyvtár）、赫维什（Heves）的桑多 · 布罗迪图书馆 (Sándor Bródy Könyvtár) 每馆有一辆图书馆巴士，位于巴兰尼亚州 (Baranya) 的哲泽 · 科索尔巴图书馆（Csorba Győző Könyvtár）有两辆图书馆巴士。上述五辆图书馆巴士的图书借阅服务已覆盖匈牙利 173 个地区的广袤乡村。①

表 8　2016—2020 年匈牙利图书馆服务点数量

单位：所

类别	2016	2017	2018	2019	2020
独立图书馆	1242	1203	1107	1014	1001
非独立服务点	2537	2564	2648	2707	2709
合计	3779	3767	3755	3721	3710

资料来源：匈牙利图书出版及传播协会

除国家图书馆外，匈牙利独立图书馆可分为专业图书馆②和公共图书馆两类。2016 年以来，匈牙利公共图书馆服务点的数量基本稳定，但专业图书馆服务点的数量大幅减少。根据匈牙利图书馆学会（Könyvtári Intézet）统计，2016 年，匈牙利共有专业图书馆 565 座，此后逐年减少，2020 年仅剩 490 座，5 年间减少约 13.3%。（见表 9）

表 9　2016—2020 年匈牙利专业图书馆和公共图书馆数量

单位：座

类别	2016	2017	2018	2019	2020
国家图书馆	1	1	1	1	1

① https://ki.oszk.hu/.

② 专业图书馆指负责某一特定领域、学科的图书馆，只收集（主要）属于该领域的文献。

续表

类别	2016	2017	2018	2019	2020
专业图书馆	565	551	523	505	490
公共图书馆	3212	3215	3231	3215	3219

资料来源：匈牙利图书馆学会

2. 使用情况

根据匈牙利图书馆学会的数据，图书馆服务点的注册用户数量近年来持续下降。[①]2016 年匈牙利图书馆服务点有注册用户 220.6 万，活跃用户[②]172.4 万；2019 年注册用户降至 190 万，活跃用户降至 151 万。2020 年，为应对疫情，图书馆多次暂时性关闭，年平均开放天数由 2019 年的 170 天减至 107 天，注册用户和活跃用户也分别大幅缩减至 147.5 万和 113.4 万。（见图 9）

单位：万人

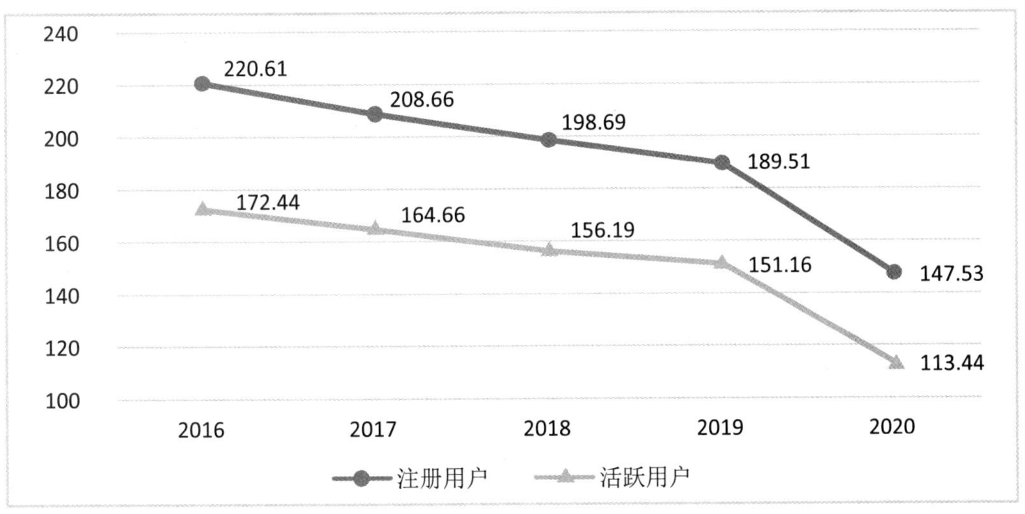

图 9　2016—2020 年匈牙利图书馆注册用户和活跃用户人数

资料来源：匈牙利图书馆学会

① 注册用户指给定年份在机构注册的人。1997 年关于博物馆机构、公共图书馆服务和公共文化的 CXL 号法律（A muzeális intézményekről, a nyilvános könyvtári ellátásról és a közművelődésről）规定，公共图书馆（国家、县范围内的市、市和村政府为居民提供图书馆服务的服务点、国家专业图书馆和国立大学图书馆）在当地提供的基本服务是免费的。因此，这些无须注册的图书馆服务可能会导致图书馆实际用户的比例更高。

② 活跃用户是指在图书馆服务点注册并在报告期内至少使用过一次图书馆服务的人。

2016—2019 年，匈牙利图书馆服务点的注册用户和活跃用户占匈牙利总人口的比例[①]均呈小幅下降趋势，2020 年疫情的影响明显加剧这一趋势。2020 年，匈牙利图书馆服务点注册用户占总人口比例为 15.1%，比 2019 年减少 4.3%；活跃用户人数比例降为 11.6%，比 2019 年降低 3.9%。（见图 10）

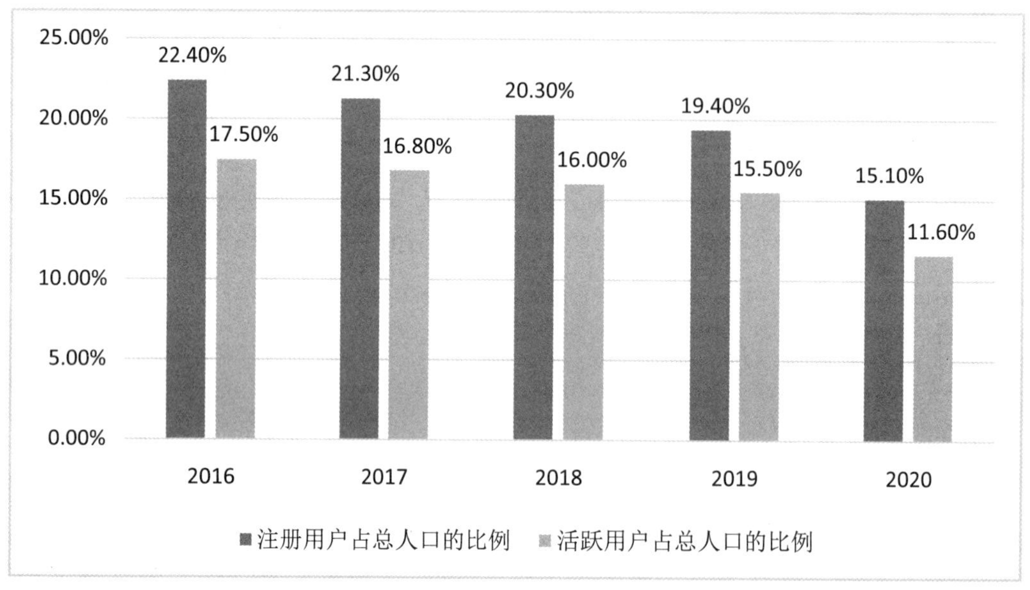

图 10　2016—2020 年图书馆注册用户和活跃用户人数占总人口比例

资料来源：匈牙利图书馆学会

自 2018 年以来，匈牙利国家图书馆对注册用户的年龄构成进行持续跟踪。研究显示，2018—2020 年间各年龄段的注册用户数均有所下降。研究期内，55~65 岁的注册用户数量降幅最大，高达 45.2%；65 岁以上的注册用户数量降幅最小，为 20.4%。不同年龄用户群在注册用户总数中的占比结构并未发生变化，说明疫情对不同年龄用户的借阅习惯没有产生明显影响。3 年间，18~54 岁的注册用户数量在注册用户总量中始终占比过半。其中，30~54 岁的用户比例最高（28%~30%），其次是 18~29 岁的用户（25%~26%）。14 岁以下的用户占比维持在 21% 左右。14~17 岁的注册用户比

① 注册用户和活跃用户占总人口的比例为估计值。由于并非每个图书馆服务点都使用统一的中央注册系统，如果同一个读者在多个图书馆服务点注册，而其中某个图书馆未使用中央注册系统，那么这将被视为是多个读者注册的。

例始终最低，3 年间维持在 6% 上下。（见图 11）

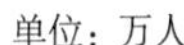

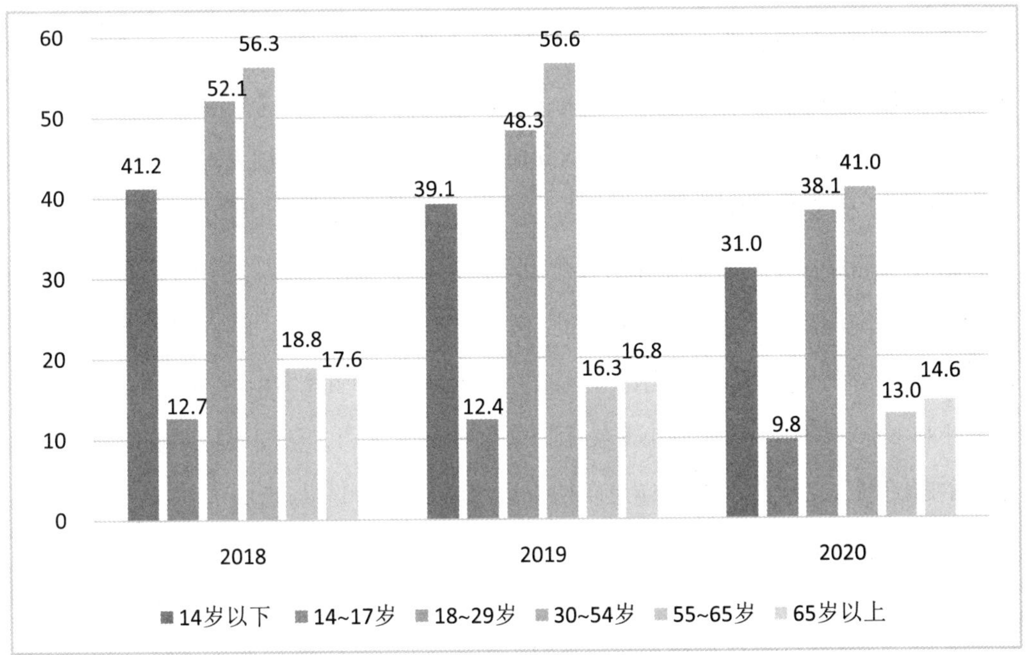

图 11　2018—2020 年匈牙利国家图书馆各年龄段注册用户数变化

资料来源：匈牙利国家图书馆

四、中匈出版业交流合作情况

匈牙利政府始终坚持对华友好政策。2019 年 4 月，中匈两国签署多项双边协议，包括建立中匈合作中心、体育领域合作、“数字丝绸之路”和成立促进无障碍贸易工作组，并就匈牙利家禽对中国的出口签署双边协议。[①] 在此背景下，中匈出版界的交流合作不断深化。

科苏特出版集团是近年来与中国出版界合作较多的匈牙利企业。2018 年 8 月 23 日，中国 – 中东欧国家出版联盟（16+1 出版联盟）启动仪式在北京举行，科苏特出版集团是首批联盟成员之一。同年，外语教学与研究出版社（以下简称“外研社”）

① https://hirado.hu/kulfold/cikk/2019/04/25/orban-pekingben-az-egy-ovezet-egy-ut-kezdemenyezes-egybeesik-a-magyar-nemzeti-erdekekkel/#.

与科苏特出版集团建成在中东欧地区继保加利亚、波兰之后的第三个海外中国主题编辑部，借助双方优质资源，相互推介和翻译优秀的文学、文化作品，为实现中国与中东欧国家的文化双向交流搭建起桥梁，在中国出版物国际推广与传播上迈出坚实的一步。目前，该编辑部成功出版《孔子的智慧》《老子如是说》和苏童小说《米》的匈牙利文译本，《中华思想文化术语》《像任正非一样去经营》《外国人巧学汉字》和《十二生肖的故事》也签署版权输出意向协议。2019 年 4 月，由人民卫生出版社、商务印书馆、人民文学出版社、江西出版集团等 11 家单位组成的中国展团参加第 26 届布达佩斯国际图书节。展会期间，江西出版集团旗下中文传媒作为中国 – 中东欧国际出版联盟成员单位，与科苏特出版集团、外研社签署三方协议，就合作翻译出版项目达成谅解备忘录；中国图书进出口（集团）总公司积极开拓“中国文化走出去”业务，与匈牙利书店、图书馆洽谈图书实物出口及电子书库合作，与匈牙利出版社签署翻译出版主题图书、文学作品等合作意向协议近 10 种，并加深与当地优秀汉学家、译者等专家的密切联系。

部分中国文学类图书也在匈牙利打开市场。2018—2019 年，匈牙利欧洲出版社陆续出版刘慈欣的《三体》三部曲匈牙利文版（包括《三体》《黑暗森林》和《死神永生》），其译者为匈牙利知名翻译家皮克・佐尔坦（Pék Zoltán）。2019 年，金庸的武侠小说《射雕英雄传》匈牙利文译本由匈牙利里拉集团出版。[①] 这些作品在匈牙利图书评分网站上均获得 85% 左右的好评和上百条评论。[②]

参考文献

1. 匈牙利中央统计局 . 新冠疫情阴影下的图书出版 .

2. 匈牙利全国教科书专业协会 . 近 8 年匈牙利教科书市场研究 .

3. 匈牙利图书馆学会 . 图书馆网络 . 图书馆用户》.

4. 匈牙利塔基社会研究所 . 匈牙利成年人的阅读习惯调查 .

5. 中国 – 中东欧研究院 . 中国与匈牙利：70 年双边关系的变化 .

---

① https://china-cee.eu/wp-content/uploads/2020/01/70_YEARS_PDF_CEE.pdf.

② https://moly.hu/konyvek/csin-jung-hos-szuletik.

6. 匈牙利政府官网 . https://kormany.hu.

7. 匈牙利中央统计局 . https://ksh.hu.

8. 匈牙利图书出版及传播协会 . https://mkke.hu.

9. 匈牙利出版商利益保护协会 . https://mkesz.hu.

（作者单位：中国新闻出版研究院；北京外国语大学）

意大利出版业发展报告

甄云霞　钱　蔚

意大利共和国（Repubblica Italiana）位于欧洲南部地中海地区，欧盟成员国之一，截至 2022 年 1 月国内人口数量约为 5898 万人。意大利政治局面相对稳定，现任第 68 届政府成立于 2022 年 10 月，总理为焦尔吉娅・梅洛尼，总统塞尔焦・马塔雷拉于 2022 年 2 月当选连任。2020 年 9 月意大利以近 70% 的支持率通过修宪公投，将削减参众两院议员人数，提高行政效率。自 2008 年国际金融危机以来，意大利经济形势持续低迷，财政常年赤字，政府债务沉重。2020 年意大利经济遭受新冠感染疫情严重冲击，国内生产总值下降 8.9%，跌至近二十年来最低水平。随着疫情逐渐平稳，在欧盟复苏基金的支持下，意大利于 2021 年 6 月通过经济复苏计划振兴国家经济，该年度国内生产总值增长 6.6%，恢复至 1.78 万亿欧元，进出口总额分别增长 14.5% 和 13.3%[①]。

一、出版业发展背景

由于意大利国内经济近十年来增长乏力，国民阅读率持续走低，意大利出版行业的发展受到极大制约。在 2020 年新冠感染疫情大流行的背景下，整个国内出版业面临着前所未有的严峻考验。为了支持该行业的恢复与发展，2020 年意大利通过法律形式完善了政府对出版业的支持措施。同年 5 月 19 日，意大利发布《与新冠感染疫情紧急状况有关的卫生、工作和经济政策及社会政策》（Misure urgenti in materia di

① 资料来源：外交部网站意大利国家概况。

salute, sostegno al lavoro e all'economia, nonché di politiche sociali connesse all'emergenza epidemiologica da COVID-19，也称《意大利重启计划》），宣布遏制疫情蔓延和逐步恢复社会经济发展的应对措施，帮助企业渡过疫情期间的停摆状态以及开展复工复产工作。在计划中，意大利政府将包括出版业在内的文化产业作为重启的重要环节，通过设立基金、税收优惠、资金补助等方式推广阅读，支持出版。

（一）出版管理部门调整

根据2021年3月1日第22号法令《关于各部委职能重组的紧急规定》（Disposizioni urgenti in materia di riordino delle attribuzioni dei Ministeri），承担意大利出版管理职能的原意大利文化遗产、活动及旅游部正式更名为意大利文化部（Ministero della cultura，简称MiC），不再承担旅游管理职能。根据2021年6月24日第123号部长会议主席令，2021年9月30日起意大利文化部实行新组织条例，废除原先的旅游司，新增国家复苏计划特别机构（Soprintendenza speciale per il Piano Nazionale di Ripresa e Resilienza），负责协调、实施和监管复苏计划中涉及文化部的任务，保留至2026年12月31日。调整后的意大利文化部设有11个中央级管理部门、1个特别机构和文化遗产数字化研究中心等若干享有部分自主权的机构，其中出版业的主管部门图书馆与版权司（Direzione generale Biblioteche e diritti d'autore）组织不变，仍然设有图书馆与文献遗产保护、版权保护2个职能部门和图书与阅读中心（Centro per il libro e la lettura）等3个独立机构。

图书与阅读中心的具体职责进一步丰富并细化：组织意大利阅读促进和图书推广活动，其中包括每年至少1次全国性活动；与外交部合作参加国际书展，在国外推广意大利图书、文化和作家；与教育部合作支持教育机构的阅读活动；与部长联席会议共同在各类媒体平台发起阅读推广活动，提高年轻人的阅读率；鼓励对图书、阅读、翻译、多媒体出版的研究及相关期刊、专著出版；发布出版市场及阅读状况研究报告；通过网络平台等渠道发布中心相关活动资讯；传播有关图书馆网络和相关服务的知识；组织出版业相关展览、活动、培训课程和研讨会等。

（二）出版业支持法律完善

在原有《版权法》《出版法》和《出版公司纪律和规定》的基础上，2020年2月13日意大利政府颁布了第15号法令《阅读推广和支持规定》（Disposizioni per la promozione e il sostegno della lettura）。新规首次系统地以法律形式整合并确立了政府对阅读、出版的支持措施，主要有以下方面。

规定意大利政府以三年为单位颁布《国家阅读推广行动计划》（Piano nazionale d'azione per la promozione della lettura，以下简称《行动计划》），由文化部和教育部协商起草，提出《行动计划》应当考虑的总体目标和优先事项；文化部设立国家阅读推广行动计划基金，从 2020 年起每年拨款 435 万欧元，由图书与阅读中心管理，由图书馆系统、教育机构、书店及其他有助于实施国家和地方阅读推广计划的组织使用；图书与阅读中心每两年对行动计划的成果进行检测和评估。

各大区政府根据《国家阅读推广行动计划》的总体目标制定《地方阅读公约》（Patti locali per la lettura），支持当地学校、图书馆等公共和私人机构参与推广活动，图书与阅读中心定期调查并收集《地方阅读公约》的执行情况；意大利政府授予符合条件的候选城市“意大利图书之都”的称号，自 2020 年起该项目每年可获得不超过 50 万欧元的拨款。

在校园阅读方面，各级公立、私立学校将阅读纳入课程和教育体系，促进教育机构之间，教育机构与基金会、图书馆、文化协会等机构之间的合作；每年拨款 100 万欧元为学校的工作人员以及参与学校图书馆管理的人员组织培训。文化部每年拨款 100 万欧元设立“文化卡”（Carta Cultura）基金，向经济困难家庭发放面值为 100 欧元的图书消费卡；将至少 1% 的营业额捐赠给该基金的企业可获得授权使用文化部标志。

政府对 2011 年颁布的《图书售价新规》进行修订，将线上线下销售渠道的最高折扣从图书售价的 15% 降至 5%，教科书最高折扣限额为售价的 15%，禁止任何主体（包括书展活动）采取超过该折扣的商业行为；经文化部批准，出版商在 1 年中仅有 1 个月可以提供不超过图书价格 20% 的折扣，销售点可以提供不超过 15% 的折扣，且该优惠不能涉及近 6 个月内出版的图书；在 500 万欧元的基础上每年追加 325 万欧元拨款，用于减免书店的税收；符合相应条件的图书销售点可以在文化部的“优质书店”注册簿中登记，有权使用“优质书店”商标，有效期为三年。

（三）疫情期间的出版支持政策

为应对新冠感染疫情，意大利自 2020 年 3 月 3 日进入全国健康卫生紧急状态，持续至2022年3月31日。文化产业是受疫情影响最为严重的部门之一，特别是中小型和微型企业，恢复速度相比其他经济部门也更为迟缓。

1. 图书业支持政策

意大利紧急状态期间的图书出版支持措施有两个特点，一是将图书定义为“必需品”并对图书业予以特别关注，二是充分考虑到产业链中从生产到分销的各个环节，尤其注重通过刺激消费推动产业恢复。除了支持企业和员工、自由职业者以及税收方面的一般性政策，2020年5月发布的《意大利重启计划》中第8章第183、189条涉及支持出版产业的专门措施，其中最首要的是意大利文化部设立的文化企业与机构紧急基金（Fondo emergenze imprese e istituzioni culturali，以下简称“文化基金”），2020年拨款2.1亿欧元支持书店、出版产业公司及员工、博物馆和其他文化机构、场所补偿因疫情取消的博览会、展览等造成的损失（针对出版业的拨款详情见表1），这项针对整个文化产业的应急基金为之后所有干预措施提供了基础。

表1　意大利政府在紧急状态期间对出版业的公共支持项目拨款

单位：万欧元

措施	类别	对象	资助金额
“18周岁”文化消费券	需求支持	公民	3000
文化卡		公民	1500
图书馆采购基金		图书馆	3000
书店补贴	直接支持	书店	1000
小型出版商资助		出版商	1000
旅游艺术出版商资助		出版商	1000
译者资助		译者	500
意大利图书海外译介资助		出版商	40
总计			11040

资料来源：图书与阅读中心，《2020—2021年意大利阅读与文化消费白皮书》

该拨款涉及图书出版业的多个公共项目（见表1）。在图书消费层面，“文化基金”向文化部设立的“18周岁”文化消费券项目拨款3000万欧元，2020年该项目总预算由疫情前计划的1.6亿欧元追加至1.9亿欧元[①]，18周岁的青少年可以领取消费券，用于购买包括图书、电影票、音乐会门票等在内的文化产品；虽然该项目针对广泛的文化产品，但是图书消费持续占比60%以上。同时，对于2020年2月刚刚设立的面向贫困家庭的“文化卡”基金，捐赠金额也从100万欧元增加到1600万欧元。2020年6月4日第367号法令批准了一项非常具有创新性的措施——从“文化基金”中拨款3000万欧元设立图书馆采购基金：意大利各公共图书馆根据馆藏规模可分别获得1500欧元、3500欧元、7000欧元补助，并向所处区域内至少三家不同书店购买图书。截至2021年底，共有4786家图书馆获得了该基金的资助。

在图书生产层面，2020年意大利政府设立小微企业基金和书店基金，并开放特别程序简化申请流程。营业额低于200万欧元、雇员少于10人的微型企业和营业额低于1000万欧元、雇员少于50人的小型企业均可申请补助，金额相当于其2019年营业额的2%；“文化基金”拨款1000万欧元向书店发放税收补贴。此外，翻译者和作者也可以向“文化基金”申请紧急补助，最高金额相当于2019年度收入的25%，且不超过3000欧元；意大利作者和出版商协会（Società Italiana degli Autori ed Editori，简称SIAE）也将2019年和2020年度收取的版权使用费的10%用于补贴作者和出版商，总计190万欧元。意大利外交部从“意大利重启计划”分配的资金中拨款40万欧元支持意大利图书在海外的翻译出版，在紧急状态期间共有238种意大利图书被翻译成40多种语言。

2. 报刊业支持政策

2016年11月起意大利经济和财政部设立信息多元化和创新基金，鼓励出版行业在信息呈现方面的创新以及新兴出版公司在数字领域的发展。2020年该基金共拨款8850万欧元，较前两年增加约400万欧元，其中7060万欧元面向意大利报刊出版公司，1091万欧元面向少数语言报刊出版公司，103万欧元固定拨款面向斯洛文尼亚语报纸，244万欧元面向在海外发行的报纸，200万欧元固定拨款面向在海外发行的期刊，100万欧元固定拨款支持面向视力障碍人士的特殊出版物，52万欧元面向消费者协会出版物。除发行党报、工会报刊、专业报刊的出版商以及上市公司旗下的出版商之外的意

① 2020—2021年度该项目原预算1.6亿欧元，由文化部拨款，“文化基金”设立后又追加3000万欧元拨款，共计1.9亿欧元。

大利报刊出版公司可申请该基金资助，按规定百分比补贴出版制作费用、数字出版费用和网站管理费用，资助上限为公司收入的 50%。

除了直接资助，意大利政府还通过邮政资费优惠、报刊零售点税收减免、出版产品采用最低增值税率、广告收入增值税减免等间接措施支持出版业发展。在意大利，针对出版产品的增值税采用一次课征制，在产品流转的全过程中仅对出版商和最终消费者之间的环节征税，应税基数与实际销售或发行的份数有关，图书增值税退税比例为销售量或发行量的 70%，报刊比例为 80%。为鼓励阅读和数字教育，意大利政府从 2020 年起为各级教育机构报销报刊订购费用，报销比例最高达 90%，2021 年向各级学校拨款 1342 万欧元，相比 2020 年大幅增加。

在 2020—2021 年全国健康卫生紧急状态期间，报刊企业获得直接资助的门槛进一步降低，地方性报刊需达到的最低销售量由年度发行量的 30% 降至 25%，全国性报刊由 20% 降至 15%。由于疫情期间出版物销量大幅减少，若根据销量计算出当前年度出版商可获资助金额低于上一年度，则实际发放与上一年度金额相当的资助。报刊增值税退税比例由销售量或发行量的 80% 增至 95%，采用特殊税率之后，2020 年报刊业增值税退税 1300 万欧元，2021 年退税 2070 万欧元。

此外，意大利政府还对报刊出版公司的各项支出实行一系列补贴措施：疫情期间人们对数字服务的需求增加，2020 年意大利政府共拨款 800 万欧元支持出版企业的数字化转型，按 30% 的报销比例补贴出版公司在购买及维护网络服务、制作电子出版物等方面的支出[①]，2021 年和 2022 年该拨款增至 1000 万欧元；2021 年拨款 6000 万欧元用于补贴出版物在印刷、分发、销售环节中产生的运输费用；2020 年、2021 年意大利政府各拨款 3000 万欧元，补贴出版企业采购印刷纸张的费用。为了向公民提供信息获取的基本服务，意大利各报刊零售点即使在疫情最严重的封锁区域也被允许开放，同时意大利政府将报刊零售点的费用补贴限额提升至 4000 欧元，可纳入补贴的费用类型增加；2020 年信息多元化和创新基金拨款 700 万欧元，向没有退休金或其他收入来源的报刊零售点经营者发放人均 500 欧元的一次性补助，2021 年该补助增加到每人 1000 欧元。

---

① 30% 是政府补贴的报销比例，报刊出版公司可以申请的报销金额相当于该公司在数字化方面支出费用的 30%。

3. 国家阅读推广行动计划

意大利文化部根据《阅读推广和支持规定》制定了第一个《国家阅读推广行动计划》，于 2022 年 2 月 17 日颁布。该计划自 2021—2023 年度期间执行，由国家阅读推广行动计划基金提供资金支持，图书与阅读中心负责协调实施与监测，每两年出具一份成果评估报告。

《行动计划》确定了意大利阅读推广战略和干预措施的方案框架、总体目标和优先事项，旨在评估意大利阅读推广经验和体系，推动全国性阅读相关干预措施和服务模式，开发数据收集工具和基础设施监测、评估计划实施效果，在机构和民众中宣传阅读作为社会文化发展和人民福祉基础的重要性。根据该目标，《行动计划》确定了意大利阅读推广战略的优先事项：扩大图书在社会范围的传播，缩小读者数量的地域差距；推动无障碍阅读和相关设施的建设，保证残障人士和语言障碍人士平等享受阅读的机会；提高数字阅读能力，与纸质阅读相结合；支持图书业的公共或私营机构，特别是图书馆和书店；在学校和图书馆促进跨文化和多语言阅读；消除教育和文化贫困；多行业协同促进阅读推广。除此之外，《行动计划》还特别关注幼儿、老年人和残障群体，以及与社会福利机构、医院、监狱、剧院等机构的合作。

在《行动计划》中，图书与阅读中心公布了 2021—2023 年《行动计划》实施基金对不同类别推广项目的资助额度：每年 100 万欧元用于资助鼓励幼儿阅读项目，150 万欧元用于各地方整合区域内的教育、文化机构，33.3 万欧元用于支持帮助阅读困难或残障人士获取出版物的项目和平台，53 万欧元针对教师培训项目，50 万欧元用于支持剧院世界文学经典的朗读项目，40 万欧元用于支持意大利语图书、意大利作家作品在海外的译介和推广。此外，《行动计划》将学校作为推动阅读的关键领域，特别关注全国校园图书馆网络的建设。根据计划，各大区教育单位需在各级学校中选出一所中心学校，负责协调该系统内部校园图书馆之间的合作，与公共机构、文化协会的交流，校园图书馆工作人员的培训，以及各项举措的评估工作。

《阅读推广和支持规定》要求意大利各省级行政单位和大都市根据《国家阅读推广行动计划》和区域特殊性制定《地方阅读公约》，每三年更新一次。由图书与阅读中心负责确定《地方阅读公约》的规定准则，并建立可供查询的数据库。《地方阅读公约》旨在增加当地的读者数量，以协议的方式确定当地负责管理相关资源和项目目标的牵头机构，地方政府和相关机构的干预措施，对图书馆、学校和其他公共或私人机构的阅读推广实践的资金支持。截至2022年6月图书与阅读中心已收集了331份《地方阅读公约》，其中219份已纳入在线数据库。

（四）国民阅读情况

在欧洲几大主要出版市场中，意大利是人口阅读指数最低的国家，且近年来持续降低。根据意大利国家统计局数据，2019年意大利14~75岁年龄段的读者规模约为4550万人，国民阅读率为65%，与往年基本持平；纸质书阅读率为62%，此外25%的意大利人阅读电子书，10%收听有声书。

意大利的读者群体趋向年轻化，0~14岁群体阅读率高达85%，55岁以上人群的阅读率最低，仅有46%；地域差异和性别差异较大，女性阅读率比男性高出10个百分点，南方地区和城市郊区居民的阅读率明显低于全国平均水平。读者之间阅读强度有明显差异，由弱到强呈现金字塔状的分布，44%的读者每四个月内阅读的图书不超过1本，与此同时，16%的读者每年阅读12本以上图书，2%的读者年度阅读量超过36本，约为130万人。读者的人均阅读量为6.5本，相比2017年下降了1本。整体而言，读者的阅读习惯呈现碎片化、间歇性的趋势，仅有12%的读者每日连续阅读时间超过1小时，而叙事节奏快速、人物个性强烈的文学作品以及图像内容丰富的出版物更容易获得意大利读者的青睐。造成意大利国民阅读率低迷的原因之一是意大利家庭藏书数量较少，24.4%的意大利家庭持有的图书数量不超过10本，仅有7.3%的家庭拥有超过400本图书；与阅读相比，使用智能手机、平板电脑和在付费电视上观看电视剧成为意大利家庭休闲娱乐最主要的方式。

2020年国民阅读状况受到新冠疫情的强烈冲击，5月意大利第一次全国封锁时期阅读率仅为58%，纸质书阅读率（53%）因书店、图书馆的关闭受到负面影响最大。居家期间空闲时间不足、没有安静环境、缺少阅读欲望是造成疫情期间意大利阅读率下降的主要原因。直至2020年10月，在疫情发展相对稳定的第二次封锁时期，阅读率回升至61%，读者数量增加了约140万人。疫情期间，数字形式的电子书、有声书阅读率则相比上一年度略有增加，分别为26%和11%；同样在图书馆，2020年数字内容借阅量同比增长103%，在第一次封锁期间更是达到了惊人的250%。

二、图书业发展情况

新冠感染疫情爆发前夕，2019 年意大利图书业实现了自 2010 年以来的首次正增长，市场销售额同比增加 4.9%，销售量增加 3.4%，市场总估值 30.38 亿欧元，加上未纳入统计的交易渠道和网点、服务产品，2019 年意大利图书业的市场价值可能已经恢复甚至超过 2011 年经济危机前的水平。然而，2020 年疫情对意大利出版业造成极大冲击，纸质书出版、书店经营、销售和交流活动等方面均受到显著影响。

（一）市场整体状况

2020 年 1 月下旬意大利首次报告新冠病毒感染病例，随后面对疫情全球大流行，意大利政府在 2020 年 3 月至 5 月采取第一次封锁措施。封锁期间，书店强制关闭，从业人员流动受到限制，原本计划在书店举行的活动以及书展、文学节等活动纷纷延期或取消。与此同时，2020 年 3 月超过 96% 的出版商全部或部分以远程办公的形式复工，许多书店开始提供线上预定、送货上门服务，数字图书馆借阅量增加。

2020 年前 18 周中，图书业约损失 1.35 亿欧元和 790 万册销量，同比减少 19% 到 22%，独立和连锁书店、线上书店和大型商超的图书销售额与 2019 年同期相比减少 9030 万欧元，报刊亭、文具店、专业书店、书展和艺术展览中开放的图书销售点等渠道则损失至少 4460 万欧元。书店的损失尤其严重，直到 7 月销售额才开始恢复增长。电子商务在疫情封锁期间发展迅速，2019 年线上图书销售渠道的市场占比为 27%，2020 年 4 月达到 48%。伴随着电子商务的增长和线下书店的重新启动，意大利图书业逐步恢复，截至 7 月前的年度销售额比上一年度减少 11%，损失下降了约一半，到 9 月底该数值进一步下降到 7%。截至 2020 年 12 月，意大利的纸质图书销售额同比增长 0.3%，电子书和有声读物增长 43.1%。关闭书店不仅对零售额造成影响，整个图书业中生产、印刷等其他环节也受到明显波及。在出版方面，2020 年前 18 周中，纸质新书出版量同比减少 66%，电子书则增加 22%。截至 2020 年 12 月底，纸质新书出版量有所增长，与往年同期相比仅减少 9%，电子书的增长幅度也趋向放缓，同比增加 9%。

2020 年意大利共出版 73675 种纸质图书（见图 1），相比于 2019 年减少 5.9%；新出版电子书 52273 种，相比于 2019 年增加 7.2%，部分弥补了纸质书出版量下降带来的损失。此外，通过自助出版的方式出版的纸质图书有 10320 种，电子书 17316 种。意大利市场上在售的纸质图书有 126.3 万种，电子书有近 50 万种，分别比 2019 年增加 4.5% 和 9%，这意味着商业上有生命力的图书正在增加。电子商务平台的发展是图书种数增长的重要原因之一， 1998 年意大利在售图书有 339883 种，接下来的十年中随着意大利互联网书店（Internet Bookshop Italia, 简称 IBS）平台的推出，图书种数翻了一番，直到 2010 年亚马逊平台进入意大利，市场内在售图书共有 716184 种，随后十年逐年稳步增长。

单位：种

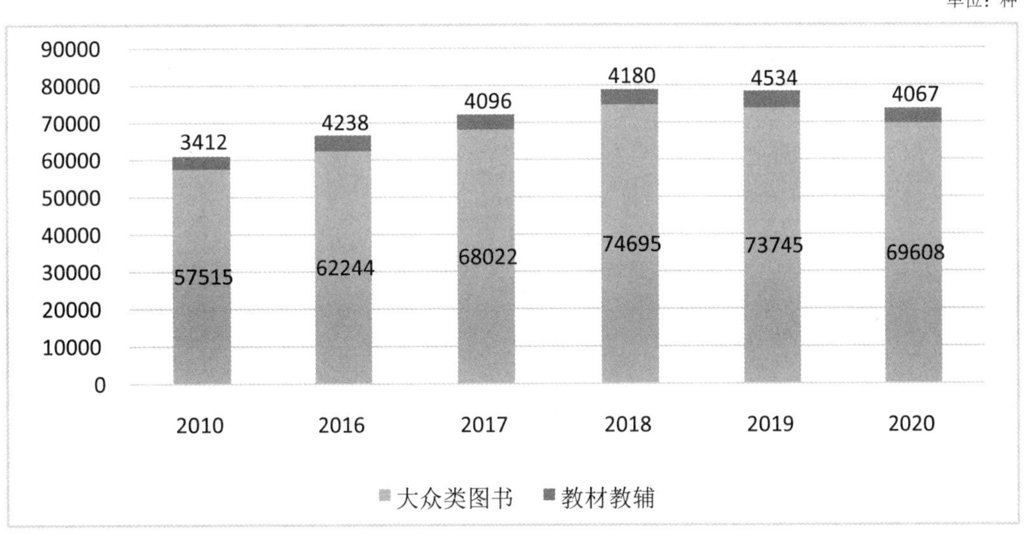

图 1　2010—2020 年意大利大众类图书和教材教辅新书出版数量

资料来源：意大利出版商协会，《2021 年意大利出版行业报告》

2020 年意大利图书市场总体规模约为 30.56 亿欧元（见表 2），尽管存在诸多封锁和限制，市场价值仍然实现小幅增长，相比 2019 年增加约 0.1%，在意大利各文化产业中排名第二，仅次于付费电视。常规销售渠道各类图书销售额达到 14.3 亿欧元，同比增加 0.3%；电子书销售量和有声读物订阅量均大幅增长，同比分别增加 36.6% 和 94.6%。纸质图书销量为 9070 万册，略有下降（-0.8%），而电子书下载量增长到 1380 万册（+36.6%），图书总销量比 2019 年度增长 2.9%。图书销量增长率高于销售额增长率揭示出意大利图书业转向一种健康的增长方式，影响市场增长的是消费者购买数量的增加而非价格的上涨。纸质图书的平均售价持续降低，平均每本 19.81 欧元，比 2010 年低 1.79 欧元；平装书平均定价 11.81 欧元，电子书 9.28 欧元。

表 2 2018—2020 年意大利图书业产品及服务收入

单位：亿欧元

类别	2018	2019	2020	增长率（2020/2019）
常规销售渠道（实体书店、线上平台、大型商超）	13.56	14.28	14.30	+0.3%
其他销售渠道（文具店、书展、报刊亭等）	1.02	1.058	0.83	-21.6%
电子书	0.67	0.71	0.97	+36.6%
有声读物	—	0.09	0.175	+94.6%
教科书采购	7.477	7.69	7.423	-3.5%
图书产品总计①	22.727	23.828	23.698	-0.5%
分期收款②	2.571	2.26	2.163	-4.3%
相关数据库和网络服务	2.935	3.08	3.157	+2.5%
图书馆采购	0.46	0.475	0.775	+63.2%
其他服务	0.38	0.391	0.30	-23.3%
版权输出	0.477	0.484	0.467	-3.5%
图书产品和服务总计	29.55	30.518	30.56	+0.1%

资料来源：意大利出版商协会，《2021 年意大利出版行业报告》

意大利数字出版市场自 2010 年以来逐年增长，2013 年起电子书市场增长速度放缓，直到 2019 年增长率才有所回升。2020 年意大利电子书市场总值约为 9700 万欧元，相比于 2019 年增加 36.6%，图书数字化的长期趋势和疫情期间纸质图书销售的短期阻碍使意大利电子书市场实现 2012 年以来最为强劲的增长。通过数字方式购买、借阅、订阅有声读物成为意大利人的新兴阅读方式，有声读物市场也呈现出十分迅猛的发展趋势，与电子书一共占图书市场总销售额的 7.4%。数字阅读的发展开拓了新的市场，带动相关产品的增长，2020 年电子书阅读器的销售额约为 9000 万欧元。2020 年常规销售渠道的纸质书、电子书和有声读物销售额总计 15.44 亿欧元（见图 2），自 2014

① 报刊亭销售的随刊读物、漫画书店及漫画节销售的漫画图书、合作出版图书不在统计范围内。

② 包括以分期收款和预收款方式销售出版物（如邮购、报刊亭订阅）结算的当期收入。

年起维持逐年稳定增长的趋势。

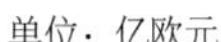

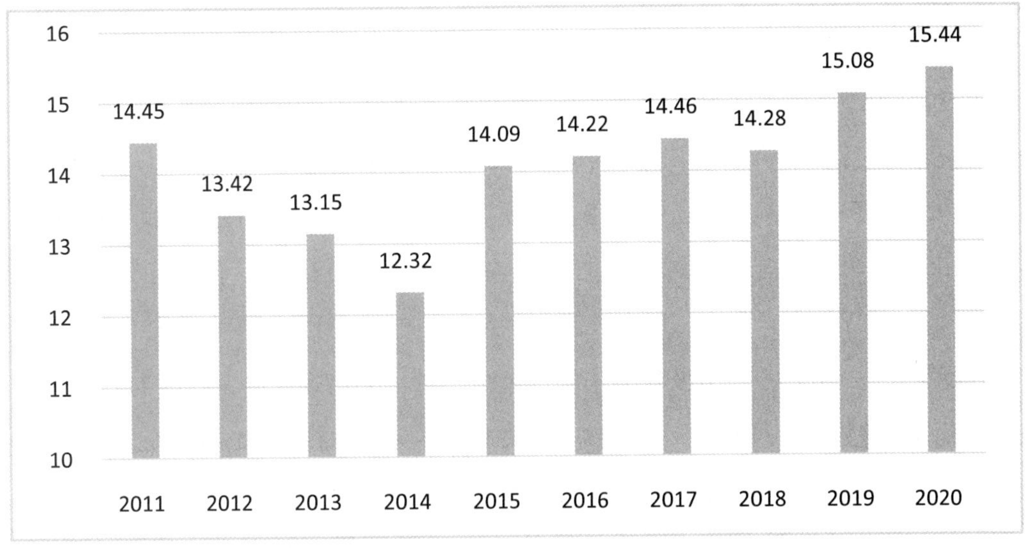

图 2　2011—2020 年纸质图书[①]、电子书和有声读物总销售额

资料来源：意大利出版商协会

书店仍然是意大利读者获得图书的主要渠道。由于线上书店的出现，实体书店的市场份额逐步下降，2007 年各种类型实体书店的销售额共占市场销售额的 79%，2019 年下降到 66%。实体书店的数量也呈现减少的趋势，根据意大利出版商协会的统计，2010 年意大利共有 3018 个专门从事图书销售的零售网点，2020 年减少至 2659 个。此外，意大利还有 1617 家售卖图书的文具店，494 家漫画书店和至少 773 家针对专业和企业客户的图书销售点，全国平均每 13000 名居民拥有一家书店。由于越来越多的独立书店向加盟连锁书店转型，连锁书店在图书零售网点中的占比从 26% 上升至 47%。总体而言，意大利书店的规模不大，87% 的书店面积不超过 200 平方米，仅有 7% 的书店有 5 名以上员工，同样也仅有 7% 的书店 2019 年的营业额超过 150 万欧元。随着电子商务的发展，越来越多的意大利书店尝试通过数字方式展示、推广、销售图书，97% 的书店拥有至少一个社交媒体账号，52% 建立了展示商品、公布活动的网站，

① 该数据仅包含实体书店、线上书店和大型商超销售的纸质图书。

19% 的书店拥有线上销售平台。意大利国内存在着数量众多的独立书店，76% 的书店自筹资金开展日常活动，19% 通过中长期贷款获得资金。2010 年以来意大利图书业电子商务发展迅速，线上平台的图书销售额在图书市场总销售额中的占比从 5.1% 提升至 2020 年的 43%。除去疫情影响，线上平台本身也具有整合度高、种类齐全、成本低、个性化强的优势，能够帮助读者找到小众出版物，帮助出版商延长产品的生命周期。

2020 年有 4852 家活跃出版社在过去一年中出版了至少一种图书，比 2019 年减少了 125 家；8243 家出版社尽管在过去一年中没有出版任何图书，但是有至少 1 册的销售记录。由于图书市场准入壁垒较低，意大利图书出版行业存在大量的中小型和微型出版商。近 5000 家在 2019 年内出版过至少一种书的出版商中，多达 71% 的公司上一年出版种数不超过 9 种，该比例在过去十年内一直保持在 72%~74% 之间，79% 的公司目前市场中在售的图书种数不超过 50 种。从 2011—2020 年，尽管蒙达多利（Mondadori）、毛里·斯帕尼奥尔（GeMS）等大型出版集团仍占据出版市场超过半数的销售额，但是中小型出版商的市场份额逐年增加，由 39.5% 增至 48.3%。出版主体数量众多促成了意大利出版产品的多元化，大量的中小型出版企业涉足大型出版集团尚未开发的图书细分市场，在大众市场之外展现出对各种各样的出版内容、作家、类型的兴趣。然而，意大利出版业高度分散的特点造成出版知识、资源和成果的整合困难，并且中小型出版社仍然面临着规模小、财力弱、难以获得信贷支持的困境，之后在新冠疫情的冲击下更是暴露出自身的脆弱性，意大利出版业也缺乏结构性的财政支持和投资资源，难以在欧洲和国际市场上维持良好的竞争力。

2020 年末的初步复苏之后，得益于意大利政府的公共支持政策，意大利图书业在 2021 年实现强劲增长，意大利被重新确认为世界第六、欧洲第四图书出版市场。2021 年出版纸质新书 85551 种，同比增长 22.9%；出版电子书 49313 种，相比 2020 年略有回落。纸质图书、电子书和有声读物总销售额达到 18.11 亿欧元，其中常规销售渠道的纸质图书销量达到 1.156 亿册，按封面定价的销售额达到 17.01 亿欧元，分别比 2020 年增长 18% 和 16%，增长速度在欧洲排名第二。有声读物市场持续增长，订阅总价值达到 2400 万欧元，同比增长 37%。图书平均售价为 14.72 欧元，维持逐年下降的趋势。实体书店逐渐恢复，在 2020 年损失了近 2 亿的销售额之后，2021 年销售额达到 8.76 亿欧元，享有 51.5% 的市场份额；线上平台销售额略有增长，占总销售额的 43.5%。[①]

（二）细分市场

受到疫情影响， 2020 年意大利图书业各细分市场新出版纸质图书种数均有所下降（见图 3）：文学类图书 22290 种，少儿类图书 7289 种，社科类图书 18750 种，实用类图书 7242 种，专业类图书 14037 种，教材教辅 4067 种。其中，文学类受到疫情冲击相对较小，相比 2019 年减少 4%；专业类图书出版较为稳定，仅减少 1.6%；实用类图书和教材教辅受到影响最为明显，分别减少 11.9% 和 10.3%。

单位：%

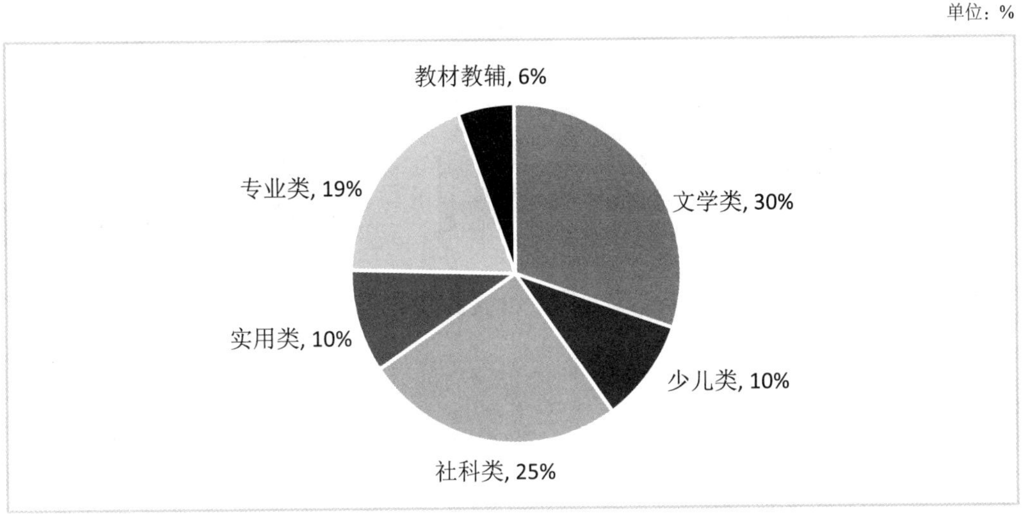

图 3 2020 年意大利各类别纸质图书出版数量占比

资料来源：意大利出版商协会，《2021 年意大利出版行业报告》

文学类图书仍然是意大利图书市场中最具优势的细分领域，2020 年新书出版种数占图书总数的近 30%，其中近半数为意大利和外国作家叙事文学（9322 种），其他较受读者喜爱的类别有历史传记（2816 种）、悬疑小说（2574 种）和图像小说（1766 种），与 2019 年相比新书数量均呈现不同程度的下降。2020 年意大利畅销书前十均为文学类图书，包括外语小说《为花换水》（*Cambiare l'acqua per i fiori*）、意大利侦

① 数据来源：意大利出版商协会。

探小说家安德烈·卡米莱里（Andrea Camilleri）的遗作《里卡尔迪诺》(*Riccardino*)、同年斯特雷加文学奖获奖作品《蜂鸟》（*Il colibrì*）等。然而，从消费者的需求与购买情况来看，文学类图书的销量呈现与出版数量不相匹配的情况，尽管文学类图书销售额仍然在各细分市场中位于首位，然而从 2016 年（37.7%）到 2019 年（36.5%）市场占比逐渐下降，2020 年更是达到了近十年来的最低水平 32.1%（见图 4），反映出该领域内部产品竞争的激烈态势。

单位：%

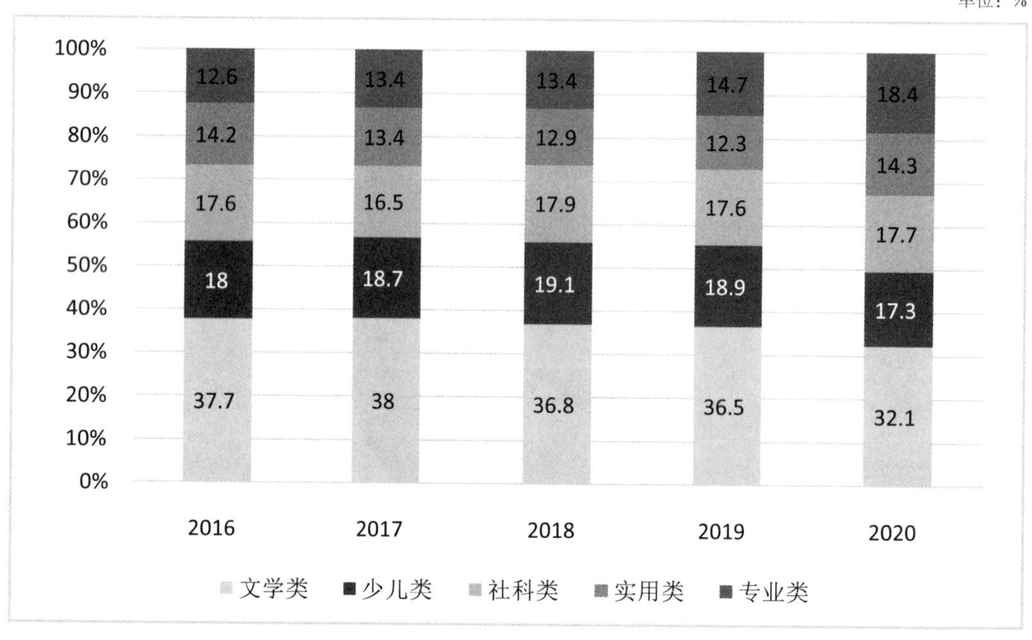

图 4 2016—2020 年意大利图书细分市场销售额占比

资料来源：意大利出版商协会，《2021 年意大利出版行业报告》

少儿类图书市场在 2020 年出版的图书种数占各细分市场总数的 10%，出版了 7289 种新书，与 2019 年相比减少约 7%。新书中，37.6% 针对 0~4 岁儿童，25.2% 针对 5~6 岁儿童，42.3% 针对 7 岁及以上的学龄儿童，与往年比例基本持平。而在销售方面，2020 年少儿类图书销售额约为 2.4 亿欧元，同比下降 1.3%。由于近年来意大利出生率持续降低，加上消费者的兴趣逐渐转向其他数字娱乐方式，少儿图书的市场占比同样呈现逐年下降的趋势，从 2018 年的 19.1% 下降到 17.3%。根据《安徒生》

杂志（*Andersen*）的统计，截至2020年，意大利约有190家活跃在少儿出版领域的出版社，375名童书作家和350名童书插画家，以及800家将儿童读物作为重要销售品类的综合性书店[①]。

值得注意的是，在新出版的少儿类图书中，意大利本土作者的比重逐渐上升，从1990年的53.6%增加至2020年的56%；翻译作品占比有所下降，其中近六成仍然是英语文学作品，其次是法语、德语和西班牙语作品，包括中国在内的其他国家作品数量从1990年的43种增长到2020年的199种，占总数的15%。实际上，意大利本土作家的崛起是近年来意大利图书业各细分领域发展的显著趋势之一。2020年意大利出版的新书中由本土作家创作的有57575种，相比2010年增加了27.9%，而引进的外语作品则从前十年的1万种左右降至7600种。造成该现象的原因一方面是读者和出版商的兴趣转向，2020年意大利畅销书榜单前50中68%是意大利作家的作品；另一方面则是在新冠感染疫情全球大流行的背景下国际出版交流受限，意大利出版商从国外购买版权阻碍重重。

至于实用手册、杂文、艺术图书、专业图书等非文学类图书，2010—2020年期间新书出版数量增长率为6.2%，与文学类图书（46.9%）和少儿图书（56.7%）相比较为弱势，其中地图、旅游手册、艺术图书等类别由于疫情期间旅行限制遭受的影响最大，专业类图书中出版种数较多的类别有法律（3196种）、经济（1967种）、自然科学（984种）、医药学（889种）等。在销售方面，非文学类图书作为一个整体，近十年一直保持50%左右的市场占比，一定程度上反映出该领域具有相对稳定的消费者群体。此外，非文学类图书在数字出版领域占据重要地位，2020年非文学类电子书出版种数占电子书出版总数的54%（见图5），其中社科类7082种、专业类5246种、实用类1492种，前两者分别占比25%和18.5%，仅次于文学类图书，且呈现逐年增加的趋势。

---

① 数据来源：意大利出版商协会（https://www.bolognachildrensbookfair.com/media/libro/press_release/2021/11._AIE_PILLOLE.pdf）。

单位：种

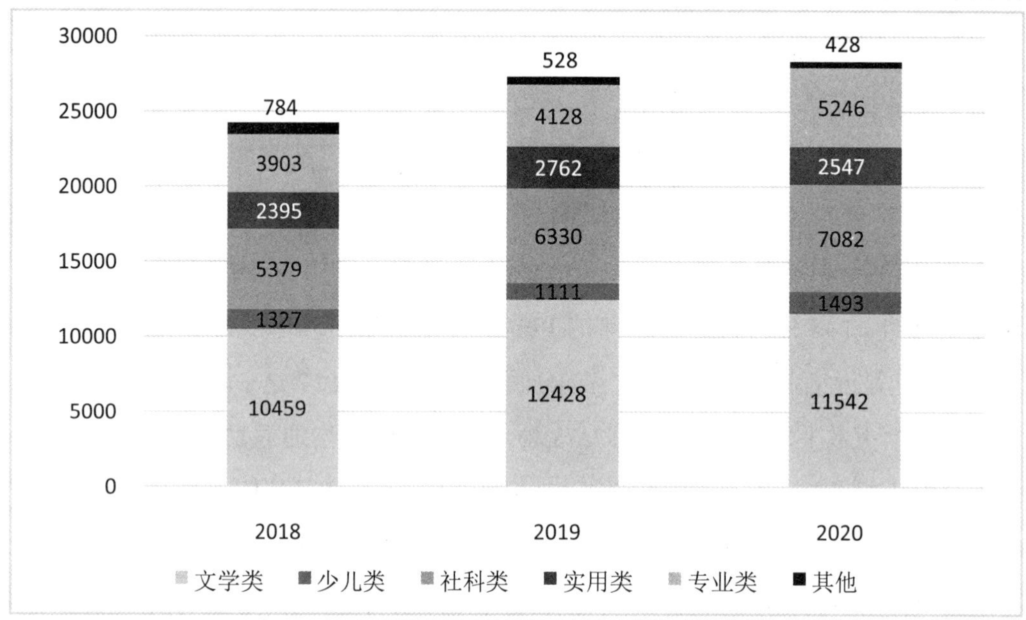

图 5　2018—2020 年意大利各类别电子书出版数量

资料来源：意大利出版商协会，《2021 年意大利出版行业报告》

2021 年随着意大利疫情形势逐渐平稳，国内交通恢复流转，出版业复工复产，各细分市场均实现了强劲的增长。根据意大利出版商协会的统计，2021 年文学类图书销售额达到 5.1 亿欧元，同比增长 14%；少儿类图书销售额增长至 2.9 亿欧元，同比增长 19.3%。增长幅度最大的则是“手册及其他”类别，高达 37.2%，原因在于自 2020 年起意大利国内掀起了一阵漫画阅读热潮。疫情封锁期间，阅读漫画成为意大利人居家隔离的娱乐方式之一。根据意大利出版商协会的统计，截至 2021 年意大利约有 870 万 14 岁以上的漫画读者，占人口总数的 18%，在 14~74 岁各个年龄段均有分布，主要集中于 18~24 岁的年轻人群体。漫画读者具有较深厚的阅读习惯，其中 64% 一年中阅读 7 部以上漫画，83% 同时也阅读文学等其他类别的图书。

2022 年 5 月意大利出版商协会首次公布了针对漫画这一细分市场的统计数据，划分出美国漫画（又称超级英雄漫画）、连环画、亚洲漫画（包括日本、韩国和中国漫画）、图像小说和欧洲漫画几大类别。截至 2021 年底，意大利市场中在售的漫画图书共有 33078 种。该年度意大利共出版 3272 种纸质漫画图书（见图 6），恢复至

2019 年疫情前水平，其中亚洲漫画和图像小说发展最为迅速，相比上一年分别增加了 42.3% 和 29.3%，其他类别则略有减少。与纸质版同时发行的数字版漫画有 1049 种，占数字漫画总数的 80%。

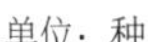

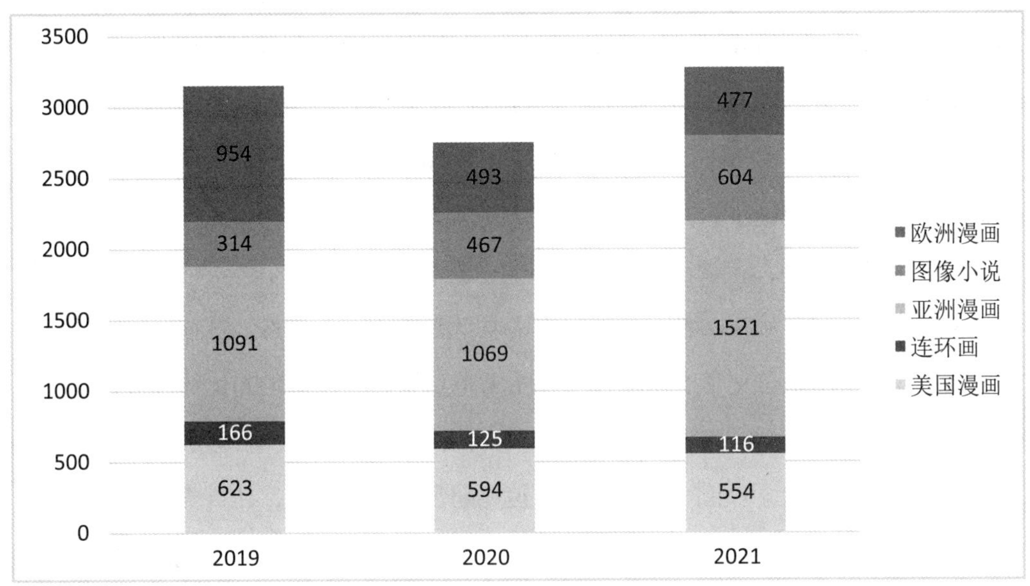

图 6　2019—2021 年意大利纸质漫画图书细分类别出版数量

资料来源：意大利出版商协会

从出版角度来看，意大利漫画行业销售情况与往年情况基本持平，略有上涨。然而，2021 年漫画销量却出现了预想不到的爆发式增长，通过实体书店、线上书店和大规模发行渠道每销售 10 本图书中就有 1 本是漫画书，漫画的销量达到 1154 万册，按封面定价销售额超过 1 亿欧元，与 2019 年疫情前水平相比分别增长 256% 和 175%，市场份额也从 2.4% 增长至 5.9%。造成漫画市场迅速扩张的关键因素来自以日本漫画为主的亚洲漫画，该类别 2019 年的销售额仅有 1120 万欧元，2021 年则以 5830 万欧元的数额为意大利漫画市场贡献了 58.1% 的销售额。2022 年第一季度，意大利漫画销量仍然保持强劲的增长趋势。

（三）版权贸易

意大利对外国文化和图书保持非常开放的态度，版权贸易常年呈现逆差状态；与此同时，意大利图书业对外国的依赖程度在逐年降低，绘本、少儿图书和文学类细分市场已经实现贸易顺差，2000 年到 2020 年间意大利图书版权引进年均增长率为 4.3%，远远低于输出年均增长率 19.9%。2020 年共引进 9127 项图书版权，同比减少 5.4%，英语图书和法语图书是最主要的引进作品。

在意大利政府的政策和资金支持下，意大利出版商发掘、培养和推广意大利作家的能力逐渐增强，从 2001 年到 2020 年，每年销往海外的意大利作家图书版权数量逐年增加（见图 7），从 1800 项增长至 8586 项，在新书总数中的占比从 3.7% 增长至 12.3%。受到新冠感染疫情对全球贸易的影响，2020 年的版权输出数量增幅仅有 0.2%，是意大利近年来增幅最小的一年。法国、德国、英国、西班牙等欧洲国家是意大利版权输出的主要目的地，在输出版权总数中的份额在 56% 到 64% 之间；非欧洲国家近年来缓慢增长，占比从 8% 增长至 36%，其中亚洲市场约占 10%。各细分市场的版权输出数量均有所增长，文学类作品和少儿图书是意大利版权输出的优势领域，合计占输出总数的 60% 以上，前者输出数量从 234 项增长至 2019 项，后者从 486 项增长至 3265 项。近年来，文学类图书输出的增长速度超过了少儿图书，社科类和手册类图书输出也有所增长。

单位：项

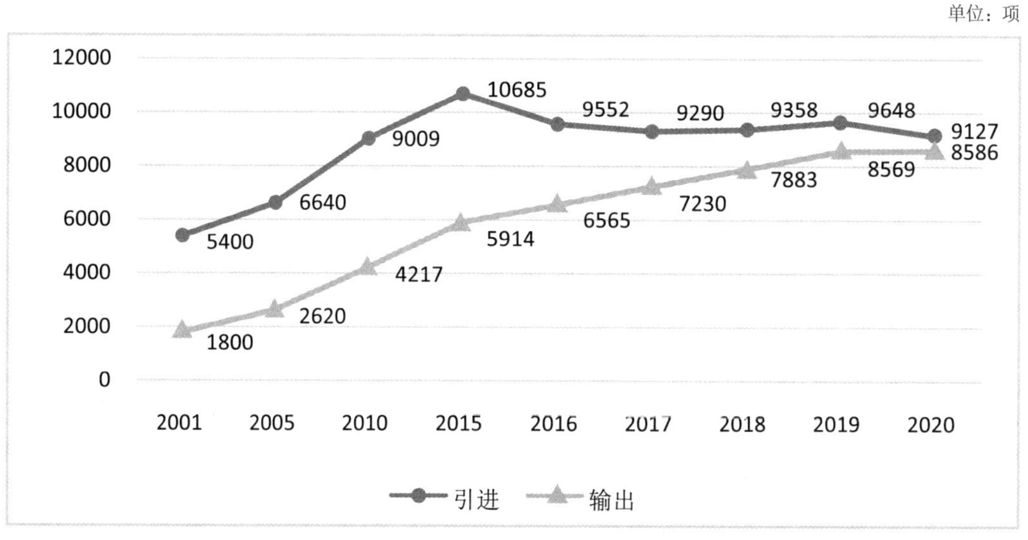

图 7 2001—2020 年意大利图书版权贸易情况

资料来源：意大利出版商协会，《2021 年意大利出版行业报告》

除了版权贸易，合作出版也是意大利图书业采取的国际化发展方式之一，意大利出版商与外国编辑一同负责作者联络、排版、印刷和推广，其中 80% 的出版作品集中在少儿类图书领域。2016 年至 2019 年合作出版图书种数逐年增加，2019 年达到 2987 种，相比 2018 年度增加 42.6%，2020 年受疫情影响，国际间人员交流、贸易往来受到众多限制，意大利出版商不得不变更出版计划，导致合作出版图书种数削减至 1037 种。

国际性书展的取消或延期使出版商失去与书商、推广发行公司以及公众沟通的渠道，外国出版商和代理商对意大利的访问也因受到国际旅行限制而大幅减少，各类交流活动转而通过流媒体以推介会、研讨会、辩论等方式在线上举行。意大利的在线图书博览会实践始于 2020 年 5 月的博洛尼亚童书展特别版，有超过 6 万名用户访问活动，主页浏览量达到 48 万次。主办方开设全球版权交易中心——供版权买卖的虚拟中心，允许参展的出版商和文学经纪人展示图书，提出报价并安排视频会议。同样在 5 月，都灵国际书展也开设了名为“Salone Extra”的线上交流活动，140 位嘉宾在四天内通过流媒体平台在 60 多场会议中进行对话。2020 年 12 月的“更多图书，更多自由”（Più libri più liberi）全国中小型出版商展览会则采取线上和线下相结合的形式，线下展会根据 10 月生效的卫生政策在户外举行，设有 168 个出版商展位，约 3 万名与会者参加了将近 100 场线上线下会议。

三、报刊业发展情况

与图书业相比，意大利的报刊业面临着更为严峻的挑战。意大利报刊阅读率与欧洲总体趋势相同，2021 年约 60% 的 14 岁以上意大利人阅读纸质或数字报刊。从 2014 年到 2021 年，报纸读者数量从 1938.7 万人下降到 1132.5 万人，减少了 41%，而其中数字报纸的读者数量则从 95.2 万人增长至 184.1 万人。报纸读者与期刊读者之间存在显著差异，平均每天阅读至少一份报纸的意大利读者中大部分为受过中高等教育的 55 岁以上男性居民；而期刊读者不到 1000 万人，其中女性的比例高于男性，还有许多 14~34 岁的年轻人。报刊读者的阅读具有不稳定性，55% 的读者倾向于在报刊亭购买报纸，报纸订阅率仅有 12.2%；同样，超过六成的读者倾向于在报刊亭购买周刊和月刊，两者订阅率分别为 12% 和 15.1%。[①]

截至 2020 年，意大利共有 118 种全国和地方性日报，78 家期刊出版商和 82 家新闻社，主要集中在罗马、米兰、威尼斯等大城市。2019 年至 2020 年，纸质和数字报纸发行量总体下降约 9%，日均发行量从 2019 年 1 月的 240 万份下降至 2020 年 12 月的 210 万份。实际上，意大利报纸发行量的下滑是近年来的长期趋势（见图 8），从 2016 年到 2020 年，纸质和数字版日报的日发行量从 340 万份下降至 233 万份，周刊的周印量从 731 万份下降至 536 万份，月刊的月印量从 510 万份下降至 366 万份，降幅均在 30% 左右。无论是日报，还是周刊、月刊，几乎所有意大利报刊的销量都逐年下滑。2020 年日销量最大的实体报纸分别是《晚邮报》（*Corriere della sera*，18 万份）、《共和国报》(*La Repubblica*，12.8 万份）、《新闻报》(*La Stampa*，9.5 万份），相比 2019 年度均有超过 10% 的下降幅度；数字版日销量最大的报纸则是《24 小时太阳报》（*Il Sole 24 Ore*，8.5 万份），同比增长 5.3%，数字版的销量超过纸质版。2020 年对于意大利广告市场而言是非常艰难的一年，报刊广告收入约 6.6 亿欧元，相比 2019 年减少 24%，其中报纸和期刊广告收入分别为 4.49 亿欧元和 2.14 亿欧元，同比分别下降 16.2% 和 36.6%。

单位：万份

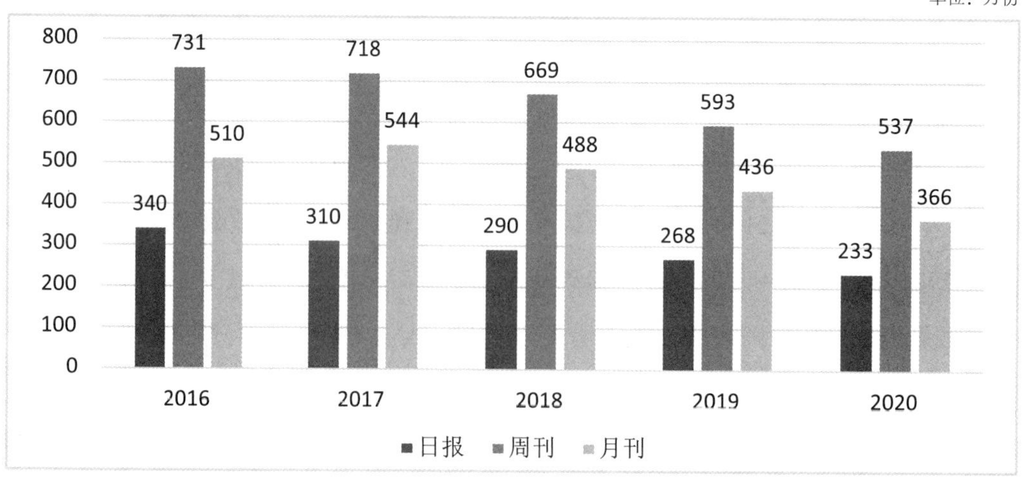

图 8　2016—2020 年意大利纸质和数字报刊合计平均印量

资料来源：报刊发行量核查公司（Accertamenti Diffusione Stampa）

① 数据来源：Audipress 统计公司。

新冠感染疫情在意大利爆发后，报纸成为意大利人获取疫情资讯和政府防疫措施的主要方式之一，这导致了2020—2021年间意大利数字新闻消费的增长，纸质报刊和数字订阅的数量均有明显增长：2019年1月至12月，数字日报日销量下降1.6%，而2020年同期则增加20%。与此同时，出版商由于封锁期间的人员流通限制，不得不最大限度地采用线上方式远程办公，进一步优化了内容制作和报刊发行的流程，节省了部分成本，地方性的小型报刊出版商由此在连年下滑的业绩表现后获得生存的转机。然后，随着疫情在意大利国内的逐渐平复，纸质报刊销量下滑、客户流失、广告收入削减的趋势再一次暴露出来，无论是小型出版商还是大型出版集团都不得不再次直面挑战。

四、中意出版业交流合作情况

中国与意大利的出版业交流合作始终是在两国文化交流合作的框架内进行的。2019年3月中意文化合作机制第二次全体会议在罗马召开，双方重申两国文化合作机制在推动双边文化关系发展中的重要作用，来自40余家中意重要文化和旅游机构的代表广泛交流，提出各领域未来合作方向与具体建议。随着中意出版业交流和贸易活动的展开，两国间版权贸易也呈现逐年增长的趋势（见图9）。2001年意大利向中国输出的图书版权仅有8项，占亚洲市场的7%；2018年输出版权数量则首次超过了千项，达到1091项，目前中国是意大利在亚洲最主要的版权输出对象国。早在2005年意大利出版商已经将目光投向中国市场，意大利国家对外贸易委员会和意大利出版商协会对中国图书市场进行首次全面的调研，帮助意大利出版公司进入中国市场，与中国出版商就版权买卖与出版合作进行沟通。[①]之后随着交流的深入，两国出版社不断拓展合作范围，创新合作方式。

---

① 资料来源：意大利国家对外贸易委员会（Italian Trade Agency）。

单位：项

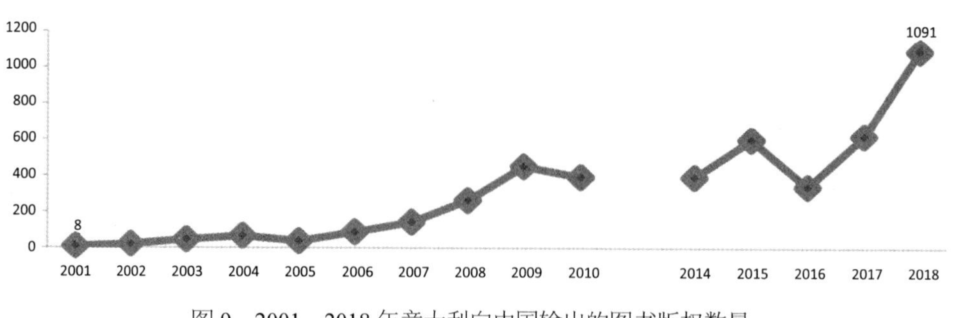

图 9 2001—2018 年意大利向中国输出的图书版权数量

资料来源：图书与阅读中心，《2020—2021 年意大利阅读与文化消费白皮书》

少儿图书是中意出版合作交流的重点领域，近年来双方多次互派代表团参与国际性书展，推介优秀图书作品，洽淡版权交流事宜。2018 年中国首次以主宾国的身份参加了意大利博洛尼亚国际儿童书展，同年秋季第 6 届中国上海国际童书展开幕，从这一届起博洛尼亚国际儿童书展主办方与中方共同主办该书展，自此每年秋季举办的上海国际童书展与每年春季举办的博洛尼亚童书展形成上下半年、欧亚布局、并驾齐驱的新格局，在全球童书产业发展中发挥更加重要的作用。中国出版商和童书作品在意大利书展中多次获得国际性奖项，2020 年广西出版传媒集团旗下的接力出版社荣获博洛尼亚国际儿童书展年度最佳童书出版商奖，2021 年曹文轩作品《雨露麻》获得最佳童书奖“虚构类特别提名奖”。

中意两国在童书领域的频繁交流也体现在出版合作方面。中国少年儿童新闻出版总社在 2010 年就与意大利君提出版社（Giunti）合作，邀请中国著名儿童文学作家金波、高洪波等参与译创意大利国宝级童书《小鼠宝贝》系列，累计销量 118 万册。2018 年两社进一步加强合作，利用两国各自在童书领域的资源优势，为中少总社“好故事一起讲”品牌新添力作，由中国作家提供文字稿件，意方版权经理根据文风特点筛选君提旗下最符合作品要求的出版分社，确定意大利画家人选，在不到一年的时间内跨国协作，共同完成儿童图画书。这种全新的合作方式将中意作家、插画师、编辑紧密相连，探索出一条超越传统版权买卖的合作模式。2019 年，意大利世界中国出版社（China in Italia）发行《五年间》（*Incinque*）系列儿童中意双语图文读物，由旅意中国作家胡兰波编撰，让意大利读者通过水墨漫画了解中国故事、学习汉字，目前该丛书共有15本，包括《花木兰》《九色鹿》《神笔马良》《哪吒闹海》等中国经典故事。

文学是中意出版合作的另一重点领域，并产出多部合作出版优秀作品。2013年意大利对外贸易委员会向人民文学出版社发出参加都灵国际版权洽谈会的邀请，由此拉开了人文社与意大利出版社合作的序幕。此后，人文社先后与意大利艺术文化类出版社乐尔玛（L'Erma）、专门从事亚洲研究的东方出版社（Orientalia）等意方出版社合作出版巴金、贾平凹、冯唐等知名作家的作品。2016年，人文社与意大利出版社开创新的项目合作模式——中外作家同题互译，两方共同拟定主题，遴选两国作家的短篇作品，以合集的形式在两国同步出版。2019年该项目首本图书《食色》出版，收录8位中国作家和8位意大利作家的作品，并获得该年度的意大利政府翻译与文化交流奖。

中国出版商也积极寻求与意大利同行合作的机会，纷纷在意大利设立对外出版项目，输出中国优秀图书，传播中国文化。2018年浙江大学出版社意大利分社在佛罗伦萨揭牌成立，发布《徐霞客游记》意大利语译本。该出版社是中国在意大利成立的第一家以出版意大利语和英语图书为主的专业出版社，以促进中西文化交流为主旨，主要向意大利、欧洲读者出版介绍中国文化、艺术、旅游、教育等方面以及中意、中欧思想文化交流领域的图书。次年，浙江大学出版社与威尼斯大学出版社签约合作出版“中国经典”丛书，收录《诗经》《荀子》等中国优秀经典著作和文献，首次以意大利语全面、系统地介绍中国典籍。同样在2018年，中宣部出版局、中国人民大学出版社与意大利路易斯大学签署合作谅解备忘录共建“中国馆”项目，打造对意推广中国文化的数字化图书馆，集图书阅览、学术交流、文化传播等职能于一体。截至2021年，该项目的实体图书馆已配有3783册纸质图书。在该项目框架下，中国人民大学出版社与意大利出版社合作出版了《劳马短篇小说选》等多部图书。此外，2021年多部中国图书的意大利语版本在意大利国内出版，涉及文学、法律、历史、社会、文化等各个领域，例如中南财经政法大学教授翻译的《中华人民共和国民法典》意大利语译本，辽宁出版集团的“中华美食故事”系列图书，中国外文局旗下海豚出版社以“双城记”视角创作的《从长安到罗马》等。上述案例反映出，在意大利出版商进军中国市场的同时，中国出版商也在积极探索国际化道路，服务国家走出去战略，将目光投向意大利及其代表的欧洲图书市场，提升中国出版的国际影响力。

参考文献

1. Dall’emergenza a un piano per la ripartenza: Libro bianco sulla lettura e i consumi culturali in Italia 2020-2021[R]. Centro per il libro e la lettura, Associazione Italiana Editori, 2021.（从紧急状况到重启计划：2020-2021 年意大利阅读与文化消费白皮书 [R]. 图书与阅读中心，意大利出版商协会，2021.）

2. Peresson G, Giancarli B. Rapporto sullo stato dell’editoria in Italia 2021[R]. Associazione Italiana Editori, 2021.（佩雷森，G，詹卡利，B. 2021 年意大利出版行业报告 [R]. 意大利出版商协会，2021.）

3. Il sostegno all’editoria nei principali Paesi d’Europa: Politiche di sostegno pubblico a confronto [M]. Dipartimento per l’informazione e l’editoria della Presidenza del Consiglio dei ministri, 2021.（欧洲主要国家出版支持：公共支持政策对比 [M]. 意大利总理府信息出版部门，2021.）

4. Annuario statistico italiano[R]. Istituto Nazionale di Statistica, 2021.（意大利统计年鉴 [R]. 意大利国家统计局，2021.）

5. Produzione e lettura di libri in Italia Anno 2020[R]. Istituto Nazionale di Statistica, 2022. (2020 年度意大利图书生产与阅读报告 [R]. 意大利国家统计局，2022.)

6. Facciamo un Patto! Esperienze, metodi, prospettive dei Patti per la lettura in Italia[R]. Centro per il libro e la lettura, 2021.（我们约定！意大利阅读协议案例、方法和前景 [R]. 图书与阅读中心，2021.）

7. Mauro E. Rapporto 2021 sull’industria dei quotidiani in Italia[R]. Osservatorio Tecnico “Carlo Lombardi” per i quotidiani e le agenzie di informazione, 2022.（毛罗，E. 2021 年意大利报纸业报告 [R].“卡洛・降巴迪”报纸与新闻社观察所，2022.）

8. 周婷 . 中国现当代文学在意大利的译介出版研究 [J]. 出版广角，2020（5）：41-43.

9. “一带一路”出版合作渐入佳境 [N/OL].（2021-03-30）[2022-01-26]. http://www.cbbr.com.cn/contents/504/ 73358.html.

10. 第六届中国上海国际童书展开幕 “牵手”意大利博洛尼亚童书展 [N/OL].（2018-11-09）[2022-01-29]. https://www.chinanews.com.cn/cul/2018/11-09/8672609.shtml.

（作者单位：中国新闻出版研究院；北京外国语大学）

越南出版业发展报告

夏 露 张心仪 李泽晟

越南是我国的近邻，也是周边邻邦中与我国历史、文化关系最为密切的国家之一[①]。越南虽然在地理上划属东南亚，但从文化上看，越南与朝鲜半岛、日本列岛一样，属于东亚汉文化圈。在越南历史上，曾经有两千年左右使用汉文作为官方文字。越南早期的书刊印制也与中国息息相关。19世纪中后叶越南沦为法国殖民地，因此其现代出版业的发生、发展与法国有着密切关系。不过，直到20世纪初，越南图书的刊刻和印行依然与中国特别是广东地区有些深刻的联系，许多书籍甚至直接在广东佛山地区刊印。在法国殖民时期，一些流亡海外寻求救国道路的越南革命志士的著作，也有不少是在中国出版之后设法送回越南。例如潘佩珠（1867—1940）于20世纪初在日本所著的《越南亡国史》等著作是通过梁启超等人的资助在中国印刷出版之后秘密运回越南[②]。

1950年1月18日中国与越南建交，此后，中国多家出版社译介越南作家作品，像《南方来信》等反映越南前线斗争的作品在中国广泛传播，引起极大的反响。与此同时，越南的外文出版社也出版不少越南图书中译本，向中国介绍越南的文学和文化。从那时起，两国的新闻出版部门就建立起经常性的联系和合作。改革开放之后，越南通讯传媒部多次访问中国新闻出版主管部门和一些重要的出版社，签订一系列相关合

① 关于这一点，学术界早有定论。例如郭廷以在《中越一体的历史关系》一文开头说：“在环绕中国的邻邦中，于中国接触最早，关系最深，彼此历史文化实为一体的，首推越南。特别是在千年以前，其成为中国的郡县，与广东广西同时。”该文收入郭廷以等著《中越文化论集（一）》，中华文化出版事业委员会，1955年4月初版。

② 参见［越南］吴雪兰：《潘佩珠与梁启超及孙中山的关系》，《北京师范大学学报（哲学社会科学版）》2004年第6期。

作协议并展开深入合作。

进入21世纪之后，随着越南革新事业和世界通讯传媒业的发展，越南传统的出版业遇到不少困难和挑战，因此，越南出版业开始进行相应的改革。近十年来，越南出版业成就显著，新增不少出版社，特别是出现大量民营出版公司和代理商。印刷公司数量也比过去增长数倍，达到3000多家。如今越南的图书发行和进出口方面基本形成全国发行网络，地区差异日渐缩小。越南还加入国际《伯尔尼公约》联盟，不断加强与世界各国出版业的联系，参加国际重要书展，扩大海外市场。

一、出版业发展背景

越南出版业发展的背景在本系列图书第一卷[①]中已经有较为详尽的介绍，本卷将从略，主要介绍2020年以来的相关新情况。

（一）经济与社会环境

据2021年越南人口统计结果，目前越南约有9826万人，包含54个民族，其中京族约占总人口的86%，岱依族、傣族、芒族、华人、侬族人口均超过50万。国内生产总值（GDP）为2711.6亿美元，人均国内生产总值为2785.7美元（2020年）。官方语言、通用语言及主要民族语言为越南语。73.2%的人信奉民间信仰或无明确的宗教信仰，12.2%的人信奉佛教，8.3%的人信奉天主教，4.8%和1.4%的人分别信奉越南本土宗教高台教、和好教，0.1%的人信奉伊斯兰教等其他宗教。[②]截至2020年，越南15~60岁人群识字率达到97.85%，其中15~50岁年龄段达到99.3%[③]。

自1986年实施革新开放政策以来，越南社会经济文化快速发展，取得巨大成就。2021年，越南共产党第13次全国代表大会在河内顺利召开，确定了越南未来5年和10年的发展方向，确定越南至2045年要发展为定向社会主义的发达国家。受德尔塔毒株及奥密克戎毒株造成的新冠感染疫情（下文简称“疫情”）的多重打击，越南此前通过严格防疫取得的成果毁于一旦，越南党和政府决定改变防疫战略，要求要适应

---

① 参见魏玉山主编．“一带一路”国际出版合作发展报告：第一卷[M]. 北京：中国书籍出版社，2019：470-472.

② 资料来源：根据中华人民共和国外交部网站（https://www.mfa.gov.cn/web/gjhdq_676201/gj_676203/yz_676205/1206_677292/1206x0_677294/）2022年更新资料、世界银行网站2022年资料（https://data.worldbank.org/country/vietnam?view=chart）整理。

③ 资料来源：根据越南教育和培训部网站（https://www.moet.gov.vn）资料整理。

“安全、灵活、有效地控制疫情”的新态势。随着越南逐步采取越来越宽松的防疫策略，2021 年 11 月 18 日，越南迎来疫情后的首批入境游客。①

受疫情打击，2021 年越南国内生产总值增速仅为 2.58%，为近 30 年来最低。但越南的对外贸易仍然快速发展，2021 年货物进出口总额为 6685 亿美元，较 2020 年增长 22.6%，其中出口增长 19%，进口增长 26.5%。此外，越南物价总体稳定，居民消费指数（CPI）同比增长 1.81%，经济总体稳步回暖②。

（二）出版政策与管理

在法律法规方面，自 2004 年加入《伯尔尼公约》后，越南政府不断完善出版行业秩序，推动越南出版业向国际社会融入，同时出台一系列面向出版活动的税收优惠政策。2008 年越南政府出台《营业税法》（Luật Thuế thu nhập doanh nghiệp），对包括出版、新闻在内的经营活动应缴纳的营业税做出规定。2011 年政府第 122 号议定对出版活动的营业税优惠政策做出补充，规定从事出版活动的经营方在经营活动持续期间缴纳的营业税可享受税率为 10% 的优惠政策。出版活动包括在《出版法》规定范围内进行的出版、印刷及发行活动。同时，凡是在《新闻法》规定范围内经营的新闻机构从事报刊印刷经营（包括报刊广告）可享受税率为 10% 的营业税优惠政策。而 2013 年 12 月 26 日，越南政府颁布第 218 号议定对上述条例的主体适用范围进行调整。条例指出，自 2014 年起，凡是在《出版法》规定范围内经营的出版社从事出版活动可享受税率为 10% 的营业税优惠。自此，该税收优惠政策的主体适用范围从原先所有从事出版经营的机构，无论是企业还是事业单位，调整为目前的“出版社”，优惠范围有所缩小。2020 年，越南政府对《营业税法》做出修改，但仍然保留对出版社 10% 的营业税优惠。

2014 年 1 月 16 日，越南政府第 115 号决定批准通过《面向 2030、到 2020 年图书出版印刷与发行业发展规划》（Quy hoạch phát triển xuất bản, in, phát hành xuất bản phẩm đến năm 2020, tầm nhìn đến năm 2030）。规划中提出目标，在出版领域，到 2020 年实现年出版图书量 4.5 亿册，到 2030 年实现年出版图书量 7 亿册。规划同时提出国

① 资料来源：根据越南政府报网站（https://baochinhphu.vn/）整理。

② 资料来源：根据越南国家统计局网站（https://www.gso.gov.vn/）2021 年经济发展报告整理。

家将在资金、人力、技术等方面出台配套措施以保证政策的落实。根据数据，2020 年，越南出版图书量为 4.1 亿册，2021 年则为 4 亿册，并未达到规划的目标。

2021 年 8 月 2 日，越南文化体育旅游部颁布将在 2021—2025 年落实《2020 年社群阅读发展及到 2030 年发展方向》提案的第 2223/QĐ-BVHTTDL 决定，以促进城市社区的阅读文化发展。决定要求进一步完善省级出版行业规划，以社会化形式补充推广阅读的基金，并加强基于邮政系统的图书流转，力争到 2025 年，越南人均图书消费达到 5.5 册，电子书占出版图书比例达 15%，90% 的地区至少建有一个图书配送中心[①]。

2021 年 12 月 29 日，越南副总理武德儋签署第 2219/QD-TTg 号决议，批准通过《2022—2026 年国家图书计划》（Chương trình Sách quốc gia giai đoạn 2022-2026），将由财政部划拨资金，资助以电子书形式新版或再版图书 500 种，其中 300 种为政治、社会、文化类图书，100 种为外文或越英双语图书，100 种为儿童图书，并资助电子书软件和手机软件的研发和设计，以加强数字技术在出版业的应用。[②]

2021 年 11 月 4 日，越南副总理武德儋签署第 1862/QD-TTg 号决议，将每年的 4 月 21 日设立为越南阅读文化图书日，并要求各省、直辖市在信息与通信部的指导下组织每年一度的阅读文化图书日。这一决议丰富了 2014 年设立的越南图书日的相关内容并取代之前的决议。[③④]

2022—2023 年，越南担任东南亚出版协会（Hiệp hội Xuất bản Đông Nam Á）的轮值主席国，由越南通讯传媒部副部长担任主席。越南在担任轮值主席国期间，将进一步推进版权保护工作，加大发展阅读文化的力度，并与其他成员国分享出版行业应对疫情的经验和做法，要集中发展电子书出版，尤其是有声书，加速赶上世界出版行业数字化的潮流。[⑤]

目前越南出版行业依然在国家政策的统一指导及法律法规的规定范围内开展，各

---

① https://thuvienphapluat.vn/van-ban/Van-hoa-Xa-hoi/Quyet-dinh-2223-QD-BVHTTDL-2021-thuc-hien-De-an-Phat-trien-van-hoa-doc-trong-cong-dong-483462.aspx.

② https://chinhphu.vn/default.aspx?pageid=27160&docid=154442 .

③ https://chinhphu.vn/default.aspx?pageid=27160&docid=91562 .

④ 以上内容根据越南政府官网的法律文件整理，参见网页 https://chinhphu.vn 和 https://thuvienphapluat.vn。

⑤ https://vietnamnet.vn/ong-hoang-vinh-bao-lam-chu-tich-hiep-hoi-xuat-ban-dong-nam-a-801598.html.

项活动主要由越南通讯传媒部和越南文化体育旅游部大政府部门管理。

越南出版印刷发行局(Cục Xuất bản,In và Phát hành),简称出版局,成立于 1994 年,现隶属于越南通讯传媒部，总部设在河内。出版局负责研究、制定、提交关于出版和印刷的法律文件，制订出版业发展战略计划，审查、认定出版许可等业务。此外，出版局负责汇总各省市信息传媒厅定期提交的出版、印刷及发行三大领域数据报告并整理发布年度行业报告。在出版局的官方网站，还可以在线提交出版许可申请。根据 2021 年 8 月 3 日的最新规定，出版局的组织架构进行调整，从原有的办公室、出版管理处、印刷管理处、发行管理处、法制稽查处、技术处六部门，调整为办公室、出版管理处、出版物印刷和发行管理处、法制稽查处四大部门。①

越南新闻局（Cục Báo Chí Việt Nam），隶属于越南通讯传媒部，主要职责是管理印刷媒介和电子媒介的新闻活动，总部设在河内，具体包括纸质报纸、纸质杂志、电子报刊、电子杂志、通讯、特刊。2021 年 8 月 3 日，根据最新规定，从原有的中央通讯处、地方通讯处、法制稽查处、国际合作和指导中心四部门，改为办公室、新闻管理处、新闻经济与业务指导处和法制稽查处三部门，并下辖事业单位国家数字媒体数据存储中心②。

越南作者版权局（Cục Bản quyền tác giả Việt Nam），简称版权局，隶属于越南文化体育旅游部，成立于 2008 年，总部设在河内，其主要职责是在全国范围内组织开展保护著作权及相关权利的工作。2021 年 1 月 14 日，该局组织结构进行调整，从原管理处、登记处、国际合作和通讯处、文化产业管理处四部门，调整为办公室、文化产业管理处、著作权与相关权办事处、国际著作权与相关权管理处四部门，并下属事业单位著作权与相关权评定中心③；此外，版权局在胡志明市和岘港市设办事处。

① 根据第 1148/QD-BTTTT 号法律文件及越南出版印刷与发行局官网信息整理，参见网页 https://thuvienphapluat.vn/van-ban/Bo-may-hanh-chinh/Quyet-dinh-1148-QD-BTTTT-2021-sua-doi-Quyet-dinh-2479-QD-BTTTT-483515.aspx 和 https://ppdvn.gov.vn/web/guest/gioi-thieu，其中该局的官方网站并未更新信息。

② 根据第 1149/QD-BTTTT 号法律文件整理，参见网页 https://thuvienphapluat.vn/van-ban/Bo-may-hanh-chinh/Quyet-dinh-1149-QD-BTTTT-2021-sua-doi-Quyet-dinh-1288-QD-BTTTT-483516.aspx。

③ 根据第 116/QĐ-BVHTTDL 号法律文件整理，参见网页 https://thuvienphapluat.vn/van-ban/Bo-may-hanh-chinh/Quyet-dinh-116-QD-BVHTTDL-2021-to-chuc-lai-phong-chuyen-mon-Cuc-Ban-quyen-tac-gia-Cuc-Di-san-van-hoa-462606.aspx。

（三）公共阅读环境与阅读情况

作为公共文化服务体系建设的重要一环，图书馆建设事业对图书报刊所承载的大众阅读文化意义重大。目前越南的图书馆网络分为两大类，一类是公共图书馆：截至2020年，越南有24000余座公共图书馆，其中乡级图书馆有3290座，村级图书馆或阅览室有19881座，总藏书量近4400万册，人均0.45册；另一类是专业图书馆：包括402座大学及472座专科学校图书馆[①]，近34000座中学图书馆以及近80座部委、研究院下属图书馆。近几年来，除国家建设的图书馆外，越南政府提倡“文化社会化”的主张也推动私人图书馆的出现。此外，图书馆常与电商、出版社、地方政府合作，推出书展、读书会、作家讲座等活动，鼓励人们形成阅读习惯。

一个国家的公民阅读环境与出版物发行市场的生存环境息息相关。从目前掌握的资料来看，越南民众的阅读热情有待提升。根据越南出版协会2019年的报告，越南每人年均阅读量约为4.5本；如果除去教科书，则每人年均阅读量仅为1.4本，远低于世界平均水平。此外，这仅仅是根据图书销售量得出的数据，具体每人阅读与否，更不得而知。

越南文化体育旅游部及各省、直辖市政府，联合出版业、图书馆、电商等资源，努力改善这一现况，利用数字化、电子化等信息手段鼓励人们养成阅读习惯；此外，定期举办的书展、讲座等活动也有助于改善越南社会低阅读量的现况。如在2021年8月疫情期间，胡志明市共产主义青年团举办“送书上门，隔离不隔学习”（Sách trao tay, học ngày giãn cách）活动，得到十余家出版社的响应，共向全市人民赠送纸质图书一万余册，并向隔离区居民赠送电子书和有声书。

越南在1997年正式开放互联网，经过20多年的发展，特别是随着近些年来越南经济增速的向好，互联网使用人群在越南不断扩大。据越南通讯传媒部的信息，2021年底越南有9130万智能手机用户。截至2022年3月，越南新增200万智能手机用户，总人数达到9350万，这一数量位居全球第九。以社交平台脸书（Facebook）为例，截至2021年4月，越南有约7594万脸书用户，占越南总人口的近70%，比2019年

---

① 参见中国商务部编写的《对外投资合作国别（地区）指南：越南（2021年版）》。

增加3100万，在全球使用脸书的国家中排名第七。① 此外，根据谷歌的公告，越南有4500万优途（YouTube）用户，越南人在网络电视上观看优途视频的趋势继续强劲增长，在亚太地区增长最快。截至2022年2月越南自己的社交平台扎罗（Zalo）有7470万用户。越南被认为是东南亚快速成长的数字经济市场。越南的出版行业、新闻业、图书馆业均推出行业数字化项目，尝试吸引日益增长的互联网用户。

二、图书业发展情况

越南图书业的发展深受国际图书发展趋势的影响，同时亦受到本国国情的制约。特别是疫情以来，传统的出版业受到巨大冲击，实体书店、图书馆门可罗雀，线下图书展销和宣传活动也无法正常举行。但与此同时，数字内容的生产得到大力发展，各种网络资源得以充分开发。

（一）发展概况

总的来看，越南的图书业与世界其他国家一样，受低阅读率、版权问题严重、盗版泛滥等问题影响，最稳定的图书类型是教科书。越南全国共有约12000家书店或图书经销商，集中分布在各大型城市，市场份额最大的两家为蒂克（Tiki）和威拿布克（Vinabook）。得益于越南日益完善的金融市场，越南图书经销商资金不足的困难正在逐渐克服，如2021年10月，蒂克先后获得中国台湾地区移动股份有限公司2000万美金的投资和另一家全球战略投资商1亿美金的投资。目前，越南最有名的十家出版社为金童出版社（Nhà xuất bản Kim Đồng）、青年出版社（Nhà xuất bản Trẻ）、胡志明市综合出版社（Nhà xuất bản Tổng hợp thành phố Hồ Chí Minh）、国家政治出版社（Nhà xuất bản Chính trị quốc gia）、教育出版社（Nhà xuất bản Giáo dục）、作协出版社（Nhà xuất bản Hội Nhà văn）、司法出版社（Nhà xuất bản Tư pháp）、通讯传媒出版社（Nhà xuất bản Bộ Thông tin và Truyền thông）、劳动出版社（Nhà xuất bản lao động）和交通运输出版社（Nhà xuất bản Giao thông vận tải）。此外，还有阿尔法图书（Alphabooks）、第一新闻（The First News）、雅南图书（Nhã Nam）、芳南图书（Phương

① 参见网页：https://hr1tech.com/vi/news/cap-nhat-so-lieu-moi-nhat-2021-ve-nguoi-dung-mang-xa-hoi-tai-viet-nam-158.html，检索日期：2022年11月13日。

Nam）等较有影响力的民营出版社。

疫情爆发以来，越南出版业受到严重打击，印刷业趋于停滞，外文图书因缺乏国际游客而滞销，且外籍专业编辑无法赴越直接工作。另一方面，由于疫情对纸质书销售的严重打击，越南出版业向数字化转型，尤其是有声书，在疫情期间受到越南消费者的青睐，出版社逐渐将更多精力转向有声书。

根据越南出版印刷与发行局官方统计的《出版物发行与出版活动》(Báo cáo Hoạt động xuất bản và phát hành) 年度总结报告，2021 年，越南全国图书出版机构数量为 1442 家，同比减少 29.7%，其中民营机构 551 家，同比增长 5.6%；从事图书进出口业务的出版机构为 18 家，与 2020 年保持不变。2021 年越南出版图书共 32948 种，同比减少 9%；销售量约为 4 亿册，同比减少 0.7%；总营业收入近 3000 万亿越南盾，较 2020 年增长 12.4%；税后利润为 3840 亿越南盾，增长 80.7%，高于疫情发生前的 2019 年。出口出版物数量约 30 万册，减少 28.7%；进口出版物 2080 万册，维持不变。出版业进出口总金额为 1500 万美元（约 1.01 亿人民币），减少 16.6%，其中出口金额为 130 万美元（约 875.9 万人民币），减少 40.9%，进口金额为 1370 万美元（约 9230 万人民币），减少 13.2%。①

虽然越南出版社数量众多，但大多经营规模较小。国有出版社仍然是越南图书业的主力。2018 年，营收较好的出版社中，除经营教科书和参考书的越南教育出版社（营收约 104.8 万亿越南盾，约 302.4 亿人民币）外，包括越南国家政治出版社（营收 19.7 万亿越南盾，约 56.8 亿人民币）、越南青年出版社（营收 13.7 万亿越南盾，约 39.5 亿人民币）、金童出版社（营收 30.4 万亿越南盾，约 87.7 亿人民币）在内的各大国有出版社均稳定经营。

（二）细分市场

近年来，越南国内图书出版的规模呈扩大趋势，专业编辑队伍的扩大使得图书质量有所改善。但越南图书整体质量不高，书中常出现错误，缺乏具有影响力、传播力的优质图书，这一问题在政治图书和科技图书方面体现得尤为明显。教科书是越南最主要的图书类别，对越南图书平均印数产生巨大影响。有数据显示，越南平均每种书

---

① 参见网页：https://zingnews.vn/nganh-xuat-ban-thu-gan-3000-ty-dong-nam-2021-post1304192.html，检索日期：2022 年 11 月 13 日。

的印刷数量仅有 11000 册；如果除去教科书和参考书，则这一数字只有 4300 册。虽然受疫情影响销量有所下降，但随着越南全面放开防疫政策，图书业正快速恢复。

最近几年，在出版方面，各类教科书和外国出版物的译介，在越南出版行业占有很大市场。中国的网络文学作品、日韩的动漫作品和流行文化出版物在越南也非常流行，如顾漫、辛夷坞等中国言情小说的领军人物，在越南也具有极高的人气。

2021 年越南销售的图书中，无论种数还是销售册数，占比最大的仍为教科书和参考书，销量约为 1.36 亿册，占比 34%；其次是文化、社会、艺术、宗教图书，销量约为 8000 万册，占比 20%。其他类型的图书中，青少年图书销量 6000 万册，占比 15%；文学图书销量 4800 万册，占比 12%；经济、科技类图书销量 4000 万册，占比 10%；政治法律图书销量 3600 万册，占比 9%；字典和外文类图书销量 112 万册，占比 0.28%。虽然越南本土出版的图书占图书种数的大多数，但销量较高的图书除教科书和参考书外，仍然以从外国引进的图书为主，如巴西作家保罗・柯艾略所著的奇幻小说《牧羊少年奇幻之旅》（*Nhà giả kim*）销量达 31 万册，美国作家 B. T. 斯伯丁所著的《东方之行》（*Hành trình về Phương Đông*）销量达 8.7 万册，《人类简史》（*Lược sử loài người*）销量达 4.4 万册。

近年来，随着越南图书行业多媒体化不断深入，以网络文学形式延伸出的 IP 在越南同样颇受好评，影视剧和相关文化产品的热销反向带动小说的销售。但并非所有的中国网络小说都有较高的翻译和出版质量，由于个别出版商并不聘用翻译，而直接使用翻译软件将中文“转换”为越南语出版，质量粗糙。

受疫情影响，越南政府发行官方防疫手册，同时还为医疗领域的图书提供优惠政策。2022 年 1 月起至年末，凡在越南出版或再版医学图书的出版社或个人都可以在出版、设计等方面获取免费支持，将促进健康卫生领域图书的市场份额。目前，越南健康卫生类图书主要的出版商包括医学出版社（Nhà xuất bản Y học）以及河内国家大学出版社（Nhà xuất bản Đại học Quốc gia Hà Nội）、胡志明市国家大学出版社（Nhà xuất bản Đại học Quốc gia thành phố Hồ Chí Minh）等各大学出版社。

（三）数字内容生产

2021 年，越南共有 11 家出版社可以出版电子书，相较于 2020 年的 9 家有所增长；电子图书数量为 2300 种，较 2020 年增长 12%。一些尚未注册电子书出版的出版社也开始实施数字化转型的大型投资项目，如越南妇女出版社和科技出版社。[①]

疫情一方面打击越南传统图书业的发展，另一方面也成为有声书、电子书发展的机遇。越南作为东南亚地区较为注重基础设施建设的国家，网络的普及与稳定为有声书的销售与传播提供保障；随着经济的整体发展，智能手机持有率较高，为有声书消费奠定基础。从供应端来看，疫情期间物流不畅，图书流通受到影响，促使越来越多的出版社转向电子出版以维持发行；从消费端来看，消费者前往实体书店的频率降低，尤其是被隔离的家庭更是只能通过网络获取信息，促进对电子书、有声书的需求增大；尤其是越南的低阅读习惯，使得有声书较一般纸质读物更受青睐。在疫情之下，有声书较一般阅读更为便捷，同时给读者创造与人交流的感受，使得有声书销量快速增加。越南现在主流的有声书手机软件包括 Fonos 和 WeWe 公司的 Voiz FM。尽管有声书发展受到越南的版权保护意识不强的影响，但两家公司在疫情期间均实现扩张。Fonos 于 2020 年推出，现拥有 160 多种图书的版权，有 10 万余名活跃用户。而 Voiz FM 在疫情期间推出 2000 多种有声书，新增用户数达 30 余万，2021 年收入较 2020 年同期增长近 20 倍。部分传统出版社，如金童出版社、胡志明市综合出版社、雅南出版社、阿尔法图书，都选择与 Voiz FM 合作，将本社图书的有声书版权授予该公司，再由该公司上传有声书版本。

但由于越南版权保护状况不容乐观，相较于传统图书有限的盗版流通，有声书更容易遭到版权侵害。2020 年，仅 Voiz FM 一家就在优途和声田（Spotify）平台上与有关方面联合处理三万多件侵犯公司版权的内容。

（四）重点企业情况

本部分主要介绍胡志明市图书发行股份有限公司发哈沙（FAHASA）。[②]

发哈沙公司成立于 1976 年 8 月 6 日，以面向全国、服务全民为图书发行理念，经过四十多年的发展，成为越南国内图书发行行业的知名品牌。特别是 2006—2016 年这一阶段，发哈沙公司新开设书店 70 家。截至 2020 年，公司在越南全国有 115 家书店，但到 2022 年 3 月仅剩下 75 家。

① 根据越南信息通讯部报纸整理，参见网页 https://vietnamnet.vn/dua-xuat-ban-dien-tu-thanh-mui-nhon-phat-trien-808349.html。

② FAHASA 是“图书发行”的越南语简称，这一简称十分普遍，本文音译为“发哈沙”。

从 1996 年开始，发哈沙公司获得政府许可，可以直接进出口各类外国出版物及文化产品。目前发哈沙与国外 200 余家大型出版机构均保持良好的合作关系，如牛津大学出版社、剑桥大学出版社、培生、麦克米伦、麦格劳－希尔、英语未来（E. future）[①]、小老虎（Little Tiger Press）、企鹅兰登书屋、阿歇特出版集团、西蒙与舒斯特、帕拉根（Parragon）[②]、哈珀·柯林斯出版集团、尤斯伯恩出版社（Usborne）等等。此外，发哈沙与来赞达（Lazada）、布克 365（Book365）等电商平台也有合作关系，不定期举办电商优惠活动，如 2020 年 9 月 28 日至 30 日，发哈沙联合其他图书公司，与来赞达举办“支持正版，选择来赞达”活动，提供高达 40% 的优惠。

自 2005 年公司股份化以来，营业收入逐年增长。2016 年发哈沙实现总营业收入约 2.41 万亿越南盾，同比 2015 年增幅达到 20%，2017 年达 2.73 万亿越南盾，两年的税后利润分别为 173.3 亿越南盾和 217 亿越南盾。2018 年，越南河内证券交易所 (HNX) 宣布批准发哈沙越南胡志明市图书发行股份公司在 Upcom 交易所正式挂牌上市，11 月 1 日正式发行 910.83 万支股票，第一个交易日的基准价为每股 1.58 万越南盾，股票的上市定价为 1440 亿越南盾。疫情以来，由于发哈沙的线下业务是公司重点业务，利润受挫严重。因疫情封控，发哈沙的书店系统不得不暂停营业；而即便重新开放之后，由于消费者的消费能力不足，且仍受疫情影响，书店客流量仍然较少。线上销售仍然保持增长，但由于购买力下降和物流成本提高，2021 年的增速仅为 2020 年的一半。根据 2022 年发布的 2021 年财报，公司 2021 年收入约 2.8 万亿越南盾，较 2020 年下降 15%。公司毛利润 5800 亿越南盾，但扣除销售、经营管理和税收，则净利润只有 6300 万越南盾，远低于 2020 年 140 亿越南盾的净利润。

由发哈沙公司组织的两年一次的胡志明市图书展（Hội Sách Thành phố Hồ Chí Minh）是越南国内图书市场最具有影响力的社会活动之一，但 2020 年的书展因疫情未能举办。

---

① 英语未来（E-Future）是一家韩国专门研发少儿英语教材的出版公司。

② 帕拉根（Parragon）英国着名的图书出版公司，也是世界最大的非小说类图书出版商。它专注于制作出版高品质儿童图书，拥有探索频道授权，迪士尼、芭比等全球著名品牌的图书出版权。

（五）重要书展与图书活动

1. 线上全国书展

2020 年起，越南开始举办每年一次的线上全国书展（Hội sách trực tuyến quốc gia），由越南通讯传媒部、出版印刷发行局主办，以促进越南社会的图书消费，尤其用以促进越南偏远地区的图书流通。2021 年，以网站 Book365.vn 为平台举办的第 2 届线上全国书展有全国近 100 家出版社近 4 万种图书参展，超 600 万人次访问，收入超 45 亿越南盾。书商在展览上推销图书并给予优惠，取得良好的经济收益。该展最近一次为第 3 届，于 2022 年 4 月 19 日开幕，5 月 20 日闭幕。

2. 越南图书与阅读文化日

2021 年新设立的“越南图书与阅读文化日”取代 2014 年设立的“越南图书日”，仍然定于每年 4 月 21 日举办，旨在培养公民的阅读习惯。以 2022 年最近的一次活动为例，越南中央政府多部门与胡志明市政府联合，于 2022 年 4 月 19 日在胡志明市第一区阮惠步行街举办开幕仪式，越南通讯传媒部副部长在开幕式上讲话，之后在 4 月 19 日至 24 日还举办如作家讲座、文化节目等活动。越南国家图书馆还组织“图书绘画竞赛”（Vẽ tranh theo sách）和“阅读心得竞赛”（Viết cảm nhận một cuốn sách），吸引一万多幅（篇）作品参赛，颁发奖项近 80 个。

（六）重要图书和文学类奖项情况

1. 越南好书奖[①]

越南好书奖（Giải thưởng sách hay）是越南最大的民间图书奖，由越南的民间教育机构 IRED 学院与非营利性组织“读好书计划”（Dự án Khuyến đọc Sách Hay）、开放教育计划（Sáng kiến OpenEdu）共同组织举办，旨在通过图书宣传公民意识，所选出的图书较一般图书更为严肃，同时兼具思想性。该奖自 2011 年开始每年举办一次，分为 7 个组别颁奖，分别是社会科学与人文学科、教育、文学、经济、行政管理、儿童，以及更为宽泛的“新发现”组别，每组选出 2 种图书。

2020 年，越南好书奖社会科学与人文学科类获奖图书为阮松的《红河三角洲的村落》（*Làng mạc ở châu thổ sông Hồng*）和陈友光等译者翻译的《现实社会的构

---

① 该部分根据该奖官方网站整理，参见网页：https://sachhay.org/ 。

建》（*Sự kiến tạo xã hội về thực tại*）；教育类获奖图书为阮国王的《越南教育能从日本学到什么？》（*Giáo dục Việt Nam học gì từ Nhật Bản*）和周文顺的《为开放式教育辩护》（*Biện hộ cho một nền Giáo dục Khai phóng*）；文学类获奖图书为陈水梅的《徐裕太后范氏姮》（*Bộ sách Từ Dụ Thái Hậu*）和杨祥的《死撑》（*Chết chịu*）；经济类获奖图书为尊失通的《西德的经济奇迹》（*Thần kỳ Kinh tế Tây Đứcg*）和山范、武黄灵合著的《各民族的优点与不足》（*Sự Giàu và Nghèo của các Dân tộc*）；行政管理类的获奖图书为黎红日的《游戏理论及其在经营管理中的应用》（*Lý thuyết trò chơi và ứng dụng trong quản trị-kinh doanh*）和阮运、成铁合著的《工业革命 4.0 的成型》（*Định hình cuộc cách mạng công nghiệp lần thứ tư*），儿童书类获奖图书为阮康盛的《捣蛋鬼埃尔文的日记》（*Nhật ký của nhóc Alvin siêu quậy*）和陈氏明孝的《鲸鱼的旅行》（*Hành trình của cá Voi*）。此外，新发现类有 3 种书获奖，分别是阮国治所著的两卷本《阮文祥与阮朝对法国入侵的抗争》（*Bộ sách 2 quyển: Nguyễn Văn Tường và cuộc chiến chống đô hộ Pháp của Nhà Nguyễn*）、阮良海奎翻译的《午夜谈——涩泽荣一自传》（*Vũ Dạ Đàm — Tự truyện Shibusawa Eiichi*）和陈亭胜所翻译的《哲学研究》（*Những tìm sâu Triết học*）。

2. 越南图书奖 / 越南国家图书奖[①]

越南图书奖（Giai thưởng Sách Việt Nam）是由越南出版协会组织的全国年度图书评选奖项，自 2005 年设立，每年由各出版社推荐，由越南出版协会组织专家评审，评选标准主要有“佳作”和“美作”两大项，分别从图书的内容和设计两方面对推荐图书进行审查和推选，奖项设置分为科研、教育、经济、管理、文学、儿童以及最新发现共 7 个类别，评选出每个类别的“最佳图书奖”和“最美图书奖”。以 2016 年的评选结果为例，由 40 家出版社推荐 486 种图书参与评选，最终有 47 种图书被评为“最佳图书”（包括金奖 4 种、银奖 10 种、铜奖 17 种以及鼓励奖 16 种），43 种图书被评为“最美图书”（包括金奖 4 种、银奖 8 种、铜奖 13 种、鼓励奖 15 种以及最美封面奖 3 种）。获奖图书在理论、艺术、科学及实践方面均具有很高的价值。

---

① 根据相关新闻报道整理。参见网页：https://www.tramdoc.vn/tin-tuc/giai-thuong-sach-quoc-gia-2018-nam-thu-nhat-trao-tang-22-giai-sach-hay-13-giai-sach-dep-nQj4zW.html，https://zingnews.vn/cac-tac-gia-trong-buoi-trao-giai-sach-quoc-gia-2019-post1029731.html，引用时间：2022 年 11 月 13 日。

2018 年，在越南图书奖的基础之上，由越南通讯传媒部领导、越南出版协会组织开展全新的第一届越南国家图书奖（Giải thưởng Sách quốc gia Việt Nam）评选。奖项设置继承和发扬越南图书奖的原有模式，分为“最佳图书”和“最美图书”评选，两类各自分为 A、B、C 三等奖。2019 年起，不再分“最佳图书”和“最美图书”，而只分 A、B、C 三个等级，分别颁予政治经济、科学技术、社会科学和人文学科、文化文学与艺术、儿童图书五类图书。2021 年，越南国家图书奖吸引 59 家出版商参与，参评图书有 284 个系列、365 种，最终颁发 A 奖 2 个、B 奖 9 个、C 奖 13 个。

3. 越南作家协会年度文学奖

越南作家协会年度文学奖，由越南作家协会每年组织评选，是越南文学界的重要奖项，获奖作品分为诗歌、散文[①]、文艺理论、翻译文学以及特别奖。越南作家协会是越南官方的作家组织，成立于 1957 年，历届主席、秘书长都是越南知名作家、诗人，下辖作家出版社、《新作品》编辑部、《文艺周报》编辑部、《外国文学》编辑部、越南作协电影发行公司、越南作协文学基金会、综合文化旅游公司等。

表 1　2019—2021 年越南作家协会年度文学奖获奖情况[②]

类别	2019	2020	2021
诗歌	陈光道《飞于梦中》（Trần Quang Đạo, *Bay trong Mơ*）；陈光贵《根》（Trần Quang Qúy, *Nguồn*）	陈金花《在天边》（Trần Kim Hoa, *Bên trời*）	未颁奖
散文	阮海燕《水神馆的故事》（Nguyễn Hải Yến, *Tập truyện ngắn của Quán thủy thần*）	春凤《担挑肩扛》（Xuân Phượng, *Gánh gánh gồng gồng*）	阮平芳《一个平凡的例子》（Nguyễn Bình Phương, *Một ví dụ xoàng*）
文艺理论	潘仲赏《对文学现象的认识与理解》（Phan Trọng Thưởng, *Nhận diện và lý giải các hiện tượng văn học*）；李怀秋《越文文学的活体》（Lý Hoài Thu, *Những sinh thể văn chương Việt*）；陈登宣《作家的思想与风格：一些理论问题和实践问题》（Trần Đăng Suyền, *Tư tưởng và phong cách nhà văn: những vấn đề lý luận và thực tiễn*）	阮文民《空间视域下的文化和文学》（Nguyễn Văn Dân, *Văn hóa – văn học dưới góc nhìn liên không gian*）	张登容《文学文本与意义的不确定性》（Trương Đăng Dung, *Văn bản văn học và sự bất ổn của nghĩa*）
翻译文学	阮友升译《还剑湖怀古》（Nguyễn Hữu Thăng, *Tập thơ Kiếm Hồ hoài cổ*）	范玉石译《切尔诺贝利的祈愿》（Phạm Ngọc Thạch, *Lời nguyện cầu Chernobyl*）	何世江译《遥远的非洲》（Hà Thế Giang, *Châu Phi nghìn trùng*）

① 越南的“散文”与韵文相对，比我们的“散文”概念广，包括小说、散文、随笔等多样非韵文体裁。

② 书名与作者名均为笔者自译，相关信息见越南作家协会官网。

续表

类别	2019	2020	2021
特别奖	未颁奖	未颁奖	黎文义《最后的小学学期》（Lê Văn Nghĩa, *Mùa tiểu học cuối cùng*）[①]

资料来源：越南作家协会官网

4. 河内作协文学奖

河内作协文学奖（Giải thưởng văn học Hội Nhà văn Hà Nội），是由河内作家协会组织评选的年度文学奖项，是越南文学界的又一年度盛会，奖项设置包括诗歌、散文、文艺理论、翻译文学、终身成就等几大项。2015 年，中国作家阎连科的小说《坚硬如水》越南语译本曾获得河内作协颁发的翻译文学奖。

表 2　2019—2021 年河内作协文学奖获奖名单

类别	2019	2020	2021
诗歌	未颁奖	阮仲环（已故）诗集《悠闲生活的片刻》（Nguyễn Trọng Hoàn, *Phút rành rang sống chậm*）	邓王兴诗集《每日六八体诗》（Đặng Vương Hưng, *Lục bát mỗi ngày*）
散文	未颁奖	未颁奖	未颁奖
文艺理论	裴越唐《文学视角下的河内》（Bùi Việt Thắng, *Hà Nội từ góc nhìn văn chương*）	未颁奖	朱文山《操忙不安的心灵》（Chu Văn Sơn, *Đa mang một cõi lòng không yên định*）
翻译文学	未颁奖	陈健高登、钧奎合译的《2666》（Trần Tiễn Cao Đăng & Quân Khuê, *2666*）；	未颁奖
小说	阮越荷《小说中的市民》（Nguyễn Việt Hà, *Thị dân tiểu thuyết*）	黄国海所著系列历史小说（Hoàng Quốc Hải）	未颁奖

资料来源：河内作协网站，https://nhavanhanoi.vn/

5. 胡志明文学艺术奖

胡志明奖于 1981 年设立，至今共颁发过五次，分别于 1996 年、2000 年、2005 年、2012 年、2017 年颁发给在科学研究或文化艺术领域有突出贡献的人物，被越南人认为是最高级别的国家奖项之一。2017 年，有 18 位作家被时任越南国家主席陈大光授予文学艺术类胡志明奖。2017 年，文学组别共 4 位作家获奖，分别是春韶（Xuân

① 特别奖一般授予除前述四类体裁以外的其他作品，2021 年获奖的《最后的小学学期》是一部儿童长篇小说。

Thiều，已故）的《最初的歌声》（*Khúc hát mở đầu*）和《红梅季节的顺化》（*Huế - mùa mai đỏ*）、友梅（Hữu Mai，已故）的《宁静的夜》（*Đêm yên tĩnh*）和《沉默的旅者》（*Người lữ hành lặng lẽ*）、春琼（Xuân Quỳnh）的《地上的安眠曲》（*Lời ru trên mặt đất*）和《鸡蛋里的天穹》（*Bầu trời trong quả trứng*）、秋盆（Thu Bồn）的《白色闪电》（*Chớp trắng*）。当前，2022 年第 6 届文学艺术类胡志明奖仍在评选中。

6. 湄公河文学奖

湄公河文学奖初创于2008年，起初只覆盖越老柬三国文学作家，目前在湄公河（中国境内河段名为澜沧江）流经的柬、老、越、泰、缅、中六国轮流举办。2012 年第 4 届湄公河文学奖在越南中部城市岘港举行，2018 年第 9 届湄公河文学奖在越南首都河内举行。越南多位作家曾获得过该奖项，如越南作家阮北山（Nguyễn Bắc Sơn）和诗人黎文望（Lê Văn Vọng）获得第 6 届湄公河文学奖，2016 年 6 月曾出席在中国昆明举办的颁奖典礼。

2021 年的第 12 届湄公河文学奖中共两位越南作家获奖，分别是黄世生的《洋紫荆花季的田野》（Hoàng Thế Sinh, *Cánh đồng Chum mùa hoa ban*）及阮文红的《血与火的派林》（Nguyễn Văn Hồng, *Pailin thời máu lửa*）。2020 年的第 11 届湄公河文学奖中，两位越南作家获奖，分别是陈润明的《越过长江波》（Trần Nhuận Minh, *Qua sóng Trường Giang*）及陈玉富的《从西南边境到佛塔之土》（Trần Ngọc Phú, *Từ Biên giới Tây Nam đến đất Chùa Tháp*）。2019 年的第 10 届湄公河文学奖中，两位越南作家获奖，分别是阮德茂的《老挝一侧的树林里》（Nguyễn Đức Mậu, *Ở phía rừng Lào*）及段俊的《征战的岁月》（Đoàn Tuấn, *Mùa chinh chiến ấy*）。

7. 东盟文学奖①

东盟文学奖由泰国王室于 1979 年赞助设立。每年颁奖一次，旨在表彰东南亚地区各国创作出优秀文学作品的作家。近年来也有几位越南作家获奖，例如 2015 年，越南作家陈梅幸（Trần Mai Hạnh）凭《1-2-3-4.75 战争档案》代表越南文学获奖。受疫情影响，该奖 2019 年与 2020 年的颁奖合并，越南共有两人获奖。越南诗人陈光道以诗集《飞于梦中》获 2019 年年度奖，越南作家武刻严以小说《氏露正名记》获

---

① 根据相关新闻整理。参见网页 https://www.bookcouncil.sg/awards/s-e-a-write-award，引用时间：2022 年 11 月 12 日。

2020 年年度奖。

三、报刊业发展情况

（一）发展概况

越南报刊业由越南政府统一管理，全部报刊机构为国营，没有私人报刊。自疫情爆发以来，报刊业受打击较为严重，新闻报道无法实地进行；但这也迫使报刊业加快数字化转型，出版电子报纸的报社数量增加。2020 年，越南全国新闻机构数量减少 71 家，部分报社营收额减少达 70%，全年营收额约 3.175 万亿越南盾（约 9171 万人民币）；2021 年，报刊业营收约 3.462 万亿越南盾（约 9995 万人民币），较 2020 年增长 9%，超过 2%~2.5% 的增长目标。

表 3　2019—2021 年越南报刊业的机构状况、从业人员、结构分布情况[①]

类别	2019	2020	2021
报社数量（家）	850	779	816
从业人员（万人）	约 4.1	约 4.1	约 4
持记者证人员（人）	20407	21132	17161

资料来源：来自《越南加》网站信息

（二）细分市场

根据内容，越南的报纸可分为九个大类，分别是综合新闻、国防安全、司法法律、政治外交、经济金融、人文社会、健康卫生、文化科学、休闲娱乐。根据目标读者分类，可以分为如下几类：针对青少年的报纸，如《学生花》（*Hoa Học Trò*）、《民族儿童》（*Thiếu nhi đan tộc*）、《欢笑》（*Cười vui*）、《青年报》（*Báo Thanh Niên*）和《先锋报》（*Báo Tiền phong*）等；针对妇女、老人、少数民族、各宗教群体发行的报纸，如《越南妇女报》（*Báo Phụ nữ Việt Nam*）、《民族与发展报》（*Báo Dân tộc và Phát*

---

① 根据相关新闻整理。参见网页：https://www.vietnamplus.vn/infographics-so-lieu-ve-cac-co-quan-bao-chi-viet-nam-nam-2021/764886.vnp，https://laodong.vn/thoi-su/bao-chi-viet-nam-nam-2020-thong-tin-kip-thoi-trung-thuc-co-tinh-phan-bien-cao-866382.ldo，https://nhandan.vn/thong-tin-so/tong-doanh-thu-nganh-bao-chi-nam-2019-uoc-dat-hon-4-9-nghin-ty-dong-379992，引用时间：2022 年 11 月 13 日。

triển）、《老年人报》（*Báo Người cao tuổi*）、《觉悟报》（*Báo Giacs Ngộ*）和《天主教与民族报》（*Báo Công giáo và Dân tộc*）。除以上全国发行的报纸外，越南各省、直辖市还有当地的报纸，部分大城市也有当地发行的报纸；发行主体除一般报社外，也包括政府各部门、科研机构、行业协会、军事单位。

越南的报刊业也在快速电子化。越南最早的电子报是 1997 年 2 月 6 日由直属于越南外交部的海外侨民委员会所办的《家乡报》（*Quê hương*）。1998 年，《越南网报》（*Vietnamnet*）出版；1999 年，《劳动报》《人民报》也开始以电子形式出版。截至 2021 年底，越南共有 114 家报社和 116 家杂志社实现纸质与电子两种形式出版，仅以电子形式出版的报纸和杂志则有 29 种。不少报刊机构正在积极发展电子出版业务，进行相关投资。现在越南国内规模较大的报社均电子与纸质形式报纸同步出版，如《先锋报》《越南妇女报》和《投资报》等。

越南的学术期刊仍在发展中，以纸质出版、越南语出版为主，少部分以英语出版。由越南科学技术部信息科技局主办的网站 VJOL 收录 135 种期刊的电子版，基本涵盖人文学科、社会科学和自然科学各领域。目前越南国内被 Scopus 数据库[①]收录的科学杂志数量不多，包括《自然科学进展：纳米科学和纳米技术》（*Advances in Natural Sciences*: *Nanoscience and Nanotechnology*，简称 ANSN）、《科学杂志：先进材料与设备》（*Tạp Chí Vật Liệu và Linh Kiện Tiên Tiến*，简称 JSAMD）、《越南数学学报》（*Acta Mathematica Vietnamica*）、《越南数学杂志》（*Vietnam Journal of Mathematics*）。2022 年 3 月 6 日，《亚洲经济与经营研究杂志》（*Tạp chí Nghiên cứu Kinh tế và Kinh doanh Châu Á*，简称 JABES）被 Scopus 收录，成为越南第一种被收入 Scopus 数据库的人文与社会科学类期刊。

（三）企业情况

数字化是越南报刊业的最新趋势，因而本部分重点介绍由越南通讯社主办的电子报《越南加》（*VietnamPlus* 或 *Vietnam+*）。

《越南加》是越南通讯社的官方电子报，于 2008 年 11 月 13 日创办，旨在报道

---

① Scopus 数据库是由全球最大的出版社之一爱思唯尔出版社（Elsevier）推出的科研管理、学科规划数据库，是全球最大的同行评审期刊文摘和引文数据库。

越南共产党和国家的政策、越南社会的大事以及世界范围内与越南有关的事件，提供越南语、英语、法语、西班牙语、俄语、汉语六种语言的版本，是越南覆盖语种最多的报纸，也是2017年越南总理阮春福批准的越通社发展计划中计划成为国际影响力最大的报纸。在报道影响较大的事件时，还会推出其他非通用语种的特别报道，如河内建城千周年时，还推出日语版特别报道。《越南加》与越通社共享记者网络，在越南国内外拥有超过1300名记者，覆盖越南各省、直辖市，遍布世界各大洲。

作为越南新闻业的旗手，《越南加》在报纸多媒体化上进行多次业内的首次尝试。《越南加》于2012年8月与ePI公司合作，尝试在应用程序上零售报纸文章，是越南国内首个尝试电子报收费的报社。2018年6月，《越南加》正式实施电子报收费计划。截至2021年，《越南加》旗下共有两款应用程序，分别是手机客户端VietnamPlus Mobile和针对年轻人的、以音乐形式呈现新闻的RapNewsPlus。2014年底，《越南加》与挪威Rubrikk公司合作，推出广告网站Raovat。《越南加》下属网站vietkieu.info旨在报道海外越南人的相关新闻，以加强海外越南人与越南的联系。2017年，《越南加》引进Atavist、Infogram、Visme、Piktochart等软件，使记者不需要程序员的帮助便能快速产出多媒体形式的新闻，加快新闻的产出效率。2018年11月，《越南加》推出聊天机器人产品，可以自动与用户聊天，是越南国内新闻业向工业革命4.0迈进的重要一步。

四、中越出版业交流合作情况

中越两国关系正常化以后，两国政府于1992年签订《中华人民共和国和越南社会主义共和国文化协定》，此后两国的出版业交流更加频繁，合作关系不断向好发展。但自疫情爆发后，由于交通受限，中越两国民间出版业交流也受到影响。

（一）出版交流合作概况

政府合作层面，两国政府与行业机构互访频繁。2018年7月，人民出版社与越南国家政治出版社在越南河内签署图书版权合作协议。2019年4月27日，在第9届亚洲太平洋世界语大会期间，中国外文出版发行事业局所属中国报道杂志社与越南安然华文学校举办中越语言文化交流会。2019年6月14日，越南国家版权局与中国国家版权局在河内签署《中华人民共和国新闻出版署与越南社会主义共和国通讯传媒部关于新闻出版合作谅解备忘录》，成为两国在知识产权的应用和保护方面最新的法律依据，取代 2017 年 10 月 19 日签署的谅解备忘录。但 2021 年 3 月 26 日越南政府出台 31/2021/ND-CP 号议定文件，颁布限制外商投资行业目录，“出版发行”属于“外商附条件投资的行业”，文件对外商投资的占比、投资形式、投资活动范围、投资者实力、参与投资的合作伙伴等方面做出规定，使外资在出版发行行业的投资活动相较于越南国内投资者相对受限。

民间合作方面，自两国建立互访机制以来，中越版权合作向纵深迈进，广西在与越南的交流合作中尤为积极。2018 年 8 月 22 日，由广西出版传媒集团主办、漓江出版社和广西科学技术出版社承办的中国东盟版权贸易服务平台项目启动；2019 年 8 月 26 日，中国－东盟版权贸易服务网上线，为中国出版社走出去、东盟出版社引进来提供互联网支持。2021 年 9 月 16 日，由接力出版社与中国图书进出口集团有限公司共同举办的第 2 届中国－东盟少儿出版阅读论坛在北京以中方嘉宾线下、外方嘉宾线上的形式展开，吸引众多中国和东盟出版社参加，与会的越南出版社包括越南阿尔法出版公司、越南芝文化股份公司、越南科技教育代理股份有限公司和学习树出版社，其中越南科技教育代理股份有限公司是 2021 年接力－东盟少儿图书联盟最新吸纳的三个成员之一[①]。接力出版社与“一带一路”各国尤其是东盟各国通过版权输出、国际合作出版等方式，与包括越南在内的各国出版社均有稳定的合作、翻译关系，如《特别狠心特别爱》《特别狠心特别爱：赢在家风》两种图书的越南语版销量超过 4 万册。2022 年 4 月 20 日上午，由广西师范大学、广西师范大学出版社和越南河内大学共建的独秀书房·越南河内大学孔子学院店正式对外开放，这是广西师范大学出版社的第一家海外独秀书房。随后，越南社会科学哲学研究所与越南河内大学孔子学院承办的“越南与东亚的儒家经学”国际学术会议由独秀书房组织开展，成为中国出版社从“走出去”到“融进去”的重要一步[②]。

在民间合作方面，特别值得一提的是越南芝文化股份公司（Chibooks）。芝文化

① 另外两个新成员是马来西亚科利提出版社和中华书局（新加坡）有限公司。2019 年至今，接力－东盟少儿图书联盟已拥有 12 个正式成员。

② 参见网页：https://zh.vietnamplus.vn/%E7%8B%AC%E7%A7%80%E4%B9%A6%E6%88%BF%E8%90%BD%E5%9C%B0%E8%B6%8A%E5%8D%97%E6%B2%B3%E5%86%85%E5%A4%A7%E5%AD%A6/163366.vnp，引作时间：2022 年 11 月 13 日。

股份公司成立于2008年12月，董事长阮丽芝曾在北京师范大学中文系和北京电影学院导演系留学并取得导演系硕士学位，回到越南之后致力于图书文化传播。她是越南签订《伯尔尼公约》之后首次购买国外图书版权的越南出版人，其公司与欧美和亚洲许多知名出版公司有紧密的合作关系，目前已翻译出版600多部来自中国、英国、美国、澳大利亚等国的图书。她尤其致力于翻译出版中国的文学作品，曾出版过莫言、刘震云、邱华栋、刘醒龙、周大新一系列中国当代知名作家的大量作品。芝文化股份公司还积极参加越南国外举办的各种书展，2016年参加北京国际图书展览会并设立越南展台，这也是越南首次在中国图书展览上设立越南展台。此后该公司又多次参加中国各类书展。除与国外出版公司有着密切的合作关系外，芝文化股份公司还与中国一些作家和艺术家有密切的联系，如该公司曾经两度邀请六小龄童到越南签售《六小龄童品西游记》（上、下集）并举行相关演讲，也曾邀请中国“80后”作家春树到越南与越南读者进行交流互动。2022年芝文化股份公司成立越南“阅读中国文学俱乐部”，举行许多丰富多彩的活动。芝文化股份公司有自己的购书网站（www.chibooks.vn），也通过脸书等社交媒体介绍中国图书；非常注重译介中国的影视和体育类作品，曾经译介《对话张艺谋》《对话巩俐》《对话陈凯歌》《电影表演心理研究》《电影拍摄艺术》等图书，《一个都不能少》《我的父亲母亲》《幸福时光》和《赤壁》等电影以及十几部电视连续剧。

此外，中国不少新闻机构、出版社也在越南设立分社或派有常驻记者。如新华社驻河内分社、《人民日报》驻河内记者站、《经济日报》驻河内记者站和中央电视台驻河内记者站等。2018年5月4日，中国国际广播电台在越南河内也设立记者站。2018年8月22日，湖南人民出版社越南办事处（分社）揭牌仪式举行，成为中南出版传媒集团开拓越南市场的重要一步。近年来，中南出版传媒集团出版的湘版图书有150余种被翻译成越南语，到达越南读者手中。从《三国演义》《西游记》等经典名著到《什么是中国特色社会主义》《新常态下的大国经济》等主题图书，再到张嘉佳、桐华、张小娴的流行文化作品，都在越南取得较好的收益[①]。

① 参考新闻报道《湖南人民出版社越南办事处（分社）揭牌成立》。详见网页：https://hn.rednet.cn/c/2018/08/23/827051.htm，引用时间：2022年11月13日。

与此同时，中越双方积极合作举办文化会展活动。2021 年 4 月 17 日，由越南河内大学孔子学院承办、越南国家音乐学院合作组织的 2021 年中国 – 越南青年民歌文化交流活动在河内举行，成为 2021 年澜沧 – 美工“双城记”大型青年文化系列交流活动亮丽的风景之一，促进中越两国在民俗文化和音乐领域的交流。

在译介情况方面，中越文学作品的译介和交流自古有之，中国各类图书在越南翻译出版众多，深受越南读者的喜爱。根据世界图书馆联机中心（OCLC）收录的数据，2009—2013 年间，全世界翻译中国各类图书的总品种数量越南排名第二，共翻译 840 种[①]。2015—2020 年，仅丝路书香工程共资助译介 130 种越南语图书，为该工程在亚太地区资助出版图书数量最多的语种，也在项目所涵盖的所有语种图书出版种数中排名第三。

（二）中国网络文学在越南的翻译出版热

在越南的出版业中，翻译作品始终占有重要地位。越南历史上曾经长期使用汉文和在汉文基础上创造的本地方块字——喃字。19 世纪中后期越南逐渐沦为法国殖民地的过程中，文字也逐渐拉丁化；但与此同时汉文和喃文依然并行使用，直到 1945 年胡志明在河内宣布成立越南民主共和国之后才规定拉丁化字母文字为唯一官方文字。越南在文字拉丁化的过程中，对祖先的大量汉文和喃文作品陆续进行翻译，同时也积极翻译中国和以法国为代表的西方著作，特别是文学作品的翻译，几乎从未间断，而且几度出现热潮。

值得注意的是，近年来，中国网络文学特别是言情小说在越南的译介掀起热潮。实际上，中国的才子佳人小说在越南具有悠久的传播历史。其在越南的传播过程中，越南文人们用喃文诗体形式将许多作品改编成本民族的文学，进一步扩大其传播范围。在 18 世纪初至 19 世纪中叶越南喃文文学繁荣期，以中国才子佳人小说为蓝本进行文学创作甚至成为社会潮流。例如阮攸的《金云翘传》是以中国明末清初青心才人的《金云翘传》为蓝本写就的六八体喃文长篇叙事诗，这也是越南喃文文学发展到顶峰的代表作，是越南文学的瑰宝。李文馥的喃文长篇叙事诗《玉娇梨新传》则是以清朝荑荻

---

① 参考中国作家网报道《近年来中国图书对外翻译出版：当代文学成关注热点》。详见网页：http://www.chinawriter.com.cn/n1/2016/0930/c407181-28752909.html，引用时间：2022 年 11 月 13 日。

散人编次的才子佳人小说《玉娇梨》为蓝本。文化、文字的相通，以及喃文的改编创作，都促进了越南封建时期才子佳人小说在越南的传播，甚至对越南当地的文化和文学造成深远的影响。这一影响也不仅体现在创作主题、内容的模仿与借鉴上，更为重要的是封建时期的越南文学家在中越相近甚至可以说相同的文化背景下，一面接受汉文化熏陶，一面极力发扬本民族文化特色，注重汉文化与越南民族文化的融合。

当代，随着越南互联网的发展，网络也成为培育作家的温床，越南网络文学发展迅速。网络文学论坛相继出现，如 vanchuongviet.org、vanvn.net 等，不仅为作者提供文学创作新平台，同时也令读者可以更快地阅读到作者的作品而无须经历传统出版流程的等待时间。越南当代年轻作家中有不少人借助网络与读者互动，备受读者欢迎。他们在社交媒体上拥有大量读者粉丝，如阮秋水（Nguyễn Thu Thuỷ）、琼诗（Quỳnh Thy）、阮氏黄玲（Nguyễn Thế Hoàng Linh）等人，甚至如阮光韶（Nguyễn Quang Thiều）、邓申（Đặng Thân）等越南著名诗人也会借助网络来扩大自己作品的传播面。由此可见，越南国内已形成较好的网络文学氛围，这一点使得中国网络文学传入越南时被更迅速地接受。

中国网络文学在越南的翻译出版始于 2006 年，越南作家兼翻译庄夏将中国网络作家曹婷（笔名宝妻）的《我把爱情煲成汤》译成越南语版的 *Xin Lỗi, Em Chỉ Là Một Con Đĩ*，首次印刷出版上市后在 3 天内销量便达 5000 册，风靡一时，此后更是再版多次，2019 年 7 月版仍在河内部分书店销售。庄夏将中国网络爱情小说引进越南的这一尝试，显然获得极大的市场成功并刺激越南图书市场，也掀起传播热潮。不少越南出版社开始发掘中国网络文学作品，通过购买海外版权、翻译、出版获得高经济效益。自曹婷的小说开始，中国网络文学作家的畅销作品陆续被引进越南，以顾漫为例，其目前完成的作品有《何以笙箫默》《微微一笑很倾城》《杉杉来吃》与《骄阳似火》，均已翻译为越南语出版并多次再版，她的作品销售量自 2010 年至 2013 年连续 4 年蝉联中国网络文学作品在越南出版销售量榜首。其中仅《何以笙箫默》一书就已在越南出版 5 次[①]。高销量、高盈利使得越南出版社引进中国网络文学作品的模式逐渐成熟并形

① 2007 年 6 月越南文化出版社首版；2011 年文化出版社再版；2014 年 2 月文化出版社第三版；2016 年 7 月劳动出版社第四版；2019 年 6 月文学出版社第五版。

成产业链，甚至越南部分规模较小的出版社至今只出版中国网络文学作品。据越南《民越报》（*Dân Việt*）统计数据显示，平均每家出版社每六个月的中国网络文学出版物销售量有 2000~5000 册[①]。在实体书市场萎缩的情况下，这一数据已充分证实中国网络文学出版物为越南出版社带来利好。

网络文学作品在越南传播的另一个助推力来自在线阅读网站的涌现和中国网络文学作品在相关网站的专栏化。目前越南主要的阅读网站有 sstruyen.com、webtruyen.com、sachvui.com、truyenfull.vn 等。以 sstruyen.com 网站为例，该网站不仅在种类中将中国网络文学单列为一栏，且将其置顶显示。在该网站搜索顾漫的作品《微微一笑很倾城》，可以发现网站几乎在实时翻译更新小说章节。如果比较该作品在中越两国小说阅读网站的点击阅读量，晋江文学网[②]上的总点击数为 99936018 次，而在 sstruyen.com 的总点击数为 9898688 次。[③]基于两国人口数量，从点击率即可看出《微微一笑很倾城》在越南网站的受欢迎程度不逊于中国网站。除顾漫、桐华等早期成名的作家外，丁墨、玖月晞等后起之秀的作品点击率也表现不俗。其传播模式已从开始的以出版社为中心，由出版社挑选、购买纸质版权转变为以相关连载网站与读者为中心，主要由相关网站在线连载，实时翻译更新。此类小说的传播数量大增，可供读者选择的小说更多，其引进越南的主动权逐渐由出版社转移到读者手上。

网络文学作品的发展也整体带动改编剧、改编电影在越南的多元化传播。不仅原作被翻译，同时由网络文学作品改编的电视剧、电影、漫画等也被越南引入，这无疑是增加了中国网络小说在越南的传播深度，并扩大了其传播广度。《微微一笑很倾城》同名电视剧在越南视频网站连载更新，引起“肖奈微微”[④]潮，不仅播放量在同期电视剧中遥遥领先，更有越南网友自发为电视剧创建脸书粉丝主页与社群，并成为他们交流剧情、演员、原作的讨论基地。

越南读者尤其是绝大部分女性读者，通过阅读中国网络文学作品尤其是言情小说

---

① Ngọc Anh. Cục trưởng cục xuất bản nói sách ngôn tình vô bổ. 转引自黎黄英 . 他们为什么喜欢？顾漫小说在越南的接受分析 [D]. 广州：华南理工大学，2017：8.

② 晋江文学网是《微微一笑很倾城》在中国唯一的授权连载网站。

③ 数据时间为截至 2019 年 3 月 14 日。

④ 肖奈即小说男主角名，微微即小说女主角名。

满足自我的情感幻想并从中获得精神快感。网络言情小说主要面向年轻未婚女性，小说的内容本身包括人物设定、剧情发展等区别于现实社会，从而极大满足女性读者对“理想生活”“理想爱情”的向往，为这部分不满于现实的女性提供一个合理的释放途径，从而产生阅读快感，这种快感帮助女性读者应对现实生活的压力，带她们进入理想的世界，再代入小说主角沉浸到一个幻想的情感中，此外网络文学作品中多样化的爱情范式也是现实中大部分女性读者从未经历过的，这也带给她们新奇感。越南读者群体的需求直接促进网络文学作品大量传入越南并广泛传播，这一点与越南当代社会现状息息相关。网络文学作品天然所具有的网络化、自由化、大众化、女性化特征，恰恰因应了越南社会现实——互联网的普及、社会经济的发展、男女比例失衡等，也顺势占据越南图书市场不容小觑的一席之地。

中国与越南之间文化交流的悠久渊源，使得越南民众对中国文化较为熟悉，并有相当的文化认同感，而译者队伍的存在也很大程度上消减了两国之间的交流隔阂，加之越南读者无论个人或群体的精神文化需求，使得中国网络文学作品在越南大受欢迎。

不过，以语言和文化传统上的亲缘性推进网络文学作品在越南的传播并非长久之计。一方面，要继续发挥中国网络文化产品的标签效应，扩大品牌优势，不仅需要网络文学作品生产精细化，也需要出口精细化，减少它们在越南因不合法规等被禁的风险；另一方面，要灵活面对跨文化传播中的大众心理和当地文化两大问题，需要对文化“出海”政策采取“分而治之”的态度，抓住越南年轻化的人口特点和互联网渗透率高的社会趋势，是包括网络文学作品、影视作品在内的中国众多文化产品在越南传播的关键突破口。当下的越南社会，具有以年轻人为主要生产消费群体、以社交网络平台为主要衍生渠道的支撑文字、图像文化产品传播和发酵的大量空间，充分利用新媒体的发展机遇，创新传播机制，选择合适的网络文字和图像文本精品打造互联网营销渠道，让更多越南民众了解、感受、亲近中国文化，“国之交在于民相亲”，信息时代中国网络文化产品在越南的积极传播将对中国文化软实力的增强以及未来中越关系的良性发展起到不可忽视的作用。

尽管新媒体时代中国网络小说的海外传播拥有许多新的优势，但这些网络文字和图像文本自身所承载的中华民族的特定文化释义和国家形象，进入海外地区不同的文化语境中，即使是在“文化折扣”程度相对低的越南，产生政策冲突和文化摩擦也是在所难免的。综合来看，目前中国网络文学和影视作品在越南的传播仍然面临多种因素的阻碍。

五、结语

总而言之，当前越南传统的出版业与世界上多数国家的出版业一样正经受图书市场需求放缓，纸张、运费和燃油成本上升所造成的出版及销售困境。尽管如此，越南的出版业依然在不断发展，出版社的数量在增加，特别是新增不少民营出版公司。与此同时，由于近些年越南经济发展较快，特别是通信业得到飞速发展，网络覆盖率日渐增长，智能手机普及程度高，为数字出版业的发展提供巨大潜力，也为越南与中国及世界各国的图书出版交流合作开辟出前景无限的新方向，其中中越网络文学作品的翻译出版成为令人瞩目的现象。不过，随着数字出版业的发展，越南也面临大数据时代的新挑战，例如目前越南尚无专门的数字版权保护法；由于越南网络科学技术有限，数字版权保护存在取证难、溯源难的问题。解决这些问题，越南需要向世界先进国家学习，努力培养数字版权专业人才队伍，同时提高民众的数字版权意识。越南共产党和中央政府特别重视国家数字化建设，在越南共产党十三大报告（2021 年 1 月）中明确指出要“加大国家数字化转型力度，在数字化经济、数字化社会发展中实现突破，提高经济的产能、质量、效率和竞争力”。越南共产党十三大决议也强调要本着革新、精简、有效、现代及深度融入国际的目标来管理、规划和发展出版业。

2022 年 10 月 10 日，越南首都河内举行越南出版印刷发行业 70 周年（1952.10.10—2022.10.10）纪念大会，大会在越南国会大楼举行，国会主席王庭惠接见越南出版印刷发行业部门的老干部和 86 位先进代表。出版界的代表们向国会主席提出一系列具体意见，国会主席则高度评价过去出版业所取得的巨大成就，鼓励他们不断传播正能量，激发民众为建设一个繁荣、幸福的国家而奋斗，努力把越南出版印刷发行事业变成现代先进行业，使之成为文化产业的重要组成部分。这次纪念大会也是越南历史上首次出现国会主席与出版界人士亲切互动的情形，反映出越南政府对于出版业的重视，未来越南出版业的发展拭目以待。

参考文献

1. [越] 越南出版印刷与发行局 . 年度报告（BÁO CÁO Tổng kết hoạt động xuất bản, phát hành xuất bản phẩm năm 2019 và triển khai nhiệm vụ năm 2020），2019.

2. [越] 越南出版印刷与发行局 . 年度报告（BÁO CÁO Tổng kết hoạt động xuất bản, phát hành xuất bản phẩm năm 2020 và triển khai nhiệm vụ năm 2021），2020.

3. [越] 越南全国新闻行业年会总结报告（Tổng kết công tác Báo chí năm 2019, triển khai nhiệm vụ năm 2020），2019.

4. [越] 越南社会主义共和国新闻法（Luật báo chí 2016），2016.

5. [越] 越南社会主义共和国出版法（Luật xuất bản 2012），2012.

6. [越] 越南社会主义共和国营业税法（Luật Thuế thu nhập doanh nghiệp 2021），2021.

7. “一带一路”数据库 . 越南国情报告 .www.ydylcn.com.

8. 越南国家统计局官方网站（Tổng cục Thống kê Việt Nam）.www.gso.gov.vn.

9. 越南出版印刷与发行局官方网站（Cục Xuất bản, In và Phát hành）. https://ppdvn.gov.vn.

10. 越南通讯传媒部官方网站（Bộ Thông Tin Và Truyền Thông）. www.mic.gov.vn.

11. 中华人民共和国外交部官方网站 . www.mfa.gov.cn.

12. 中华人民共和国商务部官方网站 . http://www.mofcom.gov.cn/.

（作者单位：北京大学外国语学院）

赞比亚出版业发展报告

李梦涵　宋　毅

赞比亚共和国（the Republic of Zambia，简称赞比亚）位于非洲中南部，为基督教国家，实行总统内阁制，首都是卢萨卡（Lusaka），发行的货币是赞比亚克瓦查，哈凯恩德·希奇莱马（Hakainde Hichilema）为现任总统。其国土面积为75.3万平方公里，2020年总人口为1840万，官方语言为英语，另有70余种本土语言和方言，其中7种本土语言获得官方认可，分别为本巴语（Bemba）、尼昂家语（Nyanja）、汤加语（Tonga）、罗子语（Lozi）、卡昂多语（Kaonde）、卢瓦来语（Luvale）和隆打语（Lunda）。

一、出版业发展背景

近年来，赞比亚在经济发展、教育改革等方面取得一定成就。但是受本国经济条件所限，赞比亚文化教育事业尚不发达，国民的读写能力整体较低，阅读习惯较差，出版业发展较为艰难。

（一）政治经济状况

1964年10月24日，赞比亚摆脱英国殖民统治获得独立。首都卢萨卡承担着赞比亚政治、经济、文化和交通中心的职责。独立初期，赞比亚发展持续低迷。直至21世纪，赞比亚的经济渐渐实现低速增长，采矿业、农业、制造业、旅游业和交通运输业发展较快。在外国援助和铜价上涨的双重推动下，赞比亚在2011年联合国公布的人类发展指数（Human Development Index）中首次被评为“中等”水平，标志着赞比亚实现从世界最不发达国家之一到发展中国家的巨大飞跃。世界银行（World Bank）的数据显示，2011年赞比亚的国内生产总值为271.4亿美元，是2000年的6.5倍。自

2017年以来，赞比亚多措并举发展经济。2017—2021年的第七个国家发展五年计划（the Seventh National Development Plan）明确指出，这一阶段赞比亚的首要任务是削减贫困，到2030年的目标是“建设一个繁荣的中等收入国家”，时任总统埃德加·伦古（Edgar Lungu）就此表示，需要给予年轻人获得教育和公共医疗的机会。

近年来，受到铜矿价格下跌、干旱天气、新冠感染疫情等多重因素的影响，赞比亚经济呈现颓势。2020年国内生产总值仅为181.1亿美元，较2019年下降22.3%。相比于其他非洲国家，赞比亚城市化水平较高，2020年城市人口占总人口的44.8%，[①] 但国内贫富差距极大，基尼指数高达57.1，[②] 且47.9%的人口生活在多维贫困（multidimensional poverty）状态下，这部分人多集中在农村地区。[③]

（二）机构组织和政策法规情况

赞比亚共和国共制定了三部宪法。第一部宪法为1964年颁布的《赞比亚独立法案》（The Zambia Independence Act）。该法案旨在宣布国家独立，基本沿用殖民统治时期的法律。同年，政府修订的《纸质出版物法案》（The Printed Publications Act）要求报纸需注册才可发刊，图书等出版物需在出版后两个月之内自行将副本递送至首都卢萨卡的管理处。

1973年，第二部宪法通过，规定赞比亚为一党制国家，联合民族独立党（United National Independence Party）为国家唯一合法政党。为了更好地统治赞比亚，首任总统肯尼思·卡翁达（Kenneth Kaunda）提出其“人文主义”的政治哲学，即建设非洲民主社会主义，重视社会而非个人。[④] 在此情况下，专制媒体系统建立，媒体为国家发展而服务。[⑤]1987年，赞比亚广播服务部（Zambia Broadcasting Services）更名为赞比亚国家广播公司（Zambia National Broadcasting Corporation），并正式收归国有。

---

① 世界实时数据统计（Worldometer）. https://www.worldometers.info/demographics/zambia-demographics/.

② 世界银行（World Bank）. https://openknowledge.worldbank.org/bitstream/handle/10986/35249/COVID-19-Poverty-and-Social-Safety-Net-Response-in-Zambia.pdf?sequence=1&isAllowed=y.

③ 联合国发展项目（United Nations Development Programme）. 揭露种族、种姓和性别的差异（Unmasking disparities by ethnicity, caste and gender）[R]. 2021.

④ Pitts G. 赞比亚的民主和新闻自由：国会议员对媒体和媒体监管的态度（Democracy and Press Freedom in Zambia: Attitudes of Members of Parliament Toward Media and Media Regulation）[J]. Communication Law and Policy, 2000, 5(2): 269-294.

⑤ Mushingeh C. 非代表性的“民主”：1973-1990年赞比亚的一党统治（Unrepresentative “Democracy”: One-Party Rule in Zambia, 1973-1990）[J]. Transafrican Journal of History, 1994, 23: 117-141.

该公司的广播服务涵盖三个国内电台和一个国际电台。其中，一台是本土语言综合节目，用七种本土语言播报；二台是英语综合节目，大部分为本国内容，也有少量英国、美国、法国、德国、澳大利亚、非洲国家等国的内容；三台为国际电台，主要在解放运动期间被该地区的其他国家使用，于 1992 年停播；四台是英语娱乐节目，主要是音乐。

1991 年，第三部《赞比亚宪法》（Constitution of Zambia）颁布，国家实现从社会主义到民主主义的转型。赞比亚政府的多元化转型不仅是政治领域的重要突破，而且也是出版领域发展的关键节点。作为民主国家的重要象征，言论自由被首次引入宪法并被单列出来。对于报纸、无线广播、电视和其他出版物，该条例指出要保护其“技术管理和技术操作”方面的诉求。自此，私营广播电台、电视台、印刷出版物开始出现。1991 年，赞比亚第一份独立报纸《邮报》（*The Post*）发刊。1994 年，赞比亚第一家私营商业广播电台菲尼克斯（Phoenix）成立。[①] 此后，由宗教组织、私人公司、非政府组织等赞助的广播电台、电视台、报刊杂志社等也陆续创立。在新任多党民主运动党（Movement for Multiparty Democracy）的统治下，私营媒体在数量上发展迅猛，在 1991 年前后出现 40 余种报刊杂志，但是，它们多数只出版数期，且执政党对私营媒体管控严格，多次与其发生冲突。[②]

自 20 世纪 90 年代以来，赞比亚政府颁布各项法律，对激增的媒体机构的注册和管理做出规定，包括《电信法案》（The Telecommunication Act，1994）、《无线电通信法案》（The Radiocommunication Act，1994）、《独立广播事务管理局法案》（The Independent Broadcasting Authority Act，2002）等。其中，独立广播事务管理局（Independent Broadcasting Authority）隶属信息和广播事务部（Ministry of Information and Broadcasting Services），负责管理除赞比亚国家广播公司外的所有广播机构。信息和广播事务部为国家部委，负责制定广播电视、信息资讯和电影摄影等的相关指导方针和政策法规，管理国有报刊杂志和广播电视，主要任务为“向所有市民传播优质资讯”。2005 年，其下属部门赞比亚新闻和信息服务处（Zambia News and

① Simutanyi N et al. 背景文件：赞比亚的政治和互动媒体（Background Paper: Politics and Interactive Media in Zambia）[R]. 2015.

② 陈力丹，李弘扬 . 赞比亚新闻业的历史及面临的问题 [J]. 新闻界，2013（8）：6.

Information Services）成立。该部门是国家唯一的主流媒体组织，向国有和私营的报纸、广播电台和电视台供稿，在城市和农村均设有办事处，其主要任务为解释国家政策，向公众提供准确、全面的信息，团结公众参与到国家发展中。为加强信息的传递效果，赞比亚新闻和信息服务处还会专门出版以本土语言撰写的报纸。

此外，赞比亚对版权保护予以关注。赞比亚共加入三个国际版权协定，包括1992年加入《伯尔尼公约》、1995年分别加入《世界版权公约》和《贸易相关知识产权协定》。1994年，赞比亚颁布《版权和表演权利法案》（The Copyright and Performance Rights Act），对在赞比亚出版的文学、音乐、艺术、音视频等作品提供50年的版权保护。

赞比亚出版业的主要行业机构是书商和出版商协会（the Booksellers' and Publishers' Association of Zambia），其主要任务为促进赞比亚图书产业发展，通过书展刺激国民图书消费，为其成员提供交流信息和想法的平台。该协会承办赞比亚书展（Zambian Book Fair）。首次书展于1984年举行，展期仅有一天。至1988年，书展不仅持续四天之久，有2074种图书亮相书展，还有来自美国、英国、苏联、中国、法国、丹麦、纳米比亚、肯尼亚的国际参展商参与其中。在1991年赞比亚政府民主转型后，更多的国际出版集团和本土出版商开始参加赞比亚书展，书展的影响力与日俱增，较多组织对赞比亚出版业的未来抱有乐观态度。1994年，加拿大教育发展组织（Canadian Organization for Development through Education）与赞比亚书商和出版商协会合作实施儿童图书计划（Children's Book Project）。该项目原先预计实施五年，但是在两年后因资金管理不当等原因暂停。2010年，仅17家出版商参与赞比亚书展，且其中无国际参展商。从中不难看出，赞比亚书展对出版业发展的国内影响力和国际影响力均逐渐式微。①

面对不断变化的媒介生态，赞比亚也走上数字化之路。2020年，赞比亚手机使用人数为1673万，占总人口的89.7%，较2019年增加4.2%；网络使用人数为548万，占总人口的29.4%，较2019年增加23.8%；社交媒体活跃用户为260万，占总人口的

① Chilala, Cheela H K. 剖析赞比亚作家和文学作品出版商所面临的挑战（Anatomy of the Challenges Facing Zambian Writers and Publishers of Literary Works）[J]. Journal of Southern African Studies, 2014, 40(3): 593-606.

13.9%，较 2019 年增加 13.0%。[①] 政府也将新媒体使用纳入法律框架，2021 年正式颁布《网络安全和网络犯罪法案》（The Cyber Security and Cyber Crimes Act）。

（三）国民教育发展和阅读现状

赞比亚独立初期，全国仅有 109 位大学毕业生，仅有 0.5% 的国民完成小学教育，且几乎所有女性为文盲。[②] 建国之后，赞比亚多措并举，力求提高国民的教育和文化程度。

1966 年，政府颁布《教育法案》（The Educational Act），统一全国教育制度，并在教育部的管辖下，成立专门的全国、区域和地方教育委员会，管理学校事务。此外，为了让儿童有更多的教育资源，该法案承认资助学校、私立学校等非公立学校的合法性。同年，政府启动“成人扫盲运动”（Adult Literacy）。1972 年，“成人扫盲运动”更名为“功能性扫盲运动”（Functional Literacy），并继续开展。总体来看，赞比亚的成人扫盲运动既没有纳入正规的国家教育体系，也没有专门的计划指导，国家对成年人的读写能力要求较低。[③] 1977 年，赞比亚进行首次教育改革，指出教育是促进个人全面发展、提升社会福祉的重要工具。本次改革引入基础教育和高等教育体系，将传统的七年制小学向九年制基础教育过渡。[④] 但是，由于 20 世纪 80 年代赞比亚经济不甚景气，教育资源供应不足，学校甚至无法为学生提供充足的教材进行学习，因此该项改革效果欠佳。目前，赞比亚实行双结构体制教育：第一种是“7-5-4”结构，即 7 年小学、5 年中学和 4 年大学；另一种是“9-3-4”结构，即 9 年基础学校、3 年高中和 4 年大学。在两种体制下，学生均享受九年制义务教育，并在完成 12 年级后参加统一考试，择优录取进入大学。

多个国际组织在赞比亚启动扫盲项目。20 世纪末的一份调查表明，赞比亚小学生的阅读理解能力极差，因此，在英国国际发展部（DFID）的资金和技术资助下，赞比亚教育部启动“基础阅读项目”（Primary Reading Program），以七种本土语言

---

① 数据门户网站（DataReportal）. https://datareportal.com/reports/digital-2021-zambia.

② 大英百科全书（Britannica）. https://www.britannica.com/place/Zambia/Education.

③ 课程发展中心（Curriculum Development Centre）. 赞比亚教育课程框架（Zambia Education Curriculum Framework）[M]. 2013.

④ 教育部（Ministry of Education）. 教育我们的未来（Educating Our Future）[M]. 1996.

作为学生的最初学习媒介。该项目在赞比亚大获成功，通过一年时间的执行，学生的本土语言读写能力提高 150%，英语读写能力提高 100%。但是由于英国国际发展部的资助期限为 1998—2005 年，后续难以为继。① 国际世界宣明会（World Vision International）② 通过区域发展计划（Area Development Programs），在 35 年间向赞比亚捐赠 100 多间教室、3000 多张课桌和 40000 余本教材和读物。③ 非政府组织世界奇迹角落（Miracle Corners of the World，简称 MCW Global）在赞比亚设立分部，并为其量体裁衣启动“为学习而学”（Learn2Learn）计划，旨在将儿童的读写能力提高至标准水平，并保持成人的读写能力。美国国际开发署（USAID）也专门资助赞比亚 1300 余所公立小学的“阅读以成功”计划（Read to Succeed）。非政府组织“荒野上的儿童”（Children in the Wilderness）于 2022 年首次对赞比亚进行非洲图书项目（Books for Africa）资助。2021 年，国际图书援助组织（Book Aid International）向赞比亚捐赠价值 35400 英镑的科学、技术、工程和数学课本。④

目前，赞比亚在教育普及和公平教育方面取得一定进展。2020 年，赞比亚的成人识字率为 86.7%，其中，女性识字率为 83.1%，男性识字率为 90.6%。⑤ 而在 1990 年，赞比亚的成人识字率仅为 65.0%，其中，女性识字率为 57.4%，男性识字率为 73.0%。⑥ 2021 年，赞比亚举行总统换届选举。国家发展联合党（United Party for National Development）在竞选中提出对年轻人施行从一年级到大学的免费教育，获得广大选民的支持，并成功当选新任执政党。但是，迫于目前的经济形势，该允诺尚未实现。⑦ 2022 年，教育部预算为 181 亿赞比亚克瓦查，较 2021 年提高 31%。⑧

不过，赞比亚的国民教育水平时至今日仍然较低。虽然小学的入学率达到 84%，

---

① Arden R. 赞比亚基础阅读项目（Zambia Primary Reading Programme）[R]. 2012.

② 这是一个以儿童为本的国际性救援、发展及公共教育机构。

③ 国际世界宣明会（World Vision International）. https://www.wvi.org/zambia/literacy.

④ 卢萨卡时报（Lusakatimes）. https://www.lusakatimes.com/2021/07/31/book-aid-uk-donates-stem-books-to-zambia-library-service/.

⑤ 数据门户网站（DataReportal）. https://datareportal.com/reports/digital-2021-zambia.

⑥ 蒙迪指数数据门户网站（IndexMundi）. https://www.indexmundi.com/facts/zambia/literacy-rate#:~:text=Literacy%20rate%2C%20adult%20male%20%28%25%20of%20males%20ages,while%20its%20lowest%20value%20was%2071.95%20in%202007.

⑦ 赞比亚国家广播公司（Zambia National Broadcasting Corporation）. https://www.znbc.co.zm/news/upnds-free-education-promise/.

⑧ 联合国儿童基金会（UNICEF）. 2021 年国家年度报告：赞比亚（Country Office Annual Report 2021: Zambia）[R]. 2021.

但是学前教育的普及率仅为35%，中学的入学率仅为46%。[①] 此外，国家教育质量不够高、学生读写能力差仍是较大问题。以公立小学学生为例，仅20%的小学生有阅读句段的能力（见表1）。学校教育资源仍严重不足，其中首当其冲的就是课本问题。调查显示，91%的学校缺少课本，平均5~6个学生才拥有一本课本。[②] 在公立小学，平均3个人一本英语书，5个人一本数学书，6个人一本科学书。[③]

表1 赞比亚公立小学学生阅读能力情况

单位：%

程度	所占公立小学学生比例
能够阅读字母	70
能够阅读简单的单词	60
能够阅读一句话	40
能够阅读一段话	20

资料来源：《导致卡鲁比拉地区公立小学与资助小学识字率较低的原因的对比分析》

近年来，赞比亚国民的阅读习惯仅在电子媒体方面有所好转，纸质出版物的阅读率仍然较低。多数家庭表示他们并没有阅读除宗教图书以外纸质出版物的习惯。[④] 这一现象的形成受到多方面因素的影响。第一，历史原因：赞比亚有悠久的口述传统，尤其是农村地区，并没有养成阅读的习惯，甚至没有习惯于将阅读作为一种摄取知识的方式。第二，资源问题：一方面，图书资源不足，赞比亚的图书数量较少，且多以英文出版，本土语言出版物极少；另一方面，图书馆资源不足，由于缺乏图书馆相关

① 联合国儿童基金会（UNICEF）. 2021年国家年度报告：赞比亚（Country Office Annual Report 2021: Zambia）[R]. 2021.

② 世界银行（World Bank）. 财政奖励政策能改善教科书的最后一公里交付吗？（Can Financial Incentives Improve the Last-Mile Delivery of Textbooks?）[R]. 2020.

③ Cajila F D. 导致卡鲁比拉地区公立小学与资助小学相比识字率较低的原因的对比分析（An Analysis of Factors Accounting for Lower Literacy Levels in Public Lower Primary Schools Compared to Grant-Aided Lower Primary Schools in Kalumbila District）[D]. 2020.

④ Kafusha M M, Mwelwa J, Mkandawire S B, Daka H. 赞比亚的阅读文化：从赞比亚家庭阅读实践的视角（Reading Culture in Zambia: Perspectives of Selected Households of Zambia on Their Reading Practices）[J]. Journal of Lexicography and Terminology, 2021, 5(2): 80-106.

法律，赞比亚公共图书馆的馆藏、设施和服务低于一般水平，[①] 学校图书馆也未达到教育部设定的标准，换句话说，公民无法从图书馆获得充分的阅读资源。[②] 第三，媒介竞争：媒介生态的变革使得很多赞比亚民众养成碎片化的阅读习惯，他们对于短小精悍的帖子的阅读兴趣更大。此外，赞比亚经济发展水平较低，图书对于多数家庭而言是一种奢侈品，相较而言，遍布全国的广播门槛更低，同时，网络的发展使得人们可以通过公共场所免费的无线网络获得价格较低、甚至免费的电子读物。

二、图书业发展概况

赞比亚的图书出版业以教育类图书为主，文学类图书市场较小。因此，大多数赞比亚出版商的销售额来源都是政府课本采购。一旦政府拖欠课本购买费用或更改采购计划，图书出版商就会受到较大影响。

（一）整体情况

受到国家经济下滑的影响，2021 年赞比亚出版业整体呈下降趋势。但是，图书销量不降反升，且涨幅较大。2021 年，赞比亚图书的出版量为 109.1 万册，较 2020 年增加 8.28%；电子出版物的出版量为 2.6 万册，较 2020 年减少 8.0%。[③]

出版商较为偏爱的出版类型是教育类图书。首先，赞比亚的阅读文化和国民读写能力较为有限，小说等其他类型的图书销售较为困难。其次，经政府推广，教辅类图书在获得课程发展中心（Curriculum Development Centre）的批准后，小学和高等院校的出版市场可获得基本保证。而作为休闲消费品的文学图书在赞比亚市场较小。以赞比亚地方出版社梅登出版社(Maiden)为例，1000 本图书需要 5 年左右的时间进行销售，非教育类图书的销售额约占总销售额的 10%。

赞比亚实行中央采购计划，通常而言，课本的购买和分发流程为：首先教育部向出版商统一购买图书，然后分发给地方教育局（Provincial Education Office），再分发

---

① Zulu P, Ngoepe M, Saurombe N. 立法在赞比亚提供国家和公共图书馆服务方面的重要性（The importance of legislation in the provision of national and public library services in Zambia）[J]. Journal of Librarianship & Information Science, 2017, 49(2): 152-164.

② 赞比亚每日邮报（Zambia Daily Mail）. http://www.daily-mail.co.zm/improve-reading-culture-2/.

③ 环球印象 . 2022-2026 年赞比亚出版行业投资前景及风险分析报告 [R]. 四川丝路印象网络科技有限公司 , 2022.

给区教育局秘书处（District Education Board Secretaries Office），最后分配给学校。上述流程虽然看似缜密，但是其中存在很多不确定性。由于教育部每年的购买和分配预算不一定能够得到财政部拨款，课本通常不能及时、足额地分配给各个学校。以最新一次修订教育大纲为例，2013 年，赞比亚教育部公布的课程大纲为一年级至四年级引入本土语言课程，其主要目的是传递赞比亚的国家文化和知识遗产。这也对课程和课本的更新提出要求。赞比亚教育部从 2015—2018 年分四批通过国际招标流程和出版社进行出版和购买洽谈。由于本土语言课本的印量较少，由课程发展中心和国有出版社赞比亚教育出版社（Zambia Educational Publishing House）共同负责该类图书的印刷出版工作。但是，课本的购买和分发多不能按照计划完成。2015 年，70% 的小学申请课本，但是仅有 26% 的小学收到课本。[①]（见表 2）为缓解课本供应不足的问题，赞比亚引入相应的财政奖励政策。

表 2　2015—2018 年教材购买计划

年份	批次	购买计划	实施情况
2015	第一批	出版和购买一年级、五年级、八年级和十年级课本	购买计划完成
2016	第二批	出版和购买二年级、六年级、九年级和十一年级课本	购买计划完成；购买 4 个月后，分发至区教育局秘书处
2017	第三批	出版和购买三年级、七年级和十二年级课本	购买计划延迟完成；至 2019 年，课本分发工作仍在进行
2018	第四批	出版和购买四年级课本	由于资金问题，购买计划未能完成，仅购买本土语言和英语的识字课本，于 2019 年分发

资料来源：《财政奖励政策的影响及信息和传播在赞比亚教科书最后一英里交付中的作用》

在赞比亚，儿童和青少年图书的售价相对较低，约为 30~60 赞比亚克瓦查，教育和专业类图书（教科书除外）、小说、大众类图书、历史政治和传记类图书的售价约为 100~150 赞比亚克瓦查。[②]

在图书进出口方面，赞比亚图书出口体量较小，主要出口到非洲国家，如津巴布韦、卢旺达、马拉维、刚果共和国、埃塞俄比亚等。相较而言，图书进口体量略大，

① Hong S Y, Cao X, Mupuwaliywa M. 财政奖励政策的影响及信息和传播在赞比亚教科书最后一英里交付中的作用（Impact of Financial Incentives and the Role of Information and Communication in Last-Mile Delivery of Textbooks in Zambia）[J]. Policy Research Working Paper Series, 2020 (6).

② 参考社会转型出版社（Sotrane Publishers）的图书定价。

涵盖各大洲的各个国家，如德国、法国、印度、南非、英国、肯尼亚等（排名根据2020年的进出口额大小）。2020年，赞比亚对中国的图书出口额为1264美元，从中国的图书进口额为25.9万美元。[①] 表3为2016—2020年赞比亚印刷出版物的进出口总额。

表3 2016—2020年赞比亚印刷出版物进出口额[②]

单位：万美元

类别	2016	2017	2018	2019	2020
进口额	2826.3	4008.3	3947	4164.8	2394.8
出口额	6748.1	12075.5	19595.3	13.3	11.0

资料来源：联合国商品贸易统计数据库

（二）出版商情况

赞比亚图书出版社集中在首都卢萨卡附近。赞比亚的大型出版社多为教育出版社。其中，赞比亚教育出版社是赞比亚的国有图书出版商，于1966年建立，原名为肯尼思·卡翁达基金会（Kenneth Kaunda Foundation）。根据印刷出版和市场发行的不同工作内容，肯尼思·卡翁达基金会于1967年和1968年分别成立子公司国家教育公司（National Educational Company of Zambia）和国家教育发行公司（National Educational Distribution Company of Zambia）。1971年，在《赞比亚教育出版社法案》（The Zambia Educational Publishing House Act）的指导下，该出版社改名为赞比亚教育出版社。至1991年，两个子公司重新并入赞比亚教育出版社。[③]

赞比亚的教辅书由教育部通过国际招标统一采买，实行中央采购计划，因此赞比亚教育出版社需要与赞比亚朗文出版社（Longman Zambia）、赞比亚麦克米伦出版社（Macmillan Publishers Zambia）、赞比亚牛津大学出版社（Oxford University Press Zambia）等大型国际出版集团竞争。由于课程发展中心对赞比亚教育出版社的偏向，

① 联合国商品贸易统计数据库（UN Comtrade Database）. https://comtrade.un.org/data/.

② 包括纸质图书、报纸、图片等印刷出版物，及手稿、打印稿和计划书。

③ Chilala, Cheela H K. 剖析赞比亚作家和文学作品出版商所面临的挑战（Anatomy of the Challenges Facing Zambian Writers and Publishers of Literary Works）[J]. Journal of Southern African Studies, 2014, 40(3): 593-606.

赞比亚教育出版社在成立初期对教育类图书形成垄断。但是在1991年赞比亚成为民主国家之后，国际出版集团重新进入赞比亚图书市场，大型国际出版集团再次占有一定的市场份额。同时，本土出版社也开始兴起，包括梅登出版社、姆瓦吉内拉出版社（Mwajionera）、图书世界出版社（Bookworld Publisher）等。有趣的是，这些出版社的总编或创始人很多都曾在赞比亚教育出版社任职（见表4）。

表4 赞比亚主要出版商情况

名称	总部位置	简介
赞比亚教育出版社	卢萨卡	该国有图书出版商于1966年建立，原名为肯尼思·卡翁达基金会。根据1971年的《赞比亚教育出版社法案》，该出版社的主要任务是促进赞比亚的教育发展。该出版社的主要资金来源为政府拨款、捐赠授予和营业收益。这是赞比亚最大的教育出版社之一，主要出版赞比亚作者的作品和教辅用书。
图书世界出版社	卢萨卡	该本土出版社成立于1991年，是赞比亚书商和出版商协会的成员，以英语和赞比亚本土语言出版，出版物主要为语法书、历史和政治自传、成人和儿童小说。这是赞比亚最大的学术图书出版社，在赞比亚大学的两个校区均设有分店，其出版的图书可在国内的14家书店中购买。
梅登出版社	卢萨卡	该本土出版社的创始人克里斯汀·卡索德（Christine Kasonde）曾是赞比亚教育出版社的高级编辑，1991年赞比亚民主化后曾任赞比亚朗文出版社总经理。该出版社在恩多拉（Ndola）设有实体书店。
姆瓦吉内拉出版社	卢萨卡	该本土出版社的创始人穆姆提·皮瑞（Movety Phiri）曾任赞比亚教育出版社尼昂加语图书的文学编辑。
赞比亚大学出版社（UNZA Press）	卢萨卡	该出版社隶属赞比亚大学，于1989年成立，是赞比亚书商和出版商协会的成员，旨在为学者、学生和公众出版高质量的期刊和学术图书以支持其研究工作，成为学术期刊出版领域的佼佼者。该出版社每年出版六种期刊，包括《赞比亚当代问题期刊》（*ZANGO: Zambia Journal of Contemporary Issues*）、《非洲社会研究》（*African Social Research*）、《赞比亚论文》（*Zambian Papers*）、《赞比亚法律期刊》（*Zambian Law Journal*）、《人文期刊》（*Journal of Humanities*）和《科学和技术期刊》（*The Journal of Science and Technology*），其出版的图书可在赞比亚大学出版社书店（UNZA Press Bookshop）购买。
社会转型出版社	卢萨卡	该本土出版社致力于出版赞比亚和非洲本土文学作品，传播赞比亚和非洲的知识和价值观。自2018年成立以来，该出版社快速稳定发展，在三年内出版70余种图书，在赞比亚新兴出版商中逐渐占据主导地位。该出版社出版高质量的儿童和青少年图书、教育和专业类图书、小说、大众类图书、历史政治和自传类图书等，主题包括健康、家庭关系、自我救赎、烹饪、商业等。该出版社出版的图书可在其网上商城购买。
赞比亚东非教育出版社（East African Educational Publishers Zambia）	卢萨卡	隶属东非教育出版社（East African Educational Publisher）。该出版社于2018年在赞比亚成立，出版60种课程发展中心认证的教科书，并在2013年赞比亚课程大纲的指导下专门面向赞比亚市场出版学前、小学和中学的教辅书。此外，该出版社也出版世界杰出文学作品和本国作者的优秀图书。
赞比亚朗文出版社	卢萨卡	隶属大型国际集团的教育出版社。1991年赞比亚民主化后的第一位总经理为赞比亚教育出版社尼昂加语图书的文学编辑。
赞比亚麦克米伦出版社	卢萨卡	隶属大型国际集团的教育出版社。
赞比亚牛津大学出版社	—	隶属大型国际集团的教育出版社。其出版的图书可通过电话、邮件购买，也可在位于卢萨卡的加兹登书店(Gadsden Books)购买。

资料来源：赞比亚主要图书出版商官方网站

赞比亚的本土出版商一直很注重本国文化的传承。在此原则的指导下，国家教育公司于1968年出版第一部虚构类图书——赞比亚籍政治家弗瓦尼安加·穆利基塔（Fwanyanga Mulikita）的短篇故事集《箭在弦上》（*A Point of No Return*）；1971年出版赞比亚籍作家安德里亚·马西亚（Andreya Masiye）第一部长篇小说《黎明之前》（*Before Dawn*）；1988年出版赞比亚第一部女性作家作品——苏珊·赤塔斑塔（Susan Chitabanta）的《掩门之后》（*Behind Closed Doors*）。[①]

总体而言，制约赞比亚出版社出版文学类图书的主要原因并非缺少优秀作品，而是缺乏出版机会和资金。因此，部分赞比亚作者开始在传统出版渠道之外寻求新的出版方式。第一种方式是自助出版，但是自助出版也有其限制：其一，自助出版需要自筹资金，作者面临着巨大的印刷成本负担；其二，作者需要身兼编辑、营销，甚至插画师和设计师等多职，精力分散，图书质量难以保障。[②]第二种方式是通过外国出版商出版，如艾伦·班达–阿库（Ellen Banda-Aaku）的长篇小说《东拼西凑》（*Patchwork*）就是由企鹅出版社（Penguin）于2011年出版的。不过该类出版方式在将图书引入赞比亚图书市场时，需要缴纳一定的进出口税。[③]

近年来，赞比亚也开始出现一些新兴的本土图书出版商，如社会转型出版社。该出版社以传播赞比亚和非洲的知识和价值观为己任，在成立的三年间出版70余种图书。其中，多种儿童和青少年读物有英语和本土语言多种版本。如儿童图书《家庭冒险》（*A Family Adventure*）就是一本双语读物，出版社进行七种本土语言的译制。该出版社凭借其对赞比亚文化的重视和对创新的鼓励，得以迅速发展。

（三）畅销书情况

国内出版商是赞比亚作者的主要赞助方。在国际图书市场，赞比亚籍作者的作品受到的关注则相对较少。第一部由外国出版社出版的赞比亚长篇小说是《孤独的村镇》（*The Lonely Village*），该书1951年由托马斯·尼尔森父子出版社（Thomas

---

① 《掩门之后》属于“国家教育公司图书馆系列”（NECZAM Library Series）。该项目旨在帮助赞比亚作家出版长篇小说，于1979年发起，但是由于20世纪80年代的经济萧条，项目后续无以为继。

② Kafula Mwila. 走向赞比亚风格：以创造性写作为重点的赞比亚文学艺术发展（Toward a Zambian Genre: On the development of the literary arts in Zambia, with a focus on creative writing）.（2018-01-26）[2023-02-17]. https://kafulam.blogspot.com/2018/01/publishing.html.

③ 同上.

Nelson & Sons）出版。而第一部由外国出版社出版的赞比亚短篇小说直至 1971 年才出版，为多米尼克·姆莱索（Dominic Mulaisho）的《哑巴的舌头》（*The Tongue of the Dumb*），由海尼曼出版社（Heinemann）出版，属于该社非洲作家系列丛书（African Writers Series）。根据《赞比亚商业时报》（*Zambian Business Times*）公布的 2020 年畅销图书可以发现，赞比亚作者的作品较少，而外国作者和外国出版社出版的图书占据大部分。此外，所有的畅销图书均和非洲或非洲国家有关，其内容聚焦于展示和反思非洲面临的现实问题。（见表 5）

表 5　2020 年赞比亚畅销图书情况

排名	书名	作者	出版社	语言	出版年份	简介
1	《非洲国家》(*The State of Africa*)	马丁·梅雷迪思（Martin Meredith）	自由出版社（Free Press）	英语	2005	作者分析整理非洲去殖民化以来的历史，深入研究非洲大部分地区面临的挑战，如国内冲突、法律缺失、政府腐败、独裁等。
2	《赞比亚：庆祝赞比亚建国 50 周年》(*Zambia: Celebrating Zambia's Golden Jubilee*)	丹尼尔·梅特卡夫（Daniel Metcalfe）	CBC 出版社（CBC Publishing）	英语	2014	该书以大量高质量的彩色照片为主，从政治、矿业、教育、农业、体育等领域全面地展现赞比亚自建国以来的成就。
3	《非洲的挑战》（*The Challenge for Africa*）	旺加里·马塔伊（Wangari Maathai）	锚版图书（Anchor Books）	英语	2010	该书作者为诺贝尔和平奖得主、环境和民主积极分子。她从全新的视角看待非洲面临的种种挑战，提出改善现状的现实希望。
4	《与穆加贝共进晚餐》（*Dinner with Mugabe*）	海蒂·霍兰（Heidi Holland）	企鹅出版社	英语	2010	该书是津巴布韦首任总统——罗伯特·穆加贝（Robert Mugabe）的传记。
5	《轮到我们吃了》（*It's Our Turn to Eat*）	米凯拉·容（Michela Wrong）	哈珀·柯林斯（Harper Collins）	英语	2010	这是一本非虚构类政治惊悚图书，描写肯尼亚现代社会中的党派斗争、贪污腐败、无望青年的愤怒等非洲面临的困境。
6	《不再自由》（*No Longer at Ease*）	齐诺瓦·阿切比（Chinua Achebe）	企鹅出版社	英语	1960	该书写于尼日利亚从欧洲殖民统治获得独立之际，讲述一个在英国接受教育的理想青年，回到尼日利亚从事公务员工作后面临的政治腐败、文化不适、亲情爱情矛盾等诸多问题。该书是非洲三部曲系列的第二部。
7	《赞比亚——建国五十周年》（*Zambia: The First 50 Years*）	安德鲁·塞达尼斯（Andrew Sardanis）	I. B. 陶里斯（I. B. Tauris）	英语	2014	作为曾经的赞比亚政府部长和优秀的企业家，该书作者以独特的内部视角，回顾赞比亚政治发展，分析独立以来重大事件对国家发展的影响。该书属于国际图书馆非洲研究系列丛书（International Library of African Studies）。
8	《非洲民主改革》（*Democratic Reforms in Africa*）	穆纳·多伦（Muna Ndulo）	俄亥俄州立大学出版社（Ohio University Press）	英语	2006	该书分析在非洲民主改革中来自政治经济方面的压力，探究民主改革对国家治理和减轻贫困的影响。

续表

排名	书名	作者	出版社	语言	出版年份	简介
9	《黑暗之星旅途》（*Dark Star Safari*）	保罗·泰鲁（Paul Theroux）	哈密什·汉弥顿出版社（Hamish Hamilton）	英语	2002	该书描述作者穿越非洲的惊险刺激之旅，反映其对非洲历史、政治、人民和美丽风光的深刻思考。
10	《古老的漂泊》（*The Old Drift*）	纳姆瓦利·斯贝尔(Namwali Serpell)	霍格斯（Hogarth）	英语	2019	该小说描述三个赞比亚家庭三代人在20世纪发生的故事，讽刺对非洲刻板的印象，赞美非洲的多元文化。

资料来源：《赞比亚商业时报》[①]

三、报刊业发展概况

报纸期刊在赞比亚较受欢迎，其出版数量约占赞比亚各类出版物出版总数量的3/4。[②]不过受到经济、疫情、媒介发展的影响，报刊业在2021年有所回落。

（一）报纸业

近年来，纸质报纸印量逐渐下降，报纸业的电子化发展趋势日益明显，多个新闻门户网站开通脸书（Facebook）、照片墙（Instagram）、推特（Twitter）等社交媒体账号。2021年，赞比亚报纸的出版量为337.3万份，较2020年减少7.0%。[③]这主要是由于民众对于报纸，尤其是纸质报纸的需求量有所减少。虽然一份报纸的售价仅为10赞比亚克瓦查，但是对于15赞比亚克瓦查就可以买到一条面包的民众而言，报纸仍属于高端消费品。此外，由于多数报社分布在城市，特别是首都卢萨卡附近，对于农村的民众而言，纸质报纸需要两天左右的时间才能送达。新闻门户网站或报纸的电子版则更加便宜，时效性也更强。此外，近年来广播持续发展，截至2021年，赞比亚全国约有150家广播站，几乎覆盖所有城镇和乡村，这也是一种阅读门槛较低的媒介形式。

据2020年统计数据，赞比亚约有36家报纸。[④]其中，两份报纸归政府所有，分别为《赞比亚时报》（*Times of Zambia*）和《赞比亚每日邮报》（*Zambia Daily Mail*）。这两份报纸是政府的喉舌，发表过大量官方声明和新闻稿，受到国家的支持，

① 赞比亚商业时报 . https://zambianbusinesstimes.com/zbt-top-10-best-selling-books-in-zambia-african-writers/.

② 环球印象 . 2022-2026年赞比亚出版行业投资前景及风险分析报告 [R]. 四川丝路印象网络科技有限公司 , 2022.

③ 环球印象 . 2022-2026年赞比亚出版行业投资前景及风险分析报告 [R]. 四川丝路印象网络科技有限公司 , 2022.

④ Stifung, Friedrich-Ebert. 非洲媒体晴雨表：赞比亚2021年（African Media Barometer: Zambia 2021）[R]. 2021.

占据报纸业市场的主要份额，为赞比亚现存为数不多仍能坚持纸质发行的报纸。赞比亚主要报纸和新闻门户网站的相关信息见表 6。

表 6 赞比亚主要报纸和新闻门户网站情况

名称	总部位置	简介
《赞比亚时报》	卢萨卡（1975 年由恩多拉迁至）	这是一份全国性英语日报，先后为私人、南非报业集团阿格斯（Argus）、联合民族独立党等所有，自 1991 年多党民主运动党掌权后，该报归政府所有。因 20 世纪 70 年代初该报对政府持批评态度，政府于 1972 年直接任命报纸总编，由此干预报纸，控制其言论和立场。在 2011 年大选期间，该报发布大量支持当时执政党，即多党民主运动党的新闻，其余各党的信息鲜有报导。该报有英文网页版，且每周日出版《赞比亚时报周日版》（*Sunday Times of Zambia*）。
《赞比亚每日邮报》	卢萨卡	这是一份大开全国性英语日报。该报的前身为《中非邮报》（*Central African Mail*），1965 年被政府收购，并于 1970 年更为现名。该报为政府的喉舌，发表大量官方声明和新闻稿，有本国新闻、商业、体育、娱乐等版块。该报有专门的英语网页，还出版《星期日邮报》（*Sunday Mail*）和《金融邮报》（*Financial Mail*）。该报已开通脸书和推特账号。
《邮报》（*The Post*）	卢萨卡	这是一份独立英语小报，成立于 1991 年。在成立初期，该报从卢萨卡地区的周报迅速推广到全国范围，并从 2000 年起每日出版，其周日版为《周日邮报》（*Sunday Post*），其中包括一个教育专栏“教育邮报”（Educational Post）。该报对自己的定位为“深入发掘新闻的报纸”（the paper that digs deeper）。
《赞比亚监察者》（*Zambian Watchdog*）	卢萨卡	这是一份独立小报，于 2008 年成立，为地方记者所有。自 2009 年起，该报停止刊发纸质版报纸，仅专注于其新闻门户网站。
赞比亚足球（*ZamFoot*）	—	这是赞比亚最大的在线足球新闻门户网站，于 2007 年成立。该报对自己的定位为“球迷视角”（the fan's perspective），并在每篇报道后提供评论区域，旨在推广足球运动，为足球爱好者提供自由的互动平台。
卢萨卡时报（*Lusakatimes*）	—	这是赞比亚的新闻门户网站，于 1999 年在荷兰国际发展协会（Dutch IICD）的资助下成立。2002—2006 年，受运作模式限制，该网站关停。2007 年 1 月，该网站启用新的信息调度模式重新开始运营。
赞比亚之眼（*Zambian Eye*）	—	这是赞比亚的在线新闻刊物，于 2011 年成立，为地方记者所有。该网站以本国新闻为重，也报道全球新闻。其脸书账号为赞比亚最大、最活跃的社群之一。
新闻挖掘者！（*News Diggers!*）	—	这是赞比亚第一份调查性新闻多媒体刊物，于 2015 年成立。电子版需要订阅后阅读，订阅费为每月 140 赞比亚克瓦查。

资料来源：赞比亚主要报纸官方网站与维基百科

（二）杂志

赞比亚杂志的数量和出版量都较少。2021 年，杂志的出版量为 22.9 万本，较 2019 年减少 8.0%。[①] 赞比亚较有代表性的杂志见表 7。

① 环球印象 . 2022-2026 年赞比亚出版行业投资前景及风险分析报告 [R]. 四川丝路印象网络科技有限公司 , 2022.

表 7 赞比亚主要杂志情况

名称	总部位置	简介
《伙伴指南》（*Partners Guide*）	卢萨卡	这是一份金融杂志，旨在为企业家、潜在投资者、商业和政策决策者提供赞比亚商业和经济现状的相关信息。该杂志有在线版本。
《真相》（*The Lowdown*）	卢萨卡	这是一份综合类月刊，于 1995 年 5 月创刊。该杂志刊登时事新闻、行业机构评论、娱乐等各类信息。该杂志的月销售量约 4000 本，在商店、超市、书店、咖啡店和其他零售店有售。其主要销售地为卢萨卡，但是在铜带（Copperbelt）、利文斯通（Livingstone）等地也可购买。为扩大杂志中登载的广告的辐射范围，该杂志在一些酒店里可免费阅读。该杂志有在线版本。2015 年 12 月，该杂志宣布停刊。
《公告和声明》（*Bulletin & Record*）	卢萨卡	这是一份商业和生活方式类的月刊杂志，由其母公司原创出版公司（Original Publishers Ltd.）发行。该杂志将轻松的生活方式和犀利的新闻报道相结合，吸引了大量受众，为商界、政界和民众提供深入的金融分析。这是赞比亚为数不多的不为党派所有的杂志，编辑和经济上独立。 2016 年 6 月，迫于国内萧条的经济环境，该杂志宣布停刊。
《赞比亚矿业杂志》（*Zambian Mining Magazine*）	—	这是一份矿业双月刊杂志。电子版可在其官方网站上免费获取。

资料来源：赞比亚主要杂志官方网站

四、中赞出版业交流合作情况

中国和赞比亚拥有传统而深厚的友谊。1964 年 10 月 29 日，即赞比亚独立五天后，赞比亚就与中国正式建立外交关系，成为南部非洲第一个与中国建交的国家。自 1980 年中赞两国政府签订文化合作协定后，双方积极开展教育、新闻出版、广播电视等领域的交流合作。2002 年，中赞两国专门签署《中国和赞比亚文化合作协定 2003 年至 2005 年执行计划》，在平等互利、互相尊重的基础上开展文化交流合作。

进入 21 世纪，中赞两国文化交流日益密切，文化展览、文艺演出、文化节等活动往来不断，出版业的合作交流也逐渐深入。2010 年，“2010 非洲文化聚焦”系列活动在北京启动，赞比亚艺术团受邀在中国多个城市进行演出。 2011 年，时任中国新闻出版总署署长柳斌杰访问赞比亚，并与赞比亚新闻和广播部长龙尼·希卡普瓦沙中将进行亲切友好的会谈，两国共同签署中赞新闻出版合作谅解备忘录。2013 年，赞比亚首份中文报纸《华侨周报》正式发行。该报于 2009 年成立，总部设于博茨瓦纳，旨在传承中华文化、关注当地社会、服务华人社区、促进华人事业发展和中非友好往来。2014 年，外交部中非新闻交流中心邀请来自赞比亚新闻通讯社等 9 家非洲主流媒体记者访问中国外文局，双方就中非合作关系、中国文化产品在非市场等问题进行热烈交流。2015 年，世界知识出版社出版《中非关系史上的丰碑——援建坦赞铁路亲历者的讲述》。坦赞铁路是中国最大的援外成套项目之一，是中非友谊的历史见证，作者通过查阅档案文献资料与访问赞比亚前总统肯尼思・卡翁达、坦桑尼亚前总统本杰明・姆卡帕（Benjamin Mkap）等曾参与坦赞铁路建设的亲历者获得一手资料，编纂此书。2016 年，来自赞比亚等 30 多个国家的 80 余名记者齐聚江西，感受江西的自然风光和历史文化，人民网江西频道遴选记者的文章和摄影作品，汇编成为《外媒看江西》，于 2017 年由江西人民出版社出版。

教辅书是赞比亚图书出版业的主要市场，因此，教育也成为中赞出版合作的重点领域。在赞比亚教育部 2013 年颁布的最新课程大纲中，“中文教学”作为选修课程被列入中学生（8~12 年级）的学习计划。2016 年 4 月，赞比亚国家教育部的 6 位官员专程访问国家教材生产的中国合作方——江苏凤凰新华印务有限公司，并表示愿意继续加深双方合作，在赞比亚共建实体印刷工厂。在本次赞比亚全球采购中，江苏凤凰新华印务有限公司顺利承接赞比亚《科学》（6 年级）、《数学（教师用书）》（6 年级）两种教材的 20 万册印刷业务。2019 年 4 月，经赞比亚国家技术教育职业与创业培训管理局批准，北京工业职业技术学院、中国有色金属行业协会、中国有色金属矿业集团等众多国内优秀职业院校、协会和集团在赞比亚创办中国 – 赞比亚职业技术学院。该学院为北京工业职业技术学院的首所海外高职院校，不仅向赞比亚高中毕业生提供高等学历教育，而且还对中资企业员工开展技能培训。同年，北京工业职业技术学院启动中国 – 赞比亚职业技术学院自动化与信息技术专业系列教材编写工作。该系列教材以中国职业教育标准为基础，以开发国际通用的专业标准和课程体系为目的，解决赞比亚职业技术学院专业教材缺乏的困难。2021 年，北京工业职业技术学院向中国 – 赞比亚职业技术学院捐赠 50 套为赞比亚学生专门编写的职校教材。

综合来看，堪忧的国家经济情况、数量众多的本土语言、较低的国民教育程度和读写能力等因素都对赞比亚出版业的发展带来挑战。中国出版机构在与赞比亚进行出版合作时，需注意尊重非洲文化，找准利基市场，寻找中国和赞比亚在文化和经济发展方面的共通点，并有针对性地进行本土化创作和出版。随着赞比亚数字化阅读文化的进一步建设，阅读成本将逐步降低，赞比亚的出版业也将迈入新的阶段。

参考文献

1. 联合国发展项目（United Nations Development Programme）. 揭露种族、种姓和性别的差异（Unmasking disparities by ethnicity, caste and gender）[R]. 2021.

2. Pitts G. 赞比亚的民主和新闻自由：国会议员对媒体和媒体监管的态度（Democracy and Press Freedom in Zambia: Attitudes of Members of Parliament Toward Media and Media Regulation）[J]. Communication Law and Policy, 2000, 5(2): 269-294.

3. Mushingeh C. 非代表性的“民主”：1973-1990 年赞比亚的一党统治（Unrepresentative “Democracy”: One-Party Rule in Zambia, 1973-1990）[J]. Transafrican Journal of History, 1994, 23: 117-141.

4. Simutanyi N et al. 背景文件：赞比亚的政治和互动媒体（Background Paper: Politics and Interactive Media in Zambia）[R]. 2015.

5. 陈力丹，李弘扬. 赞比亚新闻业的历史及面临的问题 [J]. 新闻界，2013（8）：6.

6. 国际出版学会（International Press Institute）. 赞比亚自由和媒体管控报告（Report on Freedom and Media Regulation in Zambia）[R]. 2010.

7. Chilala, Cheela H K. 剖析赞比亚作家和文学作品出版商所面临的挑战（Anatomy of the Challenges Facing Zambian Writers and Publishers of Literary Works）[J]. Journal of Southern African Studies, 2014, 40(3): 593-606.

8. Friedrich-Ebert Stifung. 非洲媒体晴雨表：赞比亚 2021 年（African Media Barometer: Zambia 2021）[R]. 2021.

9. 课程发展中心（Curriculum Development Centre）. 赞比亚教育课程框架（Zambia Education Curriculum Framework）[M]. 2013.

10. 教育部（Ministry of Education）. 教育我们的未来（Educating Our Future）[M]. 1996.

11. Arden R. 赞比亚基础阅读项目（Zambia Primary Reading Programme）[R]. 2012.

12. 联合国儿童基金会（UNICEF）. 2021 年国家年度报告：赞比亚（Country Office Annual Report 2021: Zambia）[R]. 2021.

13. 世界银行（World Bank）. 财政奖励政策能改善教科书的最后一公里交付吗?

（Can Financial Incentives Improve the Last-Mile Delivery of Textbooks?）[R]. 2020.

14. Cajila F D. 导致卡鲁比拉地区公立小学与资助小学相比识字率较低的原因的对比分析（An Analysis of Factors Accounting for Lower Literacy Levels in Public Lower Primary Schools Compared to Grant-Aided Lower Primary Schools in Kalumbila District）[D]. 2020.

15. Kafusha M M, Mwelwa J, Mkandawire S B, Daka H. 赞比亚的阅读文化：从赞比亚家庭阅读实践的视角（Reading Culture in Zambia: Perspectives of Selected Households of Zambia on Their Reading Practices）[J]. Journal of Lexicography and Terminology, 2021, 5(2): 80-106.

16. Zulu P, Ngoepe M, Saurombe N. 立法在赞比亚提供国家和公共图书馆服务方面的重要性（The importance of legislation in the provision of national and public library services in Zambia）[J]. Journal of Librarianship & Information Science, 2017, 49(2): 152-164.

17. 环球印象 . 2022-2026 年赞比亚出版行业投资前景及风险分析报告 [R]. 四川丝路印象网络科技有限公司 , 2022.

18. Hong S Y, Cao X, Mupuwaliywa M. 财政奖励政策的影响及信息和传播在赞比亚教科书最后一英里交付中的作用（Impact of Financial Incentives and the Role of Information and Communication in Last-Mile Delivery of Textbooks in Zambia）[J]. Policy Research Working Paper Series, 2020.

（作者单位：北京外国语大学）

案例

2020年以来“一带一路”主要英语国家涉华图书出版动态观察与思考

于运全 袁露芳

随着“一带一路”倡议的深入推进，中国与“一带一路”沿线国家全方位、深层次、多领域开展深入互动，并取得了丰硕成果，共商、共建、共享、合作、共赢等理念深入人心。其中，图书作为增进国家间相互了解、促进人文交流、实现民心相通的重要载体，为推动“一带一路”建设发挥了不可替代的作用。在对海外涉华图书出版的长期跟踪与研究的基础上，本报告以“中国（China）”为关键词，以通过多种渠道检索到的2020年以来“一带一路”主要英语国家出版的45本涉华图书为主要研究对象，从出版市场、作者、出版社、图书主题及写作方式等角度切入，深入剖析了相关图书的出版特点，并对我国如何做好对外出版工作提出几点思考。

本文选取的45种涉华图书样本，主要来自“一带一路”英语国家知名出版机构和国际知名出版机构驻“一带一路”英语国家分社，相关图书的作者及内容观点具有一定影响力和代表性，但由于受检索技术制约，研究样本有限，本文在研究“一带一路”主要英语国家涉华图书出版动态方面可能具有一定局限性。今后将持续跟踪，系统梳理相关图书出版特点变化，不断改进完善研究方式方法。

一、总体特点

（一）受疫情影响，涉华图书出版整体规模有所下滑，数字出版蓬勃发展

受全球疫情影响，国际出版市场受到持续冲击，这连带导致涉华图书出版整体规模有所缩减，但国际社会对中国的关注热度并未冷却，涉华图书仍在国际出版市场上

占有重要地位。

1. 全球出版业发展受阻，涉华图书出版量明显下降

面对新冠感染疫情的严重冲击，世界经济复苏进程缓慢，在全球贸易增长下滑和贸易规模萎缩的大背景下，全球出版业和主要出版市场也受到持续影响，主要表现为出版产业链受阻严重、出版物流通不畅等，这直接导致图书出版量及销量双双下降。在此背景下，2021 年海外出版的涉华图书总体数量与 2020 年相比也出现明显下滑。据不完全统计，在海外 100 家主要出版机构中[①]，以“中国（China）”为关键词检索研究样本，2021 年共出版图书 1702 种，比 2020 年的 2760 种减少近 4 成。其中，位列出版涉华图书数量前列的英国劳特里奇出版社、德国施普林格出版社、英国帕尔格雷夫·麦克米伦出版社、新加坡世界科技出版公司以及多家知名高校出版社的涉华图书出版量相比 2020 年均有大幅下降，最大降幅达 52%。

2. 我国与“一带一路”相关国家版权贸易告别高速增长时代，进入提质增效新常态

自 2014 年来，中国与“一带一路”沿线国家版权贸易量曾一度保持高速增长，年均增幅 20%。但随着“一带一路”建设向纵深推进，经过最初的开拓阶段，我国与相关国家的出版合作正向着更加务实的方向迈进。2021 年底发布的《“一带一路”国际出版合作发展报告（第三卷）》[②]显示，“十三五”期间，我国与“一带一路”相关国家的版权贸易总数从 2016 年的 3808 项增长到 2020 年的 10729 项，其中输出 9118 项、引进 1611 项，与 2019 年相比分别减少 553 项、311 项和 242 项。版权输出引进数量均出现一定程度回落，一方面，受疫情影响，世界各大图书展览会相继延期、取消或改为线上举办，中外出版商因沟通不畅造成出版合作项目减少；另一方面，由于政策引导，我国主要出版机构与“一带一路”相关国家开展出版项目合作时表现得更加成熟、理性，不再执着地追求出版贸易规模，而是更加注重输出和引进图书的质量，贵精而不求多。我国与“一带一路”相关国家的版权贸易经历了迅猛上升到井喷时期再到逐渐稳定的过程，出版合作迎来了提质增效新阶段。

---

① 百家国际出版社为当代中国与世界研究院长期跟踪关注的出版涉华图书较多的百家国际出版机构。

② 魏玉山主编：《“一带一路”国际出版合作发展报告（第三卷）》，中国书籍出版社 2021 年版。

3. 电子图书优势突显，数字出版蓬勃发展

当国际出版市场整体陷入低迷时，数字出版的迅猛发展，为出版市场带来了新的活力。根据日常对海外涉华图书的跟踪研究，2021 年不少海外新出版的涉华图书以电子书形式首发。以印度为例，近年来，印度政府大力投入数字化建设，同时，印度发达的互联网产业为其数字出版的快速发展带来溢出效应。根据尼尔森市场研究报告显示[①]，书籍是印度互联网上销量第三高的产品。研究指出，随着传统书店逐渐消失，印度超过 70% 的图书发行商实现了数字化。以印度 Juggernaut 出版社为例，该出版社是一家总部位于新德里的数字图书出版社。该出版商偏爱由新作家撰写的小部头图书。它还允许作家通过他们的线上平台自行出版自己的数字书籍。印度知名中印关系专家白康迪（Kanti Bajpai）曾于 2021 年 6 月至 7 月期间，在该出版社先后出版了 3 本有关中印关系的电子图书。多部著作短时间内集中面世，说明与传统出版流程相比，数字出版更加高效，能够实现大量研究成果的快速集中出版，确保了相关研究成果的时效性。此外，电子图书不仅在出版发行方面优势明显，其凭借便捷的阅读方式，低廉的阅读成本和多样化的阅读呈现，受到了越来越多的读者青睐。

（二）作者群体分布较为集中，跨国学者合作研究成果不断涌现

对出版涉华图书的“一带一路”英语国家作者群体的身份背景进行深入分析，从职业来看，该作者群体既包括政府高官、高校教授、智库专家，也有媒体从业人员和公司管理者等，其中高校教授占比较高；从个人经历来看，作者群体中，有不少人曾有在中国高校学习、研修或任教的经历；从国别来看，出版涉华图书的“一带一路”英语国家作者群体主要集中在印度和新加坡，其中印度占比较高，此外，还有来自巴基斯坦、马来西亚、印度尼西亚等国家的。

1. 印度学者对中国问题研究热情更高

当前，国际形势演变深刻复杂，新旧力量竞争博弈激烈。在全球力量平衡从大西洋向太平洋转换之际，亚太地区的政治经济地位日益突显，中美印三国之间的互动和博弈已成为国际社会各界关注的焦点。特别是中国和印度作为区域内两个最大的发展

---

① 潜在读者超 9 亿 外媒：印度出版业形散神聚 . 参考消息，2019-12-05（11）. https://www.cankaoxiaoxi.com/culture/20191206/2397142.shtml.

中国家和新兴经济体，正慢慢崛起为世界经济和全球治理舞台上的关键参与者，在国际上占据着举足轻重的地位。中印两国作为金砖国家，同时也是上海合作组织成员、二十国集团成员国，在政治、经济、安全等领域利益融合交叉，因此，印度各界高度关注中国的发展及动向。在“一带一路”主要英语国家出版的涉华主题图书作者群体中，印度作者表现尤为抢眼。近年来，印度贾瓦哈拉尔·尼赫鲁大学中国与东南亚研究中心教授狄伯杰（B. R. Deepak），印度尼赫鲁大学中国研究教授、东亚研究中心主席谢钢（Srikanth Kondapalli），环球亚洲研究中心主任、纽约大学全球特聘教授沈丹森（Tansen Sen），新加坡国立大学李光耀公共政策学院亚洲研究教授白康迪（Kanti Bajpai）等多位印度知名中国问题专家，通过对中国的长期观察和深入研究，出版了多部与中国有关的著作。特别是自 2020 年以来，印度知名中印关系专家白康迪在不到三年的时间里撰写了 4 本与中国有关的图书，可以说，是一位对中国十分关注且又十分“高产”的作者。

2. 海外中国问题专家的著作成为世界了解中国的重要渠道

随着中国综合国力日渐强盛、国际影响力显著提升，国际学术界对中国问题的研究热情越发高涨。“一带一路”英语国家也涌现不少长期从事中国问题研究的学者，他们从各自专业研究领域出发，持续跟踪观察中国发展最新动态，形成大量研究成果，并以图书形式对外出版。有关图书已成为世界了解中国的重要渠道。其中，印度知名中印关系专家白康迪出版的《中印关系路线图手册》[①]《中印比较》[②]《从洞朗到武汉：理解印中关系》[③] 等多部著作，从地缘政治、经济、文化、历史、军事等角度，深入剖析了中印两国力量对比，让读者对中印关系发展有了更清晰的认识。新加坡知名中国问题专家代表马凯硕（Kishore Mahbubani），是新加坡资深外交家、前新加坡常驻联合国代表，新加坡国立大学李光耀公共政策学院院长、教授，曾任联合国安理会轮值主席，是国际公认的亚洲与国际事务研究大家。他在 2020 年 3 月出版的《中国赢了吗？美霸权面临的挑战》[④] 一书中全面分析评估了中美两国关系，并在战略层面提

---

① Kanti Bajpai, Selina Ho, Manjari Chatterjee Miller. Routledge Handbook of China-India Relations. New York: Routledge, 2020.

② Kanti Bajpai. Comparing India and China. India: Juggernaut, 2021.

③ Kanti Bajpai. From Doklam To Wuhan: Understanding India-China Relations. India: Juggernaut, 2021.

④ Kishore Mahbubani. Has China Won?: The Chinese Challenge to American Primacy. New York: Public Affairs, 2020.

出应对建议，让读者对21世纪最重要的双边关系，即中美关系有了更深层次的了解。该书出版后，长时间占据亚马逊中国主题英文图书销售排行榜榜首位置，并在国际上引发强烈反响，受到来自世界多国政府官员、知名学者、诺贝尔奖得主等的积极肯定和高度评价，在亚马逊销售页面累计收到650余条评论。随后该书的中文版（《中国的选择：中美博弈与战略抉择》）、德文版（*Chinas Aufstieg zur neuen Supermacht*）和葡文版（*A China Ja Ganhou?*）相继翻译出版发行，此外，该书英文版于2022年2月再版发行。

3.跨国别作者联合著书现象屡见不鲜

近年来，多国学者围绕中国问题研究开展密切合作、联合撰写的有关中国主题图书不再单纯以本国学者视角审视中国，有关研究成果平衡了多方的看法和观点，更加趋于客观全面。其中，以中印两国学者为代表，共同出版了多部著作。如，由印度社会与经济发展研究院教授卡拉·斯里达尔（Kala S. Sridhar）和四川省社会科学院政治学研究所李景峰博士主编的全英文学术著作《印度和中国的崛起：社会、经济和环境影响》[①]，汇集了20余位来自中印两国专家学者的重要研究成果。该书在实证研究的基础上，对中印两国在发展中存在哪些共同的挑战以及如何携手应对进行了详细阐述。印度中国问题研究专家沈丹森和香港理工大学副教授徐启轩联合编著的《超越泛亚主义：19世纪40年代至20世纪60年代间中印两国的互联互通》[②]一书汇集了来自印度、西方和华语地区的作者，作者身份涵盖了小说家、士兵、情报官员、档案管理员等不同职业背景。该书从历史角度出发，以超越泛亚主义解读19世纪末和贯穿20世纪困扰中印互动的模糊性、复杂性和矛盾性。上海大学南亚研究中心执行主任郎荣吉（Rajiv Ranjan）和上海大学全球研究所所长郭长刚教授联合编著的《中国与南亚：不断变化的区域动态、发展与权力博弈》[③]一书汇集了来自中国、南亚和其他地区的学者有关中国和南亚交往的不同方面的观点，重点讨论了中国和南亚之间不断变化的动态和地区实力博弈。

---

① Kala S Sridhar, Li Jingfeng. The Rise of India and China: Social, Economic and Environmental Impacts. India: Routledge India, 2020.

② Tansen Sen , Kai Hin Brian Tsui. Beyond Pan-Asianism: Connecting China and India, 1840s–1960s. India: OUP India, 2020.

③ Rajiv Ranjan , Guo Changgang. China and South Asia: Changing Regional Dynamics, Development and Power Play. India: Routledge India, 2021.

（三）印度和新加坡出版机构作为“一带一路”主要英语国家中涉华图书出版的主力军，在相关图书出版的规模和质量上表现尤为突出

随着中国日益走近世界舞台中央，中国理念、中国智慧、中国方案、中国机遇越发受到全球关注。“一带一路”主要英语国家出版机构均将中国议题作为图书出版的重要选题。在检索到的 45 本涉华图书研究样本中，印度和新加坡出版机构（含国际知名出版机构驻印度和新加坡分社）共出版涉华图书 37 本，占总数的 82%，是“一带一路”主要英语国家出版涉华图书的主力军。

1. 印度多家出版机构热衷出版涉华图书

印度的图书出版业近年来发展迅猛，在全球图书出版市场中的地位逐渐上升。尼尔森市场研究 2015 年发布的《印度图书市场报告》在对该国出版部门的最新数据进行分析后指出[①]，印度已成为继美英之后第三大英语图书市场，出版物品种和数量均居发展中国家前列。鉴于中国对印度的重要战略地位，涉华图书在印度出版市场炙手可热，是印度出版机构的热门选题。其中，比较具有代表性的有印度五角出版社、印度 Juggernaut 出版社等。印度五角出版社是印度第一家为国际出版商提供印刷服务的企业，后凭借在印刷行业的丰富经验进军出版业。它以其独特的标题和主题脱颖而出，是印度主要智库以及一些国际组织的首选出版商。近年来，多名印度知名中国问题专家的研究成果在该社出版，如，中印关系专家狄伯杰的《印度的中国困境：失衡和扩大的不对称》[②]、印度著名中国问题专家谢钢的《中国与新冠感染：国内外维度》[③]等。此外，近年来，印度 Juggernaut 出版社出版了多部有关中印关系的畅销书。此外，每年还有多家印度出版社出版涉华图书，介绍中印关系、中国各领域发展及对世界带来的影响。

2. 新加坡世界科技出版公司是亚太地区涉华图书出版“大户”

新加坡作为亚洲为数不多的发达国家之一，其经济硬实力和文化软实力均达到较高水平。新加坡的出版业发展在亚洲国家中遥遥领先，已发展形成多家具有国际影响

---

① 潜在读者超 9 亿 外媒：印度出版业形散神聚 . 参考消息，2019-12-05（11）. https://www.cankaoxiaoxi.com/culture/20191206/2397142.shtml.

② B. R. Deepak. India’s China Dilemma: The Lost Equilibrium and Widening Asymmetries. India: Pentagon Press LLP, 2022.

③ Srikanth Kondapalli. China and Covid-19: Domestic & External Dimensions. India: Pentagon Press LLP, 2021.

力的出版机构，在国际出版市场上也占有重要的一席之地。其中，新加坡世界科技出版公司是当今亚太地区规模最大的英文科技图书出版公司，该公司因赢得诺贝尔奖出版合同，跻身全球一流科技图书出版机构行列，专门出版高新技术图书，内容涉及基础科学、材料科学、计算机科学、工程技术、医学、生命科学、商业管理、环境等学科领域。一直以来，关于亚洲问题研究，特别是与中国问题相关的研究都是新加坡世界科技出版公司出版图书的热门选题。2020年该出版机构出版涉华图书共134种，2021年出版74种，虽有大幅下滑，但涉华图书出版总体数量仍排在国际主要出版机构前列，是亚太地区名副其实的涉华图书出版“大户”。

3. 国际知名出版机构驻“一带一路”英语国家分社是出版涉华主题图书的重要补充力量

除“一带一路”英语国家本土出版社，国际知名出版机构驻当地分社也是出版涉华主题图书不容忽视的主体。国际知名出版社市场化运作起步较早，已具有成熟的编辑队伍、稳定的发行渠道和丰富的营销经验。这些出版机构凭借在国际出版市场上强大的号召力和影响力，吸引了大量国际知名学者将其作为出版著作的首选。因此，这些出版机构出版的图书不但内容质量高，而且销量也很大，在市场上能很快形成一定影响和规模。据不完全统计，近年来，英国劳特里奇出版社印度分社、英国牛津大学出版社印度分社、德国施普林格出版社新加坡分社等都出版过有关中国主题的图书。其中，英国劳特里奇出版社印度分社表现最为活跃。2020年以来，该社出版了10余种中国主题图书，并分别被纳入该出版社多个研究系列。如，与政治议题有关的亚洲批判性研究系列、颠覆时代的国际政治系列、劳特里奇对印度和中国的批判观点系列，以及与文学有关的全球南方文学文化系列、全球体裁小说研究系列等。

4. 出版社依托智库进一步提升涉华学术类图书出版质量

新加坡尤索夫·伊萨东南亚研究所出版社是一家拥有40多年出版经验的学术出版社，专注于研究东南亚政治、经济和社会问题。自1970年以来，它已出版2000多种图书和期刊，平均每年出版70种。该出版社与亚洲、欧洲、美洲和澳大利亚的学术和大众出版商合作，在世界范围内尽可能广泛地传播有关东南亚地区的重要学术研究和调查成果。该出版社依托新加坡知名综合性国际问题研究智库——新加坡尤索夫·伊萨东南亚研究所，聚集了一批资深的中国问题研究专家，并获得大量有价值的研究和调查分析报告，涉及中国政治、经济、社会、文化等各领域研究的前沿动态和最新成果。该智库研究人员撰写的有关中国主题的图书在国际学术界具有一定影响力，且得到广泛认可，特别是其每年定期出版的《东南亚事务》汇集了东南亚本土与欧美知名学者的最新著述，已在国际学术领域打响了品牌，其中有关中国的论述以及在全球范围内围绕中国话题展开的第一手调查数据为各国学术研究和政府决策提供了重要的借鉴和参考信息。

（四）相关涉华图书热点主题高度聚焦政治领域，选题内容紧密贴合市场需求

当前，“一带一路”英语国家专家学者对中国问题研究更加系统深入，研究领域涵盖中国的政治、经济、外交、文化、安全、能源、环境等多方面。其中，检索到涉及有关中印力量对比、中美印三国之间的国际关系走向以及中国的崛起对地区和全球的影响等国际舆论高度关注的政治类涉华图书近 30 种，占比超六成，且格外受到读者青睐。

1. 分析中国的崛起对地区和全球的影响

当前，中国综合国力与日俱增，在全球政治经济和安全事务中发挥着不可替代的关键作用。中国崛起的大势已不可逆转，这不仅改变了亚太地区国际战略格局，更对世界政治和经济格局产生巨大影响。一方面，中国模式的成功实践为世界提供了新的发展模式与现代化路径；另一方面，面对中国日益上升的国际地位和不断壮大的经济实力，部分国家对此产生了不同程度的顾虑和担忧。各国专家学者围绕中国崛起对地区和全球影响的话题展开了激烈讨论。其中，印度经济学家、记者高里·德维维迪（Gaurie Dwivedi）出版的《全新眼光：世界将如何对抗中国》① 一书详细介绍了中国的崛起及其对全球力量的影响。《“一带一路”倡议：对国际秩序的影响》② 一书从“一带一路”角度切入，展示了中国如何利用该倡议重塑全球秩序。该书明确指出，在以中国为中心的新兴“一带一路”网络中，中国系统性地增强了其国际话语权。《中国在东盟大陆的崛起：区域证据与地方反应》③ 一书探讨了中国和东盟迅速变化的相互关系和即

---

① Gaurie Dwivedi. Blinkers off: How Will the World Counter China. India: Pentagon Press LLP, 2022.

② Moritz Rudolf. The Belt and Road Initiative: Implications for the International Order. Singapore: World Scientific Publishing Company, 2021.

③ Suthiphand Chirathivat. China's Rise in Mainland Asean: Regional Evidence and Local Responses. Singapore: World Scientific Publishing Company, 2020.

将到来的地缘战略挑战。该书认为中国变得比以往任何历史时期都更加紧密地联系和参与东盟地区事务。该书作者从整个区域角度出发，审视中国对东盟的影响以及东盟国家的反应。

2. 认为中印关系复杂深远，冲突与合作并存

随着中国在亚洲及其他地区主导地位日益增强，印度担心其在亚洲的地缘政治空间受到冲击，从而阻碍本国崛起和利益的实现。但在当前世界秩序动荡不安、地区和国际形势复杂变化的新形势下，作为新兴力量的中印两国均面临诸多共同挑战，同时也具有广泛的共同利益与合作空间。其中，中印关系专家狄伯杰的《印度和中国：超越敌对二元》[①]一书探讨了中国和印度之间问题的动态变化。该书认为中印关系过于复杂，包括合作、竞争、协调以及冲突和对抗，无法完全简单地通过"友谊"和"敌意"的二元关系来定义。印度知名中印关系专家白康迪的《中印关系路线图手册》解读了中印两国之间重要而复杂的关系，认为中印关系比以往任何时候都更加深远和复杂，既有冲突也有合作。《印度的大国政治：应对中国的崛起》[②]一书探讨了印度洋地区在印度－太平洋地缘政治格局中的战略重要性，以及印度应如何通过将经济合作与一系列广泛的平衡战略相结合来应对中国的崛起。《印度与中国：经济与软实力外交》[③]一书强调了软实力和加强人与人之间的联系在印度和中国的全球战略中以及在促进地区合作方面的决定性作用。曾任印度驻塔吉克斯坦大使馆国防参赞的拉吉夫·纳拉亚南（Rajiv Narayanan）撰写的《印度和中国：建立战略信任》[④]一书分析了中印关系中战略互不信任的原因，并提出中印两国应该分享他们对分歧主要驱动因素的看法，并努力减少分歧，以建立战略互信。

3. 探讨中美对抗及未来发展轨迹

近年来，美国将中国视为最重要的战略竞争对手，从意识形态分歧，到商业技术对抗，再到军事、外交领域摩擦，美国对中国全面发起围堵，而中美两国间的博弈必

---

① B. R. Deepak. India and China: Beyond the Binary of Friendship and Enmity. Singapore: Springer Singapore, 2020.

② Jo Inge Bekkevold, S. Kalyanaraman. India's Great Power Politics: Managing China's Rise. India: Routledge India, 2020.

③ Geeta Kochhar. India and China: Economics and Soft Power Diplomacy. India: Routledge India, 2020.

④ Rajiv Narayanan. India and China: Building Strategic Trust. India: Vij Books India, 2020.

将影响全球化进程。其中，英国劳特里奇出版社印度分社《21 世纪的中美关系》[①]一书分析了中国与美国复杂的政治、经济和外交关系及其对国际政治的影响。该书着眼于中美关系的历史演变，介绍了中美两国在世界不同地区争夺的战略力量，以及双边参与的国际事务。《技术－地缘政治：中美技术战争与数字治国实践》[②]一书围绕 5G 技术的争议、关于 TikTok 和微信的政策规定，通过地缘政治学和金融技术竞争来探索当代中美关系和全球网络安全的未来。

（五）相关涉华图书写作方式更加灵活多样，真实案例、鲜活故事增加了图书内容的可读性

为了兼顾不同读者群体，增强图书的吸引力和可读性，不少作者以案例分析、讲故事以及答问等方式生动阐述自己的观点。这些灵活多样的写作方式比枯燥纯粹的学术理论研究更具表现力和感染力，有效激发读者阅读兴趣。

1. 通过案例剖析方式增强观点的说服力和可信度

案例分析是经济类图书常用的研究方法。通过剖析具有代表性的鲜活案例能够帮助读者更好地理解其背后蕴含的复杂经济理论和经济现象。其中，《在中国做好生意：国际商业道德案例研究》[③]一书通过分析研究涵盖互联网和社交媒体、劳工问题、企业社会责任、产品和食品安全、中国供应商和生产、环境问题、公司管理等方面的 46 个原始案例，试图更好地解读中国不断变化的商业生态系统所面临的道德挑战。《中国创新：战略管理案例手册》[④]一书作者通过对海尔、华为、招商银行、福耀玻璃、ofo 等公司管理者如何制订商业策略的案例进行分析，全面展示了中国社会主义市场机制和现代企业管理和运行方法。《在马来西亚的中国企业：国企关系与投资流动新秩序》[⑤]一书通过详细的案例研究，阐释了随着中国对马来西亚外国直接投资的增加而出现的国家关系和新形式的国家商业关系。

---

① C. Vinodan, Anju Lis Kurian. US-China Relations in the 21st Century. India: Routledge India, 2021.

② Pak nung wong. Techno-Geopolitics: US-China Tech War and the Practice of Digital Statecraft. India: Routledge India, 2021.

③ Stephan Rothlin. Doing Good Business in China: Case Studies in International Business Ethics. Singapore: World Scientific Publishing Company, 2021.

④ Hugh Thomas. Innovation in China: A Strategic Management Casebook. Singapore: World Scientific Publishing Company, 2022.

⑤ Edmund Terence Gomez, Tham Siew Yean, Ran Li, Kee Cheok Cheong. China in Malaysia: State-Business Relations and the New Order of Investment Flows. Singapore: Palgrave Macmillan, 2020.

2. 通过讲故事方式增强读者代入感和体验感

部分涉华图书作者曾长期在华工作和生活，他们通过讲故事的方式将自己的所见所闻生动鲜活地表现出来，引导读者体验其在华的真实经历与感受，让读者在故事中慢慢理解并接受其观点。其中，《中国如何看待印度和世界》①一书作者、印度前外交大臣希亚姆·萨兰首先从故事角度切入，介绍了佛教如何通过连接中国与印度、中国与欧洲的贸易路线在中亚传播，筷子文化的传播，以及“禅”这个词如何从“dhyan”中演变产生，通过一个个鲜活的小故事引导读者理解中国如何看待印度和世界。《习近平领导下的中国》②一书作者凭借其高超的讲故事技巧，将读者带入他曾经在中国所经历的一切，沉浸式地体验了中国在 2010—2020 年这十年的飞速变化与发展。《创造共同的未来：巴中信任与友谊之旅》③一书作者巴基斯坦伊斯兰堡战略研究所中巴研究中心主任塔拉特·沙比尔 (Talat Shabbir)，结合讲故事的方式，回顾了七十年来中巴两国的信任形成、友谊建立和战略融合的历程。

3. 通过回答问题的方式加强读者对话题的参与感和投入度

作者通过先抛出问题后再解答，增强了作者阅读时的参与感。作者不再是进行单方面的观点输出，而是与读者形成了有效互动，引发读者在阅读中思考。其中，《中印比较》一书回答了印度人和中国人在历史上是如何看待彼此的，以及他们又是如何看待彼此的当代政治、社会和文化的。由新加坡南洋理工大学几位教授联合编著的《“一带一路”倡议研究手册》④一书回答了有关中国经济、政治和战略后果的关键问题，如中国政府希望通过“一带一路”倡议实现什么，受援国如何回应，潜在的机遇和风险是什么。《鹿与龙：21 世纪的东南亚与中国》⑤一书聚集了一批地区顶级专家，通过一系列问题——东南亚国家是否注定要成为中国的附庸？该地区在经济上对中国的依赖程度如何？美国的相对缺席是如何影响中美在东南亚的影响力平衡的？突出强调了中国在该地区扩大影响力的愿望。同时，该书还通过解答如何理解中国在

---

① Shyam Saran. How China Sees India and the World. India: Juggernaut, 2022.

② Edel Secondat. Xi's China. India: Pentagon Press LLP, 2021.

③ Talat Shabbir. Creating Shared Futures: Pakistan-China—A journey of Trust and Friendship. Islamabad: Policy Press Islamabad, 2021.

④ Joseph Chinyong Liow, Hong Liu, Gong Xue. Research Handbook on the Belt and Road Initiative. UK: Edward Elgar Publishing, 2021.

⑤ Donald K. Emmerson. The Deer and the Dragon: Southeast Asia and China in the 21st Century. Stanford: ISEAS Publishing, 2020.

南海的立场，越南和菲律宾等东南亚国家做出何种回应等问题，探讨东南亚各国对中国在东南亚地区作为的反应。

二、思考及启示

“国之交在于民相亲，民相亲在于心相通。”民心相通不仅推动着“一带一路”建设的高质量发展，而且已经成为构建人类命运共同体的重要抓手和推动全球治理体制变革的切实保障。图书是人文交流的载体、心灵沟通的桥梁。通过主题图书走出去，向世界介绍中国，让世界了解中国，促进中外文明互鉴、民心相通，是时代赋予我国出版业的新使命。

（一）加强与“一带一路”英语国家出版社开展深度合作，强化传播效果落地

近年来，在政策引导下和市场推动下，国内出版机构向“一带一路”相关国家走出去的积极性日益高涨，成绩斐然。多家出版机构与“一带一路”相关国家出版商开展长期战略版权贸易合作，大批反映中国道路、中国智慧、中国方案等内容的中国主题图书产品成功进入“一带一路”国家出版市场，以书为媒搭建了民心相通的桥梁。在“一带一路”框架下，我们应加大力度与沿线英语国家出版机构开展合作。鉴于印度和新加坡出版机构在“一带一路”英语国家涉华图书出版市场上的重要地位，我们应重点与这两国出版机构在图书内容生产、形式创新、销售渠道拓展等方面开展深度合作，有效利用其在当地及区域内丰富的出版资源、强大的行业影响力，以及成熟的销售网络，实现资源共享、渠道互通。力争以印度和新加坡为中心，逐步向周边东南亚地区的“一带一路”英语国家出版市场辐射，推动更多彰显中华文化魅力、展现当代中国气象、体现全人类共同价值的中国主题精品图书真正地走进“一带一路”英语国家出版市场。

（二）顺应出版市场发展趋势，加快数字化融合

当前，受疫情影响，全球出版市场销售出现大幅下滑。全球实体书店经营难以为继，纸质图书线下渠道销售受阻，电商日渐成为图书销售的重要阵地，线上销售渠道份额逐步扩大。与此同时，新兴互联网技术和智能化设备的普及，使数字化阅读蔚然成风。在此背景下，全球出版行业正加快推进数字化进程，出版行业对数字技术的认识与实践持续强化，融合出版的效果逐步显现。特别是以印度、新加坡为代表的“一带一路”

英语国家的网络基础设施建设较为完备，数字转型起步较早，且在数字出版市场上已占有一定规模。为适应后疫情时代“一带一路”主要英语国家出版市场发展新趋势，我们要因势而谋、应势而动、顺势而为，守正创新，积极加强技术创新，培育新业态。进一步加快推进新出版业态下的数字化转型升级，整合优质数字出版资源，深入开发和经营数字化营销和服务平台，同时，借助数字化手段和信息通信技术，推动图书内容的产生方式、内容的呈现形式更加多样化、个性化，提供给读者全新的体验与服务，进一步提高产品的市场吸引力和竞争力。

（三）加大优质正面主题图书对印度出版市场的定向输出

中国主导的“一带一路”倡议通过联合投资基础设施建设，以及对世界经济秩序的重新配置和力量的再平衡重塑全球化。中国以一种新的全球化模式成为全球化多边倡议的领导者。印度作为南亚次大陆人口和国土面积的第一大国，在亚太地区具有重要战略地位，对于“一带一路”建设也有着特殊的意义。但从部分印度作者出版的有关图书中的观点发现，印度视“一带一路”倡议为中国对其在印度洋区域“权威的挑战”，认为该倡议将在商业、经济、政治以及安全领域大幅提升中国对印度等邻国的影响力，从而使印度在该区域优势被边缘化。因此，印度对中国所提出的“一带一路”倡议持消极态度，这对“一带一路”建设的推进带来很大的阻力。对此，我们应有针对性地推动优质正面的中国主题图书走进印度出版市场，加大输出有关化解中印分歧、强调中印关系对地区和平和世界经济发展的重要性以及加强合作、实现两国互利共赢的主题图书，使其充分认识到中印两国广阔的合作空间，并真正理解通过“一带一路”构建人类命运共同体等中国理念和中国主张。

（四）凝聚一批具有国际影响力的知华友华的中国问题专家力量

近年来，我国国际传播能力日益提升。但放眼国际舆论，“西强我弱”的不平衡格局依然存在，特别是新冠感染疫情在全球的蔓延暴发，更加剧导致我国的国际舆论环境进一步恶化。在此背景下，就连印度顶级“知华派”专家、在多所中国大学任荣誉教授的谢钢也在2021年出版的《中国与新冠感染：国内外维度》一书中污蔑称，新冠病毒起源于中国武汉，并向世界蔓延。因此，当前关键是要及时扭转于我不利的国际舆论环境，维护我国际形象。在加强和改进国际传播工作中，需要更好地发挥高层次专家作用，不断扩大知华友华的国际朋友圈。可借势“一带一路”主要英语国家作者对中国问题的研究热度，努力从中挖掘一批在各领域有影响力且对华友好的作者进行扶持和培养。通过建立中国与“一带一路”沿线国家专家智库间交流合作的长效机制，逐渐引导影响其对华认知和态度，使其成为向世界“讲好中国故事”的海外重要有生力量。

（作者单位：当代中国与世界研究院）

以学术话语推动“一带一路”的中华文化传播

孙 玮

习近平总书记在中央政治局第三十次集体学习时强调，要更好推动中华文化走出去，以文载道、以文传声、以文化人，向世界阐释推介更多具有中国特色、体现中国精神、蕴藏中国智慧的优秀文化。推动中华文化走出去，提升中华文化影响力，需要将中华文化对外传播内容的丰富性、传播途径的多样性、文化影响的持久性进行有机整合。

新形势下，以学术话语推动中华文化在“一带一路”的传播能力建设，是出版作为国际传播媒介的重要功能，通过将具有一定学术沉淀和研究意义的原创文化作品推向海外市场，使之经受国际出版市场的洗礼，以学术表达阐述中华文化，不仅可以打破长期以来海外汉学家形成并垄断的评价中国的体系方法，同时也是增强中国内容世界表达的有效路径；学术话语，在客观、科学的研究成果中得以展现，也更易于摆脱海外受众对中国内容意识形态化的刻板印象，让中华文化被海外学术界和知识界更好地接受，并得以传播直至影响普通民众。笔者旨在通过梳理21世纪以来一系列具有研究基础和学术影响的原创作品在海外的传播，论述学术话语对于推动中华文化走出去的重要意义，并探究以中国文化为研究对象的学术作品在新时期进入国际视野以及产生一定影响力的可行性。

一、中华文化的学术传播概况

以中华文化为研究对象的著作，其海外传播可以溯源至16世纪，在500多年的时间长河中，可大致分为三类：一是由海外学者占主导的中国古代先哲思想的翻译传播，形成外国人对中国文化的认知原型；二是西方汉学家撰写的以中国文化为研究对象的学术著作，影响全球知识界对中国的接受程度；三是 21 世纪以来我国原创的当代中国文化研究作品，打破西方看“中国文化”的单一视角。

中华古代经典在世界的传播，以畅销世界的《道德经》译本领衔中国传统文化走出去，是最早被国际社会主动翻译并推广的中华经典思想，与《论语》译本共同奠定了中华文化在全球认知的基础，即儒家文化与道家文化共同构成了中国传统文化对外传播的主流。虽然承载着道家文化精神的《道德经》历来受到国内外专家学者的高度重视，但畅销的译本基本为海外汉学家翻译，也建立在西方学界对中国的解读层面上，华人译本尚未进入国际主流视野。欧美国家和地区，是西方资本主义文化组织和出版机构的集中地，长期占据国际学术高位，也是文化产业高度发达的区域，世界对中国文化的了解很大一部分来源于其中通晓汉语、熟悉中国的汉学家。自 18 世纪开始，这些海外汉学家成为研究和推介中国的权威力量，以法国著名汉学家谢和耐（Jacque Gernet）在 1972 年出版的《中国社会史》[①] 为例，其大部分学术观点获得西方主流阶层的认可，被选为世界多所大学的教科书，除了最初的法文版，还先后出版了意大利文版、德文版、英文版、罗马尼亚文版、韩文版、西班牙文版等，在此后长达 50 年的时间里依然影响着西方及世界其他国家对中国文化的理解角度。

新中国成立以来，中国内容的海外传播伴随书刊发行渠道的建立开始有组织、有计划地进行，我国出版机构与国际出版界长期合作，以版权输出、合作出版和本土化编辑出版等多种方式表达中国文化。中华文化也从被发现、被传播转变为主动表达和主动宣传。尤其是近 20 年来，一批代表中国当代学术成果的文化作品通过版权贸易或合作出版的途径以多语种翻译走进欧美和“一带一路”相关国家和地区，以中国学术话语和中国学术观点构建当代中国文化研究的影响力，打破海外学者对中国文化研究话语权的主导，以融入全球的学术方法和话语体系建立理解中国的客观、全面、科学的基础。随着更多中国学者与全球学术接轨，更多中国人可以使用英文或其他外文写作，可以地道地使用外文翻译中国学术思想，在日益完善的学术话语体系推动下，中国文化的海外传播已经从“蜻蜓点水”的表层文化走出去发展为中华文化五千年思想精髓和文化底蕴在世界的传播。

---

① 何明星．新中国书刊海外发行传播 60 年 [M]. 北京：中国书籍出版社，2010.

二、学术文化研究在“一带一路”沿线传播的新机遇

党的十九届五中全会把“社会文明程度得到新提高、中华文化影响力进一步提升”作为“十四五”时期经济社会发展主要目标之一，并提出到2035年建成文化强国，国家文化软实力显著增强。出版走出去作为中华文化国际传播的重要方式，需将人类情感共鸣与中华文化有机结合，将交流互鉴融入共同发展的新模式，使中国内容融入全球不同文化的价值体系，实现多元生态的有机融合。

“一带一路”倡议扩大了中国学术话语的传播范围。长期以来，中国出版走出去的目标主要集中在欧美发达国家，2013年开始逐步兼顾“一带一路”沿线，迎来了中国出版走出去的新机遇。“丝绸之路经济带”和“21世纪海上丝绸之路”（简称“一带一路”）的共建，意在运用丝绸之路的历史文化，以和平发展的旗帜，积极发展与沿线国家的经济合作伙伴关系，共同打造经济融合、政治互信、文化包容的利益共同体、命运共同体和责任共同体。从地域、人口、价值观不同维度来说，“一带一路”相关国家和地区以其文化和民族的多样性给予了中国出版业界更多的合作空间和交流互鉴的机会。以中国文化为研究对象的图书，也成为“一带一路”相关国家和地区对中国增进了解的捷径，为中国学术文化在该区域的传播创造了新空间。

加强和改进国际传播工作需要学术话语体系建设来夯实传播基础。习近平总书记指出，要深刻认识新形势下加强和改进国际传播工作的重要性和必要性，下大气力加强国际传播能力建设，形成同我国综合国力和国际地位相匹配的国际话语权，为我国改革发展稳定营造有利外部舆论环境，为推动构建人类命运共同体做出积极贡献。以学术话语推动文化研究类出版物在“一带一路”相关国家和地区的多语种传播，可以拉近当地读者与中国故事的距离，唤起文化共鸣，增强出版内容的传播效果。放宽中华文明海外传播的时空范畴，中国出版业以广泛题材和多元渠道逐步走向欧美和“一带一路”相关国家和地区，从被发现、被传播到主动走出去，从单一、浅层内容传播走向中华文明多样性和根源性探究，中华文明对外传播覆盖普通民众、知识界、学术界和高端智库，通过图书出口、版权输出、合作出版等途径融入国际传播体系。

学术话语有利于提升传统文化国际传播的正向影响力。中华文化的传统与现代性以学术考证为基础，以生动的表达方式让异域文明感受其间的温度，以可触摸、遐想、

贴近的话题，拉近彼此距离，让海外民众愿意了解真实的中国。以学术话语为基础的中国文化研究题材，容易被各国知识精英认同和接纳，进而影响执政阶层和主流社会，逐渐向普通民众传播，中华文化在“一带一路”沿线的传播轨迹也基本遵循这个规律。中国作为当今世界发展中的大国，经济建设所取得的成就和为改善“一带一路”相关国家民生所做出的重要贡献有目共睹，区域各国既对中华文明好奇和期待，也受西方主流媒体影响对中国存在误解。即使在与中国曾有过革命友谊的拉丁美洲，在老一代领袖留下巨大政治遗产的非洲国家，也不乏“中国威胁论”和“中国新殖民主义”的言论，成为我国与其正常交往合作的阻碍。这些负面影响的消除不是一朝一夕就可实现的，而是通过不间断的文化影响正本清源。以学术为基础的文化研究出版物，从客观、通用的科研角度诠释中国传统文化在现代世界的作用和影响力，最大限度上避免意识形态和政治渗透的误解，消除当地民众的文化戒备，容易在“一带一路”相关国家和地区打开传播局面。

文化研究为“一带一路”文明互鉴提供智力支持。四大文明古国在地理位置上基本都可划归在“一带一路”区域内，西亚、南亚、北非与东亚共同构成了人类古代文明发源地。不少国家和地区也与中国一样拥有灿烂绵长的文化渊源，也面临着如何将传统文化与现代生活相互转化的问题，同时要面对传统文化创新发展的时代命题。中国当代文化研究在不同层面展开的对传统文化复兴与创造性转化的探讨，其阐述现代社会继承优秀传统文化与走向文明发展并行不悖的合理性对“一带一路”相关国家和地区具有启发意义。从传统文化中汲取民族自信并以文化元素引领新生活风尚，中国与“一带一路”相关国家和地区分享研究成果，符合“人类命运共同体”的文化责任担当。

三、学术话语体系对推动中华文化国际传播的重要价值

“学术话语”并不是“晦涩难懂”的代名词，而是具有科研基础和理论依据的表达方式，因此“学术话语体系”可以理解成知识群体的逻辑框架，以体现客观真实的研究结论，在学理和通识层面产生一定的信服力。文化传播作为具有一定民族色彩和地域特色的社会行为，在跨越国别和空间概念时，异域受众不免产生一定戒备，甚至抵触，而“学术话语”作为文化传播的特别通行证，可以最大限度地还原知识群体的

客观认知，消除疑虑或敌意，以国际通用范式探讨互鉴。

（一）学术文化的国际传播周期持久

以文化研究为主题的海外传播是展现中华魅力的持续有效途径，中国学术文化出版物常年受到海外欢迎。一方面，基于学术方法的中国文化研究，属于国际出版行业的非虚构作品范畴，面向对中国文化有兴趣的知识大众和研究人员。受众普遍具有较高的受教育层次和知识水平，具备理性分析问题的态度和能力，认识和理解问题的方法稳定，不易受热点舆情干扰，为中国文化的学术研究传播奠定了客观和理性的长期基础。另一方面，自改革开放以来，中国取得的经济成就为世界瞩目，中国参与全球事务的大国形象日渐崛起，中国在多次危机与挑战中沉着应对，西方和"一带一路"相关国家和地区对拥有 5000 年绵延不断的中华文明产生了浓厚兴趣，对支撑这个东方大国的内在文化力量、中国人的特点和打交道的方式，以及造就其文化属性的根源等问题充满了好奇，关于中国文化的研究也由此成为持续的热点，其国际传播的持久性也是中国渐近世界舞台中央的客观体现。

随着中国与国际交往的日渐增多，西方汉学家所撰写的中国文化著作不足以满足世界对中国的理解，中国学者的文化研究成果也为国际学术界期待。自 2015 年开始，截至 2022 年初，《中华文明的核心价值》版权输出 15 个语种；《中华文明史》英文版海外销售 2000 套，日文版累计版税收入 15.55 万元。[①] 这些中国学者的原创作品是对中国传统文化的当代解读，多语种翻译出版并成功走向海外市场，并且形成了长期影响力，有的作品甚至在国际学术圈层享有 10 年以上的生命力，提高了中华文化本土研究的国际地位，以学术话语推动中华文化的国际传播，让世界从文化角度理解中国。

（二）学术文化的国际传播效果显著

21 世纪以来，当代中国文化研究以学术话语走进国际学术领域，在长期以来占据学术至高点的西方世界以及"一带一路"相关国家和地区产生了学术影响和文化传播力。二十多年来，在中华学术外译、经典中国国际出版工程、丝路书香工程等国家项目的翻译资助下，一大批代表中国人文社科最高成就的原创作品被翻译为多种语

---

① 让世界读懂中国 . 光明日报，2022-03-08（16）.

言在世界知名机构出版发行，越来越多的英文版中国文化研究著作通过剑桥大学出版社、施普林格·自然集团、泰勒·弗朗西斯集团、圣智集团等享誉全球的出版机构走向主流市场，也在“一带一路”相关国家和地区的重要出版中心以通用小语种翻译出版，在国际汉学和中国文化研究领域发出有力的中国声音，以学术话语与国际知识界沟通交流，成为中国文化传播的金色名片，为推动文化研究的中国话语权建立发挥了重要作用，对消除不同文明之间的误会、增进国际社会对中国的理解提供了权威支持。2009年启动的“剑桥中国文库”是剑桥大学出版社与多家中国出版机构合作的具有里程碑意义的英文丛书，作为对中国学者书籍的翻译作品，丛书没有落入晦涩的学术，而是通过丰富的主题，涵盖中国人文、艺术、历史等诸多领域，向西方读者生动地介绍了富有魅力的中国文化。2012年伦敦书展期间发布的作品，包括了北京大学国学研究院邀请36位教授花费6年时间撰写的《中华文明史》等首批作品；2018年出版了茅海建教授的《鸦片战争再研究》等新作，这是中国学术力量和国际出版业界共同推动中华文化世界认知的重要体现。

中华文明的价值偏好表现为责任先于自由，义务先于权利，社群高于个人，和谐高于冲突，恰到好处地呈现了中国社会形成、发展的深层基因。清华大学哲学家陈来教授撰写的《中华文明的核心价值》，北京大学国学教授楼宇烈所著的《中国的品格》，均实现多语种版权输出，向世界各地传播中华文化和价值理念。《中华文明的核心价值》英文、法文、土耳其文、越南文版出版后，作者陈来教授在2019年远赴英国伦敦书展、土耳其和越南参加多场推介活动，与海外儒学家、哲学家就中西文化价值观的比较及中国哲学的核心等问题进行广泛深入的讨论，是当代中国思想在欧洲和“一带一路”的融合与碰撞。在土耳其的首发仪式上，陈来教授发表了题为“孔子思想的道德力量”的学术演讲，从崇德、贵仁、尊义、守中、尚和等五个方面阐释了孔子思想对中华文明发挥的巨大作用，对丝路国家理解中国起到了学术引领作用。[①]

这些阐述中国精神和文化理念的作品也将海外读者的视野由知识领域扩展到价值体系的传播，对帮助世界尤其是“一带一路”相关国家和地区正确理解中国传统文化精髓，了解全球化背景下的中华文化的价值，具有重要作用。同时引导海外读者在体

---

① 孙玮，孙琳洁．中华文明的核心价值：中国传统文化思想的学术表达 [J]. 出版参考，2019（12）.

认世界文明尤其是西方价值观的基础上，了解中国文明的特征和品格，体会儒家文化影响下根植在传统文化当中的责任意识和“社群主义”的独特性以及对世界文明的促进作用。

（三）学术文化的迭代传播效率提高

建立在学术基础上的文化研究内容，除了可以纸质图书的形式满足一般读者的需求，还可以数据库等知识服务形态通过互联网实现跨越时空的迭代传播。欧美主流学术出版机构，学术服务的数字化程度愈来愈高，以高端研究成果共飨全球学术研究。在学术界通用的专业英文数据库中，可视化的点击量和下载量直观展现了学术力量。学术话语使得中国观点和中国成果得以展现，跨越千山万水为全球共享，推动当代文化研究的中国声音史无前例地以互联网速度迭代传播，引领中华文化走向世界。

2011 年《新闻出版业“十二五”时期走出去发展规划》首次提出把数字出版产品出口纳入新闻出版业走出去的统计范畴，指导数字化向国际化迈进，进一步丰富了出版走出去的形态多样性，引导中国出版机构和民营企业创新走出去。十一年来，数字出版产品以其形式多样化、查询便利性、多媒体互动强、传播效率高等特点成为中华文化走出去的重要形态。除了原创网络文学、游戏、动漫走向海外，中国学术文化内容已经并不断通过专业数据库为全球知识界提供最新智力支持，为文化传播多样性开辟了可迭代传播的新路径。“数字尼山书屋”“中医古籍库”“中华经典古籍库”等一系列小而精的专业数据库走向海外，以更为高效的传播方式展现中国学术文化的内涵与应用，成为新生代汉学研究的重要路径。

四、创新中华文化研究的国际传播路径

以中华文化为研究对象的原创成果不仅包括宏观文化价值研究和传统文化当代阐释，还包括对古籍文献、中国风物、中国艺术、中国生活等微观文化领域的研究，既可以学术体系推动中国文化研究的话语权建设，还可以在相对稳定的目标受众中形成“中国风”，为异国他乡的知识群体乃至高等教育群体塑造积极友好的“中国印象”。建立在学理基础上的文化研究，其话题范畴的延展性以及文化探究的深层性，更易于与新技术和新理念结合，在新时代产生创新影响力。

（一）古籍文献的传播形式创新

2022年政府工作报告首次将“古籍保护”纳入工作重点，“加强文物古籍保护利用和非物质文化遗产保护传承”的要求将古籍保护利用提高到国家治理层面。古籍文献承载中华民族伟大复兴的文化源流，不仅是中华民族文化自信的重要来源，也是西方乃至全世界汉学研究的重要基础。欧洲和美国的东亚图书馆以及日本、韩国收藏中国古籍文献由来已久，尤其是美国的中国学及东亚研究能够发展到今日水平和规模，得益于一个世纪以来所形成的中国境外最为庞大的中国文献收藏。汉学的发展，使得西方大学及研究机构获得了收藏中国古籍文献的动力。伴随全球疫情常态化防控，各国社会研究逐渐正常化，中国古籍文献的海外传播作为文化出口的重要形态，也将迎来多元的创新模式。

多年来古籍文献出口主要通过图书进出口公司在国际书展和图书馆配馆会上向海外机构推介，例如每年的东亚图书馆年会。自2020年新冠感染疫情以来，跨境的线下会议逐渐转为线上，人工智能和5G的发展利用基本解决了沟通交流的障碍，线上立体化、视觉化、多元化的呈现是古籍文献走出去的可行创新方式。2020年《首都博物馆藏敦煌文献》打通国内外市场宣传推广渠道，为这套大型古籍文献录制了多个视频短片和影像资料，从通用市场宣传片到专家学者对敦煌文献的学术解读，再到艺术家对古籍文献的装帧设计阐述，涵盖受众想要了解的各个方面，以最简洁有效的视频信息传递给海内外科研从业者、收藏者和图书馆，实现了疫情期间大型古籍文献的有效推广，走进日本等境外多家科研机构。

伴随科技进步发展，与西方先进出版集团的数据库和知识服务并行，中国古籍文献以专业数据库和专题集成的方式日渐为学术和研究机构接受，数字古籍文献的推广成为传播中华文化更为便捷有效的路径。

（二）学术文化研究的视觉传播创新

进入21世纪以来，中国文化走出去在机遇和挑战中前行。如前文所述，欧美国家长期占据世界舆论中心，形成观照中国文化、解析中国思想的方法，使博大精深的中华思想被歪曲或屏蔽，过滤下来的多是与西方思想价值体系不冲突的中国文化内容和诸如杂技、舞狮子、红灯笼等普遍性的通俗民间文化。真正具有中国文化内涵、表达思想价值和文化本源的研究成果在21世纪前并没有得到大规模呈现。随着一系列具有学术支撑的当代文化研究成果渐进全球视野，全新体现中国传统文化的现代化手段得以使用，从而颠覆西方世界对中国固化的文化理解。

2009年，中国作为当年法兰克福国际书展的主宾国，39米的“书山”，视觉冲击极为强烈，把纸、字、书、墨等图书的基本元素超常规放大，强调中国文化对人类文明的推进。这是传统文化研究的现代阐释，不仅以艺术形态展现文化力量，而且突破了欧美国家对中国文化的表层评价，是传统出版对传承五千年中华文明的深入表达。十年之后在2019年法兰克福国际书展上，《穿越时空的中国》以巨型数字影像作品参展：以2700公里长的中国大运河为创作背景，数字化手绘历史长卷跨越杭州、苏州、洛阳、北京等14个城市，穿越2500年的历史时空，生动还原了夫差开凿邗沟、隋炀帝巡游、黎阳仓争夺战、张继夜泊枫桥、赵匡胤陈桥兵变等十多个中国历史瞬间。学术文化的表达在现代科技的助力下不再仅仅停留于文字，绚烂的艺术视觉手段强化文化研究成果的国际传播效果，让世界各地对中国和亚洲文化产生向往。

（三）文化研究国际传播的立体融合创新

基于学术方法的文化研究，是中华文化走出去的现代表达，也是学术话语推动国际传播的重要体现。传统文化研究以话题的广泛性和鲜活性成为国际传播中最富有生命力的非虚构内容之一，其传播方式更易于从单一走向多元融合，从平面走向立体。

一方面，集中展现与出版相关联的学术跨界和传播形态，横向上以文化“小切口”贯通多元表达方式，呈现学术研究的生命力，是新时期国际传播线上线下互动的创新举措。国际社会对中国的了解从浅层走向深入，中国传统文化与现代社会的关联是国际学术界和知识界日益关切的话题，以小见大，从“小切口”系统地展现某一方面的文化研究对现代生活的影响，对展现恢宏的中华文明更有说服力，使引发人类对文化、艺术的共鸣更为自然，进而展现真实、立体、生动的中国。在2021年第28届北京国际图书博览会期间笔者将“新北京节日礼服设计大赛成果”与即将出版的《中华衣裳》同步发布，专家学者关于中国传统服饰在考古、历史、艺术、文化等领域的跨界研究，传统文化元素服务现代生活的学术正统性，以及文化研究对艺术审美的引领性，通过图书和设计成果融合展现。以“服饰研究”展现的中华民族源远流长的文化根基和现代生活，引起欧美及丝路国家出版商的广泛关注，带动《锦衣罗裙》等一系列中国服饰研究丛书走出去。通过文化研究成果的海外出版到生活应用的传播，融合探寻世界物质文化相通相融的话题，以中国元素启迪现代智慧，以多元表达诠释中华文化魅力，促进传播影响力逐步上升。

另一方面，立体化、视觉化展现图书中的“中华文化”，纵向上建立文化主题的载体矩阵，是互联网传播的高效途径。当视频、图片、图书、网文同时或不间断呈现于屏幕之上，国际传播效果明显优于平面和文字，这种融合立体的创新方式是现代文明的产物，也是跨越国界和语言的有效传播方法，使生动展现中华文化内涵更为形象，表现张力也更强。疫情之下，面对面的交流受阻，创造线上交流的新鲜感是激活跨文化交流的重要手段。立体融合推广和集中传播，使得画面饱满，产生的视觉感受深刻，有痕，成为出版业界交流互动的有效路径，为隔空对话或演讲过程增添新体验。文化研究为主题的出版物通过融合、立体的方式进入传播媒介，可以更有效地消除不同文明形态间的隔阂与误解，展现中国历史发展轨道上承载的人文关怀和思想积淀，向世界传递温和友善的中国力量，展现自信、谦和、包容的中华文化。

五、结语

经过二十多年的努力，中国出版业从“借船出海”到本地化建设，以版权输出为基础，依托“传统文化的现代阐释”，在欧美和“一带一路”相关国家和地区，向世界讲述中国故事，传递中国声音。党的十八大以来，党和国家对中华文化走出去提出了更高要求，中国出版界需要在此前的经验积累基础上总结适合国际新形势下的国际传播方法和有效路径。以学术表达阐述中华文化、创新中国文化术语、融入国际话语体系，不仅可以打破长期以来海外汉学家所形成的评价中国的体系垄断，也更易于摆脱海外受众对中国内容意识形态化的刻板印象，让中华文化被海外学术界和知识界更好地接受。以文化研究为主题的海外传播是展现中华魅力的持续有效途径，其国际传播周期持久，传播效果显著，借助科技手段迭代更新效率高。“学术话语”作为文化传播的特别通行证，可以最大限度地还原知识群体的客观认知，消除疑虑或敌意，以国际通用范式探讨互鉴，对推动中华文化高质量走出去发挥重要提升作用。

以中华文化为研究对象的成果包括宏观文化价值研究和传统文化当代阐释，以及对古籍文献、中国风物、中国艺术、中国生活等微观文化领域的研究，其广阔的文化延展度在新时期与数字技术跨界融合，立体、多元的方式可以有效创新中华文化对外传播路径。在新的历史时期，“一带一路”合作共建，意在打造经济融合、政治互信、文化包容的利益共同体、命运共同体和责任共同体。“一带一路”相关国家和地区以其文化和民族的多样性给予了中国出版业界更多的合作空间和交流互鉴的机会。以中国文化为研究对象的图书，不仅成为“一带一路”相关国家和地区对中国增进了解的捷径，为中国学术文化在该区域的传播创造了新空间，也成为中国内容原创术语的源头活水。以学术推动“一带一路”文化交流的过程中，从“一国一策”逐渐向语言和文化趋同性较高的区域整合，如中东阿拉伯语区、非洲法语区、拉丁美洲西班牙语区等;以原创学术与“一带一路”共享中华文明思想智慧，推动中国分享传统文化的现代气息，逐步实现中华文化走出去的经济效益和社会效益。

（作者单位：北京燕山出版社）

“一带一路”倡议下我国学术出版走出去的探索与展望

——以中国社会科学出版社为例

夏 侠

2003年中国出版走出去提出并实施以来，学术出版国际合作取得卓越成绩。2013年“一带一路”倡议提出并体现在出版国际合作实践中，重视并强化学术出版在“一带一路”相关国家和地区传播已成为当前及未来我国学术出版走出去工作的重要内容。我国学术出版在“一带一路”相关国家和地区的传播，从顶层设计到项目落实、从内容规划到渠道拓展、从数字出版到国际推广等各个方面都在探索与开拓中取得积极进展和较好成绩。中国社会科学出版社（以下简称“社科出版社”）作为一家以出版哲学社会科学学术著作为主的国家级出版机构，是全国哲学社会科学出版重镇，传文明薪火，发时代先声，努力做优秀思想的耕耘者、集聚者和传播者；在国际出版方面，社科出版社着眼于搭建学术传播桥梁，助推学术国际交流，努力做好学术出版走出去工作，助力建构中国特色的学术话语体系。本文以社科出版社近十年来与“一带一路”相关国家和地区出版合作的实践为基础，旨在探索“一带一路”出版国际传播的路径。

一、“一带一路”学术出版走出去的探索

社科出版社学术图书走出去工作，在保持向欧美国家出版机构输出版权的同时，加大与“一带一路”相关国家和地区的出版合作，比重逐年提高。2016年输出到丝路沿线国家和地区版权项目数仅占全部版权输出项目数的14.81%，而到2019年增至

46.15%。（见表1）在巩固英语、法语、德语、西班牙语、俄语、阿拉伯语等语种版权输出项目的基础上，“一带一路”相关国家和地区的希伯来语、尼泊尔语、土耳其语、印地语、僧伽罗语、波斯语、哈萨克语、乌克兰语、罗马尼亚语等语种版权输出项目不断增加。（见表2）

表1　2015—2019年社科出版社输出国家情况

单位：项

类别	2015	2016	2017	2018	2019
合计	45	54	114	106	182
欧美出版大国	28	36	73	64	71
占比	62.22%	66.67%	64.03%	60.38%	39.01%
“一带一路”相关国家和地区	13	8	19	29	84
占比	28.89%	14.81%	16.67%	27.36%	46.15%
其他国家	4	10	22	13	27
占比	8.89%	18.52%	19.30%	12.26%	14.84%

表2　2015—2019年社科出版社输出语种情况

单位：项

类别	2015	2016	2017	2018	2019
合计	5	9	11	10	15
欧美出版大国	2	5	4	4	4
占比	40.00%	55.56%	36.36%	40.00%	26.67%
“一带一路”相关国家和地区	2	2	4	3	8
占比	40.00%	22.22%	36.36%	30.00%	53.33%
其他国家	1	2	3	3	3
占比	20.00%	22.22%	27.28%	30.00%	20.00%

在与“一带一路”相关国家和地区出版国际合作中，社科出版社针对“一带一路”出版合作的地缘特征，中外学者学术交流的实践以及对象国目标读者的需求等特点，从以下四个方面进行出版探索。

（一）以国家政策为指针，挖掘自身学术出版优势

近年来，我国政府从政策层面不断加大对中国学术出版向“一带一路”相关国家和地区版权输出的扶持力度。[①] 社科出版社也积极践行国家规划，以国家政策为指针，结合自身学术出版优势，确立“学术精品走出去”的战略方向，有效利用政府搭建的各种平台，与“一带一路”相关国家和地区出版机构建立合作关系；积极申报各类扶持项目，拓展在“一带一路”相关国家和地区学术出版合作。

主动策划与“一带一路”主题相关图书，创新出版形式。“一带一路”合作成果有智库出版、期刊出版以及手册资料出版等。如《“一带一路”手册》采用“条目模式”的编撰体例，中外学者合作确定词条，便于西方读者查阅和使用，也更容易为学术界接受和认同。该手册以纸质书、电子书以及数据库形式多渠道发行。社科出版社与海外合作方共同创立《中国“一带一路”倡议：研究分析与观点》（季刊）（*China Belt and Road Initiative Journal: Research Analysis and Perspectives*），将中外学者与“一带一路”研究相关的论文择优选登。社科出版社还与海外出版社合作出版“一带一路”相关智库研究成果，如《“一带一路”经济发展报告》《“一带一路”：包容、开放的亚欧命运共同体》《“一带一路”融资体系建设》《“一带一路”：理论构建与实现路径》等。

按照国家鼓励海外出版本土化落地的指导意见，社科出版社在构建海外学术出版平台方面，积极筹划建立国际尖端学术出版基地、聚集海外学术资源的国际布局思路，启动出版本土化的拉美地区和非洲推广计划。2016年11月，社科出版社成立智利分社，积极出版西班牙文版图书以覆盖拉美图书市场。2017年4月，与法国波尔多政治学院中国研究中心合作成立中国主题编辑部，致力于推选优秀图书在法国翻译出版，同时辐射非洲法语地区图书市场。

社科出版社在加强“一带一路”合作出版布局方面，致力拓展与“一带一路”相关国家和地区重点学术出版机构的合作。为更好地服务于我国学者，在海外传播我国优质学术成果，社科出版社主要与“一带一路”沿线地区的大学出版社及专业出版社合作，如阿根廷布宜诺斯艾利斯大学出版社、墨西哥国立自治大学出版社、非洲社科

---

① 方英、刘静忆：《中国与“一带一路”沿线国家间的出版贸易格局》，《科技与出版》2016年第10期。

联出版社以及俄罗斯莫斯科国立大学出版社等。

（二）以内容建设为重点，致力于将政治话语转换为学术话语、将学术话语转换为大众话语的出版探索

党的十九大以来，我国社科学术出版紧紧围绕世界百年未有之大变局和中华民族伟大复兴的战略全局，全面贯彻新发展理念，着力推进高质量发展，推出一批回答中国之问、世界之问、人民之问、时代之问的学术精品。社科出版社在加强原创学术成果的出版过程中，推出一大批立足中国实践、总结中国经验的高水平原创学术精品，如“习近平新时代中国特色社会主义学习丛书”、“理解中国”丛书、“中国制度研究”丛书等。这些图书也是通过学术出版主题化打通学术话语与政治话语之间的壁垒、将政治话语转化为学术话语的成功之作。

“习近平新时代中国特色社会主义思想学习丛书”在“一带一路”相关国家和地区引起关注：“习近平新时代中国特色社会主义思想学习丛书”（12 卷）中文版入选中宣部 2019 年主题出版重点出版物，2019 年 3 月正式出版发行，在国内引起重大反响，走出去工作也同时推进，陆续签约俄文、韩文、孟加拉文、印地文、尼泊尔文、波兰文、希伯来文、波斯文等 17 个语种，多卷入选经典中国国际出版工程和丝路书香工程，成为践行国内国际双循环发展的典型案例。

“理解中国”丛书围绕中国道路、中国理论、中国制度等重大理论和实践问题进行阐述，主要包括经济发展、经济改革、生态文明建设、政治制度、民主道路、人权道路、社会保障、法治建设、价值观、宗教信仰、民族政策，以及中华文化、中国哲学等方面，努力呈现给国内外读者一个真实的、丰富的、立体的“中国形象”。丛书已翻译成多语种版本在海外发行，与海外合作出版 13 个语种共 53 卷，包括英文、西班牙文、阿拉伯文、日文、俄文、法文、德文、波兰文、韩文、泰文等。

“中国制度研究”丛书是对中国特色社会主义制度的历史渊源、实践基础、基本内容、内在逻辑、特点和优势以及未来的发展目标、步骤等有关重大问题进行深入研究与探讨，阐明中国特色社会主义制度的优越性，彰显中国制度自信。“中国制度研究”丛书在走出去过程中，做到向海外阐释中国特色社会主义为什么“好”。

在将学术话语转换为大众话语的出版探索方面，推出的“大家写小书”系列，试图通过学术大家浅显生动的语言书写中国学术，如“简明中国”系列推出的《简明中

国历史读本》《中华文化简明读本》和《简明中国宗教史读本》等都已经成为海外出版机构积极合作的选题。

（三）尝试多元国际学术合作，扩大学术图书在对象国的影响力

为扩大中国学术图书的海外影响力，社科出版社采取多样的合作方式，如通过国际学者间的学术交流和学术会议等塑造以我为主的学术话语体系，与海外出版机构建立战略合作关系、借助外力提升影响力，进行本土化出版尝试等。

首先，通过国际书展促进国际学者间交流，建构中国学术话语体系。社科出版社整合资源优势，探索推进中国学术走出去的多样形式，利用国际研讨会、国际书展等契机，加大与国外出版界、学术界的交流与合作。在第22届国际历史科学大会上，社科出版社举办“中国历史学30年”英文版出版座谈会，邀请世界30余名一流历史学家参加会议，对国际史学界增进对中国历史和中国历史学的认识起到积极促进作用。通过举办“中国社会科学论坛暨国际学术出版论坛”“中国－智利经济社会发展高端研讨会”等国际学术交流活动，围绕某个学科领域的前沿研究进行深入探讨。邀请国内外知名学者参加国际书展主宾国活动，社科出版社曾邀请英国学者马丁•雅克、彼得•诺兰，美国学者彭慕兰等参加图书发布和研讨会。中外学者围绕相关图书主题进行学术座谈，既宣传走出去产品，也是学者间的深入交流。

其次，与海外学者、知名出版机构建立战略合作关系。社科出版社通过中国社会科学院组织的国际会议和学术交流活动，聚拢一批在世界上有较高知名度的汉学家、翻译家和中国问题研究专家，发展成出版社的作者队伍。通过跟踪国际会议，了解国际专家研究动向、学科前沿，引进学科前沿译著或直接与国外专家组稿，出版外文和中文版图书，在国际学者中树立社科出版社专业出版品牌，如社科出版社与海外知名学者合作的“海外学者看中国”系列中希腊学者乔治所著的《中国奇迹》（英文版）、《中国科技马拉松》（英文版）以及俄罗斯学者格拉济耶夫所著《向未来跨越：新技术和新世界经济范式中的中国与俄罗斯》（英文版）、《中国发展：一种成功的范式》（俄文版）等。

再次，社科出版社多次进行出版本土化落地尝试。“一带一路”所覆盖地域面积广阔，不同国家读者的学术需求也不尽相同。基于此，社科出版社在内容策划、合作形式等层面对本土化的发展道路进行探索。在现行的中外合作建分社、建编辑中心的

基础上，使更多的学术出版物以当地出版的形式出现，有利于打破各方面的文化和贸易壁垒，扩大出版规模，提升出版时效。比如通过社科出版社海外分支对订单进行按需印刷（POD），节约运费成本。在内容方面，也更加注意题材选择、表达方式打磨等，产品形态应符合当地读者的阅读需求。例如，社科出版社出版的历史考古类图书在东北亚国家受到欢迎，而关于东盟研究系列的图书在东南亚特别是新加坡获得青睐，在进行版权输出时就会有针对性地开展此类学术著作的推荐。另外，逐步加强学术出版产业链相关业务的本土化，如与目标国知名阅读终端合作，推进学术出版数字客户端覆盖更多用户等。

最后，社科出版社与海外出版机构建立密切合作关系，在关键政治外交事件中在海外发声。如，2019 年，针对国际上由美国鼓吹的各种版本的“中国威胁论”，中国学者撰写“中美关系三部曲”（*The China-America Trilogy*）——《莫名恐惧》（*Fake Fear: America and China Relations*）、《美国对华若干认知误区清源》（*American Misunderstanding about China*）、《中国十问》（*Ten Questions about China and America Relations*），英文版由英国帕斯国际出版社（Paths International）出版。“中美关系三部曲”的内容尽管都是客观事实，但因中国立场鲜明，西方出版机构看来比较敏感，帕斯国际出版社由于在与社科出版社十几年的出版合作中已经建立起信任和默契，顶住压力顺利高效地完成出版和发行工作。帕斯国际出版社还积极营销，该系列出版后被大英图书馆、牛津大学博德莱恩图书馆、剑桥大学图书馆、苏格兰国家图书馆、都柏林三一学院图书馆等收藏。海外有多家媒体如《伦敦书评》《电讯报》《泰晤士报》《每日邮报》《独立报》等对英文版的出版进行报道。

二、“一带一路”背景下学术出版国际合作中存在的问题

在“一带一路”倡议背景下，中国政府与世界 170 多个国家和国际组织合作，签署 200 多份共建“一带一路”合作文件，推动建立 90 多个双边合作机制。[①] 中国的学术出版界趁着“一带一路”倡议的东风，也积极与沿线国家开展学术交流和出版。但也应清醒地认识到的是，中国的学术出版与“一带一路”相关国家和地区的合作还存

① 《高质量共建“一带一路”硕果惠及世界》，2021 年 10 月 4 日，https: //www.yidaiyilu.gov.cn/xwzx/gnxw.189005.htm。

在诸多不足，只有不断完善，取长补短，才能更好地前行。

（一）学术图书走出去占比小，在国际学术圈引领性弱

尽管在众多走出去资助项目的支持下，进入“一带一路”相关国家和地区的学术出版物数量大幅增加，但是不论是总量还是与其他类型出版物相比，学术图书走出去的规模依然较小。以2009年启动的经典中国国际出版工程为例，2013年以来，经典中国国际出版工程加大对中国图书走向“一带一路”国家和地区的资助力度，其资助翻译出版的图书在“一带一路”相关国家和地区走出去的种类主要为文学类、历史类和文化类，学术类图书只占12.9%。[①] 利用OCLC的Worldcat数据库进一步考察中国学术出版物进入“一带一路”相关国家和地区的规模，可以发现其馆藏总量整体偏少。[②] 截至2019年6月30日，东南亚地区，菲律宾3家OCLC成员图书馆共馆藏69种中国学术出版物；南亚地区，印度8家图书馆共馆藏中国学术出版物38种。[③]

走出去的学术出版物除数量少，学术话语引领性也较弱。一方面，向“一带一路”国家和地区走出去的学术出版项目大多刚刚启动，能真正反映当代中国最新学术研究成果的项目还不够多；另一方面，由于学术出版物的专业性与小众性，从翻译出版到进入目标国主流学术渠道并产生影响需要较长时间。

（二）学术图书走出去结构失衡，学术传播力受影响

首先，学科失衡。据统计，“一带一路”相关国家和地区图书馆对中国科技出版物的馆藏数量远高于社会科学出版物，其优秀学术期刊对中国科技期刊的引用量也远超社科期刊，且本就为数不多的走出去的社科学术出版物内容也大多比较陈旧，同质化选题多，无法全面展示当今中国优秀社科学术成果及其蕴含的道路自信、理论自信、制度自信和文化自信等。[④] 其次，地区失衡。北京、上海和沿海经济发达地区的学术出版物走出去数量远超其他地区，许多地区的地域与文化特色优势并未转化为学术出版走出去的推动力。以中华学术外译项目为例，每年北京、上海的出版机构中选项目

---

① 樊程旭：《“经典中国国际出版工程”实施状况分析：以“一带一路”沿线国家和周边国家为重点》，《出版参考》2016年第10期。

② OCLC（Online Computer Library Center）即联机计算机图书馆中心，是世界上最大的提供文献信息服务的机构之一。Worldcat是全世界图书馆联机书目数据，该数据覆盖全球200多个国家和地区，有法文、德文等600多种语言。

③ 刘杨：《中国学术出版走出去：经验梳理与路径探索》，《河南大学学报（社会科学版）》2020年第1期。

④ 同上。

的比例在80%以上[①]。中西部地区是许多少数民族的聚居地，有独特的民族文化土壤和地域科技特色，这是中西部地区学术出版走出去的巨大优势，但这一优势目前未能在“一带一路”国家和地区充分展现。第三，语言失衡。在“一带一路”国家和地区图书馆馆藏的中国学术出版物中，绝大多数用英语出版，这与相关国家和地区的通用语言丰富的国情不相称。

（三）走出去渠道单一，学术话语体系构建与盈利能力有待提高

目前向“一带一路”相关国家和地区走出去的学术出版载体主要以中文版纸质图书或数字化形式被国外数据库收录，前者多以实物出口形式进入目标国，后者则严重依赖施普林格·自然出版集团（Springer-Nature）、爱思唯尔出版集团（Elsevier）等西方学术出版商的数字发行平台，即西方出版商控制着相当一部分中国优秀学术出版物走向“一带一路”国家和地区，这既不利于中国学术话语体系的构建，也削弱了中国学术出版的盈利能力。尽管国家相关部门已经意识到这一问题，并通过丝路书香工程出版物数据库推广项目等进行自主数据库与数字出版项目的建设与推广，但由于大多数获批项目尚处于启动阶段，短时期内较难和实力强大的海外出版集团抗衡。

（四）走出去存在多重矛盾制约，出版供给侧需求无法满足

从数据看，学术图书走出去占比小，但从学者角度看，海外出版的需求远未满足。社科出版社每年出版学术专著1500余种，重印400余种，其中仅与“一带一路”研究相关的选题就达280种，包括国家智库报告、地方智库报告以及智库研究丛书等实效性较强的研究成果，也有与古代丝绸之路相关的历史、文化类研究专著。但这些专著中每年获得国家资助得以在海外出版的品种甚至不到1%。出版供给侧的庞大需求因资金、翻译资源等原因远远无法满足。

与此同时，又存在着我国综合实力大幅提升和国际话语权建构相对较弱之间的矛盾，国际社会想要了解中国的需求度上升和了解渠道相对有限之间的矛盾，国外误解、曲解、丑化中国的言行抬头和中国自我展示力度不够之间的矛盾等，走出去的步伐仍需要加快和加强。

---

① 数据参考“中华学术外译项目”2013—2020年立项公示名单统计。

三、新时期学术出版走出去的对策建议

面对全球政治、经济、文化格局的变革和调整，中国学术出版走出去面临严峻挑战，需要思考世界百年未有之大变局给中国学术出版走出去带来机遇和挑战。[①]出版企业要建立工作协同平台，依照“一带一路”相关国家特点，策划国际视角选题；强化出版知识服务体系，要描摹海外用户画像，加快海外战略布局，提高自身的竞争力；要苦练内功，拓展国际合作渠道，增强自身的出版营收能力。

（一）做好顶层设计，优化部门间协作，重视目标考核

“一带一路”相关国家和地区间的经济、政治、文化和出版水平参差不齐，增加了学术出版走出去的难度，需要国家和新闻出版管理部门加强顶层设计，统筹整体制度安排，加大政策的倾斜力度和建立版权平台的保护机制。[②]建议通过优化布局，建立适应图书出版特点的跨部门、跨层级、跨行业一体化运作机制，形成出版走出去的系统性、协同性和整体性传播体系，提升出版走出去效能。

从国内出版社层面来看，相比之前主要针对西方国家的学术出版走出去，国内出版单位向“一带一路”沿线国家和地区走出去的经验少，情况复杂，因此更需要建立走出去工作的长效机制。在宏观规划上，学术出版机构应充分利用自己在学科、地域等方面的优势，以各大项目和平台为依托协调发展，如在申请国家相关项目和工程资助的基础上，逐步适应“一带一路”沿线国家和地区市场机制并实现自身“造血功能”。

在实践操作中，学术出版机构首先应重视学术出版向“一带一路”国家和地区走出去的选题执行，如出版社领导直接参与相关的选题策划、项目招标等工作，全社上下各个流程和环节给予优先政策，保证走出去工作得到全方位、立体化的有效开展。其次应从工作上加强对各环节的管理，确保出版产品既有量，更有质。学术出版对于建立中国学术话语权、树立大国形象意义重大，版权输出或合作出版合同的签订只是实现出版物走出去的第一步，后续管理工作更为繁杂。针对出版走出去项目运作过程中普遍存在的“重申报轻管理”、缺乏效果跟踪与评估等不足，应解决目标导向和过

---

① 王大可、冯妮：《百年未有之大变局下中国出版走出去的挑战和机遇》，《科技出版》2020 年第 12 期。

② 王松茂：《我国出版业海外投资中的问题研究》，《出版科学》2014 年第 5 期。

程管理的协同性问题。再次，还应建立有效的考核和激励机制，激发出版机构工作人员的工作积极性，如建立版权输出激励机制，促使编辑人员与版权贸易人员紧密合作，利益共存，紧密配合，共同促进版权输出的实现，从出版机构内部形成推动学术出版向“一带一路”相关国家和地区走出去的持久动力。

（二）因地制宜，分层次分步骤完成“一带一路”出版布局

“一带一路”沿线各国和地区与中国在政治制度、文化传统、法律法规等方面差异较大，中国学术出版向沿线国家和地区走出去的时间短，经验少，且中国与大多数沿线国家的知识产权建设时间较短，出版法律法规体系尚不健全。在“一带一路”沿线很多国家有着不同的宗教信仰，要“出门问禁”，特别是宗教类图书的出版要对对象国宗教给予理解和尊重。对于学术出版这种与知识产权密切相关的产业，中国学术出版机构必须充分了解沿线国家和地区的出版环境，完善自身知识产权法律法规建设，强化走出去的法律保障。

“一带一路”相关国家和地区对中国及中国学术出版的了解程度有较大差异，应根据差异对走出去内容进行差异化设计。各个民族、国家由于自身文化传统的不同、意识形态的差异，可能会拒绝某方面的文化内容，但是对于科普类的图书应该会相对更易于接受。应待这些国家对中国科技与文化有一定的了解后，再向其输出普及类学术产品，向这些国家的广大读者提供全方位的知识性读物；并同时推出一些中国顶尖学者的高端研究成果，树立中国学术出版在这些国家的品牌，逐步建立中国学术话语权。对于中国普及类学术出版产品有一定的认知基础的国家，中国学术出版机构可以在继续加强普及类学术出版产品走出去的基础上，有计划地推出高端学术研究成果，进一步加强中国学术话语权。总之，针对国情差异较大的“一带一路”沿线国家和地区，中国学术出版走出去应采用“以科技出版为突破，以普及学术求市场，以高端学术树品牌”的内容差异化设计策略，细化学术出版产品层级，再将其与适配的市场需求对应，为走出去优化传播环境，全面建立与加强中国学术话语权。

（三）以学者带动学科，以学科塑造学术话语权

以学者为中心，积极打造知名学者的国际影响力。如经济学家蔡昉教授，作为当代中国最具影响力的经济学家之一，他的学术研究立足中国实践，放眼世界，形成具有原创性的经济学理论观点。蔡昉教授仅在社科出版社出版的专著就有20余种（中文），

多语种外文著作10多种，在施普林格·自然集团出版的《破解中国经济发展之谜》英文版出版后，电子书下载量已达12000次，相较一般学术著作的平均下载量高出近10倍，说明该书在世界读者当中受到高度关注。蔡昉教授的多语种图书在讲好中国故事、推动中国学术走出去方面发挥重要作用，特别是对中国经济解读的理论观点在海外产生深远影响。又如，“中国社科院学部委员专题文集”系列专著的英文版收入劳特里奇出版社“中国视角”系列（China Perspectives Series）。该系列先后出版《宏观调控、经济发展与深化改革》（陈佳贵）、《减贫与包容：来自中国的经验》（朱玲）、《中国经济发展的人口视角》（蔡昉）、《社会转型与中国经验》（李培林）、《宏观经济分析中的财政政策》（高培勇）等10多位著名经济学家的专著。这些作者具有共同特点：他们都是与中国的改革开放共同成长，大体上都是在改革开放开始时期进入大学深造并完成学业，而且都是追踪中国的改革开放事业而逐渐完成自己的学术成长。从书中可以读到他们“研究改革开放，推动改革开放，完善改革开放，并且逐渐对中国的改革开放事业发挥自己的学术影响的文章”。[①] 这些专著内容客观、全面地反映中国经济发展的逻辑，展现出中国改革开放的全景以及对于中国经济崛起的理性思考。通过这批经济学家的学术专著在海外集中出版，形成合力，有效塑造了中国学者在经济学领域的学术话语，也引起西方学者的关注。

（四）加强人才队伍的建设，为走出去提供人才保障

做好“一带一路”相关国家和地区出版合作，应在人才队伍方面提供充分保障，努力打造五支队伍。第一，培养具有国际视野和语言优势、熟悉“一带一路”沿线国家和地区出版业务的经营管理人才队伍。在实践中注重培养其运用和掌握行业发展规律的能力，形成与之对应的管理思维和技能。第二，引进精通国际版权贸易规程的版权贸易人才队伍。通过组织版权贸易人员参加沿线国家和地区书展及当地出版界的活动，加强与沿线国家和地区出版机构的交流合作，培养其国际化出版运作能力。第三，汇集具有较高学术水平、通晓沿线国家和地区学术发展趋势的优秀内容编辑人才队伍。通过组织各学科编辑参加高水平国际学术会议和国际书展，使其在准确把握学科发展趋势的基础上深入了解沿线国家和地区学术出版市场，在学术出版物内容策划生产阶

① 高培勇：《在“中国社科院学部委员专题文集”系列英文版发布会上的讲话》，2018年8月25日。

段融入国际视野。第四，聚集在沿线国家和地区有一定影响力的专家学者队伍。依据沿线国家和地区学术出版市场需求策划选题，通过积极的版权输出，扩大专家学者在沿线国家和地区的学术影响力，吸引其与中国学术出版机构形成长期合作。第五，打造能够将中国学术出版内容向沿线国家和地区高质量译介的翻译与审校人才队伍。针对这一问题，社科出版社尝试通过与文化和旅游部创办的青年汉学家研修计划结合，培育“汉语＋专业”翻译人才，组建稳定的翻译审校队伍，确保出版产品的翻译质量。

在“一带一路”背景下，我国学术出版走出去的外部环境发生巨大的变化，中国学术出版机构要抓住这一历史机遇，在“一带一路”国家和地区翻译出版具有“中国特色、中国风格、中国气派”的学术精品，推广中国学术与中国文化，建立中国学术话语体系，树立中国良好的大国形象，为“一带一路”倡议的实施构建坚实的学术基础与文化平台。

当然，推动中国学术海外推广和传播，绝非“一朝一夕”之功，从偏重引进来的单向交流模式到“引进来，走出去”的双向互动模式，文化碰撞的背后更是“软实力”的竞争。一方面，我们需要充分了解受众国及受众读者，采用符合受众接受习惯和心理的宣传手法，用换位思考的方法和新的传播手段把想让别人知道的东西转变成别人能够接受的形式来进行表达；另一方面也要充分发挥主动性，完善自己的话语体系，增强道路自信、理论自信、制度自信，借助新时期的实践来丰富全人类的思想宝库，在新的普世主义话语体系的基础上，通过出版更多更好的主题类图书，构建新设想，让世界更好地读懂中国、了解中国，增强中国的国际话语权。

（作者单位：中国社会科学出版社）

中国古籍　走向世界

——“籍合网”海外销售成绩斐然

张之光

古联（北京）数字传媒科技有限公司（以下简称古联公司）为中华书局的全资子公司，成立于 2015 年 8 月。古联公司建设和运营的“籍合网”（www.ancientbooks.cn）是首家国家级古籍整理与数字化综合服务平台。几年来，籍合网产品群已在海外形成了一个比较稳定的用户群体，并在用户中间树立了良好的口碑。

一、海外市场开拓成绩斐然

“籍合网”旗下核心产品“中华经典古籍库”，2015 年正式推出网络版，截至目前已更新九期，共收录 5039 种整理本古籍，累计资源总量超过 20 亿字。“籍合网”旗下的数字产品还包括“中华文史学术论著库”“中华古籍书目数据库”“中华石刻数据库”“海外中医古籍数据库”“中华文史工具书数据库”“历代进士登科数据库”“中华木版年画数据库”“中华书法数据库”“籍合文库”“晚清民国文献平台”“西南联大专题数据库”等。同时，数据库类型及主题多样，包括古籍文献、学术研究、文化艺术和专题成果等。自 2016 年开始为海外用户提供服务以来，“籍合网”已有耶鲁大学、哈佛大学、斯坦福大学、加州大学、多伦多大学、苏黎世大学、范德堡大学、华沙大学、柏林国立图书馆、东京大学、早稻田大学、日本国际问题研究所、香港大学等海外机构用户 45 家，遍布亚洲、欧洲、美洲等主要国家和地区，另外还有 60 余家机构正在试用产品。这些海外机构，每年都能为公司带来数百万的营收。

2015年成立伊始，古联公司就在为海外拓展做准备，与国内多家图书进出口公司建立合作关系，其中最具代表性的就是中国国际图书贸易集团有限公司和中国图书进出口总公司。古联公司充分利用这些公司在欧美馆配市场建立起来的客户网和良好口碑，同时为第一批海外用户推出了团购优惠价格。在优质的产品、成熟的渠道和优惠的价格共同作用下，古联公司有了第一批海外用户，如哈佛大学、耶鲁大学、普林斯顿大学、斯坦福大学等北美知名大学都在其中。

有了首批知名大学订单以及知名学者的使用感受，古联公司在业界产生了积极影响，越来越多的大学开始购买"中华经典古籍库"。再加上该库每年更新一期产品，增加新的资源，老用户也在持续订购更新的产品，形成了滚动销售。

在一些国家和地区，中华书局有实体书的出口业务长期合作伙伴。部分地区经济持续低迷，合作伙伴自身出版业务萎缩，使得他们更加重视与中华书局的实体书业务。"中华经典古籍库"的推出，也为其增加了新的业务线。为鼓励当地市场的开拓，古联公司与合作方签署了独家代理协议，使其成为"中华经典古籍库"地方唯一的代理商，双方一道深入挖掘市场潜力，制订专门针对当地市场的定价策略，在大学图书馆、公共图书馆以及个人用户中占领、开拓市场。此后，古联公司又与多家港台地区代理机构建立合作关系，进一步拓展海外市场。（见图1）

单位：个

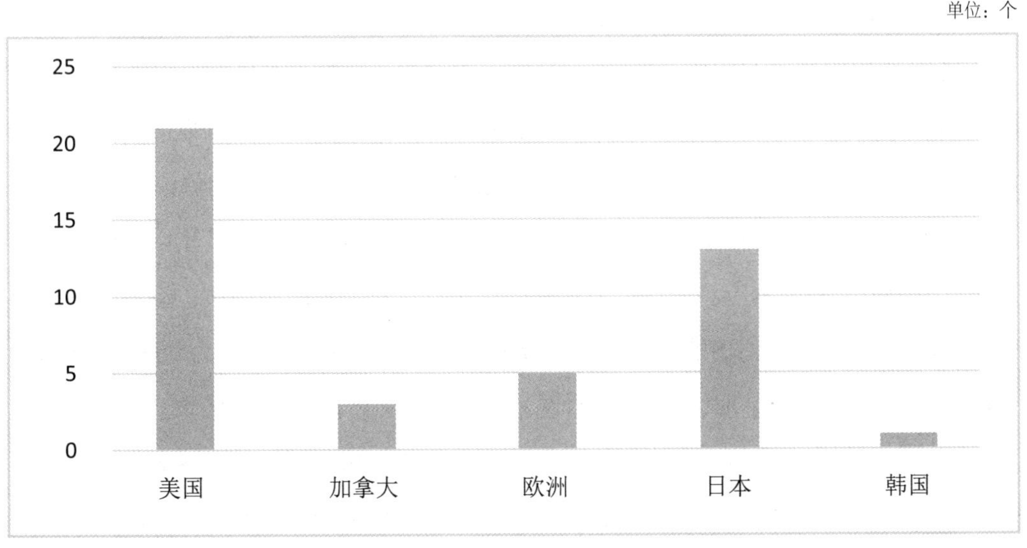

图1　古联公司海外客户的地区分布情况

二、开拓创新，苦练内功

除了积极开拓海外市场，古联公司更加注重内功的修炼。在充分尊重市场规律、尊重著作权的前提下，古联公司携手多家出版社和古籍整理单位，“让古籍联合起来”。

（一）尊重市场，公司化运作

古联公司成立于 2015 年 8 月，是中华书局的全资子公司，前身是中华书局 “古籍资源开发部”，承担古籍数字化项目建设及传统文化数字产品的研发和推广工作。

古联公司先后承担了中华基本史籍知识库（“十二五” 规划项目）、中华古籍整理出版资源平台（“十三五” 规划项目）等数字化项目。在古籍数字化事业发展过程中，古联公司致力于打造高品质的古籍类数字产品，坚持导向正确，注重资源的质量，强调内容的权威性、准确性和学术性。

古联公司有员工 80 余人，拥有硕、博士学历者占比达 85%，主要专业分布在文字学、文献学、历史学、图书馆学、信息技术等。高素质的团队为产品研发和古籍数字化标准的建设提供了基础。

（二）与兄弟社建立版权合作关系

“中华经典古籍库”是古联公司推出的首款产品。运营初期，“中华经典古籍库”依托中华书局出版的整理本古籍，第 1~3 期涵盖了中华书局的重要古籍资源，如点校本“二十四史”、十三经清人注疏、新编诸子集成、唐宋史料笔记丛刊、元明史料笔记丛刊、清代史料笔记丛刊、学术笔记丛刊、中国古典文学基本丛书等。

古联公司正式成立后，就开始着手与其他出版社建立合作关系，以版权合作的形式，吸纳了更多的优质古籍资源。古联公司发出“让古籍联合起来”的倡议。这一倡议，首先在中国出版协会古籍出版工作委员会（古工委，前身为全国古籍出版社联合体）成员单位中得到积极响应。第一批与古联公司建立合作关系的出版单位有齐鲁书社、巴蜀书社、华东师范大学出版社、凤凰出版社等。通过迅速整合这些合作带来的资源，“中华经典古籍库”四期共上线 398 种图书，其中外社资源有 1.66 亿字，占四期总字数的 65%。这些合作资源，都带着古工委各社的鲜明优势和特色，如齐鲁书社的《郝懿行集》《王士禛全集》都是非齐鲁不能整理的书；《全明散曲》《全清散曲》汇集了明清两代散曲，编纂过程中引用了大量文献，间出校语，是研究散曲的必备资料。

凤凰出版社的“明清之际西方传教士汉籍丛刊”（第1辑）（五期）、“明清之际西方传教士汉籍丛刊”（第2辑）（六期）对明清之际西方来华传教士的汉文文献进行了系统整理，是中外关系史研究、中西文化交流史研究等领域的重要文献资料。（见图2）

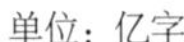

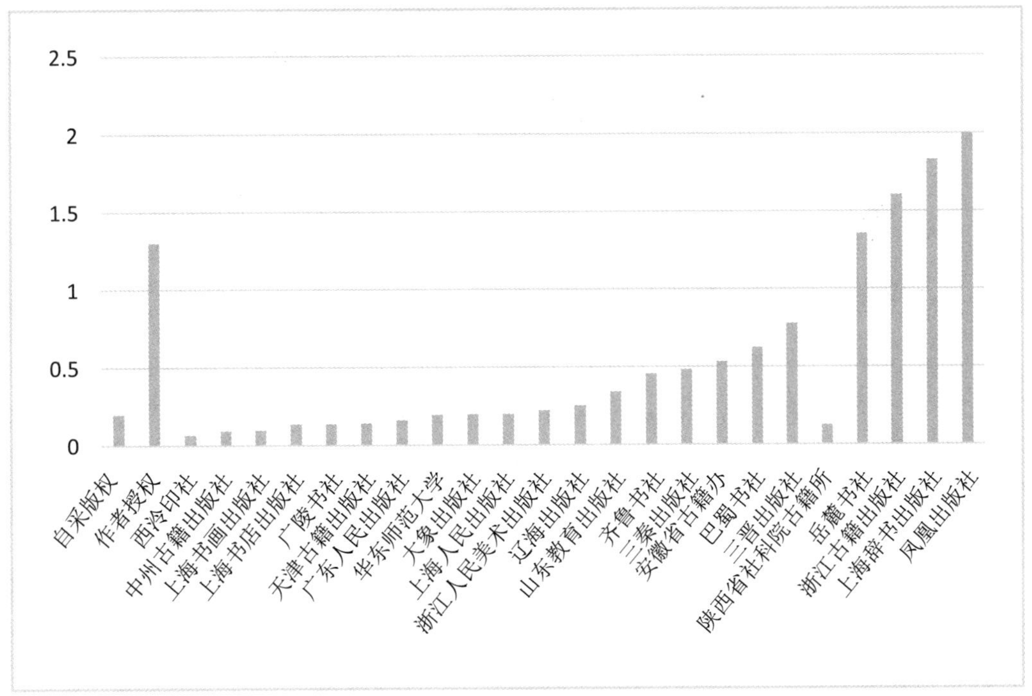

图2　古联公司资料来源及字数

截至目前，古联公司已经与23家出版社和省级古籍整理办公室等单位建立了版权合作关系，还与两种大型丛书的作者直接签约，取得授权。“中华经典古籍库”初具规模，上线资源5000余种，累计超过20亿字，其中中华书局出版的图书约占一半，另外一半均来自合作的单位和作者。（见图3）未来，“中华经典古籍库”的资源量还将持续增加，也将与更多的出版单位、古籍整理单位以及作者建立版权合作关系。

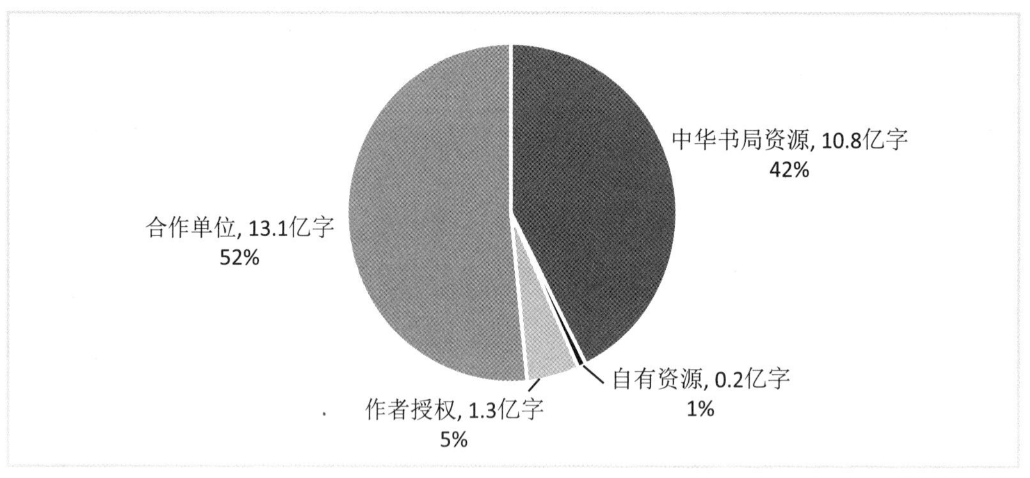

图 3　古联公司资源类型占比情况

（三）建立自己的产品聚合平台

“籍合网”（www.ancientbooks.cn）是国内首款古籍整理与数字化综合服务平台，由中华书局下属古联（北京）数字传媒科技有限公司负责建设和运营。“籍合网”旗下整合了多种古籍类数字产品，提供统一的用户管理和在线选购服务。“中华经典古籍库”是目前正在运营的重点产品。其资源以中华书局整理本古籍图书为核心，同时涵盖多家专业出版社的古籍整理成果。截至 2021 年，“中华经典古籍库”上线资源 5000 余种，累计约 20 亿字，未来资源量还将持续增加，该产品已成为专业领域内权威的古籍数据库之一。

此外，“籍合网”旗下的数字产品还包括“中华文史学术论著库”“中华古籍书目数据库”“中华石刻数据库”“海外中医古籍数据库”“中华文史工具书数据库”“历代进士登科数据库”“中华木版年画数据库”“中华书法数据库”“籍合文库”“晚清民国文献平台”“西南联大专题数据库”等。同时，数据库类型及主题多样，包括古籍文献、学术研究、文化艺术和专题成果等。

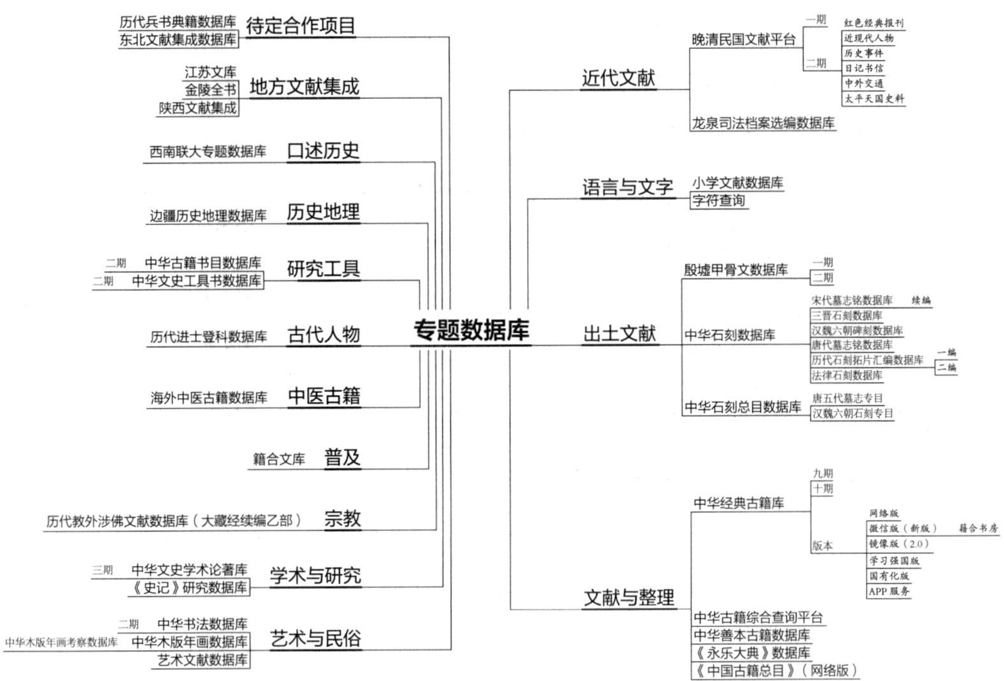

图 4 籍合网专题数据库构成情况

“籍合网”满足用户多种需求，提供在线工具和下载工具，在线工具包括纪年换算和联机字典（后续会升级为联机词典，供有需要的用户购买），下载工具包括输入法和字库。为满足用户需求，“籍合网”及时更新有关古籍的专业资讯。用户还可在线提问，客服将及时给出反馈。同时，“籍合网”还为其他出版机构发布的数据库产品提供代理服务，目前已代理产品有“中国经典水利史料库”和“本草风物志 · 中草药主题数据库”。

（四）深挖市场需求，拓展选题

2018 年，古联公司推出了“中华石刻数据库”。“中华石刻数据库”是专业的石刻资源数据库。以专题库的形式，整合了各时期、地区、类型的石刻文献，并不断收入近年来最新的学术研究动态，集历史资料与学术研究成果于一身。目前已上线“宋代墓志铭数据库”“三晋石刻大全数据库”“汉魏六朝碑刻数据库”“唐代墓志铭数据库”“历代石刻拓片汇编”等精品专题库。石刻作为第一手史料，对学者研究具有重要意义，因此一经推出就受到了众多学者的关注。同时，古联公司深耕细作，“中华石刻数据库”支持全文检索、高级检索，并提供多种逻辑条件的复合查询。“石刻库”还实现了文本内容与拓片图像一一对应，可对照阅读，支持复制、笔记、引用等功能，并对石刻进行了点校整理，对主要责任者、主题词、时间等信息著录详细准确。“石刻库”因其备受关注的题材以及优异的功能，受到了海外用户的欢迎。迄今已有14家机构订购，成交订单32笔。

2019—2021年，古联公司又陆续推出“中国历代进士登科数据库”“历代教外涉佛文献数据库”“边疆史地数据库”等数据库产品。这些产品也因出色的选题以及海外用户多年来对古联公司建立的信任，在上线当年就快速打开了市场。

（五）科技创新，聚合人才，建立行业标准

2018年，古联公司研发了在线的古籍整理与发布系统——古籍整理工作平台，该平台是一个技术集聚、资源集聚和人才集聚的古籍整理工作阵地，它开启了全新的线上资源生产和出版模式。

古籍整理工作平台集成了古籍整理工作必备的工具，校勘、标点、注释、翻译、专名标引等等一应俱全，古联公司的专利技术——古籍文字OCR、繁简转换、自动标点等工具也陆续接入。平台上聚合了高校、出版社、图书馆等26个行业门类，涉及中国古典文献学、中国古代文学、历史学等70多个专业方向。平台在线创建任务之后，平台注册者都可以根据自己的专业、兴趣、时间自由度及报酬情况，自由申领一份任务，按照项目创建者的工作要求开展工作，形成一种委托加工式的合作模式，合作关系也以电子合同的形式在线约定下来。这就是古籍整理众包业务。“古籍整理工作平台”从设计之初就不是孤立进行的，而是与“籍合网”旗下的“中华古籍书目数据库”“中华善本古籍数据库”“中华文史工具书数据库”，以及“古籍整理发布平台”“古籍圈”等数据库或平台之间协同作业。只要成为古籍整理平台的整理者，创建项目或者申领任务，就可以申请使用籍合网下的相关资源辅助在线整理。

目前，古联公司已通过该平台完成了几项大型出版项目，《中华大藏经续编》、“复兴文库”为承接的中华书局国家出版基金项目，是大型传统出版文献；“边疆史地数据库”是则是古联公司自主选题的数据库产品。

作为国家高新技术企业，古联公司已拥有30余项软件著作权，包括《网页内容加密方法、加密装置及系统》《古籍标点填充方法和装置》《古籍汉字繁简转换方法和装置》《古籍的文字识别方法、装置、计算机设备及存储介质》等 4 项专利技术，以及古籍资源数字化加工标准体系。公司成立以来，通过专业的文字处理流程，大批量规范古籍数字化用字，自建了 13 万余字的古籍字库，解决了古籍数字化中生僻汉字的检索和显示问题。这些技术投入已经实现了转化，陆续承接了一些地方文库数字化项目的建设。“金陵全书”“江苏文库”一期，均已建成。“江苏文库”二期，“八闽文库”等项目也将陆续开始。

由全国古籍整理出版规划领导小组（以下简称“古籍小组”）牵头，促成了上海古籍出版社购买使用由古联公司开发的 xml 编辑器，该编辑器是建立在古联公司古籍资源数字化加工标准体系之上。古籍小组此举，助力了古联公司古籍资源数字化加工标准在行业内的推广，在此标准之上建设的古籍数字化产品或古籍资源数字平台，都具备了实现打通服务、跨平台检索的基础。

三、当前的困境与隐忧

古联公司从成立之日起，就把尊重著作权作为数据库建设以及公司发展的根本宗旨之一。“中华经典古籍库”这样的综合性产品，需要吸纳海量的资源，确保用户想查找的古籍都能查到，才能满足用户的基本使用需求。选取的古籍整理版本必须优质，才能确保“古籍库”的学术权威性。“古籍库”目前已收录 5000 余种整理本古籍，显然无法采取一一联系作者取得授权的方式。出版社掌握的资源相对集中，且近年随着数字化出版业态的兴起，出版社在与作者签约取得纸质书出版权的同时，大多也取得了作品的数字出版权和信息网络传播权。因此与出版社开展版权合作，是较高效且可行的方式。籍合网上线的全部资源，均取得了作者或著作权持有人的合法授权。取得所有作品的著作权授权，即使与出版社合作，仍是一个非常艰难的过程。

（一）刻板印象：数字出版与纸书销售的冲突，自建项目与版权授权的冲突

绝大部分出版社，纸书的收入远远超过数字出版收入，纸书收入，是出版社握在手中的“粮”。而数字出版收入，对于一些出版社来说，则是擦在脸上的“粉”，是显示出版社没有落后于时代的“装饰”。行业内有一种很普遍的刻板印象，固执地认为电子书 / 数字出版会影响纸书的销售，绝不能为了“擦粉”影响“吃粮”。尽管很多行业分析指出实际情况并非如此，纸电同步也早已成为国际出版界，尤其是学术出

版的趋势。然而相对开明、积极拥抱数字出版业务的同行，也普遍会在纸书上市后两三年才愿意把数字版权授权给数字出版平台。而这，已经是与出版社合作中较乐观的情况了。

完全拒绝数字出版的出版社，现在已经几乎没有。在古联公司寻求与出版社合作的早期，有一些出版社对数字出版的认识不够充分，觉得数字出版就是把排版文件变成电子书，只是转一下文件格式的问题，尽管自身目前不具备“转格式”的人力物力，但在未来的某一天条件具备时，也可以做自己的数字产品，如果授权给古联公司，会提前消耗掉自己产品的市场。基于对未来某一天的缥缈预期，这些出版社拒绝了资源合作。

随着国家政策对数字出版的倾斜，很多出版基金专门辟出数字出版经费，在资助纸质出版的同时，也资助数字出版。不少省级出版集团获得了省内资助，出版大型地方文库项目，并获得了数字出版专项经费。这些出版社普遍认为自己开发数字出版产品与授权给第三方相冲突，因此在获得资助经费后会拒绝与专业数字出版平台的合作。但是在产品开发上线完成后，这类因资助而诞生的数字化项目，往往又因为缺乏后期的运营，在结项之后，变成了一块丢在角落里的硬盘，一串沉睡在浩瀚网络空间的字符。古联公司深耕古籍数字化领域，也逐渐开始承建一些这类项目，成为公司营业收入的重要组成部分。然而在承建项目的同时，却无法获得著作权授权，将这些资源同时纳入自身产品中，无法实现“古籍的联合”。

（二）出版合同期限短，造成版权持有的不稳定

尽管受到一些刻板印象的束缚，仍然有越来越多的出版社和版权单位愿意敞开合作的大门，将资源授权给古联公司，借“籍合网”的船出海。然而这些合作的背后，也有深深的隐忧。根据我国著作权法规的相关规定，出版社与作者签署的出版合同，年限不得超过 20 年，在行业内的普遍情况是签约 5~10 年。对比英国出版业出版合同——没有有效期限制，作者就一本书与出版社签订合同后，如双方无违约情况，出版社可以长期持有该书的著作权并行使合同授予的权利。

古籍整理出版，需要出版社投入大量的编辑工作，一本书的出版周期比普通大众读物要长得多，有些甚至要迁延数年。这导致一本古籍整理图书从上市开始，直到合约期满，出版社真正掌握版权的时间并不长。合约到期后，也许尚有大量库存，市场

没有重印或再版的需求，出版社没有续约动力。或者作者提出修订然而出版社无法再投入资金和人力，双方的预期不一致，无法续约。或者出版社编辑工作、营销宣传工作有效到位，读者反响好，图书受到业界认可，培育出了作者知名度后，作者在合约期满后带着成熟作品选择了其他给出更优厚条件的出版社再版。这种种可能，都影响着续约的成功率。如果不能顺利续约，版权流失，古联公司作为被授权方，很难保证自身产品资源的延续性，很难为用户提供始终如一的稳定服务。

（三）著作权人难以找到，版权许可获取困难

很多书出版时间较早，出版合同到期后，因为各种原因未再续约，著作权回到作者或者著作权人手中。一些单位，例如出版社、省级古籍整理出版办公室、高校古籍整理研究所等发起并出资整理出版的丛书，或由著名学者牵头组织编委会整理出版的古籍整理作品，著作权完全掌握在这些单位或作者手中。与这类著作权人合作，不存在上一段谈到的资源流失的风险。但必须承认的现实情况是，符合这种情况的资源是有限的。也有不少大型丛书虽然在整理编写的过程中受到了某个组织或单位的资金支持，但是资助单位并未主张著作权，著作权仍天然属于作者。而大型丛书往往有一个庞大的编委会，成员众多，著作权属于编委会全体成员。整理编写工作结束后，编委会成员都回到各自的岗位上，想要联系到每一位作者并取得授权非常困难。所以作者整理、与出版社签署为期数年的出版合同的，是古籍整理资源的主流。仅仅依靠单位自有版权或直接与大型丛书作者签约，解决不了数据库产品对资源数量的需求。

除上述问题外，古籍出版专业门槛高，出版周期长，受众少，经济效益低，古籍社自身发展也不利于合作的深入开展。人、财、物多方面的困难，导致专业的古籍出版社的古籍出版产能有限，有些专业古籍社的古籍出版甚至不足全年码洋的10%，更多的收入来自于教材教辅或其他大众类图书。在已经与众多专业古籍出版社和古籍整理出版单位建立合作后，新生产资源仍不能满足“籍合网”这个平台的发展需求。

四、未来的尝试和畅想

面临上述种种困境，籍合网想要继续发展壮大，需要不断突破原有模式，以便生产和吸纳更多的内容资源。以下几条思路，或许值得尝试。

（一）成为作者

古联公司已经通过实践证明，古籍整理工作平台，在古联公司各项专利技术和强大资源的加持下，可以将人才聚合到一起，打破编校人员不足对产能的限制。因此，古联公司有条件成为古籍整理工作的发起人，并通过众包的形式，分配工作，最终成为古籍整理成果的著作权人，解决寻找资源的困境。

工作平台可以起到聚合人才的作用，古联公司的专利技术还不足以完全取代人的工作，仍然需要大量的有专业能力的人投入其中，这也就意味着巨大的劳务报酬开支。古联公司作为一家市场化运作的公司，有人力，但是没有财力自筹经费组织大规模的古籍整理工作。古联或许可以成为大型古籍整理项目资助的联合申报者，解决经费问题。

（二）构筑开放的版权交易平台

古联公司内部系统中，管理着大量的内容资源，每天都有可能会有资源的版权到期，如果不能及时续约，就会有侵权风险。版权到期提醒模块，会在版权到期前提前半年提醒版权经理和产品经理，以便及时续约或到期做下架处理。

古联公司可以在此管理模块的基础上，先为已建立合作关系的伙伴提供版权管理服务。除了有合同到期的提醒，便于及时更新服务，也便于更加了解自己所掌握的权利，更加充分地利用手中权利，在时机成熟的情况下，可将此平台进一步升级为古籍资源版权交易平台。掌握古籍资源版权的权利人，可通过平台进行版权交易。有古籍资源版权需求的用户，也可以在平台上寻求合作机会。掌握已出版古籍图书的出版社，古籍整理的研究机构、作者，古籍珍善本的馆藏单位，都可以在这个平台上寻求合作机会，为古籍保护、展示、收藏、影印、整理出版、数字化、融媒体开发提供可能性。以国家资金支持为起点，以商业模式运转，形成规模化的资源集散平台，充分挖掘古籍资源的价值。

“中华经典古籍库”和“籍合网”系列产品，能够在海外市场取得今天的成绩，是内因和外因共同作用的结果。向外，古联公司与成熟的图书进出口企业合作，依托他们成熟的海外馆配渠道迅速打开了局面。在进出口企业渠道薄弱的地区，与当地企业合作，代理销售，日本、中国香港、中国台湾地区的主要高校陆续成为籍合网用户。

向内，古联公司修炼“内功”，选题创新、技术创新、合作创新、模式创新，已经形成规模效应，逐渐成长为国家级古籍资源整理发布平台。今天，中国古籍，已经通过数字化重获新生，乘着“籍合网”这艘大船，走向世界。

（作者单位：古联［北京］数字传媒科技有限公司）

系统加强国际传播能力建设　稳步提升国际化水平

——以广西师范大学出版社集团国际传播能力建设实践为例

陶　佳　余向丽

“内涵发展，自我裂变”，突破地域限制，走出地方、走向全国的跨地域发展战略，一直是广西师范大学出版社集团有限公司（以下简称广西师大出版社集团）的核心发展战略。在这一战略指引下，出版社陆续在北京、上海、深圳等地创办分公司，构建了以桂林为总部、辐射全国主要一线城市的运行格局，逐步实现了从以出版单一教育图书为主的出版社到综合性出版集团的转变。

在新的国际形势下，广西师大出版社集团积极响应国家“一带一路”倡议，贯彻落实文化走出去、加强国际传播能力建设的战略部署，勇担国有文化企业的责任和使命，积极进行国际化战略布局。通过在澳大利亚和英国的两次国际收购，以及在境外设立一系列分支机构，初步实现了全球品牌、内容、渠道、人力、资金、资源的“一体化”集约调配，快速构建了较为成熟、完整的国际出版发行产业链，建成了具有一定规模的跨国出版集团。

一、国际传播能力建设的三条路径

（一）产品和版权走出去

图书实物出口和版权输出是大多数出版社走出去的基本方式，也是广西师大出版社集团国际化之路早期主要的走出去路径，直至现在，图书实物出口和版权输出仍在出版社走出去业务中占据重要地位。

1. 做大图书实物出口，不断提升古籍文献类产品的海外影响力

广西师大出版社集团依托各类国家级平台，积极参加国际展会，拓展海外图书馆业务，大力推动饱蕴东方智慧和中国气韵、富有中国学术特色和创新精神的图书产品实物走出去，每年均有数百种、码洋几百万的精品图书被海外图书馆采购收藏，尤其是古籍文献类产品，是广西师大出版社集团的特色品类。三十多年来，广西师大出版社集团致力于经典古籍的整理和珍稀文献的出版工作，陆续出版 600 余种 40 余万册具有重要社会影响的经典古籍整理著作和珍稀文献图书，形成涵盖普通古籍与经典古籍出版、大众古典文化阅读、少数民族古籍文献整理出版、珍稀古籍文献档案资料等门类相对齐全的出版体系。为进一步扩大该板块影响力，广西师大出版社集团开始主办“古籍文献收藏、研究与整理出版”国际会议。

2019 年 11 月，广西师大出版社集团在广西桂林举办第一届“古籍文献收藏、研究与整理出版”国际会议，主题是“海外古籍文献的收藏、研究及整理出版”，来自美国哈佛大学哈佛燕京图书馆、美国加州大学伯克利分校东亚图书馆、美国斯坦福大学东亚图书馆，以及来自北京大学、复旦大学、南京大学、浙江大学、美国加州大学、美国斯坦福大学、加拿大多伦多大学等三十多所海内外高校、研究机构的相关专家近百人出席了本次论坛，为海内外古籍文献收藏机构相关古籍文献的整理、研究及利用提出了许多富有真知灼见的研究成果。2022 年 5 月，由北京大学中国古文献研究中心、广西师大出版社集团主办，温州大学人文学院协办的第二届“古籍文献收藏、研究与整理出版”国际学术论坛之“东亚汉籍收藏、研究及整理出版”研讨会在北京、桂林、温州三地同步举行。2022 年 4 月 11 日中共中央办公厅、国务院办公厅联合发布《关于推进新时代古籍工作的意见》，本次古籍工作会议以该《意见》为指导，为海内外同仁的沟通交流搭建了平台，进一步推动海外中国研究文献“引进来”、中华文化“走出去”。

据《2021 年度中国图书海外馆藏影响力研究报告》，广西师大出版社集团图书海外馆藏影响力排名居全国出版社第 18 位、大学社第 2 位，连续 8 年进入中国图书海外馆藏影响力榜单 20 强，在连续 10 年入选百强榜单的 41 家出版社中，位居第 12 位。广西师大出版社集团已成为海外图书馆人眼中最能代表中国文化生产力水平的出版社之一。

2. 精选畅销图书、特色图书，不断拓展版权输出成果

广西师大出版社集团不断探索版权输出的新方法和新思路，细分版权输出内容，一方面，从理论高度构建中国的话语体系和叙事体系，充分发挥哲学社会科学的源头作用。另外一方面，用故事化、形象化的方法，努力塑造可信、可敬的中国形象。

2022 年 4 月 25 日，习近平总书记在中国人民大学考察时提到，要发挥哲学社会科学在融通中外文化、增进文明交流中的独特作用，传播中国声音、中国理论、中国思想，让世界更好读懂中国，为推动建构人类命运共同体做出积极贡献。广西师大出版社集团曾推出的现象级图书《枢纽：3000 年的中国》，该书即为践行习近平总书记此次讲话精神的一次有益尝试。该书是外交学院世界政治研究中心主任、北京大学史学博士施展历时 8 年的研究成果，这本书以时间跨度与空间跨度为主线，着眼中国 3000 年历史，通过对中国历史的回望，不断还原“中国究竟是谁”。作为一个迅猛崛起的大国，只有说清自己是谁，自己想要什么，自己与世界的关系是什么，才能摆脱身份焦虑，理解自我与世界的一致性，将其庞大的力量转化为建设性力量，成就自己的历史地位。这本书出版后，广西师大出版社集团发挥在华文阅读市场的品牌优势，积极接洽寻求版本输出，迅速与中国台湾地区联经出版事业公司和三联书店（香港）有限公司合作，分别出版港、台繁体版，在华文出版领域形成了一定的影响力。

讲好中国故事，传播好中国声音，展示真实、立体、全面的中国，形成同我国综合国力和国际地位相匹配的国际话语权，对改革发展稳定、营造有利外部舆论环境具有重要的战略意义。一个故事胜过一打道理，通过个体生命的微观故事努力塑造可信、可爱、可敬的中国形象，能够有效提升我国国际影响力、感召力和塑造力。广西师大出版社集团 2013 年出版、被誉为“平凡人的爱情圣经”的《平如美棠：我俩的故事》可谓其中最具代表性的多语种版本输出案例。该书出版源于几十本画册。当时，87 岁的饶平如因爱妻美棠病逝后无以遣怀，一笔一笔从美棠童年画起，想以此留下他与美棠六十年历经坎坷的相守故事。该书 2013 年问世后，掀起了阅读和购买的热潮，销量超过 20 万册，当年即被评为“中国最美的书”，而很多读者因为这本书“又能相信爱情了”。

2015 年 10 月，《平如美棠：我俩的故事》被广西师大出版社集团带进法兰克福国际书展。为更好呈现《平如美棠：我俩的故事》里细腻典雅的中国韵味，出版社委

托代理公司邀请一对夫妻担任译者，共同翻译英文宣传页，这对夫妻中，先生是加拿大人，太太是华人，这样既保证有对中国传统文化的理解，又保证了对英文语义的准确表达。在法兰克福书展现场，意大利出版社 Bompiani 发来报价，后来又陆续收到来自西班牙、法国、荷兰、韩国、美国的报价并顺利签约。2017 年，为了宣传法文版新书，饶平如先生应瑟伊出版社（Le Seuil）邀请，赴法国参加了新书宣传活动，法文版出版当年即进行了加印。2018 年，英文版由美国兰登书屋旗下的众神殿出版社（Pantheon）出版，译者是英国帝国理工大学翻译系教授韩斌（Nicky Harman），英文版获得英国“笔会奖”。

2019 年 5 月 15 日，习近平总书记在亚洲文明对话大会开幕式上发表了题为《深化文明交流互鉴　共建亚洲命运共同体》的主旨演讲，提出，文明因多样而交流，因交流而互鉴，因互鉴而发展。我们要加强世界上不同国家、不同民族、不同文化的交流互鉴，夯实共建亚洲命运共同体、人类命运共同体的人文基础。中华传统文化倡导“世界大同，天下一家”，这种传统文化精神赋予人类命运共同体这一科学构想以特有的文化亲和力、影响力和感召力，是中华文化的世界贡献。为了让世界各国，特别是亚洲各国充分了解中华传统文化的以上特性，广西师大出版社集团推出了规模庞大的“东方智慧丛书”系列。该丛书精心挑选代表中华文化的《论语》《老子》《孙子兵法》《诗经》《三字经》等 20 种典籍或专题，以全译、节译的方式翻译成东盟国家主要官方语言（泰语、越南语、印尼语、马来语、老挝语、柬埔寨语、缅甸语、英语），汉外双语对照，并根据文意配绘彩图，为东盟国家的人民学习、了解中华经典文化提供了一套规模化、生动化、无语言障碍的优质读本。这套丛书已经出版近百种，并还在陆续出版中。除了图书出版外，这套译著也通过“中华文化东盟多语种全媒体传播平台”进行全媒体推广传播。广西师大出版社集团利用跨国出版集团的版权贸易优势，推出印尼版、英国版，还即将推出马来西亚版，争取最大范围地触及亚洲及世界各国关注中华传统文化的阅读人群，成为参与亚洲经典互译、深化文明交流互鉴和共建亚洲命运共同体、人类命运共同体的积极践行者。

（二）企业和资本走出去

走出去的目标是国际化，国际化的核心是选题、渠道、内容、设计、物流的全球化。困扰中国出版企业对外发展的关键环节是缺乏海外思维、海外设计、海外选题和海外渠道。在走出去工作探索实践中，广西师大出版社集团意识到，要真正走进国际主流文化圈，实现高效的文化交流传播，就必须有自己的有效渠道和平台。意识到这一点之后，广西师大出版社集团转变零敲碎打的版权贸易方式，深耕目标市场，通过收购、并购以及跟当地的中小型出版企业合作的形式，逐步成为横跨四大洲的国际文化出版机构。

2014 年 7 月 1 日，在经过近一年的接洽谈判和评估等大量基础工作后，广西师大出版社集团与澳大利亚视觉出版集团（Images Publishing Group）正式交割，完成了对该集团的收购。该收购案成为中国出版企业资本走出去的典型范例，广西师大出版社集团由此开启了国际化发展进程，跨地域发展战略进入新的层次。

2016 年 8 月 15 日，广西师大出版社集团成功收购英国 ACC 出版集团（Antique Collectors Club，重命名为 ACC Publishing），成为中国首家以并购方式构建的具有成熟的完整产业链的跨国出版集团。至此，广西师大出版社集团初步完成了国际化出版发行完整产业链布局，为中国出版走出去“提供了一个鲜活的范本”。

2016 年 11 月 18 日，广西师大出版社集团在克罗地亚首都萨格勒布成立全资公司——桂林魔法象文化传播有限公司克罗地亚公司。2018 年 11 月 12 日，广西师大出版社集团与亚洲智库有限公司在马来西亚吉隆坡签署战略合作协议，成立广西师范大学出版社马来西亚分社。2019 年 4 月 19 日，广西师大出版社集团与日本株式会社树立社签署战略合作协议，并挂牌成立广西师范大学出版社东京事业部。2019 年 7 月 1 日，广西师大出版社集团成立澳门分社。2022 年 4 月 20 日，广西师大出版社集团独秀书房 · 越南河内大学孔子学院店在越南河内大学正式开放。自此，广西师大出版社集团构筑起了中东欧 – 东盟相互衔接的出版贸易传播平台和辐射欧亚大陆及“一带一路”沿线国家和地区的国际出版生态圈战略发展框架，以锐意进取之姿立于世界文化传播的大舞台之上。

（三）服务和创意走出去

2014 年收购的澳大利亚视觉出版集团（Images Publishing Group）作为国际建筑设计图书出版领域久负盛名的出版机构，为广西师大出版社集团带来了全球建筑设计行业的品牌话语权。2016 年收购的英国 ACC 出版集团则为广西师大出版社集团带来了全球近 300 家艺术与设计类出版社图书在欧美地区及亚洲部分地区的销售商，遍布欧美的艺术图书销售网络，高质量艺术类出版资源以及具有全球出版发行能力的第三方渠道。完成收购后，如何进一步将海内外优质渠道优势平台化，将优质品牌资源共享化，将较完整的成熟产业链资源价值最大化，如何让优秀的中华文化走进去、留下来，成为广西师大出版社集团重点思考的问题。经过多次研讨和论证，一个联合国内多家顶级出版机构打造的联合体、一个开放的平台——“艺术之桥”应运而生。

该平台自2016年起就探索“资源平台化、平台产品化、产品市场化”的共享发展模式，主要利用北京国际图书博览会、伦敦书展、法兰克福书展、威尼斯国际建筑双年展等海内外知名国际展会，做好中国艺术与设计的国际传播，现阶段主要包括图书出版、杂志出版、国际营销推广和跨界融延发展四个板块。

1. 打造国际图书出版领域精品系列

“艺术之桥”框架下的国际图书出版包括“设计文库”及“年度系列”。“设计文库”分为建筑、平面、时尚、景观等设计的各个领域。近五年来，“设计文库”共出版75种英文版图书，代表性图书有《移动建筑》《上海味道》《中国当代建筑》等，通过英国ACC出版公司近40家的代理机构销往世界各地，让西方读者了解中国的艺术、设计、建筑和文化。“年度系列”涵盖年度艺术家、年度设计师、年度制造、年度民艺、年度致敬等。近年来，“年度系列”获奖者有朱赢椿、白明、张永和、上海制造中的设计、徐冰、杨明洁、看见造物、本土创造、冷冰川、Patrik Schumacher、日本竹云斋、清华DADA设计等。其作品将以英文形式出版，全球发行，目前已出版英文版图书8种。通过“艺术之桥”平台，2018年度艺术家朱赢椿的《虫子书》英文版和2019年度艺术家白明先生的陶瓷作品先后被大英图书馆和大英博物馆永久收藏。

2. 创设传播中国建筑艺术的国际学术期刊

艺术无国界，传播却有壁垒。为了解决国际传播瓶颈问题，推动中国建筑艺术走出去，让世界看到更多中国独特的美，广西师大出版社集团决定打造一个中西建筑文化和艺术交流合作的平台。为此，在“艺术之桥”战略框架下孵化了国际学术期刊《建筑中国》（*Architecture China*）这一子项目，致力于中国建筑设计的国际传播与交流。该杂志2018年5月首度在威尼斯国际建筑双年展上推出，由广西师大出版社集团旗下英国ACC出版集团与澳大利亚视觉出版集团联合创刊，是一本全英文杂志。

杂志筹备之初，广西师大出版社集团以“专业的人干专业的事”为理念，与中国建筑学领域的青年领军学者李翔宁教授团队展开合作，为《建筑中国》杂志注入了内容的源动力，保证了内容的高学术水准。为了让中国优秀的建筑作品、建筑师和他们的建筑理念在国际舞台上得到展现和传播，《建筑中国》在内容获得国际同行认可的同时，选择了一个专业化传播的崭新视角，即以西方媒体对中国建筑的认识视角来阐述中国建筑及其发展方向，在全球的视野下，逐步形成中国建筑学的最新研究范式。目前，《建筑中国》已经出版 6 期，在美国、意大利、德国、法国、英国等欧美主流国家发行，覆盖这些国家的建筑专业书店、大型连锁书店、亚马逊等主流渠道都能看到这本杂志，为中国建筑设计走向世界构建了新的渠道。

3. 创新国际营销推广方式，推动跨界融延发展

除了国际图书出版、国际期刊出版，“艺术之桥”在国际推广方面也进行了许多有益的尝试，比如设立展台展示，创建 VR 博物馆呈现，举办现场沙龙、酒会、论坛等各类国际营销推广活动。

“艺术之桥”平台源于出版，但不止于出版。2021 年 3 月，线下复合美学“艺术之桥空间”在上海落成，空间以外版艺术设计类图书、文创产品、版画艺术品、咖啡饮品为特色，集合美术商店、艺术书店和画廊为一体的线下体验，辅以线下线上销售与互动。此外，广西师大出版社集团还与西班牙久负盛名的老牌版画艺术机构波利格拉法公司合作，推出著名作家金宇澄的限量版版画作品《阳台》，与即将于 2022 年出版的金宇澄英文版插画书《细节与现场》和后续的展览活动一起，成为“艺术之桥”又一个崭新的跨界交互计划。

经过五年多的积累和努力，借助信息技术和新媒体矩阵，“艺术之桥”以国际化、品牌化巩固与延伸传统出版主业，以国际化、融合化带动出版产业的转型升级和发展，形成了国内外出版与艺术品、衍生品研发代理共生，线上消费与线下体验全盘打通的完整文化艺术生态圈，为中华文化国际传播、品牌造就起到推动与引领的作用。“艺术之桥”项目入选 2019—2020 年度国家文化出口重点项目，未来，广西师大出版社集团将不断提升“艺术之桥”共享发展的战略价值，为中国出版创意走出去提供共享性的桥梁和服务，进一步推动出版创意和优秀文化的国际交流传播。

二、国际化发展理念及合作之道

广西师大出版社集团是较早思考如何走出去、进行中华文化国际出版传播实践与探索的出版机构。2014 年和 2016 年集团分别进行了两次海外收购，快速构建了较为成熟、完整的国际出版发行产业链，形成较具规模的跨国出版集团。那么，应该如何利用国际出版发行模式进行有效的走出去和走进去，充分发挥旗下两家出版集团的海外优势？广西师大出版社集团进行了海内外协同发展的有益探索。

首先，确立“双本土化 + 一体化”的国际化发展理念。广西师大出版社集团保留了海外原有品牌以及墨尔本、伦敦、纽约原有编辑和发行队伍，同时在上海、沈阳搭建了富有海外出版经验的编辑团队与海外团队进行对接合作——“双本土化”运营。两个本土化团队在选题策划、编辑组稿、装帧设计等环节无缝对接，品牌、内容、人力、资金、资源全球“一体化”集约调配，建立涵盖建筑、景观、室内、平面、工业、时尚等方面的艺术设计类图书出版产品线。“双本土化 + 一体化”，成为该集团国际化发展一种独特的理念和方式。

其次，着力搭建国内外通力协作的平台和机制。在“双本土化 + 一体化”的基础上推进融合发展，推出“艺术之桥”品牌，开启联结融合两个市场、两种资源的创新实践。《民宿之美》是“艺术之桥”平台海内外协同出版的第一个成功案例。2016 年，基于对国内外文旅市场发展趋势和潜力的研判，广西师大出版社集团国内团队策划了“民宿”选题，海外公司对此也颇有兴趣，于是一拍即合，共同推进。国内团队与澳大利亚团队深度沟通，确定内容体系和标准，国内团队通过互联网进行全球组稿，澳大利亚团队进行设计并审校，英文版图书由澳大利亚视觉出版集团出版，英国 ACC 出版集团全球销售，中文版图书由广西师大出版社出版发售。《民宿之美》选题的成功运作，开启了广西师大出版社集团海内外多方协作的“全球组稿、中英共版、国际发行”的出版发行新模式，为中国艺术设计走出去打开了新的局面。《民宿之美》第一本在国际市场表现不俗，视觉出版集团进而开启了“民宿之美”系列的出版，现在该系列已经出版了三本。

再次，重点打造推动国内国际出版业务双循环发展的项目。充分发挥广西师范大学国际中文教育、学前教育的学科教育优势，进一步促进中华文化在少儿教育领域，尤其是对东盟国家的海外传播，提升出版“走出去”效能。中国原创绘本少儿国际中文课程项目是广西师范大学依据少儿年龄特点，以及与其相对应的中文教育需求，依托广西师大出版社集团魔法象中国原创系列绘本为内容载体，对标《国际中文教育中文水平等级标准》，面向3~6岁海外少儿、致力于早期中文教育的教师或家长开发的全视域多模态的中文教育课程资源。项目以“读绘本、学中文、习文化、践知行”为理念设计，包含绘本音频、绘本动画视频、绘本文本中文教学、文化拓展四个教学模块。课程项目适用广泛，可以为少儿提供“听、读、练”多模态的学习资料，为教师提供系统规范的教学资料以及教学示范指导，为家长提供成体系的亲子阅读资料以及亲子活动的示范指导，为少儿提供“听、读、练”多模态的学习资料。项目将根据国际国内形势最新进展，连续制作，在海外运行，在积极推动少儿国际中文教育的同时向海外儿童讲好中国故事，传播中国声音，展现一个可信、可爱、可敬的中国形象，让海外儿童在听故事、读绘本的过程中，学习中文，了解中国文化。

三、国际传播能力建设的痛点和着力点

国际产业链建设道路并不是一帆风顺的，广西师大出版社集团也遇到过诸多问题。

中国出版界对国际化、走出去的困难一直有比较清醒的认识，出版业内也一直在思考和总结，以期从实践中获得真知。走出去的困难大致可归纳为四大痛点：一是真正能满足本土读者阅读需求的内容不多；二是缺少译者的精准翻译；三是外文版图书宣传资金投入不够；四是缺少对海外宣传渠道的研究。这四大痛点导致中国出版走出去市场效益不高，很难引起更多海外出版社和读者的注意。

诚然，中国出版国际化的确面临很多困难，但我们或许可以从网文出海的成功中获得一些借鉴。网文出海成功的最大底气，是“内容为王”。网文内容并未刻意去迎合海外读者的兴趣，没有针对海外读者进行选题策划，没有对海外市场进行调研。在出海的初期，也没有刻意地宣传，甚至没有翻译，但却有大量的“自来粉”，甚至有类似国内“字幕组”的海外“翻译组”，自发、免费对网文内容进行翻译和追更，让中国网文成为了中国文化出海的现象级爆款。持续、稳定、高效地进行内容创造、内容输出，可以说是网文成功的最大法宝。

同样，虽然广西师大出版社集团初步构建了国际出版发行的产业链，但是内容仍旧是短板。集团一方面向整个行业开放自有平台和渠道，与更多中国一流的资源进行

合作，打破各种固有的壁垒；另一方面继续推进既定的国际化发展战略，充分利用国内国际两个市场、两种资源，提升海内外协同创新发展能力，加快形成以国内大循环为主体、国内国际双循环相互促进的新发展格局。

具体来说，主要有五个着力点。

一是从战略高度积极谋划，注重顶层设计，将走出去和国际化发展作为广西师大出版社集团的重要战略发展方向来谋篇布局，在中长期发展规划和年度工作计划中，把加强国际传播能力建设作为一项重点工作来推进。

二是强化项目规划实施管理，以重点项目的推进带动走出去工作。对于优质的走出去方向的出版项目予以重点支持，拨付专项资金，调集优质资源，全力支持项目的高质量推进。从内容建设上进行国际传播能力的内功打造，“海外古籍文献研究”项目、“东方智慧丛书”项目、“中国原创绘本少儿国际中文课程”项目，这些现有的中长期项目将继续成为国际化传播内容建设的主体，进行品牌化运作，稳定基本盘，并不断补充新的内容。同时，加大对头部畅销书的国际化打造，参照《平如美棠》和《枢纽》的成功模式，发现一本，做好一本，在实践中锻炼出具有国际传播能力的团队。

三是做好平台建设，以海纳百川的心态，联合出版界、文学艺术界，对各方进行开放和共享。广西师大出版社集团将继续整合成熟的国际出版传播全产业链发展优势，大力推动共享型平台“艺术之桥”在国际图书出版、国际期刊出版、国际营销和跨界融合发展道路上的持续发展，提升其通道能力、平台能力，推动海内外协同发展机制和能力提质增效，充分发挥其走出去的领先优势。同时，积极探索“艺术之桥”的延伸拓展，构建以出版为中心和基点的融延发展模式，推动“艺术之桥”跨界融合发展和转型升级，打造业界标杆型走出去共享平台。

四是以“中国－东盟”为纽带、建立全面战略伙伴关系的契机，加快构建“国内为主、东盟为先、全球化发展”的新发展布局，同时，加大在粤港澳大湾区的布局，推进国际传播的区域化、分众化表达。在越南河内大学设立第一家海外书店——独秀书房·越南河内大学孔子学院店之后，集团还筹划在泰国、印尼的两所大学分别设立独秀书房，不断推动这一“高校的人文实验室”走出广西、走出中国、走进东盟国家，搭建中国文化的友谊桥梁。

五是加强国际化发展人才队伍建设。以外向型经营管理人才、版权贸易人才、专业技术人才、翻译人才培养为重点，建设跨国出版经营管理人才队伍，提高跨文化、跨语种的出版能力。一方面从集团内部进行培养和甄选，另一方面与高校翻译人才进行战略合作，广纳各级各类国际型人才。今后，这些人才将不仅从事翻译工作，还将探索跨境电商、跨界直播等各种传播模式，以及进行国际经营管理。从而全面提升集团国际传播能力和市场占有率，充分利用国际舞台讲好中国故事，不断促进推动中华文化的国际传播与提升。

总之，在风云变幻的国际形势下，广西师大出版社集团将积极把握时代大势，坚持守正创新，全面提升国际传播效能，主动向世界发出中国声音，讲好中国故事，为中华民族伟大复兴营造良好国际环境，推动共建人类命运共同体。

（作者单位：广西师范大学出版社集团有限公司）

建立走出去可持续商业模式　实现双效益有机统一

幸敬杰

提升软实力是我国“硬实力”发展到一定阶段的必然要求，两者相结合的“巧实力”会促进孕育出新的发展空间。究其本质，对外推广软实力的目的主要有两点：一是争取国际社会在外交和舆论上的支持，二是保护我国在海外众多的企业、侨民、留学生的利益，为其各项活动创造便利条件。与新闻、广播、电视、电影、展演、互联网社群传播等业态相比，出版在对外传播中具有非常明显的特殊性，这也意味着差异化的工作方式。

作为出版走出去的后来者，新华文轩起点低，底子薄，并不具备先天优势，唯有用实事求是的态度面对问题，解决问题。经过数年探索和努力，新华文轩逐渐找到适合自身的发展模式。2021 年末，主要工作指标已稳居中国出版走出去第一方阵，相关营收规模突破千万元人民币，有效影响海外受众预计 100 万人，获得 50 个国家级对外传播奖项，可在保证双效益的前提下，持续地、大规模地推动出版物走出去并走进去。相关方式方法也多次引起各级主管部门、同行和媒体的关注。

习近平总书记在中共中央政治局集体学习时强调，讲好中国故事，传播好中国声音，展示真实、立体、全面的中国，是加强我国国际传播能力建设的重要任务。本文将从新华文轩的工作逻辑、组织架构、有效传播方式等方面细致分享对外传播工作中的经验体会，为我国从事对外传播的单位，尤其是广大的地方出版单位提供参考案例，共同助力出版走出去工作的高质量发展。

一、对外出版的基础架构

（一）坚持双效益思维

新华文轩的前身是四川省新华书店，后来经过一系列的变革，在2010年新华文轩与四川出版集团（现已更名为“四川文化产业投资集团”）完成重组，实现了出版发行全产业链经营。但在此前后较长时间里，出版单位的经营面临一定困难，对外出版工作也没有引起像今天这样的重视。2016年，四川省委提出“振兴四川出版”战略，新华文轩作为实施主体，振兴出版成为新华文轩在“十三五”期间的重要工作。在多方共同的努力下，文轩出版业绩实现大幅度增长，同时也把出版走出去纳入振兴出版的重要组成部分，上升为公司层面战略。

新华文轩既是重要的国有文化单位，也是“A+H”双上市企业，面对走出去工作投入大、风险高、周期长、见效慢的客观情况，无法不计成本地进行资金扶持，需要平衡兼顾双效益。作为出版企业参与国际传播，无论方式方法如何变化，其工作本质是需要向海外提供具体的产品和服务，即通过各种办法使出版物在海外实现发行销售。这是我们开展一切对外出版工作的基础逻辑。

企业出海之后便没有了政策优惠和国内市场优势，只能面对真刀真枪的硬竞争。作为后来者且又是地方单位的新华文轩，能够拥有的头部出版资源较少，获得的走出去资助不多，对走出去的经济投入也较为谨慎。因此，要实现对外传播工作的有效开展，唯有建立可持续商业模式，通过市场化独立生存找到出路。出版物在海外有经济效益，就一定意味着能够走进去，并带来放大的社会效益。

（二）设置扁平化组织架构

经过不断的尝试，新华文轩最终决定由各业务单位作为国际传播工作的经营主体，业务资源归各子公司所有，互相界定明确，集团层面较少干预实际业务决策。在单位内部，更多是安排熟悉外语的编辑、营销等人员以“专人不专职”的兼职形式开展工作，这不仅节约了人力成本，也为走出去工作的开展延伸了触及面。

在集团层面，2017年设立了专属职能部门国际出版中心，承担统筹、服务、协调的角色，对实际业务仅拥有建议权。经过数年的发展，该机构承担了新华文轩目前所有涉外和港澳台事务，包括战略规划、日常行政、外事活动、展会实施、项目申报、业务协调、资源对接、宣传报道、能力培训等，致力于为走出去工作带来实实在在的效益。在具体协助业务层面，职能部门积极向业务单位引荐资源，探讨业务解决方案、搜集行业动态，撰写调研内参，组织培训，举办外事活动，协助新闻报道，等等。

至目前，集团以灵活的形式建立了完整、专业、稳定、安全的国际事务工作团队，并通过内部培训和调研内参分享不断提升实操技能。此种组织架构的最大优势在于保障工作正常运转的同时，极大地分散了风险，消化了成本，使得国际业务的可持续性大大增强。

（三）打造能力成长平台

在最初接触对外出版工作时，整个团队经验甚少。即使在全国范围内，当时能够参考的经验和案例也非常之少，所以我们更多是要从实际工作中提炼和思考。随着业务发展，我们不断遇到以前从未接触过的工作内容，但职能部门积极地和业务单位保持高效沟通，共同商讨解决办法，最终一一克服，这也是“摸着石头过河”的体现。

过去数年中，新华文轩每年参加中国出版协会、省委宣传部、中青国际出版社、BIBF学习院等机构举办的10余场对外传播培训，涵盖时政分析、版权贸易、编辑翻译、国际营销等内容，从不同维度获取最新资讯。与此同时，集团职能部门根据业务发展需要，撰写极具针对性的内参文档，为团队带来麦肯锡式的顾问服务，历年来已完成《中国童书输出东南亚调查报告》《江苏、浙江、安徽出版集团海外机构建设及运营的经济性分析》《中国文化中心典型运营案例分析》《我国图书出口概况及主要渠道商情况调查报告》《疫情时期参加我国港台书展可行性分析》《新华文轩实体书出口情况盘点》等十余份共计数万字的文档，其中包含非常详细的数据和案例分析，团队对上述内参都进行了充分的学习和交流，使得业务得到了精准促进。

（四）提倡奖励性考核考评

工作考核方面，充分考虑到国际传播工作的特殊性以及“专人不专职”现状，新华文轩更多以加分和奖励的形式来鼓励走出去工作的开展，不设立惩罚性的扣分，并在年末设立为数不少的走出去专项奖和奖金。日常工作中，各级部门还主动在工作汇报、媒体报道中突出走出去相关情况，按月发布走出去工作动态，每季度进行数据排名，形成重视氛围，开启内部赛马机制，最终形成集团内你追我赶的良性竞争局面。

无论是在社会效益还是经济创收层面，涉外板块业绩取得了明显进步，相关同事的收入普遍呈增长态势，员工的获得感、归属感、相互间的信任感不断增强，大家对未来的工作也更加有信心和意愿，同时对外部人才的吸引力也大大提升。

二、具体业务中的有效措施

（一）出版物版权输出

建立走出去可持续商业模式的本质是要向外提供产品或服务，而图书版权是适合最初阶段的模式，是走出去从 0 到 1 的基础，但这也是出版企业开展国际传播最有效、性价比最高的方式。

1. 建立可持续输出机制

在版权输出中，新华文轩极力避免单一、被动的机会性交易，旗下出版单位积极地聚焦本单位同类型图书，致力于与同一或同类海外出版机构搭建稳定合作，或为产品线输出，或为版权置换，或为聚焦重点作家或作品，以推进该类图书的整体移植。这不仅有利于把输出渠道和数量常态化，还能在海外培养固定的读者群体。例如，旗下四川人民出版社以中国道路、中国经验为系列，面向俄罗斯形成了社科读物常态化输出；旗下四川少年儿童出版社已基本确立了低幼启蒙、游戏手工、儿童文学三大贸易主线，在东南亚和中东地区落地；旗下天地出版社持续深耕个人成长、生活等选题，现已形成以越南语、阿拉伯语、泰语为主的“一带一路”国家输出线，以及社科选题面向英、法、意、澳的发达国家输出线。仅上述三家单位每年稳定输出纸质图书版权就超过 250 项。

面向 2020 年后的新常态，新华文轩各单位一方面强化线上沟通机制，深度维护黏性客户，深化渠道建设，充分利用代理、在线版贸平台保障业务的继续开展；另一方面调整优化出版物推介策略，如在书讯中补充成品尺寸、用纸规格参数、拍摄成品视频等，用更加直观的呈现方式提高线上沟通成效。

2. 明确输出授权分工

新华文轩一直坚持以市场化方式实现输出。经过对传统版权输出和合作出版的尝试和比较，我方单位更多是做好内容开发和授权安排等上游环节，后续就交给更熟悉海外市场的外方由“看不见的手”来寻求收益最大化。走出去图书一定要做到是真正有客观需要，而且要外方出版社有足够的积极性来完成本地化。为此，一方面我方单位在内容研发上尽量贴合海外读者需求形成吸引力（如邀请熟悉中外的作者），另一方面尽量通过市场交易让外方出版机构主导后续流程。这样不仅减少了海外市场的风险与其后烦琐的翻译、校对、营销工作负担，而且能让我方单位集中有限的人、财、物力，发掘更多的可输出项目。

（二）出版物实物出口

实体书刊出口是新华文轩另一块重要的基础业务，以简体中文和中英双语对照为主，供应对象主要是海外图书馆、高校、华文书店、华文学校等。由于直接在海外建渠道和服务客户成本过高，本集团更多扮演上游供应商角色，后续交给细分领域内的外向型渠道商比如国图、中图、厦门外图、中华商务等，充分利用其在海外从线上到线下、从纸质到数字完整且丰富的渠道。

在新华文轩内部，是由中盘事业部、出版单位的发行部门来牵头，主动向各渠道商供货。这种模式的边际人力和运营成本几乎为零，退货也较少，所以实物出口的净利润率较高，这也是吸引出版单位参与的重要理由。开展实体书出口，一方面解决了部分单位不适合开展版权贸易的困境（如古籍类巴蜀书社）；另一方面也着实带动了相关单位的发行业务，如四川辞书出版社将中文学习工具书直接出口到海外。

新华文轩的实体出口在“十三五”期间稳步增长，并在2021年达到历史新高。每年可稳定出口书刊10余万册，在近年“中国图书海外馆藏影响力100强”排名中，新华文轩下属出版社入选单位数量和品种数均排名全国出版集团前5。此外，新华文轩面向我国港澳台地区的书刊供应同样位居前列，为海峡两岸暨香港、澳门的民心相通做出贡献。

（三）海外机构建设

本地化是有效国际传播的必要条件，而设立海外机构是具体表现。新华文轩早期曾设立海外公司，也有尝试用资本手段进行收并购，但成效不明显，人员雇用和管控也存在难度，尤其近几年关于境外投资的监管趋严。新华文轩也充分考察了头部单位的案例，对江苏凤凰集团、安徽出版集团、浙江联合出版集团三家地方单位所有海外机构情况，以及国家文化部中国文化中心（布鲁塞尔、金边、贝尔格莱德）进行了剖析，为我方单位提供了非常宝贵的参考。

理性地来看，无论是成立公司、代表处，还是其他机构，其最终目的是依然是实现出版物的海外销售。近年来，业内许多单位采取了更为灵活的方式——设立中外联合编辑部，即和熟悉的外方合作伙伴，各自派出工作人员形成互动频繁的跨国工作团队，可在外方办公地点挂牌，并不涉及注册实体机构和额外雇用人员，以不增加成本风险的方式达到同样效果。2018 年起，新华文轩先后在“一带一路”沿线国家成立 7 个联合编辑部。此种机制下，版权引进输出、国际组稿、合作出版、联合发行营销仍可以实现，外方及时把动态反馈给我方，我方亦可有针对性地进行内容研发、品种推荐、品种引进等，每年均实现数十项图书海外落地出版，逐渐形成自有的、可持续的国际出版物和营销网络渠道。

旗下四川人民出版社通过其“伦敦编辑部”，授权学术经典《金沙玉工：金沙遗址出土玉石璋研究》《倥偬的乡愁：张大千艺术》给英国知名艺术类出版商独角兽出版社，《社会主义核心价值观：理论与方法》完成在英国的出版，重点学术图书《不断裂的文明史》输出到一流学术出版机构施普林格·自然集团，《中国故事到中国智慧》等多部作品通过联合编辑部输出到俄罗斯学术研究出版社。在形势严峻的 2020 年，经过伦敦编辑部实现签约的图书品种数仍达到 20 种以上。

旗下四川美术出版社“南亚出版中心”，2019 年完成《中国传统京剧故事绘本》（中国原创动漫出版扶持计划重点项目）、《九寨、黄龙——大熊猫栖息地》等 30 种图书在巴基斯坦、印度落地。面对 2020 年突变的中印局势，“南亚出版中心”灵活应对，保障了双边友好渠道畅通。一方面与合作成熟的印方伙伴推动版贸工作继续进行，选取中性和普世选题内容向印度社会传达友好、亲近的中国形象，如环保、生态文明、山水风光、文化遗产相关的摄影集和画册，当年成功对印输出了《若尔盖湿地植物图谱》《至美若尔盖》《成都建筑遗珠》等图书；另一方面，通过加强与巴基斯坦、斯里兰卡、尼泊尔等其他南亚国家出版机构的合作来构建更加完整的传播框架，增加我国优质图书在该地区的生发。“南亚出版中心”已两次入选国家文化重点出口项目，每年还举办数场涉及南亚国家的高规格活动。

（四）“出版 +”融合业态

以“出版 +”的方式带来更多附加值是走出去可持续发展的重要手段。新华文轩依靠图书版权输出和实体书出口实现了“0 到 1”的突破，随着基础业务的不断成熟，自然衍生出新的业态，促进相互串联形成合力，实现“1 到 10”“10 到 100”的增殖。这在实际工作中得到了印证。

1. 鼓励多版权打包输出

随着纸质图书版权不断输出，外方会对其中一些反响不错的品种要求非纸质版权。这不仅意味着可以创造更多版权收益，多版权形态的叠加也会带来更好的传播效果。新冠疫情暴发后，集团更加深刻地意识到出版业态面临的新形势，充分借鉴中少总社融合版权输出的成功经验，鼓励各单位在推介纸质版权的同时，积极争取电子书、有声书、视频书、立体书、周边商品等形态的同步授权输出。2020 年，集团实现非纸质版权输出约 80 项，2021 年达到 118 项，占全年输出总数 20%。在纸质图书输出面临增长瓶颈的时刻，非纸质版权成为输出的新增长点，越来越多的外方要求"一棵树"式的 IP 授权，这对重点品牌的长期影响力打造非常有益。

2. 推进期刊的海外整体营销

作为旗下读者报社"看熊猫"立体传播集群的重要组成部分，《看熊猫》（中英双语）是全球第一本专门以大熊猫为主题的杂志。自创办以来，该杂志主要面向驻华使领馆、机场、航班、四星以上酒店、熊猫基地，以及近 10 家欧美动物园订阅或赠送发行，并经常作为外事活动伴手礼，2021 年发行 18 万册，多年来已累计发行 60 万册。为更好促进杂志推广，读者报社近年来陆续参与了"我是绘者"中法国际绘本比赛、中法环境月、中国西部国际博览会、中法大熊猫文化周、东京火锅节、"大熊猫和它的故乡"主题摄影展（日本、泰国、澳大利亚）等活动，并通过杂志的新媒体平台进行跟踪报道，带动双语杂志的销售，目前已实现市场化生存。

旗下四川画报社也积极参与对外传播，该社《四川画报》作为重要的省级外宣刊物，以"用影像记录四川，向世界传播四川"为宗旨，在外国驻川领馆、外资企业集中办公区、高端酒店、机场等外籍人士比较集中的区域发行，还先后推出英语、西班牙语版在涉外渠道发行。与此同时，画报社配合省委省政府高访，连续多年在 50 多个国家和地区举办"锦绣四川"图片展，平均每年举办近 20 场，向国际社会展示了四川绚丽的自然风光、丰富的民族文化和社会发展新貌。新冠感染疫情发生后，画报社灵活调整方向，继续服务省级项目，积极参与"海外惠侨熊猫书屋"建设，面向海外华人社区、华文学校提供中文出版物，旨在便利中文学习和进一步弘扬传统文化。

3. 打造涉外品牌文化活动

对相关配套涉外文化活动的重点培育，形成连续、系列的品牌活动，将反向促进对外出版工作的开展。

涉外展会专题活动。新华文轩每年通过线上线下参加伦敦书展、东南亚图书巡回展、博洛尼亚书展、香港书展、北京图博会、法兰克福书展、海峡两岸图书交易会等约 10 场外向型展会，针对时政热点举办数场活动，被中外媒体频繁报道。

“一带一路”出版合作经验交流会。新华文轩作为中国出版协会“一带一路”出版工作委员会发起单位和首批副主任单位，固定承办“一带一路”出版合作经验交流会。该活动是中国面向“一带一路”出版的最高规格会议，已在天府书展期间成功举办两届，每年邀请到中央和地方机构共约 200 人出席，已是四川出版的又一个品牌活动。

南亚出版中心精品活动。四川美术出版社南亚出版中心每年均举办涉及南亚国家的精品活动。2014 年《神山圣湖的召唤》（中文版）在印度总统府举行首发式，2016 年在新德里世界书展上举办《草根总理——莫迪》《印度艺术 5000 年》新书首发式，2019 年在新德里印度国际中心举行中印文化出版高峰论坛暨南亚出版中心揭牌仪式，2019 年举行“镜头下的巴基斯坦”摄影展并在“中国（四川）– 南亚、东南亚国家工商领袖峰会”举行签约仪式。2021 年，参加“中国 – 巴基斯坦商务理事会年会”并举办“中国（四川）• 巴基斯坦交流合作图片展”。

中法国际绘本创作比赛。该活动由成都市教育局、市精神文明建设办公室指导，四川读者报社、《看熊猫》杂志社与法国文化中心等机构共同参与举办，至 2021 年已举办三届。每届活动均举办数十场次讲座、交流活动，吸引来自中、法、加、英等全球报名作品 2000 余件，数十家中外媒体报道可覆盖数百万人次。

三、关于提质增效的思考

在“十三五”期间，对外出版工作经历了大规模的快速增长。面向新时期，主管部门颁布的多个规划文件里均提及出版的高质量发展，对外出版工作在走出去的基础上还要求“走进去”，并且“走得远”，才能更好向国际社会展示真实、立体、全面的中国。

（一）出版物对外传播的特性

关于对外传播，在通信技术发达的今天，出版物可能不是触达受众的优先选项，出版的自身特点也决定了其差异化的传播方式：首先，出版物时效性较差，不能对突发事件做出立即反应；其次，出版物的内容较深，需要较为专注、严肃的阅读环境，流通渠道也比较窄，属于深度传播范畴，受众面较小；最后，对外出版中出现较多的是书刊，视听效果和交流互动不能与视频、电影、游戏等载体相比，属静态传播，舆论声量较低。

但同时，优质出版物一旦被接受，则会是有效的深度传播，读者也很可能成为再传播载体，与身边的家人、朋友、学生进行讨论。优质的出版物还存在商业变现的可能，这也为对外出版工作的可持续提供了契机。

（二）受众定位和期望内容

精准的受众定位会带来事半功倍的效果。集团历年来均仔细研究中国外文局下属研究机构发布的《中国国家形象全球调查报告》，里面的定性定量信息对对外出版合作工作有较强的指导作用。从中可以看到国际社会关注哪些中国元素，通过什么渠道关注，以及哪些地区更容易接受中国元素。（见表1、表2、表3）把握准这些方向，结合当下实际，我们也就更容易争取到认同和支持。

表1 海外受访者了解中国的渠道

单位：%

渠道	年份	海外总体	发达国家	发展中国家	18~35岁	36~50岁	51~65岁
本国传统媒体	2019	47	47	48	41	48	57
	2018	48	47	48	42	48	55
使用中国产品	2019	46	34	58	45	46	45
	2018	47	36	59	46	48	48
本国新媒体	2019	34	29	41	38	34	29
	2018	33	27	39	36	31	28
听了解的人说	2019	28	22	35	30	28	26
	2018	28	24	33	29	28	27
与中国人交往	2019	19	18	20	20	19	17
	2018	19	18	20	19	20	17
中国在本国的传统媒体	2019	17	13	21	20	16	13
	2018	18	13	23	19	17	16

续表

渠道	年份	海外总体	发达国家	发展中国家	18~35 岁	36~50 岁	51~65 岁
中国在本国的新媒体	2019	15	10	21	19	15	10
	2018	15	10	20	18	14	10
去过中国	2019	11	10	11	13	11	7
	2018	9	9	10	11	9	8
参加中国在当地的活动	2019	10	7	13	12	10	7
	2018	10	7	12	12	9	7

数据来源：《中国国家形象全球调查报告 2020》

表 2　希望通过中国媒体了解的信息

单位：%

类别	年份	海外总体	发达国家	发展中国家	18~35 岁	36~50 岁	51~65 岁
科技	2019	43	26	62	44	44	40
	2018	41	24	59	41	41	39
文化	2019	38	29	47	36	38	38
	2018	38	30	48	37	39	40
经济	2019	34	23	45	34	35	30
	2018	34	23	45	34	34	33
民生	2019	30	25	35	28	30	32
	2018	29	24	34	27	29	34
历史	2019	30	23	37	29	30	31
	2018	30	24	38	28	31	33
教育	2019	22	12	32	24	21	17
	2018	21	11	32	22	21	20
政治	2019	21	18	25	22	22	20
	2018	22	19	25	23	20	22
娱乐	2019	20	14	26	23	20	13
	2018	19	13	27	22	20	14
社会焦点话题	2019	18	16	20	18	18	18
	2018	19	18	20	19	19	19
军事	2019	14	11	17	16	14	10
	2018	14	11	17	15	14	13

续表

类别	年份	海外总体	发达国家	发展中国家	18~35 岁	36~50 岁	51~65 岁
体育	2019	14	10	19	16	14	12
	2018	14	10	17	15	13	12

数据来源：《中国国家形象全球调查报告 2020》

表 3　未来 5 至 10 年中国应该优先塑造的形象

单位：%

内容	海外总体	发达国家	发展中国家	18~35 岁	36~50 岁	51~65 岁
全球发展的贡献者	31	24	40	30	32	33
具有悠久历史的东方大国	27	26	29	25	27	32
全球性的负责任大国	25	23	28	26	25	25
社会安定、人民安居、自由平等的国家	23	21	25	24	22	22
开放、有活力的当代中国	21	18	23	21	21	19
文化、多样、和谐的文明大国	18	15	20	17	18	16

数据来源：《中国国家形象全球调查报告 2020》

从表 1 我们可以看到，对外出版工作依然可以通过版权输出（本国传统媒体，47%）、读者的再传播（听了解的人说，28%）、实物出口（中国在本国的传统媒体，17%）、在当地举办活动（10%）等占比较大的渠道实现有效走进去。在内容方面，国际社会更愿意从历史文化（68%）、科技（43%）、经济（34%）等方面来了解中国。“越轻的东西飘得越远”——用易于接受的言语和方式，在受众的实用层面上下功夫，是我们需要寻找的中外认同交集。

集团深受半岛电视台英语频道（Al Jazeera English）的启发，该频道将受众定位于非欧美世界的 10 亿英语使用者，在国际社会中极大巩固了自身影响力，被认为是伊斯兰世界发声的窗口。根据《中国国家形象全球调查报告》以及各类国际组织中有关中国议题的立场表态，与“一带一路”紧密相关的周边及发展中国家和地区更愿意接受中国元素，更能确保我国的文化和思想持续地走出去并走进去，这也和五洲传播出版社经常提及的“农村包围城市”策略有异曲同工之妙。

（三）对外出版工作的经济分析

在实际工作中，对外出版产生的业务现金流通常非常微少，不仅相较于上市公司年营收百亿的体量几乎可以忽略不计，也无法覆盖专门成立的公司或专职团队的成本。所以集团采用了上文中的各项措施，将成本和风险在各个出版单位分散消化，用“寄生”的方式依托各子机构开展国际业务，以版税和实物出口收入为基础，带动衍生的项目资助奖励、官方项目订单等收入，后者可再促进基础业务的扩大。最终在几乎不增加成本的前提下，每年额外创造过千万的营收规模，实现了对外出版工作可持续的经济效益。中宣部领导曾指出此种模式为“工作下沉”，给予了高度评价。

集团下属出版社最初尝试以版税收入作为突破点，但出版物的海外受众面过窄，起印量一般在1000册，整个授权周期每种书销量多在1000~3000册，在我国港澳台地区会稍高一些。根据版税计算公式，得出的收入金额并不可观，而且这还是努力通过市场化输出的结果。以数据为凭，新华文轩2019年输出版权418项（预计当年全国集团前5以内），年内各项版税总额也并不高，假使所有输出图书的终端销售均归新华文轩，价值总和也仅为1000~1500万人民币。所以，集团扩大了实物书刊出口，开辟了非纸质版权输出，同时积极参加各类国家级、省级和高校项目申报，用各类资助和奖励再促进版权运营和出版物出口，最终形成了对外出版的生态循环。（见图1）

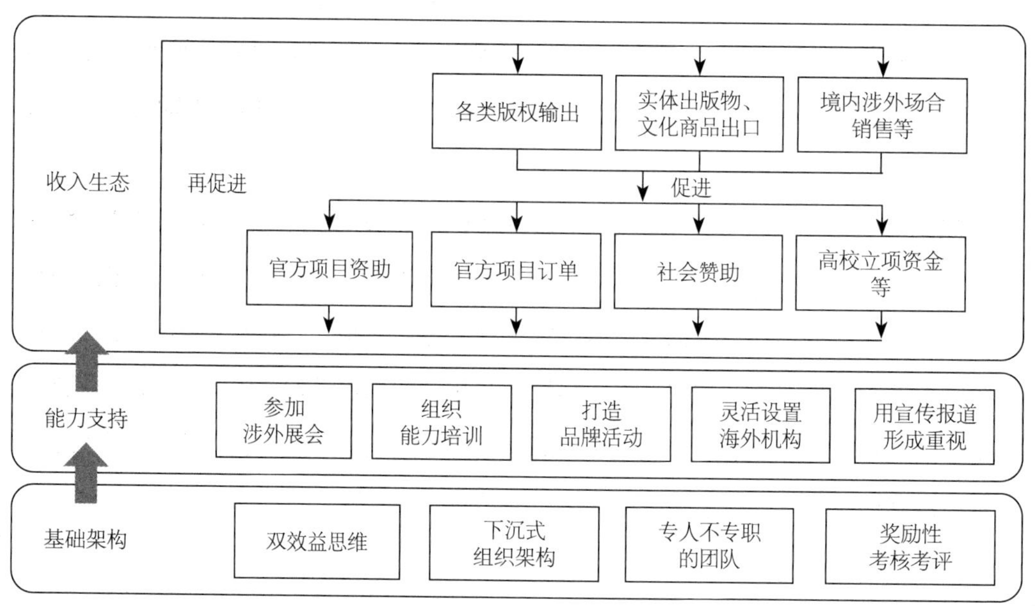

图1 新华文轩对外出版价值生态

四、面向“十四五”的工作重点

“十三五”期间，新华文轩通过不断探索找到了被证明符合自身的有效发展模式。展望“十四五”，新华文轩将继续贯彻落实习近平总书记“5·31”讲话精神，同时以出版业“十四五”时期走出去规划文件精神为指引，深化发展格局，延续发展态势，用更完善的产业链、价值链构建中国话语和叙事体系，主要工作将聚焦于以下方面：

一要巩固图书版权输出机制，在输出数量保持全国前列的水平上持续、大量、精准地向国际社会呈现中国好书，执行好“亚洲经典著作互译计划”等国家级重点项目；二要加强融合版权运营，在传统纸质书基础上纳入电子书、有声书、视频书、周边商品等形态，带来更多附加值和叠加传播效应；三要扩大实体出版物出口规模，不仅加强针对海外高校和图书馆的学术古籍输出，还要积极对接涉及我国港澳台和海外华人社区的渠道，促进童书、生活读物、中文工具书刊的出口；四要携手外部优势单位，在版权贸易、出版物进出口、重大项目执行、活动举办、海外机构建设等方面延伸产业链，形成对外传播协作共同体；五要充分利用中外联合编辑部，凭借版权贸易和实物出口的优势，组建新华文轩在“一带一路”沿线国家和地区的常态化国际出版平台和营销发行网络；六要以“出版+”的融合发展思维串联展演、商品贸易等相关业态，推动由文化产品输出向文化产业输出的转型升级。

影响力是建立在大面积、源源不断的发声基础之上的，新华文轩经过精心耕耘，实现了对外出版业态的独立生存，每年使大规模的出版物走出去并走进去。正因为可以独立生存，我们可以继续坚持10年，坚持20年，届时的局面就会有更大改观。

（作者单位：新华文轩国际出版中心）

附　录

各国基本情况

序号	国家简称	国土面积（万平方公里）	人口数量（万人）	官方语言	主要宗教	GDP（亿美元）	币种	汇率（外币 /100 元人民币）	汇率来源
1	巴基斯坦	79.61	20800	乌尔都语、英语	伊斯兰教	2782.20	巴基斯坦卢比	3053.97	英为财情
2	菲律宾	29.97	11000	英语	天主教、伊斯兰教	3919	菲律宾比索	814.71	和讯网
3	古巴	10.99	1147.20	西班牙语	天主教、非洲教、新教、古巴教、犹太教	1031.31	古巴比索	331.85	新浪财经
4	捷克	7.89	1070	捷克语	天主教	2823	捷克克朗	346.39	和讯网
5	黎巴嫩	1.05	607	阿拉伯语	伊斯兰教、基督教	533	黎巴嫩镑	20924.31	和讯网
6	塞尔维亚	8.85	687	塞尔维亚语	东正教	521.65	塞尔维亚第纳尔	1657.15	和讯网
7	沙特阿拉伯	225	3617	阿拉伯语	伊斯兰教	8335	沙特里亚尔	52.48	人民银行
8	土耳其	78.36	8468	土耳其语	伊斯兰教	8027	土耳其里拉	259.51	人民银行
9	匈牙利	9.30	968.90	匈牙利语	天主教、基督教	1507.61	匈牙利福林	5929.59	人民银行
10	意大利	30.13	5898	意大利语	天主教	17414.27	欧元	14.27	人民银行
11	越南	32.96	9826	越南语	佛教、天主教、和好教、高台教	3500	越南盾	338997.14	和讯网
12	赞比亚	75.26	1840	英语	基督教、天主教	219	赞比亚克瓦查	220.90	和讯网

说明：

1. 本表检索时间为 2022 年 10 月 20 日。

2. 本表中国土面积、人口数量、官方语言、主要宗教、GDP、币种等信息，来自中华人民共和国外交部网站“国家（地区）”的相关介绍。

3. 本表中沙特里亚尔、土耳其里拉、匈牙利福林、欧元与人民币汇率比值为中国人民银行中国外汇交易中心公布人民币汇率中间价；菲律宾比索、捷克克朗、黎巴嫩镑、塞尔维亚第纳尔、越南盾、赞比亚克瓦查与人民币汇率比值为和讯网公布中间价；巴基斯坦卢比与人民币汇率比值为英为财情公布中间价；古巴比索与人民币汇率比值为新浪财经公布中间价。

4. 数据均保留两位小数。